한국기독교장로회 서울노회 65년사

생명·평화·선교 공동체,
서울노회 행전(行傳)

한국기독교장로회 서울노회 65년사

생명·평화·선교 공동체,
서울노회 행전(行傳)

2025년 4월 15일 처음 찍음

엮은이   한국기독교장로회 서울노회 역사편찬위원회
           서울시 용산구 한강대로 102길 32/02-777-9574
           http://www.prokseoul.or.kr/
글쓴이   한국염
펴낸곳   도서출판 동연
등 록   제1-1383호(1992. 6. 12.)
주 소   서울시 마포구 월드컵로 163-3
전화/팩스   02-335-2630/02-335-2640
이메일   yh4321@gmail.com
인스타그램   dongyeon_press

ISBN 978-89-6447-092-3 03060

한국기독교장로회 서울노회 65년사

생명·평화·선교 공동체, 서울노회 행전(行傳)

A 65 Year History of the Seoul Presbytery
of the Presbyterian Church in the Republic of Korea
for Life, Peace, and the Community of Mission

한국기독교장로회
서울노회 역사편찬위원회

동연

사 진 으 로   보 는

한국기독교장로회
서울노회 65년사

1978년 제34회 정기노회

1989년 제57회 정기노회

1993년 제64회 정기노회

1998년 제75회 정기노회

2002년 제83회 정기노회

2011년 제100회 정기노회

서울노회의 날

2020년 제119회 정기노회 - 코로나 상황에서 맞이 한 60주년

2024년 제126회 정기노회 - 64년만의 첫 여성노회장 배출

제127회 정기노회

새천년 정책협의회

100회 노회 정책협의회

임원, 부장단, 서기, 연석회의(2022)

임원부장단확대연석회의(2023) - 남녀청년신도회회장 포함

신년목회자 세미나

신년하례회(2006, 2023년)

목사임직식

은퇴찬하식

목사후보생 수련회

장로임직예정자 결단기도회

전임 노회장, 전임 장로부노회장 간담회

원로목사 송년모임과 평화기행

선교부, 칼빈탄신500주년 기념강연회(2009년)

개척교회, 미자립교회 목회자 간담회(2015년)

작은교회모임(2021년)

진중세례식

2013년 WCC 10차대회(부산) 서울노회 대표단

한신대신학대학원 에큐메니칼 장학생들 서울노회의 격려방문

2006년 세미나

신년교사 강습회

여름성경학교 교사강습회

제1회 신도대회

2010년 신도회 연합체육대회

남신도회

남신도회 서울연합회 정기총회

이웃사랑음악회

서연합창단 선교음악회

선교후원회

기장여성연대 활동(여신도회·청년회·여교역자회·여장로회)

여신도회 서울연합회 정기총회

신년하례회

청년회

> 70, 80, 90년대 한국사회 민주화의 초석이 되었던
> 청년회 서울연합회는 현재 재건 중이다.

시찰회 걷기대회

기후위기 극복을 위한 중구시찰회 걷기대회

용산시찰회 걷기대회

마포시찰회 걷기대회

종로시찰회 걷기대회

캄보디아 김형기목사 선교 현장 (프놈펜교회) 방문

서울노회 선교부의 미얀마 장로교회 방문(2001년/2003년)

태국선교지 방문

필리핀 김현숙목사 선교지 방문

필리핀 연합교회 팔라완 노회와 선교협약식

카나다연합교회와 교류연대

북부 독일교회와 교류

제1회 교류와 제1회 한일선교협의회

한일선교협의회 현장방문

제5회 한일선교협의회(일본)

동경북지구 대표의 서울노회 정기회 인사

동아시아 평화를 위한 한일양국 교회의 기도회

여신도회와 동경북지구 부인회와 교류연대

한일 청소년 여름 수련회, 매년 교차해서 진행하고 있고 20회를 맞이하였다.

평화통일 기행

평화통일 일요기도회

2013년 생명의 강 살리기 사순절 금식기도회(팔당에서)

삼일교회 강제철거 반대활동

창조세계를 회복하는 녹색교회를 배운다

녹색교회 탐방

2024년 10월 5일(토)
오전 9시 30분~오후 5시

코스
서울제일교회(서울시 중구 마른내로 120) →
경동교회 → 식사 → 독립문교회 → 향린교회

신청 ① 문의 번호로 문자신청 ② QR코드로 신청

참가비 1만원(식사비 포함)
• 모든 참가자에게 1만원 상당의
제로웨이스트 기념품을 드립니다.

문의 : 010-9504-8015(김요한 목사)
한국기독교장로회 서울노회 기후정의위원회

햇빛 발전소 설치(서울제일교회 옥상)

녹색교회 탐방(서울제일교회, 경동교회)

녹색교회 탐방(독립문교회, 향린교회)

새로운 세상을 열어 가는
의지와 소망의 이야기가 되길!

과거를 기억한다는 것은 오늘을 성찰하며 미래를 노래하는 것입니다. 축소 사회, '소멸의 시대'를 살고 있는 우리가 남길 것은 하나님의 재창조의 역사에 동참하겠다는 '삶의 고백으로서의' 공동체 이야기입니다. 이스라엘 백성들은 바벨론 포로 생활하에서 하나님만이 창조주이심을 고백하며 조상들을 통해 역사하셨던 하나님의 손길을 이야기로 남겼습니다. 그것은 전 세계를 움직이는 '말씀'이 되었습니다.

우리의 현재를 정확히 인식하기 위해서는 과거의 역사를 되돌아보며 오늘 우리의 선 자리를 성찰할 때, 미래를 발전적으로 열어 갈 수 있습니다. 어떤 역사가는 "현재는 과거의 산물이며, 미래는 현재의 연장"이라며, "그런 점에서 미래는 내일 오는 게 아니라 우리 내면에 이미 들어와 있다"라고 말합니다.

1960년에 출발해 2024년까지 서울노회의 주춧돌이 되어 주님의 몸 된 교회 하나를 개척하기 위해 눈물로 기도하며 헌신해 온 사람들, 어두운 한국 사회 민주화를 위해 고난과 핍박 가운데서도 작은 불꽃이 되어 마침내 새날을 열어 갔던 노회원들의 꿈과 투신, 노회와 총회의 정책과 제도 발전을 위해 애쓰며 안정된 노회를 위해 수고해 온 손길들이 있었습니다. 오늘 우리는 하나님과 함께 걸었던 그 순간들을 기억하며 65년의 발자취를 엮어냅니다. 이런 과정들이 모여 축소와 소멸 시대에 새로운 세상을 열어 가는 의지와 소망의 이야기로 울려 퍼지길 바랍니다.

125회 정기노회(2023. 10. 17.)에서 '서울노회 역사편찬위원회'를 구성키로 결정하고 5인의 위원을 선정하였습니다. 그해 11월 초 역사편찬위원회(위원장: 김성희 목사, 서기: 한강희 목사, 위원: 임승택 목사, 백남호 장로, 이규남 장로)가 조직되어 지속적인 만남과 토의 끝에 이 책이 얼굴을 내밀게 되었습니다.

"서울노회 65년사"를 발간하는 과정에서 앞서간 선배들의 수고와 헌신, 고뇌와 비전 등 많은 것을 배웁니다. 1990년에 30년 동안의 「노회 촬요」(요약 보고서)를 묶어 『서울노회 약사』를 발간했고, 코로나19로 나라가 온통 어려울 때 서울노회의 핵심적인 제도 변천을 뽑아 간략하게 정리한 『토픽으로 보는 서울노회 60년사』를 펴냈습니다. 이런 일련의 노력이 있었지만, 그동안 노회 일에 앞장서 온 분들의 기억이 살아있을 때 65년간 노회의 전반적인 발자취를 정리해서 새로 서울노회의 일원이 되는 분들에게 자료가 될 수 있기를 바라는 간절한 마음들이 모여 "서울노회 65년사"를 펴내게 되었습니다.

우리 노회원이며 목회 현장의 실천가요 여성사, 교회사 등을 써오신 집필자 한국염 목사님이 계셨기에 이 작업을 시작할 수 있었습니다. 한 목사님의 노고로 자칫 보고서로만 남을 수 있었던 서울노회 65년의 행적들을 역사로 남길 수 있음을 감사드립니다.

이 책의 발간을 위해 함께 마음 모아주신 노회원들, 편집자문위원들(신익호, 허광섭, 김성일, 김민수, 박승렬·인영남 목사, 오동근·지정일·나호천 장로), 신도회 역사 정리에 동참한 남·여·청년 신도회분들(서정래 회장, 김의신 장로, 윤보숙 회장, 김지선 목사, 김은아 총무, 박소영 총무) 그리고 애정 어린 쓴소리와 함께 여러 부분을 지적해 주시고 조언해 주신 많은 분들에게 감사드립니다. 편집과 출판을 맡아 수고해 주신 도서출판 동연에도 감사를 표합니다.

과거를 통해 오늘 우리의 선 자리를 확인하며 내일의 비전을 발견합니다.

임마누엘!

2025년 1월 31일
서울노회장 김성희 목사

'생명 · 평화 · 선교 공동체'를 향한
서울노회 65년 행전(行傳)을 기록하며

　개신교가 이 땅에 전래된 지 140년, 한국기독교장로회가 출범한 지 71년 그리고 서울노회가 시작된 지 65년이 되었다. "서울노회 65년사"는 서울노회의 시작점인 1960년부터 2024년까지 '새 하늘과 새 땅'의 꿈으로 시작한 서울노회 65년의 행전(行傳)을 기록한 것이다. 이를 기술하면서 어떤 특출한 노회 지도자들의 사상이나 활동에 중심을 두어 기록하지 않고 서울노회 전반의 틀에서 서울노회가 노회의 이름으로 전개한 활동과 그 배경, 노회의 근간이 되는 제도, 조직들의 변천을 중심으로 또한 소위 전문적인 역사서 틀이 아니라 글쓴이의 눈으로 보는 스토리 중심으로 서울노회 65년의 행전(行傳)을 기록하였다.

　65년사를 기술함에 있어서 첫 부분은 서울노회 전사라고 할 수 있는 개신교 전래와 장로교의 역사 그리고 한국기독교장로회의 출범 과정과 서울노회 분립 이전의 경기노회 시기를 살펴보았는데, 이는 서울노회의 뿌리가 여기에 있기 때문이다. 그리고 한국기독교장로회 서울노회이기에 총회의 흐름 속에서의 '하나님의 선교'와 '기장성'의 맥락에서 서울노회의 발자취를 살폈다. 서울노회의 출발점인 1960년 이후 역사는 10년 단위로 매 시기 서울노회 활동에 영향을 준 시대적 상황과 교회사적 배경, 기장총회의 배경들을 간략하게 살펴보고, 이런 흐름 속에서 걸어온 서울노회의 행적들을 당시 현황과 조직 발전, 총회 헌의 활동, 부서와 위원회의 활동, 신도회 활동을 중심으로 살펴보고, 다음 시대와의 징검다리로 각 장 끝에 그 시기 활동과 남은 과제를 정리하였다. 각 장의 제목은 교단총회의 주제를 이어받은 서울노회의 주제에서 서울노회의 10년마다의 역사를 가장 잘 대변할 수 있는 주제를 선정하여 장의 제목으로 취하였다.

서울노회가 벌인 사업이나 활동의 상세한 내용에서 지면상 포함하기 어려운 부분은 각주로 처리하였다. 각주를 사용함은 바로 쉽게 내용을 확인하기 위해서다. 부록으로 『토픽으로 보는 서울노회 60년사』에 실린 내용 중 서울노회 설립과 분립, 시찰위원회를 비롯한 임원 제도와 상비부서, 위원회의 변천, 총회 총대 선출 변천 과정과 노회 역대 임원 명단을 게재하였고, 서울노회에서 임직 받은 목사 명단과 노회 규칙 그리고 서울노회가 발표한 성명서의 제목을 첨부하였다. 장로임직자 명단을 포함하지 않은 것은 고시부 사업에 포괄하였기 때문이다. 성명서 제목만 게재한 것은 본문에 내용 요약 부분이 실려 있기 때문이다.

"서울노회 65년사"를 집필하는 데 사용한 자료는 1960년 제1회 정기회부터 2024년 127회까지의 서울노회 「노회 보고서」와 각종 문서를 모아 총회가 펴낸 『한국기독교 100년사』[1]를 핵심 자료로 사용하였고, 「총회회의록」과 회보, 총회에서 낸 문서를 보조 자료로 사용하였다.

또한 "서울노회 65년사"를 펴냄에 있어 전사에 해당하는 기독교의 전래부터 기장 교회의 출범에 이르는 역사 부분은 김주한 박사(한신대학교 교회사 교수)에게서 감수를 받았고, 편찬위원들과 편집자문위원들이 10회 이상 모여 토론을 통해 수정·보완하였으며, 65년 이후 서울노회가 나가야 할 방향을 모색하기 위한 간담회와 "제7문서"를 통해 맺음말을 정리하였다. 이렇게 많은 사람의 노고가 담긴 이 책이 서울노회가 65년 동안 걸어왔고 또 앞으로 걸어가야 할 생명·평화·선교 공동체를 향한 새 여정에 도움이 되기를 바란다.

2025년 1월
서울노회가 다시 걸어갈 생명·평화·선교 공동체를 내다보며
한국염 씀

---

1 서울노회사를 기술하면서 교단총회가 발간한 『한국기독교 100년사』를 많이 참고하였다. 『한국기독교 100년사』는 한국기독교의 정체성과 우리 교단의 뿌리를 확인하겠다는 취지에서 펴낸, 사건 나열의 역사서가 아닌 해석사다.

차 례

제1장 ㅣ 보라, 내가 새 일을 행하리라! ― 한국기독교장로회 서울노회의 근원과 뿌리

제2장 ㅣ 용기를 내라, 내가 세상을 이겼다

제3장 ┃ 선교 2세기 ― 민중·민족과 함께, 부활의 증인으로!

제4장 ㅣ 희년의 나팔을 온 땅에

제5장 ㅣ 새천년, 주여 나를 보내소서!

제6장 ｜ 예수 그리스도의 빛 안에서 새로워지는 노회

제7장 ┃ 영과 진리로 예배하는 생명·평화·선교 공동체

제8장 ┃ 해외선교협력 동역자들의 선교 활동

제9장 ┃ 하나님의 백성들이 연합한 신도회 역사와 사업

맺음말

부록

보라, 내가 새 일을 행하리라!
─한국기독교장로회 서울노회의 근원과 뿌리

1. 기쁜 소식으로서 개신교 전래

한국기독교장로회(기장) 서울노회는 1960년 10월 13~14일에 열린 '대한기독교 장로회'[1] 경기노회 제74회 정기회에서 분립되어 새 역사를 시작하게 되었다. 서울노 회는 '한국기독교장로회'의 수도노회로서 위상을 갖고 출발하였지만, 그 뿌리는 신분 제 철폐와 여성 해방이라는 개벽 그리고 개화라는 시대적 요청에 의한 기독교 전래에 까지 거슬러 올라간다. 17세기부터 실학파들은 중국과 교류하면서 서학을 받아들였 는데, 당시 조선은 유교에 기초한 절대적 신분제 사회였다. 신분제적 봉건 질서가 변화되기를 바라는 유학자들은 실학이라는 새로운 학풍을 일으켰고, 종교적으로는 천주교를 수용하였다. 조선의 천주교는 외래 선교사가 들여온 것이 아니라 조선인들 이 북경에 가서 천주교인이 되어 조선에 들여왔다.[2] 유교 가치관이 세상을 지배하고, 신분제와 가부장제로 고통받고 있던 조선 백성들에게 "천주 안에서 모든 인간은 평등 하다"라는 천주교의 평등사상은 가히 놀라운 사상으로, 천주교는 중인, 평민과 여성 들에게 파급력이 컸다.

개신교가 전래된 19세기 말 한반도 상황은 중국과 일본, 서구 열강의 패권 다툼 자리가 되면서 조선은 안으로는 봉건사회를 개혁해야 하고, 밖으로는 침투하는 제국 주의의 외세를 막아야 하는, 개벽과 개화가 큰 민족적 과제로 등장하고 있었다.[3] 당시 개신교를 받아들인 교인들의 입교 동기는 크게 두 가지로 볼 수 있다. 하나는 복음이 가진 해방성이요, 다른 하나는 개화의 필요성이다. 일반 민중과 여성들에게는 기독교 가 전한 "인간은 하나님의 형상이요, 그리스도 안에서는 종이나 자유인, 남자나 여자

---

1 1953년 제38총회 시에는 '대한예수교장로회'라는 이름으로 시작했으나 혼돈을 막기 위해 1954년 6월 10일 제39회 총회에서 '대한기독교장로회'로 이름을 바꾸었고, 1961년 제46회 총회에서 '한국기독교장 로회'로 개칭하였다.

2 한국 천주교는 1784년 2월 중국에서 이승훈이 동지사 서장관인 아버지를 따라 북경에 갔다가 그라몽 신부로부터 영세를 받고 와서 그의 동료인 이벽, 권일신, 김범우 등에게 세례를 베푼 역사에서 시작되었 다. 한국기독교장로회 역사편찬위원회, 『한국기독교 100년사』(서울: 한국기독교장로회 출판사, 1992), 62.

3 앞의 책, 35.

가 하나"라는 가르침이 글자 그대로 복음이요 새 하늘, 새 땅의 기쁜 소식이었다. 민중과 여성들이 입교할 때 기독교의 만민 평등사상이 큰 요인으로 작용하였고, 사회 지도층들에게는 개화를 통한 구국 방편이 큰 요인이 되었다. 조선을 개화시켜 일본, 러시아, 중국 등 제국주의의 위협 앞에서 나라를 구하고자 하는 민족 열망이 개신교를 적극적으로 수용케 하였다.[4]

이렇게 민중과 여성, 지식인들에게 기쁜 소식으로 다가온 복음은 얼핏 구미 선교사들이 전파한 것처럼 각인되고 있으나 사실상 선교사에 의한 복음 전래 이전에 이미 기독교가 한반도에 시작되고 있었다. 1879년 백홍준, 이응찬, 김진기, 이성하 등 한국인 네 명이 만주에서 스코틀랜드 연합장로교회 존 매킨타이어 선교사로부터 세례를 받고 한국 최초의 개신교 신자가 되었으며, 존 로스, 존 매킨타이어를 도와 성서 번역에 참여하였다. 이렇게 최초로 한글 번역 성서가 반포되어 자발적인 신앙 공동체가 형성된 곳은 1880년대 초반 김천송의 전도로 서간도에 세워진 '대한한인촌교회'였으며, 1883년 서상륜, 서경조 형제의 전도로 황해도 장연군 송천에 최초의 신앙 공동체(솔내교회 전신)가 설립되었고, 1884년 '솔내교회'가 완공되었다.

선교사가 한국에 입국했을 때는 이 땅에 성서가 번역·출간되어 있었다. 1882년 일본에서 이수정이 번역한 마가복음이 출간되었고, 같은 해에 이응찬 일행과 스코틀랜드장로교회의 선교사 존 로스, 매킨타이어 등에 의해 누가복음과 요한복음이 출간되었다. 1884년에 마가복음, 마태복음, 1885년에 로마서, 고린도전후서, 갈라디아서, 에베소서 등이 출간되었다. 1887년에는 신약성서 27권 전체를 번역한 『예수셩교젼셔』(로스 버전)가 한글로 완역되어 간행되었다.[5]

이렇게 한국기독교는 자생적으로 시작되었고, 이 터전에 1884년 미국 북장로교회 의료 선교사인 알렌 의사, 1885년 미국 북장로교 선교사 호레이스 G. 언더우드 목사와 미 감리교 선교사 헨리 아펜젤러 목사가 입국하였다.

---

4 이효재, 『한국기독교여성100년사』 (서울: 한국기독교여성100년대회 출판위원회, 1985), 50.
5 앞의 책, 75.

2. 한국장로교회 개혁 운동과 기장의 탄생

1) 한국장로교회 시작

1885년 아펜젤러, 언더우드 선교사의 입국을 계기로 미국, 캐나다, 호주 등 여러 나라에서 한국에 선교사를 파송하였다. 서구 교회에서 한국에 파송되어 선교 활동을 하는 선교사 수가 늘어나자, 나라별 선교회가 지역별로 설치되었다. 미국 북장로교선교회는 평양을 중심으로 관서 지방과 서울, 대구에, 미국 남장로교선교회는 호남 지방에, 호주 선교회는 경남 지방에, 캐나다장로교회[6]선교회는 관북 지방(함경도와 간도 지역)을 선교 지역으로 각각 자리 잡고 선교 활동을 벌였다. 한국 선교를 위해 입국한 장로교 선교사들은 장로교 소속 선교협의회를 조직한 후 한국에 단일연합장로교회를 세우기로 방침을 정하고, 1907년 9월 17일에 평양 장대현교회에서 32명의 선교사와 36명의 한국인 장로를 회원으로 해서 독노회(총노회)를 조직하였다. 독노회 초대 회장에는 S. A. 모패트 목사, 부회장에 방기창, 서기에 한석진, 부서기에 송인서가 각각 선출되었고, 이 독노회에서 서경조, 길선주, 한석진, 송인서, 방기창, 양전백, 이기풍 등 평양신학교[7] 제1회 졸업생 7명이 처음으로 목사 안수를 받았다.

독노회 아래 지방별로 대리회를 조직하여 평북, 평남, 황해, 경기, 충청, 전라, 경상 및 함경 등에 두었다가, 지방에 교회 수와 교인 수가 많이 증가함에 따라[8] 7개 지방의 대리회를 노회로 승격시켰다. 1912년 9월 1일 총회를 창립, 한국장로교회가 시작되었고, 초대 총회 임원진은 총회장에 언더우드 목사, 부총회장에 길선주 목사, 서기에 한석진 목사, 부서기에 김강수 목사, 회계에 블레어 목사, 부회계에 김석창 등이었다.[9]

---

6 여타의 칼빈의 근본주의적 신학을 한국에 이식한 미국 선교부와 달리 캐나다장로교회는 스코틀랜드장로교 전통을 이어받은 교회로서, 한국어 성경을 번역한 존 로스 선교사도 이 전통에 서 있다.

7 평양신학교는 1905년에 미국 북장로교회와 남장로교회 및 호주 장로교회 선교부가 연합하여 "한국인을 위한 한국 교역자 양성"을 목표로 평양에 세운 것이다.

8 이때 교세는 목사 7명, 장로 53명, 교회 989개, 세례교인 약 19,000명, 출석 교인은 모두 70,000명이었다.

9 『한국기독교장로회 50년 약사』(한국기독교장로회, 1965), 9-14.

개화와 자주가 민족적 요청이던 시대에 선교를 개시한 한국장로교회는 1910년 일본에 의한 국권 침탈로 인해 위기를 맞았다. 이러한 위기에 맞서 한국 그리스도인들은 독립운동에 적극 참여하였으며, 이로 인해 교회는 심각한 핍박을 받게 되었다. 급기야 1936년부터 한국교회는 일본 황국신민화정책에 의해 일본 국가 의식이라는 구실로 신사 참배를 강요당했고, 1942년에는 한국의 모든 교단을 강제로 단일화하여 '일본기독교조선교단'이라는 명칭을 사용해야만 하는 등 한국교회는 시련기에 접어들었다.

제2차 세계대전이 발발하자 선교사들은 추방되거나 자발적으로 귀국하였고, 유일한 신학교인 평양신학교도 폐교되어 목회자를 양성할 새로운 신학교 설립이 필요하다는 요청이 대두되었다. 1939년 함태영, 김대현, 채필근, 송창근 등을 중심으로 경향 각지의 장로교회 지도자들의 호응을 얻어 서울에서 조선신학교 설립을 위한 기성회가 조직되었다. 승동교회 김대현 장로의 헌금으로 1940년 4월 19일 조선신학원(한국신학대학)이 승동교회에서 개교하였고,[10] 조선신학원 개교로 일제의 박해 속에서도 한국장로교회 목회자들이 배출되었다. 당시 조선신학교는 한국에서 유일한 신학 교육기관이었기에 학생이 360명에 달했다. 조선신학교는 신학 사상에서 정통주의, 근본주의를 극복할 뿐만 아니라 선교사 지배 아래 있는 것이 아닌 선교지 주민에 의한 한국기독교의 새 장을 준비하기 위해 설립되었다.

2) 근본주의 신학에 입각한 교권주의자들의 조선신학교 배격

1945년 8월 15일 일제로부터 해방되자 한국교회는 일제 강요로 '일본기독교조선교단'으로 통합되었던 연합체를 해체하고 각 교파로 다시 돌아갔다. 북측의 장로교회는 1945년 12월 평양 장대현교회에서 5도 연합노회로 회집, 신사 참배를 결의한 죄과를 크게 뉘우치고 교회 재건에 들어갔고, 남측의 장로교회는 1년 늦은 1946년 6월

---

10 앞의 책, 30.

12일부터 4일간 서울 승동교회에서 남부총회를 열었다. 남측 장로교회는 이 총회에서 제27회 시 결의한 신사 참배 결의를 취소하고 조선신학교를 남부총회 직영신학교로 결의하는 등 교회 재건과 정비에 나섰다.

그러나 조선신학교의 성서비평학, 역사비평학 등의 진보적 신학을 거부하는 신학생 51명이 "김재준 교수의 근대주의 신학 사상과 성서의 고등 비판을 받아들일 수 없다"라고 주장하여 1947년 33회 총회에 진정서를 제출했다. 이 진정서에 발맞추어 평양신학교 계열의 박형룡을 중심으로 한 세력들은 "고등 비판은 성서의 권위를 파괴하는 것이며 김재준은 한국교회를 능욕하고 있다"라고 총회에 고발하였다. 박형룡 목사를 비롯한 총회파는 조선신학교 측을 '신정통주의 신학'이므로 교회를 파괴한다는 이유를 내세워 몇 차례 조선신학교 이사진과 교수진의 총 퇴직을 총회에 안건으로 내세웠으나 무산되었다. 표면적으로는 성서관을 내세웠으나 총회파의 행동 이면에는 평양신학교에서 누렸던 영광을 되찾으려는 교권 세력의 지배욕과 한국교회에서 누렸던 영향력을 강화하려는 장로교 선교사들의 자주적 교회와 자주적 신학을 내세운 조선신학교 탈취가 핵심이었다. 총회대책위원회의 퇴장에 이은 제38회 호헌총회는 자칫 빼앗길 위기에 있던 조선신학교를 지켜내는 데 성공하였다.

선교사의 지배 아래 정통주의 신학의 대본산으로 자처하는 평양신학교 출신을 중심으로 한 총회파는 보수주의 신학을 견지해 왔기에 진보적인 조선신학교 측과의 갈등이 심화되었다. 이들은 1948년 4월 제34회 총회 직후 새로 신학교를 설립하고 1949년 총회에서 신설된 신학교를 총회 직영으로 인허토록 한 다음 조선신학교와 합동안을 통과시켰다.

1952년 대구에서 열린 제37회 총회에서는 "① 한국신학대학[11] 졸업생에게는 일체 교역자 자격을 부여하지 않는다. ② 한국신학대학 김재준 목사의 목사직을 박탈하고 그의 소속 노회인 경기노회로 하여금 이를 선포하게 한다. 캐나다 선교사 서고도(스코트) 박사는 해당 노회에 명하여 처단케 한다(성서무오설을 부인하였다는 이유로).

---

11 조선신학교는 1948년 '조선신학대학'으로, 1951년 대학 승격 후 '한국신학대학'으로 교명을 변경했다.

③그들을 옹호, 지지, 선전하는 자는 해당 노회에서 처단한다"고 결의하여 선포하였다. 이에 "37회 총회가 이런 월권을 감행한 것은 교회 법규상 불법이며, 교권으로 진리를 억압하려는 비기독교적인 횡포"라고 총회에 항거하는 교회들이 봉기하여 1952년 9월 대한예수교장로회 호헌 전국대회를 열었다. 이에 총회는 종래의 정책을 재확인함과 동시에 호헌 운동에 참여했던 교인들을 처단한다고 선언하였으나 제37회 총회로부터 김재준 목사 파직 지시를 받은 경기노회는 파직할 이유가 없다는 노회 결의를 38회 총회에서 보고하였고 총회는 경기노회에 다시 파직을 지시하였다.

1953년 4월 대구에서 열린 제38회 총회 후 김세열, 이상귀, 장하원 목사 외 80명은 '대한예수교장로회 총회대책위원회'를 구성하고 총회에 긴급건의서를 제출, "① 대구에서 신설된 총회신학교와 한국신학대학에 대하여 총회로서 동등한 자격을 부여할 것, ② 제37회 총회에서의 신학교 문제와 기타 이에 관련된 모든 불법 결의를 금번 총회에서 전부 취소할 것, ③ 제37회 총회의 불법 결의 때문에 분열된 전북, 충남, 김제, 군산, 경북 등 5노회를 무조건 복귀(분열 이전으로) 시킬 것 그리고 기타 여러 노회에서 야기된 이 사건 중심의 처단 사건을 전부 취소할 것" 등을 긴급히 헌의하였다. 그러나 총회대책위원회의 헌의는 묵살 당한 채 총회는 종전의 총회 결정 사항을 고수하였고, 타협의 여지가 없어진 정황임을 확인한 대책위원회는 새출발을 다짐하는 비통한 선언을 남기고 동지들과 함께 퇴장하였다.

3) 개혁의 상징, 한국기독교장로회(기장) 출범하다

총회대책위원회는 38회 총회가 분리주의자들에 의해 점거된 불법 집단임을 구체적으로 지적하고 정당한 전통을 계승하는 제38회 총회 소집을 호소하는 성명서를 발표하였으며, 5월 25일에는 대전에서 6개 노회장[12]이 모여 노회장 회의를 개최하고 38회 총회 소집 및 그 준비 사항을 의결하였다. 1953년 6월 10일 서울 용산구 동자동

---

12 김세열, 박재석, 이상귀, 정희수, 장하원, 이명석, 황희섭, 정규태 등.

한국신학대학 강당에서 제38회 호헌총회를 개최하였고,[13] 회장에 김세열 목사가 선출되어 36, 37회 총회에서 결정된 모든 불법 결의를 무효로 함과 동시에 선언서를 통해 호헌총회가 "새 술은 새 부대에" 넣기 위한, 장로교회의 바른 전통으로 가기 위한 길임을 천명하고 호헌총회의 4개 강령을 발표하였다.[14]

장로회 호헌 측의 출범은 한국교회가 근본주의 선교사 신학으로부터의 출애굽한 사건이었으며 동시에 자주적 교회로 탄생한 사건이었다.[15] 호헌 측 대한예수교장로회는 새 역사 첫 총회를 연 이듬해인 1954년에 '대한기독교장로회'로 교단 이름을 바꾸었는데, "나사렛 예수를 그리스도로 믿는 때에 비로소 그리스도인이 된다"라는 신학적 이유에서다.[16] 기장총회는 1961년 '대한기독교장로회'에서 '한국기독교장로회'로 교단의 명칭을 바꾸었다.

호헌총회 선언서에 나타난 "복음의 자유, 신앙 양심의 자유, 자립 자조의 정신, 에큐메니칼 정신"은 향후 기장의 정체성을 가늠하는 지표가 되었으며, 이 정신은 '조선신학교' 설립과 맥을 같이하는 것으로, 기장의 출발은 38회 호헌총회 이전의 조선신학교 설립에서 그 기원을 찾아야 한다. 일반적으로는 교단이 설립되고 신학교를 만들었지만, 기장은 신학교로 인해 교단이 만들어진 독특한 사례이다. 이렇게 바리새주의적 근본주의 신학과 교권주의 횡포로부터 출애굽적으로 출발한 기장은 보수

---

13 참가한 노회는 경서, 전북, 군산, 김제, 경북, 충남 등이었으며, 총대로 53명(목사 26명, 장로 27명), 여전도회원, 청년회원, 호헌동지 등 111명이 참석하였다. 분리된 후 첫 총회지만 대한예수교장로회의 헌법을 수호한다는 뜻에서 1회가 아니라 38회 총회로 개회하였다.

14 "1. 우리는 온갖 형태의 바리새주의를 배격하고 오직 살아계신 그리스도를 믿음으로 구원 얻는 복음의 자유를 획득한다. 2. 우리는 건전한 교리를 세움과 동시에 신앙 양심의 자유를 확보한다. 3. 우리는 노예적인 의존 사상을 배격하고 자립 자조의 정신을 함양한다. 4. 그러나 우리는 편협한 고립주의를 경계하고 전 세계 성도들과 협력 병진하려는 세계교회 정신에 철저하려 한다." 「제38회 총회회의록」 (1953. 6.), 1-11.

15 이우정·이현숙, 『여신도회 60년사』 (한국기독교장로회 여신도회전국연합회, 1989), 192.

16 기장 교단이 출범할 당시 교세를 보면 다음과 같다(1954년 총회 통계위원 보고). 1) 직원 총수: 3,224명. 목사 130명, 장로 260명, 집사 2,300명, 영수 50명, 전도사 115명, 강도사 19명, 목사 후보 250명. 2) 교회 총수 446 교회(당회 189, 미조직교회 311, 기도회 처소 36곳). 3) 교인 총수 95,220명(입교인 총수 16,994, 학습인 총수 9,096, 원입교인 총수 64,290, 유아세례인 수 4,900). 『한국기독교장로회 50년 약사』, 43.

신학과 율법주의적 지도자들로부터 가르침을 받은 교인들에게 오랜 세월 이단시되어 "구원이 없는 교회"로 간주되기도 하였으나 훗날 한국기독교장로회(기장)의 '기장성'은 민족과 함께하시는 하나님의 구원사를 위한 화살촉이 되었다.

4) 기장교회 동반자 캐나다연합교회의 협동과 파트너십

한국기독교장로회가 한국장로교를 개혁하는 대안교회로서 출발할 수 있게 한 또 다른 원동력으로는 기장교회를 지지해 주고 파트너가 되어 준 캐나다연합교회의 공헌을 빼놓을 수 없다.

캐나다 선교사들의 한국 선교는 독립 선교사로 시작되었다. 1888년 12월 캐나다 장로교회 선교사 제임스 게일(James Gale) 목사가 개인 자격으로 입국했으며, 1893년 12월 존 맥켄지(W. J. Mckenzie) 목사가 독립 선교사로 입국해 솔내 지역에서 활동하였다. 1895년 맥켄지 선교사가 솔내에서 헌신적으로 활동하다가 급서(急逝)하자 이에 자극과 감동을 받은 캐나다장로교회가 한국 선교에 전력을 다하기 시작하였다. 1898년 의료 선교사 그리어슨(Robert G. Grierson) 목사, 푸트(W. R. Foote), 맥래(Duncan M. McRae) 목사 등이 입국하여 함경도 지역에서 선교 활동을 벌였는데, 이들은 스코틀랜드장로교의 전통을 계승한 자들로서 선교 현지 자국민 교회의 자주권을 존중하였다. 장로교 선교사들이 한국에 들어와 나라별로 선교 지역을 배치했을 때 캐나다장로교회 선교회는 함경도, 북간도, 노령에 이르는 관북 지역을 거점으로 자리 잡고 선교 활동을 하였다.

캐나다 선교사들은 한인들이 민족운동과 독립운동을 할 수 있도록 보호막이 되어 주었고, 일제의 학정을 피해 이주한 수많은 한국인을 도와주고 복음으로 인도하였으며, 기독학교를 세우는 데 큰 힘을 보태 민족 지도자들을 육성하였다. 특히 1925년 6월 캐나다장로교회, 감리교회, 회중교회가 합동하여 캐나다연합교회가 된 후, 스코트, 프레리저, 맥도날드 등 진보적 신학 경향을 가진 선교사들이 캐나다연합교회 선교부를 주도하였다.[17] 1941년 캐나다연합교회 선교부는 일제에 의해 강제 철수되었다가 해방 이후 1946년에 다시 한국에 돌아왔으나, 캐나다 선교사들이 활동하던 그 지역 전체가 38선 이북 지역에 속해 캐나다 선교부는 서울에 자리를 잡고 함경남도와 남만주 지역에서 온 피난민들을 구조하는 활동을 하였다. 1947년부터 한국장로교회 안에 분쟁이 일어났을 때는 한국신학대학과 노선을 같이해 스코트 박사의 경우 한국 신학대학에서 교수를 역임하다가 1951년 제37회 총회에서 김재준 목사와 함께 제명 처분을 당하였다. 한국기독교장로회 출범 이후에 캐나다 선교부는 기장과 파트너십을 이루어 기장을 물심양면으로 도왔다.

1955년 3월 28일 캐나다연합교회 롱(E. E. Long) 총무와 해외 선교부 갤러허 (David H.Gallagher) 총무가 대한기독교장로회 총회 상황을 시찰할 목적으로 내한 하였다. 타 교단들이 선교사들의 지배하에 있던 것에 반해 캐나다연합교회와 기장은 처음부터 동반자 관계로 출발하였다. 캐나다연합교회는 서울동부교회에서 열린 제 40회 총회에서 대한기독교장로회 총회와 선교 협력을 맺고 총회에 선교사 파견 증서를 제출하였고, 캐나다 선교부와 대한기독교장로회는 동수로 위원을 선정하여 선교 협의회를 구성하였다.

선교협의회를 구성한 후에 캐나다연합교회 선교사들은 기장의 한 지체로서 기장 총회의 치리를 받으면서 선교 활동을 수행하였다. 전도 사업, 교육 사업, 사회 사업 등 교단 안에 수많은 활동을 추진할 때 캐나다 선교부로부터 사업에 필요한 재정, 기술 등 인적, 물적 도움을 받았다. 기장이 한 교단으로서 자립하기까지 많은 도움을 준 캐나다연합교회는 1973~1974년 캐나다 선교부가 한국에 갖고 있는 전 재산을 총회에 이관하여 기장교회의 물적 토대를 갖추게 하는 데 큰 공헌을 하였다.[18] 기장을 말할 때 기장교회의 파트너로서 기장의 존립에 큰 공헌을 한 캐나다연합교회의 협동 은 빼놓을 수 없다.

한편 캐나다 선교부가 한국기독교장로회 형성에 끼친 공헌과 더불어 한국기독교

---

17 간도 지역에서 김재준, 문재린, 문익환, 문동환, 안병무, 강원용, 함경도에서 김관식, 조희염, 김영주, 김춘배 등 한국교회 신학을 이끌어 갈 많은 지도자가 배출되었다.
18 「제59회 총회회의록」, 18-20.

장로회의 여성 지도력 형성에 미친 영향도 간과할 수 없다. 1910년 당시 캐나다 출신의 선교사 총 26명 중 여성이 11명으로 여성 선교사의 분포도가 상대적으로 높은 비율이었다. 캐나다 선교회는 신학적 개방 교육과 남녀를 불문하고 인재 양성에 심혈을 기울였다. 함경도에 함흥영생중고등학교와 함흥영생여자고등학교 그리고 '마르다 월슨 신학교'[19]를 설립하여 여성 지도력 육성에도 힘썼으며, 이 학교를 졸업한 이들이 후에 대거 기장의 여성 지도력으로 등장하는 기반이 되었다.[20]

　캐나다연합교회 선교부는 기장이 출범하는 데 크게 공헌하였으며, 기장이 어려움을 겪을 때 유일하게 지지해 준 해외 교회 친구로서, 기장이 세계교회 일원으로 참여하는 데 적극 협력하였다. 이러한 지원과 협력으로 기장은 세계교회협의회(WCC, 1960년) 등 세계교회 기구에 가입하게 되었다. 1998년 기장총회는 캐나다 교회 선교 협력 100주년을 맞아 총회에서 기념 예배를 통해 그동안 캐나다 교회가 기장의 형성과 발전에 끼친 공로를 감사하고 치하하였다.

---

19 남편 맥컬리 선교사와 함께 '마르다 월슨신학교'를 설립한 리루이시(Loise H. McCully)는 1923년 함경도 지방의 여전도회를 조직하고 회의 진행법을 가르쳐주면서 한국 장로교 여성들의 조직과 활동을 지도하였다. 『여신도회 60년사』, 90.

20 함흥여고 출신 여성들이 지난날의 교육 선교와 고마움을 기억하면서 감사 헌금 2천만 원을 모아 기장총회에 와서 캐나다연합교회와 협의하여 사용처를 정해달라고 부탁하였다. 총회는 캐나다연합교회 선교부에 헌금을 송금하면서 "이 헌금을 힘들고 어려운 나라의 교회와 함께 제2의 영생여자고등학교를 세우는 데 써달라"고 부탁하였다. 캐나다연합교회에서 아래와 같은 내용의 답신을 보내왔다. "캐나다연합교회의 세계선교 역사에서 도움을 받은 자들이 세계 다른 형제자매를 위해 되돌려 갚아주는 선행을 처음 맛보는 경험이다. 아프리카 가나공화국 파트너 교회에 헌금을 보내 두 곳에 여성용 미션스쿨을 짓기로 했다"라고 전하면서 "이 일은 사랑을 바탕으로 한 선교 파트너십이 얼마나 소중한 열매를 맺을 수 있는지 감사와 감격을 되새겼다"라고 후일담을 전해 왔다. 박종화, "캐나다연합교회(UCC)와 한국교회의 의료선교에 관하여," 「총회 회보」 통권 655 (2024.12.), 100.

3. 대한기독교장로회 경기노회 출범

1) 경충노회에서 새로운 경기노회의 출범 과정

1953년 38회 호헌총회가 출범할 때 경기노회는 처음부터 참가한 것은 아니었다.[21] 1954년 5월 11일 새문안교회에서 열린 경기노회 제62회 정기노회에서 "총회 경기노회 특별지시의 건"인 "김재준 목사 제명 건"을 두고 제2일 차 회의에서 "총회특별위원회 지시를 받느냐, 아니 받느냐"로 장시간 토의하다가 정회하였다. 제3일 차 회무 처리에서 "노회장 전필순 목사가 총회 특별위원 지시는 이미 받아 선포했다고 하니 이틀 동안 토의를 하고 다음에 표결하기로 한 것은 무슨 내용이었느냐? 그렇다면 김재준 목사는 제명되었느냐"라고 서기 박한진 목사(효동교회)가 물으니 전필순 회장이 "그렇다"고 대답하자, 대다수의 회원이 "아니다. 불법이다"라고 항의하니 회장이 "비상정회 선언"을 하였다.[22] 이후 진행된 "제62회 비상회의록"을 그대로 전재하면 다음과 같다.

"이는 '노회는 매 사건의 결정을 공포할 것'이라는 헌법 제19조 지시에 의한 회장의 공포는 불법이므로 그 비상정회는 무효임을 주장하면서 재등단을 요청하였으나 끝끝내 불응하고 퇴장하므로 대다수의 회원 요청에 의하여 서기 박한진 목사가 등단하여 회무를 진행시키니 찬송 371장, 박진규 목사가 기도하고 노회 수습을 위하여 비상대책위원 7명을 선정하니 용희창, 우동철, 이주원, 김상돈, 이현재, 이태현, 장희진 씨더라. 1장 찬송 후 김정현 목사 기도 후 박수 정회되다. 회장 용희창, 서기 박한진."[23]

---

21 서울노회 60회 정기회 기념 역사편찬위원장인 박효생 목사는 서울노회의 뿌리를 "1911년 12월 4일 새문안교회에서 시작된 경기충청노회(경충노회)의 성립에서 찾아야 한다"고 보았다. 경기노회의 뿌리는 1911년 12월 4일 새문안교회에서 경기충청노회의 성립에서부터 경기노회의 기원이 있으며, 1924년 12월 19일 경충노회가 경기노회와 충청노회로 분립되었고, 1932년 10월에 경기노회와 경성노회로 분립되었다가, 1945년 해방 이후 다시 경기노회로 통합되었다. 박효생, "경충노회에서부터 시작된 서울노회," 『서울노회약사』, 6.

22 위의 회의록은 대한예수교장로회 총회 교육부에서 1975년 11월 13일에 발행한 『서울노회 회의록』(경기·경성노회 편)에서 "경기노회 제62회 회의록"을 옮겨놓은 것이다. 『경기노회 100년사』, 190.

1954년 5월 25일 경기노회 제62회 본 회의가 안동교회에서 소집되어 서기 박한진 목사의 사회로 개회 예배를 드리고 출석 회원 107명이 참석한 가운데 회무를 진행하였다. 이 회의에서 전필순 노회장 불신임안을 만장일치로 가결하고 새롭게 투표하여 용희창 목사를 회장으로 선정하였으며, 김상돈 장로의 발언으로 총회로부터 보내온 경기노회특별위원지시와 총회불법결의는 거부하기로 가결하였다.[24] 1954년 8월 7일 수원 농천교회에서 분립 후 처음 열린 제62회 1회 임시회는 서기 박한진 목사 사회로 진행되어 임원을 보선하고,[25] 이명과 위임 허락건, 권유문 형식의 성명서 건, 강도사 시취와 임사부 보고, 강도사 인허식과 목사 안수식을 거행하였다.[26] 1954년 11월 23~24일 성남교회에서 열린 제63회 가을 정기노회에 목사 65명, 장로 26명, 합 91명이 회원으로 참석하였고, 대한기독교장로회 총회에 총대를 파송하기로 결의하고 목사 총대 7명, 장로 7명, 합 14명의 총대를 파송키로 하였다.

제64회 정기회부터는 경기노회가 정상적인 궤도에 오른 모습을 보인다. 1955년 5월 10~11일, 1박 2일 동안 회원 83명, 장로 36명, 합 119명의 총대가 참석한 가운데 정기회가 열렸고, 여전도회와 청년회 대표도 참석하였다. 노회 회무도 목사 이명(4)과 임시목사(11)와 위임목사(3) 허락, 장로 청원(26), 시취부(고시부) 보고로 강도사(준목 4)와 전도사(1), 장로(10), 목사후보생(71) 시취 등의 시취부 사업, 목사(3) 안수식과 강도사(1) 인허식이 거행되었다. 또한 대림교회, 월곡교회, 혜림교회, 서울중앙교회 등 4교회가 신설 청원을 하였고, 경기여전도연합회에서 여자성경학원 개설을 청원하여 고등성경학원이 설립되었다.[27] 한편 1955년 11월 22~23일 열린 제65회 가을 정기회에 캐나다 선교부 서고도 목사를 비롯한 선교사 15명이 참석하여 환영을 받았다.

이렇게 새롭게 기장교회로 합류한 경기노회는 1955년 제40회 총회에 여장로와

---

23 앞의 책, 190.
24 앞의 책, 195.
25 회장: 김기현, 부회장: 이주원, 서기: 박한진, 부서기: 이금식, 회계: 김영철, 부회계: 김상배.
26 『경기노회 100년사』, 196.
27 앞의 책. 이후 고등성경학원은 서울연합회와 분립 후 서울노회로 이관되었다.

여집사 제도, 부목사 제도[28]에 관한 헌의안을 상정하였으며, 총회 정치수정위원회에서 여자에게 장로직을 개방하는 헌법 수정안을 총회에 제출하고 각 노회에 수의, 수의 결과 1956년 제41회 총회(성남교회)에서 여장로제와 여집사제가 통과되어 여장로 장립의 길이 제도적으로 확립되었다.[29] 이렇게 교회에서의 여성 권익에 앞장선 경기 노회는 교회에서 사이비 강사를 초청하지 않도록 강사 초청을 규제하여 건강한 교회 신앙 사조 형성의 틀[30]을 마련하였다. 그리고 노회 조직에 관한 규칙을 제정, 경기노회 의 임원과 상무 직원, 상비부서와 부원 그리고 이들의 임무와 역할, 선출 규정 그리고 시찰회에 관한 틀을 정비하였고, 조직을 확대해서 한국전쟁의 참화로 인해 고통받는 이들을 지원하기 위해 사회부를 신설하였으며, 주일학교 명칭을 교회학교로 바꾸었 고, 총회 보조를 요청하여 개척 전도비 보조와 노회 특별 전도비로 교회들을 지원하였다.

경기노회와 서울노회가 분리되던 해인 1960년에 4.19 학생혁명이 일어났다. 바로 다음 날 20일에 서울 시내 기장 목회자들은 부상 당한 학생들을 위하여 구호대책위원 회 본부를 초동교회에 설치하고 여전도회연합회와 협력하여 시내 각 병원에 입원 치료 중인 학생들에게 따뜻한 구호 손길을 폈다. 이 대통령의 하야 성명 발표 바로

---

28 1956년 5월 1~2일에 열린 제66회 정기노회에서 부목사제에 대한 수의건은 조문 제4장 4조 10항으로 "부목사는 담임목사의 지도하에서 그 교회를 조력하는 목사이니 책임이 없고 임시목사 예규에 준할 것이며, 담임목사의 위탁이 있을 시에는 당회장 권한을 대행할 수 있다"라는 조문이었다. 부목사제에 대한 것은 총회와 노회 모두에서 만장일치로 가결되었다.

29 여장로제와 여집사에 대한 수의건은 찬성 47, 반대 6으로 가결되었다. 여장로와 여집사 헌의안은 1955년 교단총회 정치수정위원회(위원장 김세열)에서 "여자에게 장로와 집사의 자격을 부여할 것. 조문: 장로 집사 조문에는 '남' 자를 삭제하고 목사의 조문에만 '남' 자를 기입할 것. 1. 5장 3조: 장로 자격 조문에⋯ '남자 중'의 3자를 삭제하고 조문 말문에 '단 여장로는 남장로 있는 당회에 한함'을 기입할 것. 2. 6장 1조: 집사직의 조문에⋯ '남' 자를 삭제할 것. 3. 3-5장 1조: 목사의 임직 자격의 조문에 '남' 자를 기입하여 여좌히 할 것"이라는 헌법 수정안을 제출하였고, 각 노회에 수의하였다. 1955년까지 여집사 제도도 가능하지 않았다.

30 1956년 4월 2일 동소문교회에서 열린 경기노회 제65회 정기회 1회 임시회에서 특별 집회 강사를 초청하 는 문제에 대해 중요한 결의를 하였다. 교회에서 특별 강사를 초청할 경우 "1) 당회장의 동의 없는 부흥 강사를 청하지 못함, 2) 교회 내에서 입신을 강조하는 부흥사를 청하지 말 것, 3) 집회 중 성전 안에서 춤추거나 예배의 신성을 모독하는 행사를 하지 못함, 4) 구타하는 행위로 병 고치는 안수를 금할 것" 등이다. 이 결의의 배경에는 통일교와 박태선 전도관, 한국전쟁의 후유증으로 인한 종말적 내세관이 있다. 『한국기독교 100년사』, 412.

전날, 4월 25일에는 "이 대통령에게 드리는 공개서한"을 채택, 「조선일보」에 보도를 의뢰하였고, 대한기독교장로회 서울특별시 목사 일동 대표 최문환 목사 명의로 대통령 하야를 촉구하는 내용의 성명서를 경무대에 전달하였다.[31] 3.15부정선거에 대한 비판과 4.19혁명을 지지하는 글을 총회 회보에 게재한 서울 지역 목회자들은 5월 10일에 열린 경기노회 제73회 정기회 1회 임시회에서 3.15부정선거에 관여한 K 목사 등 관련자를 제명하고, 제45회 총회에 3.15부정선거와 관련하여 "교역자 신분에 관한 헌의의 건"을 제출하였다.[32]

2) 경기노회와 서울노회 분립되다

1959년 기장총회는 당시의 노회들을 정부 행정구역에 맞추어 재편키로 하고 정치 3장 5조 1항 개정안을 각 노회에 수의하였다. 당시 기장의 노회는 경기, 기남, 충북, 충동, 충남, 대전, 경북, 경동, 경서, 경안, 경남, 진주, 전북, 군산, 김제, 전남, 목포, 제주 등 18개 노회였다. 1960년 6월 17일 초동교회에서 열린 제45회 총회에서 수의안이 가결 노회 9, 부결 노회 8, 기권 1로서 노회 투표수는 과반수이나 총 투표수 514표 중 가표 수 347, 부표 수 114, 무효 26, 기권 1표로 "노회를 도 단위로 병합한다"고 공표되었다. 이에 따라 1960년 10월 13~14일 당시 경기노회에 속해 있던 천호동교회에서 열린 경기노회 제74회 정기회에서 서울노회와 경기노회가 분리되었고, 서울특별시에 있는 기장교회들을 회원으로 하는 서울노회가 탄생하였다.

---

31 ① 4.19혁명의 직접적인 원인이 3.15부정선거에 있다. ② 부정선거의 시정을 호도하면 제2, 제3의 4.19 유혈이 일어난다. ③ 이 대통령이 자유당에서 이탈하는 것으로 해결할 수 없다. ④ 이 대통령이 하야해야 한다. 「한국기독교장로회 회보」 4권 제5호 (1960.5.15.), 2.

32 "1) 현직 목사로서 정계나 관계에 나가서 공직을 가질 때는 제명하기로, 2) 현직 목사, 장로로서 3.15부정 선거에 관여한 자를 응징하여 주실 일"을 헌의하였다. 그러나 총회는 경기노회 헌의에 대해 1)의 경우 "죄과가 있을 때 소관 노회에서 권징조례에 의해 신중히 처리할 것이 가하나, 단 제명함은 불가하며", 2)의 경우 "이미 시기가 지났으므로 논의하지 않음이 좋으나 만일 죄과가 현저, 또는 중대한 때는 관여한계를 엄격히 구분하여 신중히 권징조례를 적용하실 일이오며"라고 결의하였다.

4. 서울노회, 새 역사를 시작하다

1960년대는 새롭게 출발한 기장이 열악한 교세를 극복하면서 안정을 다지며 개혁적 장로교회로서 제도적 혁신과 교회일치운동에 박차를 가하는 시기였다. 기장총회는 1960년에 세계교회협의회(WCC)[33]에 가입하였는데, 1960년대 세계교회협의회의 선교신학 사상은 WCC 총무 호켄다이크가 주창한 "하나님의 선교" 신학으로서[34] 하나님의 선교 신학은 기장의 출발 정신과 맞닿아 기장의 선교 방향이 되었고, 기장의 사회적 참여를 강화하는 신학적 기반이 되었다.

이러한 신학의 흐름 속에서 1961년 5월 제46회 총회에서 교단 이름을 '대한기독교장로회'에서 '한국기독교장로회'로 바꾼 기장총회는 1963년 교단의 인재 양성을 위한 교육부 장학사업 규정을 완성하고 산업 전도를 시작하였다.[35] 1964년에는 예수교장로회(통합), 감리교와 더불어 '한국산업전도협의회'를 창립해 산업 선교에 기틀을 놓았고, 기장 선교 정책을 발표하였고,[36] 『기장예식서』를 출판하였으며, 총회 상비부 안에 평신도부를 설치하였다. 1965년에는 남신도회전국연합회가 조직되었고, 1965

---

33 한국기독교연합회(1957년), 동남아기독교협의회(1959년), 세계장로교연맹(1959년), 세계교회협의회(1960년)에 가입하였다.

34 '하나님의 선교'는 제2차 세계대전 이전까지의 서구 교회의 식민지 선교에 대한 반성과 제3세계 교회들의 정치적 독립이 맞물려 등장한 새로운 선교 개념이다. 하나님의 선교는 제도적 교회를 하나님의 나라와 동일시하고 지나치게 유럽 중심적 사고의 틀에 사로잡혔던 이전의 선교신학을 비판적으로 극복하려는 노력 가운데서 생겨났다. 하나님의 선교 신학은 역사 한 가운데서 이루어지는 하나님의 활동에 주목하게 되었고, 선교의 목적은 교회가 아니라 하나님 나라에 있다. 총회, 『제102회 총회 국내선교 자료집』(희년 문서) (서울:한국기독교장로회 총회, 2017), 132.

35 산업 선교는 WCC 웁살라대회 이후 사회와 기술의 혁명 속에서 선교의 과제가 부각된 것이 산업 선교의 신학적 배경이 되었으며, 캐나다 교회와의 협력 관계가 산업 선교를 활성화하는 데 큰 힘이 되었다. 『한국기독교 100년사』, 475-476.

36 도시산업사회에서 기장의 선교 활동은 예수교장로회 총회 전도부가 총회적 결정을 통하여 시작한 것과 기독교대한감리회가 지방회의 결의에 의해서 시작한 것과 달리 개인들의 관심에 의해서 시작되었다. 기장의 산업 전도 활동은 인천 만석동에 있는 대성목재공업주식회사의 부사장 전택환 장로(서울성남교회)의 전도에 대한 열의와 이국선 목사의 소명 의식에 의해서 시작되었다. 앞의 책, 490. 안타까운 것은 예장의 영등포산업선교회, 감리교의 인천산업선교회가 여전히 존재하는 반면, 기장의 산업 선교 본거지는 남아 있지 않다.

년 제50회 총회에서 교역자 은급 규정 원칙이 마련되었으며, 예장 통합, 합동, 고신 측과 더불어 '장로교 연맹' 구성에 합의하였으며, 각 노회별 교육대회가 시작되었다. 1966년에는 기장총회유지재단이 만들어졌고 이사회가 구성되었으며, 산업 전도 지구 실무자 훈련이 시작되었고, '대 사회 선언'이 발표되기 시작하였다. 1967년에는 세계개혁연맹에 가입되었고, '한·일양국선교협력상호협약'이 동경에서 체결되었다. 1968년에는 기장, 예장, 감리교 등 세 교단이 함께 일본 교단과 협의체를 구성하였다. 1969년에는 '교회와사회위원회'가 신설되었으며, 교회 갱신을 위한 교육 정책이 채택되었고, 1970년에 "교회교육지침서"가 발간되었다.[37]

1) 1960년대 서울노회의 현황과 제도 정비

(1) 제1회 정기노회의 의미와 경과

제1회 정기노회

총회의 행정 지역 개편 원칙에 따라 1960년 경기노회로부터 분립한 서울노회는 제1회 서울노회 정기회를 개최하면서 노회 횟수를 경기노회의 역사를 잇는 제74회가 아니라 제1회 정기회로 명명하였다. 이는 단순히 과거의 역사를 잇는 것이 아니라 새로 출발함을 의미한다. 서울노회 제1회 정기회는 1960년 10월 25~26일 향린교회당에서 58명(목사 41명, 장로 17명)이 모인 가운데 개최, 임원 선출, 목사 장립, 노회 가입 목사, 임시목사 및 부목사 허락, 장로 시취 합격자 발표, 장로 허락, 당회장 임명, 결의 사항 순서로 진행되었다.

제1회 정기노회에서 새 임원진으로 회장 강원용 목사, 부회장 박한진 목사, 서기 유지욱 목사, 부서기 반병섭 목사, 회계 장정표 장로, 부회계 윤영규 장로가 각각 선출되었고, 8명의 목사 장립(안수)[38]이 이루어졌다. 장립된 목사는 박형규(공덕동)와

---

37 기장총회 약력에서.

7명의 군목으로 신삼회, 장승덕, 이용철, 이종실, 김종엽, 김종택, 임형필이었다. 5명의 목사 박원봉(전남노회), 오석태(목포노회), 감광철(경안노회), 이완모(충북노회), 강신정(경서노회) 등이 새로 가입했고, 이영찬(성암), 조덕현(한일) 목사가 위임목사 허락을 받았으며, 노홍섭(경서)이 임시목사로, 박형규가 공덕동교회의 부목사로 허락을 받았다. 김자중(서울제일), 태정학(흑석), 김갑규(흑석), 한요한(새밭), 홍창의(향린), 이종태(보광) 등이 장로 시취에 합격되었고, 공덕교회(2명), 경서교회(2명), 성암교회(2명), 월곡교회(2명) 등 4교회에서 8명의 장로를 세우도록 허락받았으며, 당회장으로 향린교회에 김춘배 목사, 영신교회에 김귀혁 목사가 임명되었다.

노회 결의 사항으로 1) 한국신학대학 이사에 강원용을 파송했으며, 2) 교파합동연구위원회를 설치하고 그 위원에 이태준, 신형욱, 윤반웅, 유지욱, 반병섭을 선출하였으며, 3) 산성교회와 유락교회를 합동한 한일교회 창설을 허락하였다. 1960년 12월 5일 동부교회당에서 열린 1차 임시노회에서 이학석 군목의 목사안수 허락과 효동교회에서 신청한 장로 1명의 시취를 허락하였으며, 행정적인 사무 처리와 긴급 사항만 결의한 채 별다른 절차 없이 마쳤다.[39]

노회 일정

경기노회 시절에는 1박 2일 동안 노회가 열렸는데, 서울노회로 분리된 후 초기에는 봄 노회는 하루 일정으로 열렸고, 가을 노회는 이틀 일정으로 열렸다. 노회 횟수도 노회를 열 때마다 횟수를 이어가는 것으로 정리되었다. 봄 노회에서는 행정적인 처리를 주로 하였고, 가을 노회에서 임원 선출과 아울러 일반적인 회무를 처리하였다.

1961년 4월 18일 한일교회당에서 열린 2회 정기회는 1회 정기회보다 18명이 더 많은 목사 55명, 장로 21명, 계 76명의 회원이 참석했다. 2회 봄 노회 역시 회원 점명, 가입과 이명, 임시목사(전도목사) 허락, 장로 시취와 허가, 목사후보생과 강도사 시취

---

38 당시는 안수식이라는 용어를 쓰지 않고 장로교의 전통에 따라 장립이라는 말을 썼다.

39 첫 회의를 이렇게 자세히 소개한 것은 노회 창립 총회가 이렇게 진행되었음을 알리기 위함이며 이후 회기 중에 한 사무 행정 처리는 의미가 있는 경우에만 소개하였다.

허락, 교회 설립과 당회장 허락, 총대 선정, 결의와 헌의 사항 등으로 이루어졌다. 서울노회에서 파송하는 첫 총회 총대로 목사 총대에 강원용(경동), 유지욱(염리동), 조향록(초동), 장로총대로 장하구(향린), 박영기(공덕), 장정표(혜림) 등 6명이 선출되었다. 각부의 구성이나 사업 내용 보고는 없었으나 2회 시부터 회계보고가 이루어졌다. 결의 사항으로 동부교회 진정 처리 전권위원 10인(노회 임원, 문제린, 인광식, 장하구, 정관민)을 선정하였다.

재정 상황

1961년 4월 제2회 정기회 회계보고서를 보면, 총 수입금 1,562,998.00환(화폐개혁 전 단위), 총 지출금 1,502,479.00환, 잔액 60,519.00환으로, 수입 항목은 상회비,[40] 전도비(일반 개척 전도비, 일반 유지 전도비), 고등성경학교 보조비, 성경 구락부 보조비, 일반성경학교 보조비, 건축 보조비, 잡수입금으로 건축 보조금과 잡수입을 뺀 총 사업비는 캐나다 선교부 선교 협력 지원금에 의한 총회 보조금이었다.[41]

(2) 노회 확장과 조직상 변화

행정구역 개편으로 인한 노회 확장

1963년 정부 행정상으로 경기도 광주군 일부 지역이 서울시 성동구로 편입됨에 따라서 서울시로 재편된 교회들이 서울노회로 편입되어 서울노회 규모가 확대되었다. 서울노회 지교회가 37개에서 15개 교회가 편입되어 52개 교회로 증가했으며,

---

40 1962년 제47회 총회에서 총회 창립 50주년 기념 예배를 드리면서 총회 자립 사업안을 확정하였다. 노회 자립안으로 각 교회 총경상비 중 5%를 상회비로 수납하고 이 중 3%는 노회 운영 사업비로, 2%는 총회에 상납하도록 하였다. 『한국기독교 100년사』, 422.

41 1963년 캐나다연합교회 극동지구 총무 토마스 여사가 내한하여 캐나다 선교부 협의체인 연합사업위원회의 명칭을 협동사업위원회로 고치고 협동 총무로서 선교사를 파송하는 규칙을 만들었다. 1964년 캐나다 선교부가 총회에 지원하기로 한 사업은 개척 전도, 한국신학대학, 신우관, 신우학사, 교육부장학사업, 농촌교회 자립기금, 기독교교육 사업, 출판 사업, 평신도 교육 사업, 카라반 사업, 청년 사업 등이다. 앞의 책, 442.

목사 11명과 준목 1명이 서울노회로 전입되었다. 시찰회 경우 1963년 당시 시찰회는 중구, 마서(마포·서은), 성동, 성북, 영등포, 동대문, 종로, 용산 등 8개 시찰이었다. 각 시찰회는 시찰회 교회 간에 협의회를 구성해 교회 상황을 공유하고 문제 해결을 위한 대안을 모색하고, 시찰회에서 해결하기 어려운 문제는 노회에 상정하여 노회 차원에서 해결에 힘썼고, 때로는 공동 행사를 하기도 하였다. 시찰회의 일차적인 과제는 시찰회 내 교회들의 노회에 제출할 행정 서류를 점검하고 보완하는 일이었다.

초창기 서울노회 노회원 명단과 교회(1963년 4월 10일 현재)

서울노회에서 정기회 보고가 체계적으로 이루어지기 시작한 것은 1963년 4월 23일에 열린 제6회 정기회부터로, 이때부터 노회원 명부가 보고되기 시작했다. 제6회 노회 명부는 다음과 같다.

원로목사(1명): 함태영, 선교사: 오인수 장의열

시무목사(55명)

　　이해영 조향록 강원용 한장형 이기병 윤치덕 김춘배 인광식 기원형 강홍수 문익환
　　김선준 염학섭 전종무 진화복 최문환 고애성 김학봉 홍요근 고해성 윤반웅 정용철
　　반병섭 공형탁 이영찬 정규익 유운필 이장식 최윤관 유지욱 노홍섭 안세민 최명한
　　박창준 이정근 박한진 채　위 신형욱 이태준 김기헌 이운집 박용산 최상식 이두섭
　　김홍종 장은덕

기관목사(33명)

　　김재준 김정준 박봉랑 전경연 서남동 김관섭 김봉삼 이수민 이영민 김귀혁 석호인
　　군목: 권현찬 이창식 박동화 신창윤 최세태 이종실 지효은 서준덕 권택규 신삼회
　　　　　 장송덕 이용철 김종택 임형필 이학석 유재선 이종명 오석태 신양섭 서도섭

무임목사(23명)

　　김정현 전상수 오만식 이동섭 우세영 한영식 문재린 강신정 정대위 장희진 김형도
　　김광철 김경수 박원호 김영모 안언약 신현균 염순섭 이태업 박영만 이광우 신창균

이성국

휴양목사(10명)

박형규 이상철 신성국 이기준 이광모 김철현 김윤국 장종일 조덕현 박원봉

초창기 서울노회 지교회(1963년 4월 10일 현재 52교회)

성남교회 초동교회 경동교회 혜림교회 서울제일교회 향린교회 동소문교회(창현교회)
경복교회 수도교회 서울동부교회 신당동교회 천원교회 한일교회 금옥동교회 새밭
교회 신흥교회 신암교회 동원교회 안암교회 성암교회 양광대교회 원곡교회 수유교회
공덕교회 염리동교회 경서교회 세광교회 산칠교회 행화정교회 용산제일교회 효동
교회 보광동교회 한남교회 서계동교회 새마을중앙교회 흑석동교회 영신교회(37교회)
1963년 경기도에서 편입된 교회: 신공덕교회 천호동교회 선린교회 하일리교회 송파교회
정락교회 거여교회 대청교회 신사리교회 염곡교회 발음교회 비행장교회 가리봉교회
신정리교회 양천교회(15교회)

조직 개편과 노회 규칙 개정

서울노회는 경기노회에서부터 사용해 온 노회법을 교단과 시대 상황을 참조하여
개정하였다. 서울노회는 1963년 10월에 열린 제7회 정기노회에서 노회 회순을 연구
키로 하고 연구위원으로 이영민, 이영찬, 박형규를 선출하였으며, 연구위원들이 1964
년 4월 21일 제8회 정기회에서 "노회 회순과 운영연구 보고"를 하였다. 이 보고를
참조해 노회 세칙을 노회 상황에 맞게 부분 수정하였는데, 당회 조직 중에서 "미조직교
회가 당회를 조직하여 장로를 택하고자 하면 소속된 시찰회와 협의 혹은 경유하여
노회에 청원해야 한다"로 개정하였고(노회 세칙 제2조), "총회 총대 선정에서 위원장
은 의례히 총대로 하고 기여는 본회에서 투표로 선정한다"로 총대 자격을 삽입하였고
(노회 세칙 제5조), 노회 일정은 일 년에 2회, 봄, 가을로 나누어 열던 노회를 "연 1회,
5월 첫 화요일부터 3일간 개최하되 신앙과 친목을 위한 집회로 하고 임원 선거는

노회 끝 시간에 실시한다"로 개정하였다.

바뀐 규칙에 따라 제10회 노회는 1965년 5월 4~6일 초동교회당에서 3일 동안 열고 신앙 집회도 겸하였다.[42] 그러나 부작용이 많아 3회기 후인 1967년 5월 9일에 열린 제12회 정기회에서 다시 규칙을 개정하여 정기회를 매년 2차 회집하며, 5월 제1차 주일 후 화요일과 11월 제2차 주일 후 화요일에 하는 것으로 개정하였고(규칙 개정 제4장 14조 1항), 봄 노회에서는 행정과 관련한 사무를 다루고 가을 노회에서 재정을 다루는 지금의 형태를 유지하게 되었다. 또한 부서의 명칭을 시대에 맞게 총회의 용어와 통일하여 임사부는 '정치부'로 변경하여 규칙부의 사무를 정치부에 합류시키기로 하였으며, 시취부는 '고시부'로 변경하고 노회 상비부 정원을 12명으로 하였다.

노회 협동사업위원회와 평신도부 설치

총회 협동사업위원회는 총회와 캐나다 교회가 맺은 협약에 따라 구성한 조직으로서 개척 전도 사업을 위해서 각 노회에 65,000원 한도 안에서 일시로 예산을 배정하고 어려운 교회의 자립을 위해서 시험적으로 사용케 하였다. 이를 위해 각 노회에 선교사를 포함한 노회협동사업위원회를 설치하도록 하였다. 서울노회는 1963년 10월 20일 열린 제9회 정기회에서 협동사업위원회를 설치하고 위원으로 정용철(노회장), 노홍섭(서기), 장정표(회계), 오인수(선교사), 인광식, 이기병, 김선준, 염순섭, 김홍종을 선임하였다. 서울노회 협동사업위원회는 1965년도에 노회 전도부와 연석회의를 거듭하여 개척 전도비와 농촌자립기금을 제공할 교회를 선정하였다.[43]

한편 서울노회 헌의에 따라 1965년 총회에 '평신도부'가 새로 조직됨에 따라 서울

---

42 노회 일정: 5월 4일 첫째 날 오후 7시 30분부터 개회 예배, 8시 특별 집회(사회: 정용섭 부회장, 강사: 백리언 목사, 연동교회), 5월 5일 둘째 날 9시 30분 강연 "선교정책의 오늘과 내일"(조덕현·배희수 목사), 분반 토의(4분과로 반병섭, 박현주, 김익선, 이영찬 목사 사회), 종합 토의 발표 회무 처리, 오후 특별 집회(강사: 부회장 이기병 목사, 백리언 목사), 5월 6일 셋째 날 아침 9시 30분 강연 "전도하는 교회의 자세와 실제문제"(강사 김재준 목사), 분반 토의, 종합 발표로 진행되었다.

43 신정리교회(교회 부담금 2,000원, 개척 전도비 6,000원), 천원교회(교회 부담금 3,000원, 개척 전도비 5,000원), 송파교회(교회 부담금 3,000원, 개척 전도금 5,000원)를 결정하였다. 또한 농촌자립기금 교회 선정도 역시 전도부와 3~4차 협의하여 영등포시찰 내에 있는 염천교회를 선정하였다.

노회도 1965년 제10회 정기회에서 평신도부를 신설하였으며, 평신도부는 1969년에 '신도부'로 개칭되었다(신도부와 신도회에 관한 사항은 제9장에서 상세히 기술함).

(3) 노회 상황통계표에 나타난 노회 변천

1963년 통계 상황

조직 상황: 1960년 서울노회 제1회 정기노회 때 노회에 참여한 노회원 수가 58명(목사 41명, 장로 17명)이며, 1961년 제2회 정기회에 참석한 회원 수는 76명(목사 55명, 장로 21명)이다. 1963년 교단총회의 9월 1일자로 발표한 노회 상황통계표를 보면 교회 수는 52개 교회로 목사 109명, 장로 134명, 준목 17명, 전도사 29명(남 10, 여 19), 안수집사 17명, 서리집사 1,120명(남 411, 여 709), 권찰 236명(남 28, 여 208), 목사후보생 17명 이었고, 교인 수는 20,873명이었다. 경기도 일대의 교인들이 성동구로 편입된 연유로 15개 교회와 교역자 12명, 교인 2,038명이 증가하였다.

재정 상황: 1960년 11월에서 1961년 4월까지의 상반기 회계보고서에 의하면, 수입은 1,562,998.00환(화폐개혁 전 단위)이었고, 지출은 1,502,479.00환, 잔액은 60,519.00 환이었는데, 서울노회 재정 상황 3분의 2가 총회 지원으로 유지되었다. 서울노회의 재정 상황이 이 정도이니 기장 전체 노회의 재정 상황을 가늠해 볼 수 있겠다.

10년 후 노회 상황통계표

조직 상황: 1970년 제55회에 보고된 1969년도 노회 상황통계표를 보면, 교회 수 62개(조 직 43, 미조직 19), 교역자 수 216명(목사 132, 준목 8, 전도사 37, 목사후보생 39), 장로 166명(남 166, 여 0), 안수집사 20명(남 18, 여 2), 서리집사 1,770명(남 620, 여 1,150), 총 교인 수 26,238명(남 11,071, 여 15,167)이었다. 시찰회는 중구, 종로, 성동, 성북, 동대문, 마서, 용산, 영등포, 군목 시찰 등 9개였다. 이 상황표에는 드러나지 않지만

노회 회원 명부에 의하면 시무목사가 66명인 데 비해 기관목사가 33명이나 되는데, 이것은 한국신학대학 교수를 비롯하여 총회와 기독교기관에서 사역하는 목회자들 중 서울노회 노회원이 타 노회에 비해서 월등히 많기 때문이며, 이 점은 여타 노회와 다른, 서울노회의 특색으로 볼 수 있다.

재정 상황: 1969년도 결산을 보면, 수입이 총 1,034,400원, 총지출이 1,033,350원으로 90%의 자립도를 보여주어 서울노회 재정 상황이 매우 좋아졌음을 알 수 있다.

상황 추이

서울노회는 10년 만에 교회 수가 38개에서 62개로 배 가까이 증가했고, 교역자도 목사 111명에서 216명으로 역시 배가 늘었으며, 장로는 126명에서 166명으로 24% 증가했고, 서리집사는 937명에서 1,770명으로 역시 두 배가 증가하였다. 이렇게 교회 임직자는 두 배 가까이 증가한 데 비해 교인 수는 18,035명에서 26,238명으로 약 70% 밖에 증가하지 않았고, 특히 안타깝게도 한 명 있던 여장로는 0명이 되었다. 한편 교인 수가 증가함에 따라 1967년부터 교단총회 파송 목사, 장로 각 3~4명에서 8명이 되었다.

노회 재정은 1960년의 수입 결산이 1,512,998원인 데 반해 1969년도의 수입 결산이 1,034,400원으로 재정이 감소된 것으로 보이나, 1960년대 초반의 재정은 3분의 2가 총회 지원인 데 비해 1969년 재정은 90% 이상의 자립도를 보여 재정적으로 성장하고 있음을 보여준다.

(4) 60년대 교회 설립과 가입

1960년대 행정구역 재편으로 인해 경기노회에서 서울노회로 편입된 15개 교회가 편입된 이후 서울노회에서 새로 설립된 교회는 7개 교회, 새로 노회에 가입한 교회는 4개 교회로서 다음과 같다.

성북교회(1964년), 청계교회(1965년), 남성교회(1966년), 천왕교회(1966년), 한빛교회(1966년), 동성교회(1967년), 성운교회(1969년) 등이 신설되었으며, 하계교회(1965년), 서문밖교회(1968년), 낙골교회(1969년) 등이 새로 노회에 가입하였다. 특기할 것은 1964년 '하와이한인기독교서울교회'가 서울노회에 가입하였는데,[44] 가입한 후 서울교회와 혜림교회가 교회를 합동하여 한장형 목사가 담임목사가 되었으며, 1973년 배성산 목사가 서울교회 2대 담임목사로 부임하였다.

2) 기장교회 발전을 위한 총회 헌의

총회에 제출하는 헌의안은 교단 발전을 위해 매우 중요하다. 서울노회는 경기노회에서 분립한 후 10년 동안 거의 해마다 헌의안을 제출했으며, 이는 총회의 중요한 정책으로 이어져 교단 발전에 기여하였다. 서울노회가 제출한 헌의안은 큰 틀에서 제도 구축을 위한 안과 행정 발전을 위한 안으로 구분할 수 있는데, 가장 괄목한 것은 여목사제를 위한 헌의, 은급 제도 촉진을 위한 헌의, 신조개정 헌의, 평신도부 설치와 관련된 헌의, 해외 선교사 파견을 위한 연구 헌의 등이다.

(1) 교파합동연구위원회 헌의

서울노회는 1961년 제2회 정기노회의 결의로 총회에 '교파합동연구위원회 설치'를 헌의하였다. 서울노회가 "주권 있는 한국교회가 되기 위해서는 교파가 하나여야 한다"는 주장에 근거하여 헌의한 "교파합동연구위원회 설치의 건"은 "대한기독교장

---

44 '하와이한인기독교서울교회'는 원래 이름이 '하와이한인기독교독립교회'로 하와이 기독교인 동포들이 조국의 독립운동을 도운 것을 기념하기 위해 미국 하와이 한인교회 교인이던 이승만 대통령이 육군 공병대에 지시해 청운동 언덕에 1958년 5월 1일 세운 교회다. 서울에 '하와이한인기독교독립교회'가 세워지자 이승만 대통령과 함께 하와이에서 한인교회를 섬겼던 이종관 목사가 귀국하여 첫 목회자로 부임하였다. 4.19혁명으로 이승만 대통령이 하야한 뒤 교회 내홍으로 부침을 겪다가 1964년 한국기독교장로회에 속하게 되었다. 「국민일보」 2023.4.6. https://veritas.kr/news/36281.

로회의 정신과 시대적 요구에 부응하는 것"이라고 총회에서 인정되어 합동연구위원회를 조직하여 차기 총회에 보고케 하기로 하고, 연구위원으로 서울노회에서 김세열, 장하원, 강원용, 배성근, 감정준, 오태환, 노송식, 장하구 그리고 경기노회에서 최문환, 당연직으로 총회장, 총무 등을 선임하였으나,[45] 안타깝게도 교파합동연구위원회는 2년 뒤에 폐지되었다.

(2) 교역자 노후를 위한 은급 제도 헌의

서울노회 전신인 경기노회를 비롯해 여러 노회에서 교역자의 장래를 위한 연금 제도와 순교 교역자와 납치 교역자 유가족의 구호를 위해 총회가 대책을 마련해야 한다는 헌의가 있어 왔다. 총회 사회부는 목회자 은급 제도를 위한 연구를 하였으나 당장 시행할 여건이 되지 않아 착수하지 못했다. 서울노회에서 1966년 교단총회 50회를 앞두고 '은퇴목사 연금제'에 대한 헌의를 하자 총회는 "목사 연금에 대한 건은 현재 성안 중인 교역자 은급 사업 시행세칙에 포함시켜 실시케 한다"고 결의하였고, 이로써 은급 제도 설립에 박차를 가하게 되었다. 은급 제도 연구위원들이 수차례 회의를 거쳐 1977년 제62회 총회에서 최종안이 결의되어 마침내 1978년부터 은급 제도를 시행하게 되었다. 은급 제도를 위한 재정은 은급 제도를 연구하는 초기에는 한국교회 모금, 독지가 찬조금, 사업 수입금, 캐나다 교회 보조금으로 충당키로 하였고, 독일 교회와 협력 관계를 맺은 후 독일 교회에서 물심양면으로 지원하여 은급 제도 기금이 형성되기 시작하였다.[46]

---

45 「제46회 총회회의록」, 16.

46 은급 제도의 기본적인 목적은 "교역자가 정년 및 질환으로 인하여 은퇴하게 될 때, 은퇴하는 교역자 또는 사망한 교역자 가족에게 은급을 지급함으로써 은퇴 후 생활에 안정을 준다"는 데 있다. 은급 대상자는 자원은퇴가 가능한 65살 이후 70세 정년이 된 교역자로서, 교역 연수 10년부터 20년까지의 교역자를 대상으로 하였다. 초기에는 10년이 넘은 교역자에게는 기본금으로 2만 원을 지급하고 그 후는 목회 연수에 따라 비율을 적용해서 지급하였다. 일정 기간이 지나 은급 제도가 정착하면서 20년 목회를 한 교역자를 대상으로 은급 지급 기준을 정했으며, 은급비 조달은 교역자 본인이 50%, 목회하는 교회에서 50%를 은급 기금으로 내어 그 기금에서 은급비를 지급하는 방식으로 정착되었다. 여기에 은급 대상자

(3) 신조 개정 연구와 편찬 헌의

한국기독교장로회는 개혁을 선포하고 새로운 교단으로 설립한 후 20년 동안 웨스트민스터 신앙고백을 중심으로 한 한국장로교회의 신조를 그대로 사용해 왔다. 이에 서울노회는 교단의 정체성을 살리고 개혁교회 정신에 맞는 새로운 신조가 필요하다는 각성에서 1967년 제52회 총회에 신조 개정과 신조 편찬을 헌의하였다. 서울노회의 신조 개정과 신조 편찬 헌의에 대해 총회는 "신조 개정의 건은 신중을 기할 문제이므로 거듭 연구하여 보급함이 필요하니 널리 연구키로 하고" 신조개정연구위원 7인(위원장: 김재준, 위원: 김정준, 서남동, 전경연, 조향록, 이장식, 박봉랑)으로 위원회를 구성하였고,[47] 신조개정위원회는 1년 후인 1968년 "신조에 관한 연구논문"이라는 책자를 총회에 제출하였다. 이를 기본으로 하여 1969년 총회에서 『현대 저명 신조 해설』이 출간되었다. 이런 작업을 토대로 "한국기독교장로회의 제1신앙고백서 방향 설정"이라는 신앙고백서 개요가 제출되었고, 1971년 총회에 "신앙고백서안"이 제출되어 1972년 총회에서 채택되었으니, 서울노회가 신조 개정을 제안한 지 5년 만에 한국기독교장로회 신앙고백서가 선포되었다.

(4) 남전도회 육성과 전국연합회 조직에 관한 헌의

서울노회는 1964년 9월 25~29일 서울성남교회에서 열린 제49회 총회에 "남전도회 육성과 전국연합회 조직에 관한 건"을 헌의하였다. 총회는 이 헌의를 "평신도 운동에 관한 것"으로 수용하여 평신도부를 설치하고, 종래에 있던 부녀부를 평신도부로 바꾸고, 여전도회, 남전도회, 청년회를 평신도부 관할로 정했다. 서울노회의 발의로 총회에 평신도부가 생기고 기존에 있던 여신도회와 청년회 기관 외에 남신도회가

가 사망 시 그 배우자에게 50%를 주는 제도가 병행되었다. 「제47회 총회회의록」, 87; 「총회회보」 184호, 6; 『한국기독교 100년사』, 776-777.
47 「제52회 총회회의록」, 44.

조직되는 발판이 마련된 것이다.

(5) 해외 선교사 파견을 위한 헌의

서울노회는 1965년 5월 4일 제10회 정기회에서 "총회 50주년과 선교 80주년을 기념하기 위하여 해외에 선교사를 파견하기 위한 연구위원회 설치"를 총회에 헌의하였다. 제50회 교단총회는 서울노회의 헌의안을 인용하여 "한국에 그리스도의 복음이 선교된 지 80년 그리고 장로회 총회 50주년을 기념하는 시대적 요구에 따라 우리도 세계선교를 위한 계획을 세우고 우리에게 부여된 세계선교의 사명을 다하기"로 결의하고,[48] 총회 전도부분과에 '세계선교위원회'를 설치하였고 해외 선교를 위해 수차례 연구회로 모여 선교지와 선교에 따른 제반 사항을 연구하였다. 서울노회에서 제안한 이 헌의안은 교단 해외 선교의 기틀을 마련하는 데 크게 공헌하였다.

(6) 여목사 임직 제정에 관한 헌의

1956년 제41회 총회에서 여장로제와 여집사 제도를 허용한 총회는 교단 헌법 조문 5장 1조 목사의 임직 자격 조문에 "남" 자를 기입하여 여성 목사직을 제도적으로 차단한 바 있다. 서울노회는 1968년 5월 7일 열린 제14회 정기회에서 "여자 목사 안수건"을 논의, 서울노회장 전경연 목사 이름으로 "여목사 임직 제정에 관한 건"을 총회에 헌의하였다. 이에 총회에서는 정치부 문안을 만들어 여목사제는 헌법 제3장 1항 제2부 목사 자격 말미에 "다음 조건이 갖추어지면 남녀 구별 없이 목사로 임직한다"로 정치부 수정 수의건을 만들어 각 노회에 수의하였다. 이때 서울노회에서는 수의안에 대해 총 투표수 101표 중 찬성 78표, 반대 22표, 기권 1표로 가결했고 교단적으로 8개 노회 찬성, 2개 노회 반대로 노회별로는 가결이 되었으나 총투표수에서 총 533표 중 찬성

---

48 「제50회 총회회의록」, 58.

318표, 반대 214표로 3분의 2 가표를 얻지 못해 부결되었다.

(7) 노회의 총회 분담금에 관한 헌의

서울노회는 1969년 제54회 총회에 "각 노회의 총회 분담금을 세례교인 비례로 균등하게 분담하도록 하는 것"과 "총회 관련 회의에 노회 대표로 참가할 경우 해당 노회가 그 경비를 부담하도록" 하는 헌의안을 제출하였다. 노회의 총회 분담금을 세례교인으로 하자는 헌의안은 당해 연도에는 총회에서 각 노회 재정 형편을 감안하여 1년간 유안되었으나 결국 세례교인 수로 조정되었으며, 이 방침이 현재까지 유지되고 있다. 그러나 서울노회가 제출한 "총회 관련 회의에 노회 대표로 참가할 경우 해당 노회가 그 경비를 부담하도록 시정"하는 헌의안은 제반 회의 소집책인 총회가 경비를 부담한다는 원칙에 의거, 현행대로 총회에서 경비를 지급하기로 하였다. 2020년부터 총회 관련 회의 참가비 일부를 각 노회에서 지급하도록 법이 개정되었다.

이 외에도 서울노회에서 총회 자립안, 총회 정치 수정안을 비롯해 많은 헌의안을 총회에 제출하였다.[49]

3) 1960년대 서울노회의 부서 사업과 제도 발전

1964년 기장교회 전체 중에는 미조직 개척교회가 반 이상인 형편에서 교단은 총회, 노회, 개교회의 행정 체계를 조직하는 일에 집중하였다. 교단의 제도 정비 방향은 지교회에서 선교를 맡고, 노회에서 교회 개척, 총회는 정책 수립을 맡되, 행정 체계는

---

49 1968년 "새 선교 분야를 위한 협동교역자청원" 헌의는 현시대의 요청에 부응하는 적절한 일이므로 협동사업위원회에 맡겨서 추진토록 하였으며, 1967년에 "사이비 신앙에 대한 문제를 연구 조사하여 줄 것"을 한국신학대학에 요청한 헌의는 총회에서 한국신학대학에 맡기기로 하였다. 한편 헌의했으나 총회에서 부결된 사항으로 "임시목사 계속 시무를 공동의회를 거치지 않고 제직회 결의로 할 수 있도록 하는" 헌법 개정 헌의, 노회 부담금을 세례교인 비례로 균등히 배당하는 안, 상회비를 세례교인 수 비례로 책정하는 안, 증경 총회장에게 총회 회원권을 주도록 하는 헌의안을 상정하였으나 모두 부결되었다.

총회를 중심으로 중앙집권 형태로 나아가지만, 선교 활동은 개교회와 노회를 중심으로 지방분권 체제를 지향하고자 하였다.[50] 서울노회는 이러한 교단의 정책과 맥을 같이하였다.

1960년대 서울노회 부서로는 전도부, 시취부(고시부), 사회부, 교육부가 있다.

(1) 전도부 사업

서울노회 전도부 사업은 개척교회와 농촌교회 자립을 위한 선교 활동과 근로전도회 지원 사업이 있다.

개척교회와 농촌교회 자립을 위한 선교 활동

1960년대 기장교회는 미조직 개척교회가 절반 이상이었고 서울노회라고 예외는 아니었다. 60년대 서울노회의 일차적 과제는 서울노회 안의 교회가 자립하는 일과 개척교회를 지원하여 제대로 서게 하는 일 그리고 지교회의 전도 사업을 지원하는 일이었다. 당시 총회에서 선교라는 말과 전도라는 말을 이중적으로 사용하였는데, 선교라는 말은 캐나다 선교사들과 협력 관계를 맺어 구성된 협동선교위원회 사업을 주로 말하는 것이었고, 일반 사업은 전도 사업이라는 말을 주로 사용하였다. 대부분의 개척 전도비는 캐나다 선교부의 지원을 받았다. 선교비 지원은 노회가 총회에 개척 선교비와 농촌교회 자립을 위한 지원을 요청하면 총회가 캐나다 선교부와 구성한 선교협동사업위원회의 결정을 거쳐 해당 노회에 보조비를 지급하는 형식이었다. 따라서 노회 전도부의 일차 사업은 총회에 추천할 개척교회와 보조금이 필요한 농촌교회를 선정하고 노회에서 받는 보조금을 해당 교회에 분배하는 일이었다.

서울노회가 선정해 매월 개척 전도비를 받는 교회는 60년대 전반부에는 경기도에서 편입된 4개 교회(공능교회, 염곡교회, 하일리교회, 천호동교회)로 1,000원씩 보조

---

50 『한국기독교 100년사』, 433.

하였고, 후반부에는 교회 개척이 증가하여 8개 교회(공능교회, 염곡교회, 하일리교회, 천호동교회, 한남동교회, 중동교회, 신정리교회, 성북교회)에 지급하다가, 후에는 남도교회, 청계교회, 신정교회, 천은교회, 송파중앙교회를 지원하였다. 또한 서울 변두리에 있는 농촌교회인 거암교회를 자립하도록 지원하였다. 동대문구에 있는 중동교회의 경우는 순회 전도비로 지원하였다. 전도부는 전도비를 지원받는 개척교회와 농촌교회를 방문하여 상황을 살피고 격려하였다.

근로전도회 지원 사업

근로전도회는 도시 근로자를 위해 세운 기관이다. 박정희 정권의 근대화와 산업화 정책으로 인하여 농촌에서 도시로 이주해 노동하는 산업 인구가 급증하자 산업 전도의 필요성이 절실하게 요청되었다. 이러한 상황에서 한국기독교장로회는 선교 상황의 변천과 새로운 선교의 사명을 인식하고 산업 전도에 대한 연구와 노력을 기울였다. 총회는 1964년 9월 제49회 총회에서 산업전도위원회를 설치하고 캐나다연합교회 세계선교부의 적극적인 협력과 원조로 1965년 5월부터 산업 전도 운동을 개시하고, 첫 사업으로 서울, 인천, 삼척, 대구, 군산, 광주, 대전, 부산 등 공장 지역에 대한 기초 조사를 하였고, 그 조사 결과를 토대로 일차적으로 영등포, 인천, 대구, 부산 등 4개 지구에 실무자를 파송키로 하였다. 이에 서울노회는 1966년 근로 전도 사업을 위한 재정 지원과 전도사 파송을 헌의하였고, 영등포지구 산업 선교를 위해 고재식 전도사를 파견하였다.

(2) 장로 시취(고시)를 위한 고시부 사업

1960년대 노회 보고서에 의하면, 장로고시나 임직 경과에 대한 기록은 없이 장로 고시 시취 합격자 명단만 있다.

연도	회기	이름(교회)
1961	2	장의순(새밭교회), 이종순(성암교회), 이신구(월곡교회)
	3	김광숙(경서), 최봉삼(향린), 최관흠(새마을), 서현규, 김형차(서울성남)
1962	4	나의석(신흥), 김정직(신당동), 오현영(월곡), 안병순(공덕)
1962	5	김윤석, 박초득(공덕), 신영희(금옥동), 김형근(경동)
1963	6	성병준(산칠), 김성수(초동), 전동림(동부)
	7	안광호, 이희열(양광), 윤금동(정락)
1964	8	최태섭(수도), 전택균(경복), 김주원(성암), 김명진(공능)
	9	주병건(초동), 이경렬(경서)
1965	10	최낙흥(서울), 서경윤, 주길찬(서울제일)
1966	11	강형용(경동), 김영환(창현), 전창명(창현), 박수기(영신)
1967	12	김희일(행화정), 이직상, 강주현(행화정), 박인규(경서), 이명하(흑석동)
1968	14	박희명, 김기찬, 이종윤(동부), 양재모, 김인수(초동), 임인걸, 조용태(천은), 박명래, 윤광석, 박규철(가리봉), 이상유(향린), 최선근(서문밖)
	15	김세위, 동중선(한일), 한성효(금호제일), 탁연택(성북), 유순종(동원), 안재기(신암), 박원섭(한남), 김영준(발음)
1969	16	신동원, 정운소(공능), 김창기, 지갑성(경동), 성낙천, 백영수(성암)
	17	김동기(경동), 유익순, 문재원(효동), 김윤혁, 이용철(영신)

(3) 사회부의 사회봉사 사업

1960년대 서울노회 사회부의 사회 사업은 크게 세 가지로 분류할 수 있다. 하나는 어려운 교인들과 교역자들을 돌아보는 구제 활동이요, 다른 하나는 교회를 개방하여 지역사회를 섬기는 활동이요, 마지막으로 교역자들의 노후를 위한 제도를 촉진하는 일이다.

서울노회는 노회 차원에서 구제 활동을 벌였다. 1963년부터 세계기독교봉사회로부터 총회를 통해 노회에 온 구호물자 의류 30점을 배정받아 지교회에 배정하였고 특별히 어려운 남녀 교역자 37명과 근로재건대에 담요를 제공하였다. 또한 질병으로 고생하는 교역자 부인의 병원비 보조, 고난 중에 있는 교역자를 돌아보는 일을 하였다.

60년대에 서울노회 사회부는 지교회에 교회를 개방하여 지역사회를 지원하도록 촉구하였다. 그 대표적인 곳이 서울성남교회다. 서울성남교회는 지역사회에 교회를 개방하여 지역사회를 섬기기 시작, 신문팔이 소년 등 불우 소년들을 교육하는 교실을 연 것을 비롯하여 어린이 독서실과 어린이 놀이터를 설치해서 교회 주변 어린이들에게 봉사활동을 하였다. 그리고 서울성남교회가 위치한 도동에 불이 났을 때 화재민들을 교회당에 수용하고 구제함으로 지역사회에 봉사하는 좋은 모범을 보여주었다.[51]

또한 노회 사회부는 한해 지구 구호 사업을 전개, 1967년부터 전남 지방에 2년 연속 한해가 발생하자 총회가 실시하는 '한해 지구 헌금'에 9개 교회에서 58,370원을 헌금하였는데,[52] 이 헌금액은 총 모금액 180,264원 중 3분의 1에 해당하는 금액이었다. 또한 노회 사회부는 지원해야 할 대상 교회를 선정하여 지교회로 하여금 자매결연을 맺어 구호 활동을 하도록 하였는데, 8개 교회가 이에 참여하여 교역자에게 매월 2,000원씩 지원하였다.[53]

(4) 교회 교육 역량 강화와 지도력 개발을 위한 교육 사업

1960년대 초기에는 교단에 교육 전문가들이 생겨나면서부터 기독교교육이 점차 움이 돋기 시작하였다. 서울노회의 주요한 교육 사업은 교회학교를 활성화하기 위한 지도자 양성이었다. 서울노회는 이를 위해 교육부에서 교회학교 어린이부, 중고등부, 청년회, 장년부 분과위원회를 구성하여 각 분야의 활성화를 시도하였으며, 노회 교육부가 재정을 지원하였다.

---

51 1968년 5월 7일에 열린 "제14회 노회 시찰회 보고."
52 「제53회 총회보고서」, 62.
53 서울노회 지교회가 지원한 한해 지구 자매교회는 다음과 같다. 서울성남교회(호혜원, 봉단, 백호, 학의, 칠량교회에 2천 원씩 6개월), 한일교회(장암, 덕인, 안좌, 신월, 매월, 용정, 동암, 상대), 동원교회(상동 3천 원씩 12개월), 동부교회(목포, 복길교회에 2천 원씩 12개월), 신암교회(여수중부, 신평, 송정), 효동교회(이산), 경복교회(매리), 수도교회(해제중앙), 초동교회(해동, 만흥, 가덕, 학산, 지도중앙교회). 「총회회보」 제84호 (1968), 5.

여름성경학교 교사 양성 교육과 교사연합회가 조직되다

서울노회는 교회학교 활성화를 위한 사업으로 여름성경학교 교사 양성 교육을 시작하였다. 1963년 7월 19~21일 이화여자대학교 강당에서 교사 191명이 참가하여 여름성경학교 강습회 겸 교사 양성 프로그램을 운영했고, 교사 교육을 계기로 교회학교 어린이부교사연합회가 결성되었다. 이후 어린이부교사연합회가 노회 교육부의 지도하에 어린이교회학교 교육을 주관하여 강습회 등을 실시하였으며, 이후 중고등부교사연합회도 결성되었다. 중고등부교사연합회의 교사 교육은 심포지엄 형태로 이루어졌으며, 교사들이 대부분 직장인이었기 때문에 저녁에 진행되었다. 어린이부교사연합회와 중고등부교사연합회가 구성됨에 따라 이들의 친목과 교류를 위해 연합 모임도 가동되었다.

교사들의 역량 강화를 위한 교사대회와 목회자 교육대회

서울노회 교육부는 교회학교 교사들의 역량 강화를 위해 1969년 7월 10~12일 이화여자대학교 다락방에서 교회학교 교사 219명이 참석한 가운데 "우리교회"라는 주제로 교사대회를 개최했는데(강사: 문동환, 전희숙, 김정준, 전경연), 기독교교육과 신구약성서의 이해를 깊게 하는 내용으로 이루어졌다. 1969년 6월 30일~7월 1일 유니버시티호텔에서 "도시교회 선교와 크리스찬 새 인간상"이라는 주제로 목회자 교육대회 겸 목회자 세미나(강사: 은준관 감신대 교수, 문동환 한신대 교수)를 열었는데, 이것은 서울노회 교육부에서 주관하는 목회자 세미나의 효시가 되었다. 또한 교육부는 교육의 질을 높이기 위해서 총회에서 정기적으로 실시하는 교회학교 교사대회와 기독교교육대회에 목회자들과 교사들이 참여하도록 하였다.[54]

---

54 1965년 7월 5~30일 한국신학대학에서 열린 교역자 보수 교육에 서울노회에서 9명이 참석하였으며, 1967년도 총회 교역자 연장 교육에 고덕환, 홍효순 등 두 명을 추천하여 참석케 하였다. 1968년 11월 5일 총회 교육부에서 실시하는 1968년도 교역자 연장 교육에 고해송, 최상식, 한장형 목사를 참여토록 하였고, 8월 5~10일 열린 제6회 전국기독교교육대회에 이주언, 구해성, 장은덕, 김정현, 이재한, 조규수 등 6명이 참석하였다. 1969년 5월 11~14일 이화여자대학교 다락방에서 "새 교회상을 위한 교육 프로그램"이라는 주제로 열린 "제2회 기독교교육지도자 연구협의회"에 그해 교육부장(오봉서), 교육부 서기

기독 청년 육성을 위한 교육과 청년연합회

서울노회 교육부는 60년대 초기부터 기독 청년 육성을 위한 강습회를 비롯한 각종 교육을 지원하였다. 60년대 초기에는 신도부가 결성되기 전이라 청년 교육에 관한 사업이 노회 교육부 관할이어서 청년부 모임도 교회학교 교사 교육과 마찬가지로 초기에는 노회 교육부가 주도하였지만, 시간이 가면서 청년연합회가 주도하고 노회가 지원하는 방식으로 운영되었다.

청년연합회 주최로 열린 첫 모임은 1963년 5월 18~19일 불광동 소재 기독교수양관에서 개최된 '청년문제연구협의회'였다. 이 협의회에 이영민, 김경수, 최성묵, 유재신, 이길구, 소남유(선교사)를 강사로, 청년 29명이 참가하였다. 이어 8월 14~15일 한국신학대학에서 청년수련회, 10월 7~8일 청년회임원수련회가 열렸고, 10월 9일에는 선린촌에서 청년대회가 개최되었다. 1964년에는 9월 12~14일 한국기독교수양관에서 100여 명이 참석한 가운데 기독청년대회가 개최되었는데, 이 대회는 서울노회 후원으로 서울노회청년연합회와 전국연합회가 공동 주최하였으며, 대회 경비는 총회의 연합사업위원회에서 보조하여 성황리에 진행되었다. 1966년 8월 14~15일 한국신학대학에서 청년대회를 실시하였으며, 10월 7일 청년회임원수련회를 하였고, 10월 9일 선린촌에서 청년회 전국연합대회가 열렸다.

서울고등성경학원 운영

서울노회 교육 사업 중 특기할 만한 사업은 1960년대 초반 전도사 양성 과정으로 운영한 '서울고등성경학원'이다. 서울고등성경학원은 1959년 3월 경기노회가 개원했는데, 서울노회가 분립되면서 장소가 서울 초동교회에 위치하고 있었기 때문에 서울노회성경학원이 되었고, 원장은 초동교회 조향록 목사였다. 서울고등성경학원의 운영은 캐나다 선교부의 협동 사업을 통해 총회 보조비를 받아 운영되었고,[55] 2년

(신종선), 총회교육부 실행위원(신익호 목사)이 참여하였다.

55 교수 과목은 "구약개론, 신약개론, 기독교개론, 기독교윤리, 교회사, 영어, 영어성경, 기독교교육, 교회생활 실제, 신약신학, 구약신학, 교회음악, 성경지리" 등이었다.

과정으로 성경학원을 졸업하면 노회가 인정하는 전도사로 부임할 수 있었으며, 졸업후 한국신학대학으로 편입할 수도 있었고, 학생도 40명 이상이었다. 1960년 12월1일에 초동교회에서 김복녀, 김승태, 명사라, 한명선 등 4명의 첫 졸업생을 배출하였지만, 1963년 10월 결산보고서 교육비에 '청년 지도자 강습회 및 연합교사대회 시보조'라는 지출 항목만 있고 성경학원 보조비가 없는 것으로 미루어 1회 졸업생을배출하고 폐교한 것으로 보인다.

5. 1960년대 정리

1953년 한국기독교장로회의 새출발은 출애굽의 역사요, "보라 내가 새 일을 행하리니!"(사 43:19)의 말씀처럼 광야에 길을 내고 사막에 강을 흐르게 하는, 그런 역사의장이었다. 경기노회 시절부터 기장 반열에 선 서울노회는 기장에 새로운 길을 내게하는 데 앞장서 왔다.

1960년 경기노회에서 분립된 서울노회는 교단의 방향과 맥을 같이하지만, 선교활동은 개교회와 노회를 중심으로 지방분권 체제를 지향하고자 하였고, 일차적 과제는 총회 발전과 서울노회 기틀을 튼튼히 하는 일이었다.

1960년대 서울노회는 명실공히 수도노회로서 또한 기장총회의 지도력 본산으로서 중차대한 역할을 하였다. 서울노회의 지도력은 총회를 이끌어 가는 중심적인 역할을 맡아 다양한 헌의를 통해 총회 선교 정책을 수립하는 데 앞장서고, 총회 구조를민주화하고, 총회 사업에 앞장서서 협력하였다. 서울노회는 10년 동안 거의 해마다다양한 헌의안을 제출했고, 이러한 헌의들은 총회의 중요한 정책으로 이어져 교단발전에 기여하였다. 이 중에 가장 괄목한 것은 여목사제 도입을 위한 헌의, 은급 제도촉진을 위한 헌의, 신조 개정 헌의, 평신도부 설치와 관련된 헌의, 해외 선교사 파송연구 헌의 등이다. 여성 안수 헌의는 성평등한 기장의 기초를 놓은 작업이었고, 은급제도는 목회자의 노후를 위한 생활보장법이었고, 평신도부 설치는 '흩어지는 교회'로서의 평신도가 하나님의 선교 전위대로서 선교의 주체임을 자각케 하고 노회와 교회의 동력으로 서게 하는 데 기여하였으며, 해외 선교사 파송 연구는 "받은 교회에서 갚는 교회"로의 교단의 해외 선교 기틀을 마련하는 데 기여하였다.

또 하나 주목할 것은 서울노회 지도력의 거시적인 안목에 관한 것이다. 서울노회에서 처음 제안한 헌의안은 '교파합동연구회' 설치에 관한 것이다. 이 헌의는 한국교회에 교파가 많은 것은 복음을 들고 온 선교사들이 여러 교파에서 왔기 때문인데, 이 선교사들이 한국교회에서 교권을 행사하는 바람에 한국교회가 주권을 행사하지 못하고 선교사에 의지하는 교회가 되었으니 교파를 단일화하여 강한 한국교회가 되자는 뜻이 실려 있다. 우리와 비슷한 처지에 놓여 있는 동남아시아와 다른 나라들에서도 교파 없는 단일교회로 단결하여 힘차게 나아가고 있음을 에큐메니칼 교류를 통하여 파악한 현실이 반영된 것이다. 서울노회 지도력이 세계교회협의회(WCC)를 비롯한 아시아교회협의회(CCA) 등과 교류하면서 파악한 경험으로 이런 헌의를 하게 된 것이다. 결국 한국에서 단일교회는 현실화되지 못했으나 서울노회가 주창한 에큐메니칼 정신은 교회일치운동의 이정표가 되었다.

서울노회 초기에는 경기노회에서부터 사용해 온 노회법을 교단과 시대 상황을 참조하여 개정하였으며, 필요시에 위원회를 조직하여 문제를 해결하였고, 시찰회를 통해 지교회와의 연결고리를 견고하게 함으로 노회를 안정시키고 발전시켰다. 서울노회는 10년이 지나면서 교회 수도 배가되었고, 노회 재정 자립도도 90%가 넘게 되었다. 10년 만에 교회 수가 38개에서 62개로, 교역자도 목사 111명에서 216명으로 배나 증가하였으며, 교인 수도 18,035명에서 26,238명으로 약 45%나 증가하였다. 출발 당시에는 서울노회 재정의 3분의 2가 총회의 지원으로 유지되었는데, 10년 후에는 노회 재정의 대부분을 자체 상회비로 해결하여 자립하게 되었다. 이렇게 급증한 교회 수와 재정 안정으로 70년대 서울노회는 서울이라는 지리적 위상과 더불어 지도력의 포진으로 기장교회 파수꾼 역할과 비약적 발전을 기대하게 되었다.

용기를 내라,
내가 세상을 이겼다

1970년대 시대적 상황과 한국교회의 응답

1970년대 한국 사회는 경제성장을 내세운 박정희 군사 정부의 강압 정치로 혼란의 시대였다. 1969년 불법적인 삼선개헌을 한 박정희 정권은 "선 경제발전, 후 인권과 자유"를 내세우며 노동자 권리와 인권을 억압하였다. 극악한 노동조건에 항거하여 1970년 11월 13일 "근로기준법 준수하라"를 외치며 근로기준법 책을 불태우고 분신자살한 기독 청년 전태일 사건을 기점으로 저항의 봇물이 터져 나왔다. 기독 청년 전태일의 죽음은 노동운동, 학생운동, 학자들과 종교계의 인권운동에 큰 영향을 끼쳤고, 노동자, 학생, 지식인, 종교인들의 거센 도전을 불러일으켰다. 이러한 저항을 차단하기 위해 박정희 정권은 위수령을 선포하여 학원에 군대가 주둔하도록 했으며, 1973년 10월 24일에는 유신헌법을 선포하였다. 유신체제에서 발동된 긴급조치로 인권과 자유가 유린당했으며, 이에 저항하는 비판 세력들에 대한 도청과 감시, 가택 연금, 강제 압송과 투옥, 고문 등으로 박정희 정권은 철저하게 인권 탄압을 하였다. 이러한 인권 탄압 상황하에서 저항의 한복판에 선 것이 한국기독교장로회였다. 한국기독교장로회는 '하나님의 선교' 일꾼으로서 한국 사회의 민주주의와 인권 옹호를 위한 구조선이요 선교 공동체 그 자체였으며, 서울노회원들이 그 중심에 서 있었기에 고난받은 사람들의 숫자도 서울노회 소속원들이 압도적으로 많았다.

기장의 4대 문서 제정과 기장 방향 정립 그리고 기장의 상징 휘장 제정

이러한 시대적 상황에서 기장은 1970년대 들어서면서 '하나님의 선교'를 기반으로 기장의 근간이 되는 네 가지 중요한 문서를 채택하였다. 1969년에 제정한 기독교교육 정책안에 따른 "교회교육지침서"[1]를 1970년에 펴냈고, 1971년에는 "사회선언지침"[2]을 채택하였으며, 1972년에는 "신앙고백선언서"[3]를 그리고 1973년에는 "선교정

---

1 "교회교육지침서"의 취지는 교회가 교단의 신학을 교인들에게 가르쳐서 의식과 생활의 변화를 가져오게 하며 이 일을 위한 교육과정을 명확히 제시하기 위함이다. '하나님의 선교'에 참여하는 교회 교육은 구체적으로 교회의 생활과 혁신을 통해서 일어난다고 보고, 이를 위해 '예배', '선교', '가르침', '서로를 돌봄', '훈련'이라는 신앙 공동체의 구체적 생활을 통한 교회 교육의 모습을 제시하였다. 『한국기독교 100년사』, 451-455.

책"[4]을 채택하였다. 이 네 가지 교단 문서는 기장의 나아가야 할 바를 제시하는 이정표요 지침이 되었다. 이 4대 문서와 4대 문서에 담긴 기장의 정신을 잘 드러내 준 것이 "기장 새 역사 20주년 기념대회", 특히 "25주년 기념대회"였다.

기장은 1973년 9월 24~26일 서울 초동교회에서 "하나님이 우리 앞에 가신다"라는 주제로 새 역사 20주년 기념대회를 열고 기념 예배와 새 역사 20주년을 맞이하는 성명서를 발표하였다. 5년 후인 1978년 9월 제63회 총회 시에는 "용기를 내라. 내가 세상을 이겼다"(요 16:33)라는 표어로 "교회를 교회되게 하고, 복음을 복음되게 하고, 인간을 인간되게 하고자 하는 기장의 행진에 고난이 닥치더라도 택함 받은 기장인으로의 긍지를 가지고 앞만 향하여 전진"하기로 다짐하였다.[5] 또한 하나님의 선교지 확장을 위한 2천교회운동을 선포하였다.

새 역사 25주년을 기점으로 교단 휘장이 발표되었다. 이 휘장은 1977년 제62회 총회에서 "본 교단의 역사 및 성격을 상징할 수 있는 휘장을 제작하자"고 헌의된 것을[6] 실행위원회에서 위임받아 정웅섭 교수에게 의뢰하여 새 역사 25주년에 선보였다. 시대의 '화살촉'으로서의 기장교회를 뜻하는 이 휘장은 기장 산하 전국 교회는 물론 기장이 있는 모든 곳에서 기장을 표시하는 상징과 이정표가 되었다.

---

2 "사회선언지침"은 하나님의 선교 개념에 따른 기장의 사회적 관심과 활동을 위한 것이다. 사회선언은 1) 한국기독교장로회의 시대사적 위치, 2) 사회선언의 필요성 5개 항목, 3) 사회선언의 신학적 근거 5개 항목, 4) 사회선언의 영역과 문제 10개 항목으로 구성되어 있다. 『한국기독교 100년사』, 455-458; 「제56회 총회회의록」, 42-46.

3 "신앙고백선언서"는 기장이 한국인 교회로서 자주적으로 신앙고백을 해야 한다는 요망에 의한 것이다. 이 신앙고백은 서울노회가 신조 개정을 헌의한 지 5년 만에 발표된 것으로서 개혁교회의 역사적 신앙고백을 그냥 답습하는 것이 아니라 우리 자신의 신앙을 고백하기 위하여 만든 것으로서 1) 하나님 신앙과 성서, 2) 창조와 세계, 3) 인간과 죄, 4) 예수 그리스도와 속량, 5) 성령과 삶, 6) 교회와 선교, 7) 역사와 종말 등의 내용으로 되어 있다. 『한국기독교 100년사』, 458-466.

4 "선교정책"은 신앙 양심의 자유와 에큐메니칼 정신과 사회참여의 정신을 지도·계몽하는 선구적인 역할을 감당하기 위한 것으로서 1) 섭리의 교단과 우리의 선교 상황, 2) 우리의 반성, 3) 선교의 정의와 신학, 4) 선교의 과제와 선교 구조의 재정비, 5) 힘의 개발과 동원, 6) 지도자의 질적 향상과 계획성의 문제, 7) 우리의 자세 등으로 구성되어 있다. 「제58회 총회회의록」, 34; 『한국교회 100년사』, 456-475.

5 「제63회 총회회보」, 11, 13.

6 「제62회 총회보고서」, 142.

휘장 해설
원: 성령 안에서의 성도의 교제(일치), 온세계(오이쿠메네) 에큐
　　메니칼 정신
기: 기장의 약자
화살표: 희망에로의 전진, 출애굽 우리 교단의 전진성(진보성),
　　　　새 질서를 향한 탈출, 해방
파란색: 자유, 희망, 젊음
보라색: 고난, 역경, 인내, 승리, 정의
흰색: 평화, 순수

　한편 기장총회는 1974년 독일개신교선교회(EMS)와 협력 관계를 맺고 독일 교회 지원을 받아 1976년 선교교육원을 설립하였다. 이 선교교육원을 통해 1970년대 시국 사건으로 제적당한 학생들에게 신학 교육을 실시하여 기장의 목회자가 될 수 있도록 기회를 부여하였고, 선교신학대학원을 통해 기장의 많은 지도자가 배출되었으며, 이후 다양한 교육 프로그램을 실시하고 교재를 출간하여 기장 교육의 산실로서 크게 기여했다.[7]

1. 1970년대 서울노회의 현황과 조직 발전

1) 통계상으로 본 교회 수와 교인 수의 변화

　1971년 교단총회 제56회 보고된 서울노회 상황표에 의하면, 1970년 교회 수는 63교회(조직 45, 미조직 18)이고, 교역자 수는 180명(목사 131, 전도사 37, 준목 12)이며, 신학생이 41명이다. 교회 직원 수는 시무장로 172명(남 172, 여 0), 안수집사 20명 (남 18, 여 2), 서리집사 1,813명(남 632, 여 1,181)으로 합계 2,065명(남 882, 여 1,183)이다. 교인 수는 무흠입교인 6,696명(남 2,729, 여 3,967), 세례교인 10,278명(남

---

7 선교교육원은 총회교육원으로 변경된 후 2021년 9월 총회에서 총회교육국으로 통합되었다.

4,473, 여 5,805), 원입교인 9,909명(남 4,578, 여 5,331)으로 세례원입교인 합해서 27,305명(남 12,367, 여 14,938)이다. 재정 상황은 결산액이 1,524,889원이다.

10년 후인 1980년 교단총회 66회 노회 상황 보고에 의하면, 1979년 서울노회 산하 교회 수는 2천교회운동을 통하여 99개 교회(조직 60, 미조직 39)로 증가하였다. 서울노회 목회자와 신도 상황은 시무목사 78명(남 78, 여 0), 공로·원로목사 7명, 기관 26명, 무임 51명, 계 136명이고, 준목 10명(남 10, 여 0), 전도사 84명(남 45, 여 39)으로 총교역자 수는 230명이며, 목사후보생 137명(남 105, 여 32), 장로 273명(남 254명, 여 19명), 교인 수는 무흠입교인 15,456명(남 5,327, 여 10,129), 세례원입교인 합계 41,221명(남 16,087, 여 25,134)이다. 또한 교회 수가 증가함에 따라 시찰회를 분립하여 1970년에 성북, 성동, 영등포, 동대문, 종로, 중구, 용산, 마서, 총 8개였던 시찰회가 1979년에 중구, 종로, 마서, 동대문, 성북, 도봉, 성동, 강남, 용산, 영등포, 강서, 관악 등 12개로 증가되었으며, 군목시찰회가 새로 편성되어 13개 시찰회로 확대되었다. 한편 재정 보고에 의하면 1979년도 총 결산액은 13,325,506원이다.

10년 동안의 상황 변화

10년 동안의 서울노회 추이를 보면 2천교회운동을 통하여 63개에서 99개로 36개 교회(57%)가 증가하였으며, 교역자는 50명(28%), 목사후보생 96명(234%)이 증가하였다. 장로 101명(59%), 여장로 0에서 19명, 집사는 서리집사가 2,813명(155%)으로 각각 증가하였고, 권사 제도가 생겨 권사 637명이 임직되었다. 교인은 세례원입교인 합쳐서 13,916명(51%)이 증가하였고, 청년부는 3,448명(515%)이 증가했으며, 시찰회도 분립할 정도로 규모가 커져 5개 시찰회가 더 확대되었다. 이렇게 서울노회의 교회와 교인 수는 전반적으로 50% 이상 성장했고, 특히 청년의 경우 6배 가까이 증가한 것은 한국의 인권 상황과 맞물려 청년들이 인권 선교에 의미와 희망을 갖고 서울의 기장교회를 찾았기 때문일 것으로 사료된다.

재정 상황은 60년대에 1,500,000원에서 70년대에 13,300,000원으로 11,800,000원이나 증가, 10년 사이에 재정 규모가 9배 증가하였으며, 60년대와 달리 총회 보조금

없이 서울노회가 완전 자립을 했고, 더욱이 노회 개척교회를 지원하고 고난받는 이들을 위한 헌금뿐만 아니라 타 노회 교회들을 돕는 등 재정 규모가 급속도로 커졌다.

2) 노회 규칙 신설과 개정

70년대 와서 서울노회는 회원 명부 정리, 장로 부회장제 신설, 시취 명칭 변경, 사회부 역할 확대, 총대선거 변경, 노회 일정의 변경에 관한 규칙을 신설 또는 개정하였다.

(1) 1973년 제25회 정기회에서 총회가 개정 공포한 헌법(정치편) 제4장 제20조에 의거하여 서울노회도 회원 명부를 정리하였다. 세칙 2조에 위임은 담임목사로, 임시목사는 전도목사로, 원로목사는 명예목사로 명칭이 바뀌고, 협동목사라는 명칭이 없어지게 되었으며, 청빙을 받지 않은 조직교회, 미조직교회의 당회장 또는 준당회장은 모두 관리상(당회장)으로 하였다.[8] 또한 총회 규정에 따라 규칙을 개정, 시취부를 고시부로 바꾸었다.

(2) 각 부서 상비부원 15명을 20명 내외로 개정(제9조)하고, 1976년 임원은 회장 1인, 부회장 2인(단 1명은 장로), 회록서기 1명으로 2명을 증원하였다. 장로 부노회장 제도의 신설은 노회에서 평신도 대표로서 장로의 역할을 강화하는 데 큰 의미가 있다.

(3) "사회 사업에 관한 사무와 교역자 가족의 원호에 대한 사무를 장려한다"로 되어 있던 사회부 업무에 시국 사건으로 인권 선교의 중요성이 대두되자 "사회와 교회 문제(인권, 자유 수호)"를 삽입하였다(제9조).

(4) 1975년 제19회 정기회에서 '노회규칙연구위원회' 제안에 따라 총회 총대선거

---

8 후에 서울노회가 노회록에 사용한 '관리상'이란 명칭이 총회 규정에 없어 총회로부터 지적 당하였다.

를 "① 노회장, 서기, 회계는 자동적으로 총대가 된다. ② 자동회원을 제외한 총대수 1/3은 공천부가 선출하고 잔여 2/3는 본 회의에서 투표하여 다수결로 선정한다. ③ 한 당회에서 목사 1인, 장로 1인을 초과하지 못한다"로 개정하였다. 1976년 제30회 정기회에서 세칙 5조 총대선거를 "자동회원을 제외한 총대는 본 회의에서 투표하여 다수로 선정한다"로 재개정하였다.

(5) 1977년 제30회 정기회에서 노회 일정은 5월 정기노회를 2일로 연장함에 따라 정기회는 매년 2차 회집하되 5월 1차 주일 후 월요일과 화요일에, 11월 1차 주일 후 화요일로 정하였고, 5월 정기회가 열리는 월요일에는 정기회 준비 모임으로 진행하게 되었다.

3) 노회 치리와 관리를 위한 위원회 설치

1970년대 들어서 서울노회는 전권위원회, 교역지도위원회, 교회기본재산관리위원회를 설치하였다.

전권위원회

서울노회는 1970년대 들어 교회 개척 운동에 박차를 가하여 30개 이상의 교회가 개척되었고, 이에 따라서 여러 가지 문제가 발생하자 1971년 제21회 정기회에서 개척교회 문제를 해결하기 위해 '전권위원회'를 조직하고 대책에 나섰다. 이러한 전권위원회는 '서문밖교회 전권위원회', '새마을중앙교회 전권위원회', '망우동중앙교회-남서울교회 전권위원회', '성화교회 특별위원회', '통일교 관련자 조사처리전권위원회' 등이고, 때때로 조직교회에서도 갈등이 생기고 문제가 발생해 그 교회 사안을 갖고 전권위원회가 구성되었다.

전권위원회에 이첩된 교회 문제를 구체적으로 보면, 조직교회에서는 목회자와 당회 구성원 사이의 갈등으로 파생된 문제, 담임목사 청빙에 대한 갈등, 교회 부설

기관을 둘러싼 갈등 문제 등이 있었고, 개척교회에서는 본 교단을 탈퇴하고 타 교단으로 옮긴 경우, 교회 유지가 어려워 폐교회한 경우, 교회 부채로 어려워진 경우 등이 있다. 전권위원회 활동으로 조직교회의 문제는 대부분 수습되었으나 개척교회의 경우 문제가 발생하면 해결이 힘든 경우가 많았다.[9]

통일교 관련자 조사처리전권위원회

1977년 제62회 교단총회에서 통일교를 비롯한 '사이비연합기구'와 '초교파기독교연합회'에 대해 각 노회가 엄히 규제하고 징계토록 하였다.[10] 서울노회는 1979년 37회 노회에서 'K 목사와 통일교 관련자 조사처리전권위원회'(위원장: 한상면, 서기 김준부, 위원: 강원용, 조덕현, 기원형, 김광숙, 이병연, 김상백, 정치부장, 정치부 서기)를 조직, 통일교 기관에 참여한 피고 K 목사를 제명키로 하고, 피고 P 목사에게는 임시 당회장 직을 해임하며 자중토록 권면하기로 했다. 피고 G 목사는 위원회 권고를 받아들여 통일교 관련 출판물에 투고하지 않기로 하였다.

교역지도위원회 신설

1974년 제28회 정기회에서 교역지도위원회를 신설,[11] 1975년 29회 정기회 시에 처음으로 모여 교역지도위원회의 역할을 모색해서 1) 어려움을 당하는 교회의 지도

---

9 S 교회는 떼었던 교회 간판을 다시 달고 제직을 선임하여 예산을 편성케 하며, 임시 당회장을 파송하고, 해외 출타 중이었던 당회원을 귀국하게 하는 등 권면을 해서 당회가 정상화되었다. SM 교회는 본 노회를 탈퇴하는 것을 2년 동안 막아보려 했으나 응하지 않고 결국 탈퇴하였다. M 교회는 본 교단 탈퇴 번의를 권유했으나 번의할 의사가 없이 타 교단 이름으로 교인들이 모이고 있어 본 노회에서 목사 제명 처분을 하였다. N 교회는 타 교단 교회와 병합해서 다른 교회 이름으로 모이고 있으면서 전 교회 이름의 폐쇄 청원을 하여 노회가 승인하였다. S 교회의 경우 당면 문제인 부채 일체가 너무 과중하여 교회 대지 일부 혹은 전부를 매각하여 부채를 청산하고 잔액으로 이전 또는 새로 개척을 하기로 결의하고 있으나 부동산 매매가 부진하고 예상보다 시가가 저렴하여 계속 최선책을 찾고 있었다. K 교회는 당회장에게 피택 장로로 제적한 집사를 복직시킬 것을 명하고 해사건을 환송하였으며, 당회가 담임목사를 고소한 것을 권면하여 취하토록 하였고, 담임목사로 청빙 청원한 목사가 통일교와 관련되어 있다는 혐의가 있어 한 회기 동안 이를 보류하였다.
10 「제62회 총회회의록」, 143.
11 위원장: 노회장(신양섭 목사), 서기: 신창윤 목사, 위원: 윤반웅, 조향록 목사, 박영기 장로.

방안을 논의하고 반영하며, 2) 노회원 인사카드를 완비하고, 3) 무임목사를 정리하며, 4) 노회 시 당회록 검사를 신중히 해서 교회 상황을 명확히 알도록 건의하고, 5) 신임 목회자들을 위한 목회 지도를 하고, 6) 노회 소속 원로목사 위로 및 간담회를 연 2회 실시하는 것을 위원회 임무로 삼았다.

교회기본재산관리위원회 규약안

교회기본재산관리위원회는 1966년 제22회 노회에서 '재단설립준비위원회'[12]로 시작하여 1977년 33회 정기회에서 '교회부동산관리지도위원회'로 개편되었다가 1978년 11월 35회 정기회에서 '교회기본재산관리지도위원회'로 개칭되었다.[13] 이 위원회가 한 일은 교회의 재산에 관해 그리고 원하는 교회의 소유권 이전 및 재산 관리에 대하여 지도하고,[14] "기본재산관리규약안"을 만들었다. 이 규약안 핵심은 "재산 처분 이전은 노회에서 사전 승인을 얻되 휴회 중 긴급을 요할 때는 관리위원회 지도를 받도록 하며, 개교회 기본재산은 원칙적으로 총회 재산에 편입토록 하는 것"이다.[15]

---

12 위원: 한장형, 조향록, 이해영.

13 위원장: 한장형, 서기: 이병연, 위원: 오건.

14 세 교회의 기본재산을 조사하여 재산 등기 수속을 지도하였다. 당시 노회 산하 교회들의 소유권 등기 상황은 48개 교회 이름으로 등기, 총회 재단에 2곳 등기, 학교 재단·사회 재단으로 2곳 등기, 개인으로 18개 교회 등기, 미등기 8개 교회, 임대 16개 교회 등으로 도합 94개 교회였다. 1979년에도 능동교회 외 4개 교회의 세무 상담을 하였고, 천양교회 외 6개 교회의 이전등기 상담을 하였다.

15 **기본재산 관리 정관**: "제1조 본 교회는 한국기독교장로회 서울노회 ○○교회라 한다. 제2조 본 교회는 기독교 선교 사업과 유지 경영을 위하여 이에 따른 기본재산을 소유 관리하는 것을 목적으로 한다. 단 처분코자 할 시는 당회의 결의로서 한다. 제3조 본 교회의 사무소는 ○○○에 둔다. 제4조 본 교회의 재산은 여하한 사유가 있어도 목적(1호) 외에는 사용할 수 없다. 제5조 본회의 임원은 다음과 같다. 이사 5명 이상, 감사 1명 이상, 이사 감사의 임기는 4년으로 한다. 제6조 본 교회의 이사 선임은 한국기독교 서울노회 ○○교회 당회의 추천을 받은 자로 이사회에서 무기명 투표로 한다. 제7조 대표이사는 직무상 당회장이 한다. 제8조 대표이사는 본회를 대표한다. 감사는 본회의 재산과 운영을 감사하고 그 결과를 이사회에 보고한다. 제9조 이사회는 이사 전원으로 조직하고 대표이사가 이를 소집한다. 제10조 대표이사는 이사회의 의장이 되며 유고 시에는 대표이사가 지명하는 이사가 되며 이사회의 재적 3분의 2로 하며 출석 위원 과반수 이상으로 의결한다. 제11조 본회의 정관 개정은 제10조에 준한다."

교회설립기준설정위원회 설치

개척전도위원회가 발족된 이후 서울노회 전도부는 일상적으로 해 오던 개척교회와 미조직교회 지원 사업과 더불어 개척전도위원회 사업에 모든 역량을 다 쏟았다. 개척교회 운동이 전개되기 시작하자 새로 교회를 세울 때 같은 지역에 교회가 설립되는 경우가 있어 문제가 되었다. 이에 서울노회는 '교회설립기준설정위원회'[16]를 조직하여 이 위원회가 1976년 30회기에서 제안한 교회 설립 기준, 즉 "기존 교회와 새로 개척하는 교회의 거리를 300미터 이상으로 해야 한다"를 채택하였다. 이 기준은 1977년 32회 정기회에서 1km로 변경되었다가 1978년 34회 노회에서 다시 "500미터로 하고 특별한 경우 노회가 조정할 수 있다"로 바뀌었다.[17]

2. 기장교회 발전을 위한 총회 헌의 활동

1970년대 들어 서울노회에서 총회에 한 헌의 중에서 중요한 것은 권사 제도 신설의 건, 여목사제에 관한 건 등이다.

1) 권사제 신설과 여목사 제도에 관한 헌법 개정 헌의

서울노회는 1971년에 지교회 항존직으로 권사 제도를 둘 수 있도록 "권사 제도 설정 청원의 건"을 헌의, 총회 정치부에서 헌법 정치 제14조를 개정하여 권사 제도를 신설·규정하되 권사의 취임식은 하지 않는 것을 원칙으로 하였다.

---

16 위원: 오병직, 조향록, 윤반웅, 김성호, 한상면, 황의곤, 박영기.

17 "1) 본 노회 기존 교회와의 거리는 약 300미터 이상 되어야 한다. 2) 예배 처소는 임대소유 명의를 한국기독교장로회 서울노회로 해야 한다. 3) 최소한 교회 유지비와 인건비를 자담할 수 있어야 한다. 4) 세례교인 15인 이상이 되어야 교회를 개척할 수 있다. 5) 본 노회의 목사, 장로만이 교회 설립을 할 수 있고, 전도사가 개척할 경우에는 지도 목사 약간 명을 세워 감독하에 둔다(단 그 경우 소속 지역 시찰장은 자동 지도위원이 된다)."

1974년 서울노회는 경동교회 당회장의 헌의를 받아 제59회 총회에 '여목사제 제도화'를 다시 헌의하였다. 3년 전에 서울노회에서는 신도부와 교사위원회에서 여목사제를 헌의하여 총회에서 통과되어 전국 노회에 수의, 서울노회는 가표 63, 부표 30으로 찬성하였고, 전국 노회 수로는 통과가 되었으나 총계로 부표가 되어 부결된 바 있다. 이번 서울노회에서 헌의한 여목사 제도는 '세계 여성의 해'를 1년 앞두고 총회 헌법에서 목사의 자격에 30세 이상의 '者'를 '사람'으로 문구를 바꿈에 따라 그 '사람'에는 남자와 여자 모두 포함되어 있기에 노회 수의 절차 없이 비로소 여목사 제도가 통과되었다. 당시 정치부 답변을 보면 "서울노회에서 여자 목사를 제도화하는 헌법 개정 헌의의 건은 헌법 제4장 19조 목사 자격에 '사람'이란 단어 속에 남자와 여자가 포함되어 있음을 재확인하기로 가결한다"[18]라고 되어 있다.

1955년 경기노회 시절에 여장로, 여집사 제도를 헌의하여 여성 안수의 길을 열었던 서울노회는 1968년과 1974년의 헌의를 통해 기장에서 여목사제의 길을 여는 데 큰 공헌을 하였다.

2) "예배 모범, 권징조례, 신앙요리문답 개정안" 공청회와 수의

1978년 총회에 헌법위원회의 "예배 모범, 권징조례, 신앙요리문답 개정안"이 헌의안으로 제출되었으며, 정치부의 제안으로 이 개정안에 대하여 각 노회의 공청회를 거치도록 의결하였다. 이에 서울노회는 1979년 5월 9일 총회가 개정코자 하는 "예배 모범, 권징조례, 신앙요리문답 개정안"[19]에 대해 공청회를 실시, 공청회를 마친 서울

---

18 「제59회 총회회의록」, 75. 『여신도회 60년사』에 의하면, 이는 "함남노회에서 함남 여전도회의 참정권 운동이 시작된 지(1933년) 41년 만의 성취였으며, 율법주의적인 장로교 총회가 여성 성직 금지를 공식적으로 결정한 때로부터 39년 만의 쾌거였다." 『여신도회 60년사』, 363.

19 "예배 모범 개정안"의 기본 정신은 옛 헌법의 그것을 그대로 이어받아 구조와 사상을 현대 상황에 맞게 재편성하였고, 세계 개혁교회의 여러 가지 예배 모범과 최근에 발전된 예배 신학을 참조·포함하였으며, 이밖에 헌금에 관한 모범을 추가시켰다. "권징조례 개정안"은 소송의 절차 등을 분명하게 하여 고소하는 자나 피고나 재판회가 일을 처리하는 데 애매하지 않도록 간결하게 규정하였으며, 고소와 시항을 3년으로 설정하여 범죄행위를 타에 이용하는 일을 막았고 재판 기간은 기소 후 4주 내로 정함으로

노회는 노회의 의견을 종합하여 개정 시안에 대한 의견을 총회에 보냈고, 이듬해 1980년 5월 6일 제38회 서울노회 정기회에 수의로 올라온 "예배 모범, 권징조례, 신앙요리문답 개정안"에 대해 각각 86% 이상으로 찬성하였다.

3. 1970년대 서울노회 상비부 사업과 제도 발전

1960년대가 경기노회에서 분립되어 노회가 정착하는 시기였다면, 1970년대는 노회의 일상 사업이 기반을 다지는 시기였다. 하나님의 선교 기지 확대를 향한 2천교회운동과 더불어 서울노회는 상비부서를 중심으로 선교와 교육, 봉사, 사회참여 사업들을 활발히 전개하였다.

1) 하나님의 선교 기지 확대를 위한 서울노회의 2천교회운동

1960년대는 총회를 비롯하여 노회 산하의 모든 교회가 그렇듯이 새로운 교단으로서 자리 잡느라 분주한 시대였다면, 1970년대는 인권 선교를 전개하면서 다른 한 축으로는 선교의 터를 넓히는 것이 중요한 과제였다. 이 과제를 이행하기 위해 교단총회는 1975년 제60회 총회에서 한국교회 선교 100주년이 되는 1984년까지 10년간 교단의 교회 수를 2천 교회로 확장하는 운동을 벌이기로 하고, 각 노회가 '개척전도위

재판이 장기화하는 것을 방지하였으며, 상소의 절차를 분명히 규정하여 상소의 처리 등을 상세히 규정하였으며, 재심제를 두어 제1심이나 상소심에서 유죄판결되었을 때 증거가 허위일 때는 재심할 수 있는 제도를 두어 피고를 보호하는 조치를 취했으며, 시벌 및 해벌을 두어 시벌과 해벌에 있어서 애매한 것을 보충하였다. "신앙요리문답 개정안" 취지는 그동안 기장이 웨스트민스터 신앙고백을 사용해 왔는데, 시대의 요청에 맞지 않아 신앙생활 요리문답은 보다 완전하고 쉬우면서도 계몽적이어야 한다는 의견에 따라 개정하였다. 개정안 작성의 방침은 "1) 사도신경(신조), 주기도문, 십계명을 해설하고, 2) 본 교단이 장로교인 만큼 칼빈의 전통을 되도록 살리며, 현대인들에게 어필하지 않는 질문에 대해서는 호소력 있는 질문으로 바꾸며, 주기도문과 십계명은 거의 그대로, 사도신조는 보다 현대적으로 바꾸며, 본 교단이 만든 신앙고백서에 모순되지 않게 한다"는 것이다.

원회'를 설치하여 2천교회운동에 나서도록 하였다.

(1) 서울노회의 개척전도위원회 설치와 활동

서울노회는 1976년 개척전도위원회를 조직하고 2천교회운동을 시작하였다. 개척전도위원회는 임원과 준비위원회, 실행위원회, 중앙위원으로 구성한[20] 다음, 일차로 지교회 예산에 개척 전도비 항목을 교회 예산의 크기에 따라서 세우도록 하였다.[21] 이 방침에 따라 16개 교회가 1천9백만 원의 예산을 책정했으며, 18개 교회가 연내에 개척교회 예산을 세우기로 작정하였다. 이렇게 예산을 세운 개척전도위원회는 각 지교회 목사, 장로 1인, 남집사 1인, 여집사 1인을 개척전도위원으로 위촉하고 위원 위촉식 겸 발단식을 하고, 분과[22]를 두어 사업을 분담하였다.

개척전도위원회는 교회 개척을 촉진하기 위해 세 차례 전도 집회와 특별 집회를 개최하였다. 제1차 전도대회는 발단식을 겸하여 1976년 2월 2일 초동교회에서 "선교의 불길을 일으키자"라는 표어로 62개 교회, 약 3백 명이 모여 진행되었다. 총회 전도부장 김판봉 목사의 설교와 조덕현 목사의 주제 강연, 조향록 목사의 발단 선언이 있었으며, 네 반으로 나누어 효과적인 개척교회 방법과 우리의 자세에 대한 분반 토의를 하였다. 제2차 전도대회는 1976년 6월 25일에 경동교회에서 강원용 목사, 조향록

---

20 개척전도위원회 구성: 임원 — 위원장: 조향록, 부위원장: 한장형, 장하구, 김명주, 서기: 신익호, 김인호, 회계: 오건, 간사: 양환철, 고문: 오병직, 신양섭, 조덕현, 이영찬, 이종영, 준비위원장: 한장형, 위원: 조향록, 신양섭, 김정현, 장정표, 오건, 장하구, 실행위원회: 조향록, 한장형, 장하구, 김명주, 김인호, 오건, 김정현, 장정표, 기원형, 김성호, 한상면, 조규항, 이주식, 신종선, 이종태, 중앙위원(교회):, 초동, 성남, 향린, 한일, 공덕, 신암, 가리봉, 영신, 신사동, 수유동, 흑석동, 동부, 경복, 창현, 수도, 성암, 보광동, 용산제일, 선린, 발음, 초원, 관악, 동원, 공능, 새밭, 안암(이상 교회 목사 1인, 전도부장, 재정부장), 임원은 지교회 전체가 회원이 됨.

21 지교회 예산이 총액 1천만 원 이상인 교회는 총예산의 10% 이상, 예산 총액 5백만 원 이상인 교회는 총예산의 5%, 기타 교회는 형편에 따라 개척 전도비를 작정토록 하였다.

22 조사분과위원회 — 위원장: 김정현, 위원: 한장형, 신양섭, 이종영, 김성호, 신종선. 인사분과위원회 — 위원장: 조덕현, 위원: 김인호, 기원형, 한상면, 조규항, 오병직, 이영찬. 재정분과위원회 — 위원장: 장하구, 위원: 오건, 김명주, 장정표, 이주식, 이종태.

목사, 조덕현 목사를 강사로 57개 교회, 580명(등록 520, 미등록 60)이 모인 가운데 실시되었다. 제3차 전도대회는 선교 요원 양성을 위한 특별 집회로 1976년 11월 6일 동부교회에서 150명의 요원을 대상으로 진행하였다.

(2) 1970년대(1976~1979년) 서울노회의 개척교회 설립 현황

개척 연도	교회명	교역자/설립자	위치
1976 8교회	잠실중앙교회	박성자 전도사	잠실시영아파트 상가
	산성교회	신헌식 전도사	동대문구 중화동
	은천교회	유호철 목사	강남구 도곡동
	성산교회	임방환 전도사	서대문구 역촌동
	혜천교회	허광섭 목사	관악구봉천5동YWCA건물
	세민교회	이종실 목사	관악구 사당동
	서부교회	윤주일 전도사	서대문구 북가좌동
	한움교회	한은숙 전도사	동대문구 신답십리
1977 8교회	광야교회	임찬군 장로	성동구 성수동 2가
	신림중앙교회	황경락 전도사 (타 교단 전출)	관악구 신림4동
	경도교회	박영배 목사	영등포구 여의도동
	초강교회	추요한 목사	잠실주공아파트 4단지
	봉천동교회	최재범 목사	관악구 봉천 4동
	동월교회	허병섭 목사	성북구 하월곡 4동
	신명교회	이종현 목사	영등포구 구로동
	광명교회	황의춘 전도사	성북구 장위동
1978 4교회	한신교회	이중표 목사	강남구 반포동 신반포아파트 2동
	생명교회	문대골 목사	도봉구 상계1동
	강동교회	장성룡 목사	강남구 천호동
	은진교회	김경재 목사	종로구 무악동

개척 연도	교회명	설립자	교역자	위치
1979년 13교회	이수교회	김병수 목사	김병수 목사	관악구 방배동 118-1
	가성교회	가리봉 교회	고정진 목사	영등포구 독산동
	강서구유교회	김현석 목사	김현석 목사	신정1동59-1
	삼호중앙교회	조규향 목사	조규향 목사	동작동 13-1
	성지교회	곽영희 목사	곽영희 목사	수유1동56-142
	남부제일교회	이학서 목사	이학서 목사	관악구 신림4동 60-13
	토의교회			강남구 토의동
	한림교회	박효생 목사	박효생 목사	동대문구 제기동 148-29
	새서울교회	장재언 목사	장재언 목사	강남구 신사동 413
	신천중앙교회	김태익 전도사	서달수 목사	강남구 신천동 210-17
	천세교회	초동남 신도	서정욱 준목	영등포구 구로2동 730-60
	한길교회	강정애 장로	김종길 목사	강남구 성내동 해바라기아파트
	은성교회	박옥선 전도사	박옥선 전도사	동대문구 용두동 75-4

1979년도 제36회 정기회에서 개척전도위원회가 보고한 바에 의하면, 개척된 교회 수는 총 33개로 노회에 가입된 교회 17개, 개척 중인 교회 12개, 타 노회 2개, 폐교회가 2개이다.[23]

개척전도위원회는 교회들이 개척된 후 개척교회를 순회하고 지도하며, 교회를 세우는 것뿐만 아니라 관리의 중요성을 인식하게 되었다. 그래서 개척전도위원회는 개척교회의 교회 설립 이전에 관리와 지도를 하고 노회 가입 후에는 노회가 관리키로 역할을 분담하였다. 또한 서울노회는 제36회 정기회의 건의에 따라서 교회 개척에 공헌이 있는 교회와 개인들에게 감사패를 수여하였다.[24]

※ 1976년 개척전도위원회가 조직되기 전 1970년대 초에 창립 내지 설립된 교회는 다음과 같다(총 15교회): 강남교회(1970), 능동교회(1971), 성은교회(1971), 광의교회(1972), 성화교회(1972), 자산교회(1973), 성광교회(1973), 청계천 뚝방교회(1974), 신촌교회(1974), 제삼교회(1974), 광염교회(1975년), 이수교회(1975), 일신교회(1975), 도문교회(1975), 초원교회(1975)

2) 개척교회, 미자립교회 지원과 서민 선교를 위한 전도부 사업

서울노회 전도부의 대내 주요 사업은 개척교회와 미자립교회, 군 선교 지원과 개척교회 세우기였다. 이를 위해 노회는 전도 주일과 선교대회를 열어 지교회 교인들에게 전도와 교회 개척에 대한 사명감을 고취하고 개척교회 운동에 박차를 가하였다.

---

23 교단총회에 보고된 1979년도 서울노회 개척교회 설립 현황(22교회)이며, 연도별 개척교회 현황은 총 46개 교회로서 1976년 7개, 1977년 6개, 1978년 10개, 1979년 7개, 1980년 16개 교회다.

24 교회: 초동교회(초강, 강동, 천세교회 개척), 한일교회(혜천, 신천중앙교회 개척), 가리봉교회(가성교회 개척), 경동교회(경도교회 개척), 여신도회서울연합회(한음교회 개척), 개인: 한응수 장로(성산교회 개척, 교회 보증금 및 지도), 장하구 장로(등촌중앙교회 2백만 원 교회 보증금 헌금), 김태익 전도사(신천중앙교회 대지 75.8평 기증, 현금 3백만 원 헌금), 오형범 장로(잠실중앙교회 예배 장소 제공).

(1) 전도 주일 제정과 선교대회

첫 번째 실시한 전도 주일은 1972년 9월 1일에서 30일까지 한 달 동안 전도부 주일 헌금을 실시하여 6개 교회에서 26,395원을 모아 서울노회 안의 개척교회 2개 교회를 보조하였다. 이후 계속된 전도 주일 헌금을 모아 보조 청원을 한 개척교회를 지원하였으며, 전도 주일에 노회 산하 각 교회가 강단을 교류하기도 하였다.

전도 주일을 제정한 서울노회는 여세를 몰아 선교대회를 열었다.[25] 제1회 선교대회는 1974년 10월 28~30일 초동교회에서 "시대의 증언자"라는 표어로 28개 교회에서 연인원 2,800명(밤 집회 2,450, 낮 집회 350)이 참석한 가운데 ① 강원용 목사, "교회는 말한다"(기독교와 사회정의), ② 조향록 목사, "진리는 말한다"(교회 발전과 전망), ③ 김정준 목사, "기장은 말한다"(새 시대의 선교 전략), ④ 성경 강좌(안병무 박사), ⑤ 선교 정책(조덕현 목사), ⑥ 사회 선언(이영민 목사)에 관한 강연을 들었다.

2차 선교대회는 1975년 10월 30~31일 서울노회를 네 개 지역으로 나누어, 첫째 날 30일에는 지역별로 모이고, 31일에는 연합 집회로 모였다.

- 남부 지역 영신교회에서 강사 기원형 목사
- 중부 지역 성남교회에서 강사 신양섭 목사
- 동부 지역 동부교회에서 강사 오병직 목사
- 북부 지역 신암교회에서 강사 신형욱 목사
- 연합집회 성남교회에서 강사 조향록 목사가 담당하였다.

1976년 2월 2일에 열린 선교대회에는 24개 교회가 참석하여 260,000원의 헌금이 모아졌고, 6월 25일에 열린 선교대회에선 15개 교회가 참석하여 220,000원의 헌금을 거두었다. 이렇게 전도 주일과 선교대회를 통해 개척교회를 지원하는 한편, 서울노회

---

25 전도대회 조직은 대회장(신양섭), 부대회장(이윤학, 한장형, 총무부장 김정현), 진행부장(김인호), 재정부장(장정표), 섭외부장(이주석), 공보부장(박동화), 부녀부장(구춘회)으로 구성되었다.

는 1974년부터는 선교의 지평을 넓혀 시각장애인 사역과 김포교통, 동부산업선교회, 군목 선교에 전도비 지원을 시작하였다.

(2) 서민 선교를 위한 청원

서울노회는 서민 선교를 위해 총회에 특별 청원을 하였는데, 그 취지는 다음과 같다.

"서울시는 도시 인구집중 현상으로 약 7백만의 인구를 가지고 있다. 그리고 개발도상국가 현상으로 서울 시민의 경제생활의 빈익빈, 부익부의 양극화 현상을 이루고 있다. 따라서 서울에는 극빈생활을 하는 빈민촌과 판자촌이 있다. 이런 현상에서 도시 선교의 활동은 가난한 서민의 생활 향상과 자주의식을 개발하는 데 초점을 두면서 그들에게 희망과 용기를 주며 그들과 함께 동고동락하면서 선교 활동을 할 수 있는 지도자를 3개 처 단위로 빈민촌에 대응키 위함이다."

서울노회는 빈민촌에 파송할 지도자 인건비와 구체적인 사업인 신용협동조합 기금 마련을 위해 다음과 같이 지원을 요청하였다.

— 이 지도자들을 자기가 맡은 곳에서 빈민 건강과 공동위생, 생활 향상, 자주의식 개발 등의 활동을 하며 선교를 해야 한다. 이의 목적을 위하여 지도자들이 활동할 수 있는 활동비를 마련한다.

— 빈민 생활 향상을 위하여 신용협동조합금고를 설치하고 소자본을 빈민촌 사람들에게 융자하여 주면 빈민들은 이 소자본을 이용하여 활동함으로 얻는 돈을 가지고 생계유지 에 도움이 되게 한다. 이를 위해 신용협동조합 기금을 마련한다(본 계획은 서독교회에 서 예산이 허락된 후 재조정하여 실시한다).

한편 1971년 재일대한기독교회 총회가 대판에 회관을 건립키로 하고 보조를 청원해 8월 15일 주일에 서울노회 산하 교회가 모두 헌금에 참여하였다.

3) 목사후보생 및 장로 고시와 교육을 위한 시취부(고시부) 사업

서울노회는 1973년 제25회 정기회에서 시취부를 총회 명칭 변경에 따라 고시부로 바꾸었으며, '시취'라는 용어를 '고시'로 바꾸었다. 목사후보생이 증가하고, 지교회에서 장로 피택자가 1960년대보다 배 이상이 증가함에 따라 고시부에서 다루어야 할 사업 규모도 커졌다. 고시부에서 수행한 목사후보생고시, 준목고시 추천, 전도사고시와 장로 피택자고시를 실시하는 역할은 전과 동일하지만, 대상 인원의 증가에 따라 활동 범주도 커지게 되었다.

(1) 1970년대 목사후보생 고시, 준목고시 추천

1970년대 고시부는 목사후보생 시취(신규 171, 계속 78), 준목고시 추천(신규 81, 계속 64), 전도사 시취(3), 한신 편입 추천(3) 등을 실시했다. 주목할 점은 목사후보생 시취가 70년대 초반에는 3~5명이었는데 1975년부터 15명으로 급격히 증가하였으며, 신규 목사후보생만 시취하던 것에서 확대해서 모든 목사후보생을 대상으로 시취하였다는 것이다.

(2) 1970년대 장로고시 합격자

연도	회기	이름과 교회
1970	19	김일용(독산동교회), 오완영(보광교회), 김용성(용산제일교회)
1971	20	나운영, 오형범, 한경수(성남교회), 최영수(용산제일교회), 김덕창(보광동교회), 양정신(성북교회)
	21	안계훈, 송현석(창현교회), 연두의(동원교회), 성석인, 이현순(천왕교회), 이천구, 김대벽(안암교회), 정성규(중동교회), 최홍기(가리봉교회), 윤재풍(독산동교회)

1972	22	우형주(향린), 정동근(천은), 이주암, 홍규식, 고혜영(한일), 이창희(정락), 이주봉, 오영열(양광)
	23	이성근(성호), 김영신(신흥), 이종철(발음), 임찬군(능동), 조한옥(경복), 허남극(가리봉), 김윤신, 이규재(수도)
1973	24	김병규, 김인측, 엄자윤, 김홍수, 오용익, 박종만, 차보은, 조종수
	25	어택용(초동), 김봉득, 엄규화(중동), 강연하(성북), 박성범, 이현택(보광동)
1974	26	윤철모(성암), 김중팔, 전상근(경서), 이연문, 조종식(초동), 김명진, 원동규(행화정)
	27	정진웅(성암), 김두봉(효동), 김창혁(영신), 정갑수, 임상찬, 김종업(공덕), 박용길(한빛), 김달수(방화동중앙)
1975	28	노명식(경동), 김환조, 최재한(신암), 고두희(하일동), 정재수(선린)
	29	한원배, 이제형(신사동), 조병훈(선린), 조학주(거암), 심활섭(하일동), 김경영(한빛), 안계원, 오운기(남성), 우도애, 송정규, 양성권, 이종찬, 박준용(가리봉), 이영춘(한님), 한선철(성광)
1976	30	문창근(광염), 조진도, 허창익(한일), 박완식, 박갑성, 권현규(영신), 이억근, 손피득(신사동), 오정운, 한인현, 석태민(양천)
	31	이병학(성북), 박병희, 주재숙(송암), 이준우(초동), 백기성, 박춘근(중동), 민부기, 한민국(강남), 최우식(흑석동)
1977	32	박목월(효동), 이원종(경서), 추영현, 이영수(성남), 김창화(흑석동), 황원(거암), 오세남, 정정덕, 강태호(성음), 임승열(중동)
	33	이범실, 김교흠(정락), 김수대(성광), 송양섭(하계), 여상동(초동), 이직형, 정성국, 최의숙(서울제일), 원금순, 도기순(향린)
1978	34	조희엽, 김학운, 조영길(염곡), 안소애, 정성모(성암), 한성일(성암), 이종원, 전국섭(동부), 오세원(서울제일), 모기성, 유환우, 하용진(용산제일), 양봉웅, 정혜숙(성호), 안국영, 이건우(발음), 이한수, 최용주(경복), 이세중, 이성균(창현), 김홍기(하계)
	35	조상현, 양우석, 박덕혜(경동), 조석훈(초동), 홍성선, 최동필(초원), 김시한, 박경례(동원), 김창근, 최해섭(안암), 원용환, 이은성, 신동승, 신천순(공능), 김득영(공능), 김만배(송암), 장순산, 이영호, 신우현(능동), 김종인(성남), 변송우, 강제옥, 기병원(이수)
1979	36	오덕준(초동), 이철구(천은), 인순창(한남), 석성환(성남), 이성수, 이형상(보광동), 강순일, 허영철, 유지춘, 최정상, 장석주(용산제일)
	37	최동신, 서성욱(양광), 유명재, 김상원(신암), 김명규, 이상범(창현), 전구식(새밭), 조신일, 문대승, 이광희, 라희운, 최승두(가리봉), 권중근, 이동진, 권영은, 이건일(영신), 이지철(성능), 이성만, 유인석(한일), 최화필(방화중앙)

4) 교회 교육 역량 강화와 지도력 개발을 위한 교육 사업

서울노회의 1970년대 교육 사업은 일상적으로 60년대에 이어 어린이교회학교 교사 강습회와 중고등부 교사 강습회, 청년회 조직 강화와 훈련, 제직 수련회 등의 신도 교육 사업과 교역자 선교대회를 비롯한 교역자 대상의 프로그램이 있다. 주목할 점은 60년대에도 실시하였던 것으로 보이나 노회 보고서에는 게재되어 있지 않은 어린이교회학교와 중고등부교회학교 학생들의 교육이 보고서에 드러나 있다는 점이다.

(1) 교회학교 교사 강습회와 어린이와 중고등부 교육 프로그램

어린이교회학교와 중고등부 교사 강습회와 교사 훈련
1971년도 어린이교회학교 여름 교사 강습회가 7월 15~17일 한국신학대학에서 열렸고, 중고등부 교사를 위한 강습회가 7월 3~7일 성남교회 교육관에서 열린 것을 필두로 해마다 개최되었다. 중고등부 교사 강습회는 때때로 중고등부 교사 워크숍으로 진행되기도 하였다. 교사 강습회는 보통 연인원 1천 명 이상이 참여하였으며, 교사 강습회가 열릴 때 교사연합회 총회가 병행되기도 하였다. 이때 교육 강사들은 주로 한신대 기독교교육 교수들과 교육 전문가들이었으며, 교육 장소는 주로 수유리 소재 한국신학대학이었다.

어린이와 중고등학생 교육
교사를 대상으로 한 교육만이 아니라 어린이와 중고등학생을 대상으로 한 교육도 실시되었다. "인간 회복을 위한 교회 청소년 강연회"가 1975년 1월 27~28일 기독교회관 대강당에서 "바로 알아 바로 살게 하소서"라는 주제(강사: 문동환, 함석헌)로 개최되어 노회 산하 29개 교회, 중고등학생 650명이 참석하여 성황을 이루었다. 강연회 대신 중고등부를 위한 신앙 강좌가 개설되기도 하였고, 1976년에는 어린이 예능대회를 10월 3일 한국신학대학에서 어린이 200명이 참석한 가운데 실시하였는데, 이때부터 어린이 예능대회가 정례화되었다.

(2) 교역자 교육(세미나와 수련회)과 제직 수련회

1970년대 와서 서울노회 교육부는 크리스찬아카데미의 후원으로 교역자 교육을 시작하였다. 그 일정과 내용은 다음과 같다.

일시	장소	내용	비고
1971.11.1~2.	수원 아카데미 사회교육원	주제: "교육의 사회적 사명"(강사: 문동환, 박봉랑, 이해영 목사)	
1973.4.2.	사회교육원	"미국 교회의 현황"(한기원 목사) "타 종교와의 대화"(신종선 목사)	
1976.2.26~28.	사회교육원	강사: 강원용, 이영민, 조향록 목사, 안병무, 박근원, 양호민 교수	40명 참가
1977.3.21~22.	크리스찬 아카데미 하우스	교육부와 전도부 합동 수련회	32명 참가
1979.2.19~20.	선교교육원	교역자를 위한 목회 전망 세미나 1. "한국 최근세사와 역사 발전의 방향"(송건호) 2. "한국 최근세사와 한국교회"(김용복) 3. "역사 발전의 방향과 교회 운동 및 목회"(서남동)	43명 참석

1975년에 제직 연합수련회를 교육부와 전도부 공동으로 5개 지역에서 실시하였으며, 저녁 집회를 헌신 예배로 드리고 헌금은 개척교회와 전국신자화운동에 보냈다. 강사는 이영찬("헌법"), 조덕현("교회 운영"), 한상면 목사("청지기의 사명")였다.

일시	장소	내용	참가 인원
1975.10.21.	영신교회	마서, 용산시찰교회	150명
1975.10.26.	신암교회	동대문, 성북시찰교회	120명
1975.11.4.	성남교회	종로, 중구시찰교회	

(3) 서울노회 청년회 조직과 교육

서울노회는 산하 지교회 청년들을 대상으로 1975년 7월 16~17일 성미가엘신학원에서 "그리스도는 자유케 하시고 하나되게 하신다"라는 주제(강사: 문동환, 김경수)로 강연회를 실시하였는데, 이날 24개 교회, 50명이 참석하여 청년연합회를 조직하였다.

회장: 황주석(성남), 부회장: 최경규(수도) 박현숙(신흥), 서기: 조명철(천은), 부서기: 김경순(성남), 회계: 김양화(동부), 부회계: 김희순(신암)

한편 청년 주일을 맞아 청년회는 1976년 6월 6일 성남교회에서 서울노회 청년교육대회(강사: 김경재 교수)를 열었다.

(4) 교회 교육 갱신을 위한 교단 정책과 노회 기독교교육대회

교단총회 교육부는 1969년에 "교회 갱신을 위한 교육 정책"을 마련하였다.[26] 총회는 이 교회 교육 정책이 기장 산하 전 교회 현장에서 시행되기 위해 '기독교교육연구협의회'를 열고 각 노회 기독교교육 지도자들을 참석케 했으며, 노회에서 기독교교육대회를 1967년부터 1969년까지 3차에 걸쳐 실시할 수 있도록 재정 지원을 하였다.

서울노회의 경우 교단 정책에 따라 기독교교육대회를 3차에 걸쳐 진행하였으나 이 교육 정책은 그리 효율성 있게 교회 현장에서 다루어지지 못한 듯하고, 총회가 발간한 "교회교육지침서"와 이에 준한 교재를 지교회에 적극 보급하고 활용하기 위하여 그 활용도를 조사한 것으로 그쳤다.

5) 약자와 함께하는 사회부 사업

서울노회 사회부 활동은 일상적으로 한해(수해)와 병환, 생활고로 고통받는 교역자와 교인들을 돌아보는 활동과 지역사회를 섬기는 활동, 교역자들의 노후를 위한 은급 제도를 정착시키는 일 그리고 시국 사건에 대응하는 일 등을 하였다. 그러나

---

26 교단의 "교회 갱신을 위한 교육 정책"에 의하면 교회 교육의 사명이란 교회로 하여금 그 처해 있는 상황에서 참되게 교회 구실을 할 수 있도록 교육적으로 봉사하는 일이다. 이를 위해서 무엇보다 선행되어야 하는 작업이란 첫째로 우리가 지향하는 교회상을 확립하는 일이요, 이 교회상에 비추어 본 우리 교회의 헌장이 어떠냐 하는 것을 솔직하고 정확하게 반성하는 일이요, 둘째로 지향하는 교회상 확립을 위한 교육 정책을 수립하는 일이다.

1970년대 들어 시국 사건이 급변하게 진행되면서 '교회와사회위원회'를 독자적으로 만들어 시국 사건을 전담하게 되어 사회부의 역할이 구제와 봉사로 축소되었다.

1970년 들어서 사회부는 1970년 2월 26일에 J 목사의 치료비를 위해 26개 교회가 4만 8천 원을 모금하여 병원을 방문하고 전달하였으며, 일 년에 2명 이상 병상에 있는 목회자들과 상을 당한 목회자의 가정을 방문하고 위로하였고, 충남 종천교회에 수재 의연금을 모금(1백만 원)하여 전달한 것을 비롯하여, 한해와 수해를 당한 교회와 지역을 계속 지원하였다. 사회부는 수해를 당한 지역을 지원하는 일을 단순히 구제 차원이 아니라 수재민에게 자활할 수 있도록 자활금을 대여해 주는 활동을 시도하였으나[27] 2회밖에 진행되지 못하였다.

한편 은퇴원로목사 접대 및 간담회는 1975년부터 시작해 1차는 1975년 6월에 초동교회에서, 2차는 11월에 신암교회에서 각각 실시되었으나, 이 사업은 후에 교역 지도위원회를 거쳐 통일사회부로 그리고 신도부로 이관되었다.

4. 하나님의 선교와 서울노회의 인권 선교

70년대에 와서 한국 사회 전체에서 유신헌법과 긴급조치 등으로 인권유린과 탄압으로 인한 고난의 문제가 강하게 부각되었다. 이 고난 현장 한복판에서 기장교회 전체가 하나님 선교의 전위대로서 인권 선교에 나서게 되었다. 특히 서울노회는 서울이라는 지정학적 위치의 중심에 있어 서울노회 목회자들과 청년들이 고난 현장 최일선에 설 수밖에 없었고, '고난받는 자'들의 편에서 이들을 옹호하고 지원하는 인권 선교가 서울노회의 선교 활동에서 큰 부분을 차지하게 되었다.

교단총회에서는 날로 박정희 정권의 반민주적인 인권 탄압이 심해지자 상시적으로 이에 대처할 수 있도록 '교회와사회위원회'를 만들었고, 노회 단위에서도 '교회와

---

27 영신, 하일동, 관악, 세 교회에 각 3만 원씩 3회에 걸쳐 대여했다.

사회위원회'를 만들도록 제안하였다. 그러나 서울노회는 70년대 '교회와사회위원회'를 만들지 않고 사건이 발생할 때마다 대책위원회를 조직하여 대처하였다.

1) 수도권 도시선교회의 남산 부활절 연합 예배 사건 대책위원회 활동

유신체제에 한국교회가 최초로 정면 도전한 행동은 1973년 4월 22일 새벽 서울 남산 야외음악당에서 열린 부활절 연합 예배에서 일어난 사건이었다. 기장의 교역자 박형규 목사(서울제일교회), 권호경 전도사(서울제일교회), 김동완 전도사(형제감리교회) 등 수도권 도시선교위원회[28] 실무자들과 나상기 등 기독학생연맹 학생들이 중심이 되어 남산에서 열린 부활절 연합 예배에서 박정권의 회개를 촉구하는 플래카드를 걸고 민주 회복과 언론자유를 촉구하는 전단을 뿌리며 시위하였다. 이러한 시위로 박형규, 권호경, 남상우 등은 내란예비음모혐의로 구속되어 징역 1년 6개월~2년을 선고받았다. 현직 목사 등 다수의 성직자와 기독 학생들이 내란예비음모혐의로 구속된 이 사건은 한국교회에 커다란 충격을 주었다.

서울노회는 부활절 연합 예배 사건으로 구속된 목회자들과 학생 대부분이 서울노회에 속했기 때문에 신속하게 이 사태를 총회에 보고하고 대책에 임했다.[29] 서울노회는 1973년 8월 6일 수도교회에서 긴급하게 임시노회를 열고 '박형규 목사와 권호경 전도사 사건 대책위원회'[30]를 구성하고 성명서를 통해 노회 입장을 발표하였다.[31]

---

28 수도권 도시선교위원회는 도시빈민 선교 활동이 필요함을 인식하고 예수교장로회(통합), 기독교감리회, 한국기독교장로회 등 세 교단이 교역자들을 중심으로 1971년 9월 1일 초교파적 선교 기구인 '수도권 도시선교위원회'를 조직하고 선교 활동을 하였다. 수도권 도시선교위원회는 종래의 구제 중심이나 시혜 중심의 선교 활동을 탈피하여 "도시빈민 지대의 힘없고 가난한 이들이 스스로 자신들의 문제를 보고 이를 스스로 해결할 수 있게 하는" 선교 활동을 전개하는 것을 목표로 하였다. 『여신도회 60년사』, 294.

29 서울노회 보고를 받은 총회는 7월 14일 임원회를 열었고, 교회와사회위원회는 7월 27일에 대책위원회를 위원장: 이해영(교회와사회위원장), 서기: 김윤옥(여신도회전국연합회 총무), 위원: 박재석(총회장), 이영민(총무), 이종영(서울노회장), 조향록, 조덕현, 강원용, 문동환으로 조직하고, 8월 7일에 "교역자 구속 사건과 우리의 견해"라는 성명서를 발표하여 청와대와 국무총리실에 보냈다. 기장총회의 보고를 받은 한국기독교교회협의회는 7월 20일에 모인 실행위원회에서 이 사건의 조사위원회를 구성하였다.

서울노회 대책위원회는 노회 성명서와 총회 성명서를 지교회에 보내고, 지교회로 하여금 구속자 석방을 위한 기도회와 영치금 보내기, 가족 위로 방문 등에 동참하도록 권고하였다.[32]

남산 부활절 예배 사건을 기점으로 전국에서 유신 철폐 운동의 불길이 일기 시작해 유신헌법개정청원100만인서명운동이 시작되었다.[33] 유신 반대와 유신헌법 개정에 대한 목소리가 커지자 유신 당국은 유신헌법을 반대하는 일체 행위를 금하는 대통령 긴급조치 1호와 2호를 선포하였다. 이에 도시빈민 선교에 종사하던 이해학 전도사를 비롯한 이규상 전도사, 박윤수 전도사(창현교회), 김경락 목사(도시산업선교연합회), 김진홍 전도사(예장 활빈교회) 등이 1974년 1월 17일에 "긴급조치 철회, 개헌논의 자유, 유신체제 폐지"를 요구하는 선언문을 발표하고 연행되어 구속되었고, 이어서 도시산업선교회와 관련된 이들이 잡혀가고 재수감되었다. 그럼에도 불구하고 많은 재야 인사와 학생, 교수, 성직자들이 "유신 철폐, 긴급조치 철폐"를 외치며 저항하였고 긴급조치 위반으로 연행되는 일들이 계속 발생하였다.[34]

2) 민청학련사건과 긴급조치

1974년에는 유신에 반대하는 학생운동을 탄압하기 위하여 긴급조치 4호를 발동,

---

30 위원장: 이종영, 서기: 신창윤, 위원: 신양섭, 조규향, 이영진, 오건, 조향록, 조덕현, 문동환, 장하구.
31 "① 우리는 이 땅에 진정한 자유의 보장과 참다운 민주주의의 확립을 위해 최선의 노력을 해야 한다. ② 박형규 목사와 권호경 전도사는 이와 같은 신앙 확신에 의해서 행동한 것으로 믿는다. ③ 우리는 당국이 이 땅에 참된 자유를 확보해 줄 것과 박형규 목사의 사건이 공정한 판결되기를 바라면서 이를 예의 주시한다." 「서울노회 24회 정기회 1차 임시회 회의록」.
32 특별 기도회를 통해 박형규 목사를 위해 32개 교회가 235,385원을 모금해서 지원하였고, 20개 교회가 구속 중에 있는 은명기 목사를 위해 헌금하였다(150,000원).
33 기장 교단의 김재준, 조향록, 김관석, 안병무, 문동환을 비롯하여 지학순, 함석헌, 계훈제, 김수환, 김동길, 백낙준 등 기독교계 인사들이 서명운동에 가담하고 기독학생과 목사들이 서명운동을 적극 지지하고 나섰다.
34 이렇게 고난받는 사람들이 늘자 한국기독교교회협의회에서 1974년 7월에 '고난받는 이들과 함께하는 목요기도회'를 기독교회관 강당에서 시작하였다.

전국민주청년학생총연맹(민청학련)이라는 조작 사건을 만들어 203명이 구속되는 사태가 발생하였다. 이들 중에는 박형규 목사를 비롯한 신·구교 성직자와 다수의 기독 학생이 포함되어 있었으며, 이들은 군법회의에서 사형 또는 무기징역이나 10년 이상의 징역에 처해졌다. 기독학생연맹(KSCF)의 경우 26명이 일시에 구속되었으며, 민청학련사건으로 연행·구속된 이들 중에 기장 서울노회 소속 교역자들과 청년회 회원들이 많았다.

서울노회에서 총회에 교단 구속자에 대한 조사의 필요성을 제기해서 교단에서 구속자 실태조사에 들어갔고, 이에 따라 서울노회 사회부의 역할도 커지게 되었으며, 구치소와 교도소로 구속자 면회를 가고 그 가족을 위문하고 위로금 전달하는 한편, 1974년 11월 5일 정기노회에서 이 사건과 관련된 성명서를 채택하여 발표하였다.[35] 이 당시 대통령 긴급조치위반혐의와 민청학련관계사건, 한신대 동맹휴업사건 등으로 기장 소속 교역자와 학생 18명이 유죄판결을 받았다.[36]

3) 서울노회의 선교활동자유수호위원회 설치와 대책 활동

유신 철폐와 긴급조치 철폐를 외치며 민주주의 실현을 외치다 구속되는 사람들이 늘자 1973년 제58회 교단총회에서는 12월 첫째 주일을 기하여 산하 각 교회가 구속 학생 및 현 사태를 위하여 교역자는 그날 금식 기도하고, 전국 교회는 구속 학생 석방과 민주 질서의 회복을 위하여 기도하기로 하였다. 또한 '신앙과 종교 활동의 자유를 위한 대책협의회'를 조속한 시일 내에 구성할 것을 결의하고, '선교활동자유수호위원

---

35 "본 노회는 오늘 우리나라의 비민주적 현실의 개혁을 위해 기도하면서 다음과 같이 성명하는 바이다. 1) 현행 유신헌법을 개정하여 자유민주주의를 확립하라. 2) 대통령 긴급조치법 위반으로 수감된 모든 구속 인사를 석방하라. 3) 자율 없는 언론과 학원의 진정한 자율을 보장하라. 4) 빈부의 구조적 양극화 정책을 지양하고 민생고를 해결하라." 「서울노회 제27회 정기노회 촬요」.

36 포고령 위반 혐의로 은명기, 대통령긴급조치 위반 혐의로 권호경, 이규상, 이해학, 박윤수, 박상희, 박주환 그리고 민청학련 혐의로 박형규, 이직형, 나병식, 황인성, 정문화, 이광일, 나상기, 구창환, 윤광덕, 이종구.

회'를 구성하였다.

구속자 명단에서 보듯이 구속자들 대부분이 서울노회 산하 교회에 출석하는 교인이므로 서울노회에서도 1975년 제28회 정기회에서 선교활동자유수호위원회를 구성하였다.[37] 서울노회는 이 위원회를 중심으로 1975년 2월 10일 서울제일교회를 방문하고 교회 실정을 총회 선교자유수호위원회에 보고했고, 2월 24일 수도교회에서 석방 교역자 환영 예배를 드렸으며(헌금 16,000원은 동아일보 돕기에 사용),[38] 인쇄물 압수 사건에 대한 성명서를 3월 5일 수도교회에서 발표했고, 4월 27일 향린교회에서 구속자 및 계류 중인 성직자를 위해 기도회를 실시하였다.

1975년 4월 3일에 유신 정부는 한국기독교교회협의회 사무실에 찾아와서 수도권 특수지역선교위원회 관계 서류를 압수하는 동시에 김관석 총무와 수도권특수선교위원장 박형규 목사와 실무자 권호경 목사, 한국교회 사회선교협의회 사무총장 조승혁 목사를 해외 원조금을 유용했다는 혐의로 구속, 이들에게 모두 징역형을 선고했다. 이와 같은 정부 처사에 대해 서울노회는 1975년 5월 6일 28회 노회 총대 일동 이름으로 "그동안 음성적으로 가해 오던 종교탄압을 이제는 계획적이고 노골적인 교회탄압 정책으로 전환한 것"이라고 한탄하면서, "정부는 국가안보와 국론 통일을 위하여 종교탄압 정책을 지양하여 자유민주주의 실현에 매진하여 줄 것"을 촉구하고 목회자 연행과 구속에 항의하는 성명서를 냈다.[39]

---

37 조직 ― 위원장: 오병직, 부위원장: 신종선, 서기: 김윤신, 위원: 신양섭, 신창윤, 김상근, 김수배, 한장형, 강신정, 최희암, 한상면, 박동화, 이해동, 조덕현, 유영한, 이세중(장로), 전경연, 장정표, 박영기, 박성자(목사), 홍화숙(전도사), 실행위원: 오병직, 신종선, 김상근, 이해동, 김윤신, 이세중(장로).

38 긴급조치 등으로 언론에 대한 통제가 매우 심각하자 언론들이 일어나 '자유언론 실천'을 결의하고 시민들의 민주화 투쟁에 참여하기 시작하였다. 그 선봉에 선 것이 동아일보였다. 그러자 당국은 동아일보의 광고주를 탄압하여 광고를 싣지 못하게 하였다. 이에 동아일보 존립을 위해 시민들이 동아일보 구독 운동과 격려 광고와 후원금 보내기, 동아일보에 광고를 중지한 상품 불매운동 등 동아일보 지원 운동이 전국에서 일어났다.

39 "한국기독교장로회 서울노회는 당국의 다음과 같은 처사에 깊은 유감의 뜻을 표한다. 1) 본 노회 소속 목사인 김관석 박형규 권호경 목사 등을 업무상 배임 및 횡령이라는 구실로 구속기소한 일, 2) 본 노회 소속 문동환 목사 외 6명을 반공법 혹은 개정형법을 위반했다는 구실로 연행 조사한 일, 3) 예배 직전에 목사를 연행하여 주일 예배를 방해한 일, 4) 특정한 기도회 등을 간섭하여 그 진행과 회집을 방해하고 있는 일."

서울노회는 1975년 29회 정기노회에서 '선교자유수호위원회'를 새롭게 구성하였다.[40] 새로 구성된 위원회는 김관석, 박형규, 권호경, 세 목사의 공판일에 아침 기도회를 실시하고 모갑경 목사(수도권선교회)가 경찰서에 연행된 사건은 해 경찰서를 찾아 강력히 항의하고, 김관석, 박형규, 권호경, 세 목사에게 위로금을 전달하였다. 또한 세 목사의 횡령 및 배임 사건이 유죄로 선고된 데 대하여 유감의 뜻을 표하고, 총회 선교활동자유수호위원회에 이 사건에 대한 선교적 해석을 하여 전국 교회에 배포하여 줄 것을 요청하는 공문을 보냈다. 한편 1975년 12월 1일 동부교회에서는 노회장 한장형 목사의 사회로 '구속자를 위한 기도회'(설교: 문익환 목사)를 개최하고, 석방진정서를 대통령, 대법원장, 국무총리에게 보내고, 해임 교수, 구속 성직자를 위한 특별 헌금을 실시해 성탄절에 구속자들의 교회와 자택을 방문하고 격려하였다.

1975년 10월에 한신대 문동환, 안병무 두 교수와 연세대학교 서남동 교수가 당국의 강압으로 해직을 당하였다. 서울노회는 1976년 제61회 총회에서 구성한 '해직교수 및 제적학생대책위원회'에 노회장 오병직 목사를 파송하였으며 오병직 목사가 총회 대책위원회 위원장이 되었다.[41] 11월 28일 '해직교수 및 제적학생 대책위원회'에서는 당국의 압력에 의하여 제적된 신학생들[42]을 선교교육위원회에 위촉하여 교육시켜 준목고시에 응시 자격을 부여하도록 결의하였다.[43]

---

40 위원장: 신종선, 서기: 최희암, 위원: 신종선, 김수배, 박광재, 최희암, 김상근, 박성자, 이세중.

41 대책위원회는 위원장: 오병직(서울), 서기: 여규식(경북), 위원: 강경규(경기), 남완희(충북), 박경태(충남), 김판봉(전북), 서용주(전남), 김용석(경남), 지효은(강원), 우성대(제주)로 구성되었다.

42 안남영, 조주환, 김수태, 김인배, 김중섭, 김병국, 김경남, 송재희, 이광일, 박성인, 나상기, 서용석, 박주환, 박상희, 전병생, 나도현, 이상 16인.

43 결의 사항: "1) 한국신학대학의 해임된 교수의 복직과 제적된 학생들의 복적 문제는 조속한 시일 내에 실현될 수 있기를 희망하고 노력하기로 한다. 2) 제적 및 이에 준하는 학생들의 계속 교육 문제는 앞으로, 발족되는 선교교육원에서 조속한 시일 내에 실시될 수 있도록 한다. 본 교단 소속 노회의 목사후보생 추천을 받은 자로서 동 교육원에서 소정의 과정을 이수한 자는 준목고시 자격을 부여받을 수 있도록 하고 총회에 보고토록 한다. 해당 학생들의 명단은 학교 당국이 직접 선교교육원에 제출하기로 한다. 3) 학원 사태로 해임된 본 교단 산하 교수들의 대책 문제는 선교교육원의 프로그램 속에서 강구될 수 있기를 요망한다. 4) 본 위원회는 본 교단 산하의 교회가 해임된 교수들의 사항에 관하여 일차 헌금하기로 하고, 각 노회와 전국 교회에 공문을 보내기로 한다. 5) 본 위원회 소관 사무의 미진 사항 및 앞으로의 필요한 대책은 총회장, 총무, 한신대 이사장, 학장, 선교사 대표(1인) 등 5인에게 맡겨 강구하게 하고

4) 서울노회의 '3.1사건대책위원회' 활동

1975년 5월부터 박정희 대통령 시해 사건이 일어난 1979년 10월 26일까지 만 4년 6개월 동안은 긴급조치 9호의 시대였다. 긴급조치 9호와 더불어 1975년 소위 4대 전시입법인 '사회안전법', '민방위법', '방위세법', '교육관계법' 등이 공포되었다.

이 암울한 시기에 3.1민주구국선언 사건이 일어났다. 1976년 3월 1일 명동성당에서 7백여 명의 가톨릭 신자들과 20명의 사제가 공동 집전하는 3.1절 기념 미사에서 함석헌, 윤보선, 정일형, 김대중, 윤반웅, 안병무, 이문영, 서남동, 문동환, 문익환, 이우정 등 11명의 이름이 명기된 '민주구국선언'이 발표되었다.[44] 이 선언문은 문익환 목사가 초안하고 11명이 서명한 문서로 이우정이 낭독하였다. 이에 서명한 11명은 물론이고[45] 미사를 주관한 가톨릭 사제 김승훈, 함세웅, 문정현 신부와 선언문 인쇄를 담당했던 이해동 목사도 구속되었다. 이 3.1민주구국선언은 통칭 '명동사건'으로도 불렸는데, 기장에서 이 3.1선언을 지지하며 제2, 제3의 3.1사건이 뒤따랐고, 관련된 이들이 구속되었다.

서울노회는 교단총회가 조직하는 '3.1구국선언사건대책위원회'에 사회부장(전학석 목사)을 서울노회 대표로 파견하고, 3.1선언사건으로 서울노회 회원 윤반웅, 이해동, 문익환, 문동환, 서남동 목사와 선교교육원장 안병무 박사 그리고 이우정 교수가 구속 및 불구속된 데 대하여 서울노회 자체 안에서도 '구속교역자 대책위원회'를 꾸렸다.[46] 대책위원회는 4월 29일 향린교회에서 3.1선언사건 구속자를 위한 기도회를 열었다. 서울노회는 1976년 제31회 정기노회에서 '3.1사건대책위원회'를 새롭

본 위원회에 보고케 하기로 한다."

44 이 선언에는 "1) 이 나라는 민주주의 기반 위에 서야 한다. 2) 경제입국의 구상과 자세가 근본적으로 재검토되어야 한다. 3) 민족통일은 오늘 이 겨레가 짊어진 최대의 과업이다"라는 대의 아래 민주주의를 위해 국민의 자유를 억압하는 긴급조치 철폐, 민주주의를 요구하다 투옥된 구속 인사 석방, 유신헌법으로 허울만 남은 의회정치 회복, 사법부의 독립 촉구, 국민의 의사가 자유로이 표현될 수 있도록 집회, 출판의 자유를 국민에게 돌릴 것 등 5개 항을 요구하였다.

45 이우정은 불구속되었다.

46 위원장: 한장형(부노회장), 서기: 김상근, 위원: 전학석(사회부장), 신종선, 장정표.

게 조직하고,[47] 11월 5일에는 '시국선언문'을 발표하였고, 11월 8일에는 구속자를 위한 기도회를 개최하였다. 또한 교단총회로부터 전남노회 구속 성직자들과 함께 할 것을 호소하는 목회 서신을 받은 서울노회는 전남노회 성직자 구속 사건을 위한 기도회를 개최하고,[48] "1977년 3.1절에 즈음하여"라는 총회 성명서[49]를 노회 산하 각 교회에 발송하였다.

5) 서울노회청년연합회의 '77신앙고백선언' 사건

1970년대 서울노회 인권운동에서 빼놓을 수 없는 것이 기독학생운동 정점에 섰던 서울노회청년연합회의 '77신앙고백선언' 사건이다. 이것은 1977년 4월 7일 고난 주간에 예배당에서 학도호국단 이름으로 발표된[50] 한국신학대학 학생들의 '고난선언'과 5월 11일 발표된 '구국선언문' 낭독과 더불어 전국 기독 청년들에게 영향을 미친 중요한 사건이었다. 서울노회청년연합회는 1977년 4월 24일 향린교회에서 연합 예배를 개최하고 이 자리에서 회장 인태선이 '기장청년 77신앙고백선언'을 낭독하고 "자유민주주의 만세"를 삼창한 후 명동 거리로 대열을 지어 나갔다. 이들 70여 명은 미리 준비한 '자유민주주의' 플래카드를 앞세우고 구호를 외치며 명동 거리에서 2백 미터가량 가두시위를 벌였고, 청년회장 인태선은 긴급조치 9호 위반 혐의로 구속기소되어 1심에서 징역 3년, 자격정지 1년 6개월 언도받았다. 회장과 부회장이 구속된

---

47 위원장: 신종선, 서기: 장성룡, 위원: 박광재, 김상근, 윤금동, 이성근(목사), 이세중(변호사/장로).

48 전남노회 성직자 구속 사건이란 1975년 10월 21일 기도회 시 전주지구 신구교 성직자 연행과 구금 사건 이후 벌어진 전남 광주지구 성직자 연행 구속 사건으로 제2 명동사건으로 불린다.

49 성명서 요구 사항: "1) 우리는 국민의 기본권이 존중되고 선교의 자유가 보장되는 정의로운 사회를 이 땅에 건설하기 위해 최선을 다한다. 2) 3.1구국선언사건과 이와 유사한 사건으로 구속기소되어 재판 중에 있는 성직자들은 하루속히 석방되어야 한다. 3) 우리는 공산주의자들의 전체주의와 독재주의를 용납할 수 없으며 그들이 적화통일의 야욕을 포기하지 않는 한 남북의 대화나 교류는 실현되어서는 안 된다고 생각한다. 4) 주한 미군의 철수에 있어서 미국 정부는 이러한 한국의 입지 조건을 감안하여 이 문제를 신중히 처리해 주기 바란다."

50 학생회 명의가 아니라 '학도호국단' 명의로 '고난 선언'을 발표한 것은 이미 군사 체제 저항적인 성격이 들어 있었다.

후 서울노회 청년들은 12월 18일에 수도교회에서 기도회를 열었다. 기도회를 끝내면서 청년회원 150여 명은 선언문을 낭독하고 '유신 철폐'라고 쓴 머리띠를 두르고 현수막을 내걸고 유신 철폐를 외치는 농성과 시위를 벌이고 선언문을 발표했다.[51]

서울노회는 1978년에 들어와서도 여전히 시국성명서를 발표하고 구속 교역자 및 학생들을 면회하며 기도회를 실시하고 구속자를 위한 헌금을 모아서 총회에 보내는 일을 하였다. 1978년 박형규 목사가 10년 구형을 받았고, 문익환 목사는 구속되었고, 윤반웅 목사는 안양교도소에 수감되었다. 서울노회는 제34회(1978년) 정기노회에서 5개 항의 항목이 들어있는 시국성명서를 채택하였다. 이 성명서에 들어 있는 '우리의 요구'는 "1) 언론의 자유, 2) 해직·해고 교수, 언론인, 근로자 및 추방된 학생들의 원위치 복귀, 3) 양심범 석방, 4) 억압받는 노동자·농민의 권리 보장, 5) 기독교 산업 선교는 용공주의가 아님" 등 5개 항목이 들어있다. 한편 1979년 크리스찬아카데미 사건으로 서울노회 증경회장인 강원룡 목사가 중앙정보부에 연행되어 고초를 겪은 후 서울노회 임원들이 강원용 목사를 위로 방문하였다.[52]

서울의 봄과 파국

1979년 10월 26일 중앙정보부장 김재규의 총에 의해 박정희 대통령이 피격되어 죽임을 당하는 사건이 발생함으로 한국 사회의 유신 시계가 멈추게 되었고, 비상계엄령 속에서 총리이던 최규하가 대통령 권한대행을 하다가 대통령으로 취임하는 정국을 맞게 되었다. 최규하 대통령을 비롯한 정부와 여당은 이제까지의 강압 정치가 잘못된 것임을 반성하고 인권과 자유가 보장되는 자유민주 체제로 발전시키겠다고 약속하였다. 이러한 정국을 맞아서 교단총회는 최규하 대통령에게 건의서를 보냈고,[53]

---

51 요구 사항은 다음과 같다. "박 정권은 물러가라, 유신헌법 철폐하라, 노동운동 탄압 말라, 노동 3권 내놓아라, 구속 인사 석방하라, 박동선을 비호 말고 국외 추방하라."

52 크리스찬아카데미 사건이란 독일 교회 지원으로 강원용 원장이 세운 교육 기관 크리스찬아카데미에서 간사로 일하던 이우재(농촌사회), 한명숙(여성사회), 장상환(농촌사회), 황인식(농촌사회), 신인령(산업사회), 김세균(산업산회), 정창달 교수(한양대) 등 6명이 반공법 협의로 1979년 3월 9일, 3월 13일, 3월 15일에 걸쳐 중앙정보부에 연행되어 구속된 사건이다.

서울노회 역시 시국에 관한 성명서를 아래와 같이 발표하였다. 성명서는 계엄 관계로 생략하고 다음의 요구 사항만 제시하였다.

1) 우리는 과거의 무책임한 죄과를 회개하며 민주자유정의에 대열에 적극 참여한다
2) 민주발전을 위한 정치일정을 단축하고 투옥된 민주인사를 즉각 석방시키며
3) 노동자를 위시한 서민대중의 생존권을 보장할 것

최규하 대통령 정부에서 긴급조치 9호가 해제됨에 따라 이 법의 적용으로 구속되었던 많은 인사가 1979년 12월 8일 이후 석방되었다. 구속 인사들의 석방과 최규하 대통령 권한대행의 자유민주화 약속으로 봄이 오는 듯했으나 전두환 보안사령관의 12.12군사쿠데타로 한국의 인권은 더 깊은 수렁으로 빠져 구조선으로서 기장의 십자가 행진은 계속되어야 했다.

5. 1970년대 정리

1970년대는 기장교회의 일원으로서 서울노회와 산하 교회들이 고난의 시기에 "용기를 내라. 내가 세상을 이겼다"라는 말씀에 힘입어 시대적 사명감에 충실하려고 노력한 시기였다.

1970년대 한국 사회는 박정희 군사정권의 장기 집권을 위한 유신체제에서 발동된

---

53 "1) 낡은 유신체제를 조속히 철폐하고 민주화에의 발전이 조속히 이룩되어야 한다. 2) 우리는 긴급조치 관련자가 하루속히 석방되고 제적된 학생들이 복교되고 정치적 피해를 입은 교수, 언론인, 근로자, 정치인 등의 조속한 복권을 촉구하며, 모든 긴급조치를 비롯한 악법을 개정 또는 폐지하여야 한다. 특히 반공법으로 구속된 이들을 긴급조치 구속자들과 함께 즉각 석방해야 할 것이다. 3) 그동안 본 교단을 비롯한 기독교계가 강권 체제하에서 여러모로 종교와 신앙의 자유와 선교의 자유가 침해되어 왔다. 모든 신앙과 선교의 자유를 침해하는 일이 다시는 없도록 단호히 조치하여야 할 것이다. 4) 기타 종교와 선교의 영역을 가로막는 사례들이 시정되어야 할 것이다." 「제65회 총회회의록」 별지, 25-26.

긴급조치로 인권과 자유가 유린당한 암울한 시기였다. 이러한 인권 탄압 상황하에서 저항 한복판에 선 것이 한국기독교장로회였고 서울노회가 그 중심에 서 있었다. 시국사건 구속자들 대부분이 서울노회 산하 교회의 출석 교인인 상황에서 서울노회는 시대의 화살촉으로서의 사명을 다하고자 하나님의 선교 한 영역으로 인권 선교를 시작해서 선교활동자유수호위원회와 사안별 대책위원회를 조직하여 다양한 인권 수호와 선교 자유 수호 활동을 전개했다. 수도권 도시산업선교회 사건, 민청학련사건과 긴급조치, 3.1구국선언사건 등 불의한 유신 정부에 "아니요!" 하고 항거하였고, '교회와사회위원회'를 신설하여 인권과 시민의 자유를 위해 약자와 함께하는 활동을 하였다.

다른 한 축으로 서울노회는 하나님의 선교를 확장하기 위해 선교의 기지를 넓히는 일에 힘썼고, 총회와 함께 2천교회운동을 전개하여 총 33개 교회를 개척하였다. 인권 선교와 선교의 기지를 넓히는 활동과 더불어 성숙한 노회와 교회를 지향하면서 서울노회의 일상적인 부서 사업을 안정적으로 확장시켰고, 노회와 지교회에 문제가 생겼을 때 전권위원회와 교역지도위원회를 구성하여 문제 해결에 민첩하게 대처하였다. 또한 분담금, 권사 제도, 여목사제 등의 교단 헌의, 장로부노회장 제도 신설 등 노회 규칙 제정 및 개정을 통해 총회와 노회의 제도 변화를 모색하였다.

이러한 노력으로 서울노회의 교회와 교인 수는 10년 동안 전반적으로 50% 이상 성장했고, 특히 청년의 경우 6배 가까이 증가하였다. 재정 상황은 60년대에 비해 70년대, 10년 사이에 규모가 9배 증가하여 총회의 보조금이 없이 서울노회가 자립하게 되었다. 이렇게 서울노회에서 목사후보생과 교인, 특히 청년이 증가한 것은 1970년대 서울노회가 전개한 인권 선교 영향력과 하나님의 선교지 확장을 위한 2천교회운동과 함수관계가 있는 것으로 여겨진다.

제 3 장

선교 2세기
— 민중·민족과 함께, 부활의 증인으로!

1979년 12월 박정희 대통령 시해 사건 후 쿠데타로 권력을 잡은 전두환 군부는 1980년 5월 17일 비상계엄령을 전국에 확대하고 5월 18일 광주 전남대학교와 조선대학교에 공수부대를 투입하였다. 전두환 군부는 광주에서 민주화를 요구하며 일어난 항쟁에서 시민 대학살을 자행했고 언론 통제 속에서 항거하는 시민들을 북한에서 사주를 받은 폭도로 몰았다. 많은 민주인사들이 이에 항의하자 군부 정권은 김대중 내란음모사건을 조작하여 민주인사들을 투옥, 이들에게 사형, 무기징역형을 내렸다.

전두환 군사정권이 1981년 3월 3일 제5공화국을 출범시키면서 한국 사회는 새로운 신군부 독재 시대에 놓이게 되었다. 신군부는 긴급조치와 반공법 대신에 국가보안법을 내세워 방송국을 통폐합하고 언론을 장악하였으며, 국민을 탄압하기 시작하였다. 이에 국민 저항이 다시 시작되었고, 전투경찰의 최루탄과 무차별한 폭력 속에서도 종교 지도자들과 학생들, 시민들의 저항이 일어났다. KBS시청료거부운동, 부천서 성고문사건 공동대책활동, 직선제 개헌 요구 등 특히 남영동 대공분실에서 물고문으로 죽임을 당한 박종철 사건이 기폭제가 되어 1987년 1월 23일 국민운동본부가 결성되었다. 6월 9일에 연세대학교 학생 이한열이 교정에서 최루탄을 맞아 사망한 사건이 발생하였다. 박종철의 죽음으로 발화된 국민의 분노가 이한열의 죽음으로 걷잡을 수 없는 저항의 불길로 타올라 6월 10일 대대적인 '호헌철폐국민대회'가 열렸고 이후 보름 동안 전국에서 진행된 호헌 철폐 운동으로 마침내 호헌 철폐와 직선제선거라는 6.29선언을 얻어냈다.

이런 시대적 상황에서 기장교회는 시대의 요청에 응답하여 민주화와 인권 선교 그리고 민족의 화해와 평화를 위한 통일 선교에 나섰고, 그 중심에 서울노회가 있었다.

기장 새 역사 30년, 민중과 함께, 민족을 위한 기도의 행진

1980년대는 기장 '새 역사 30년'이 되는 해였다. 기장은 1983년에 교역자 최저 봉급제를 시행했으며, 1983년에 새 역사 30년을 맞아 교단 새 역사의 의미와 한국 사회 속에서의 과제를 모색하고, '새 역사 30년 신앙고백'[1]과 '기장 3천교회운동' 그리고 "기장, 민중과 함께, 민족을 위한 기도의 행진"을 선포하였다.

기장총회가 새 역사 30년을 맞아 내건 표어, "기장, 민중과 함께, 민족을 위한 기도의 행진"의 배경에는 민중교회 운동이 있다. 당시 기장 민중교회는 전국적으로 47개 교회였는데, 그중 12개 교회가 서울노회에 속해 있었다. 비록 민중교회 수가 기장 전체 면에서 볼 때는 적은 수이지만, 민중교회의 민중 선교는 기장의 정체성을 돌아보게 했으며 기장의 선교 방향에 새로운 전환을 가져오는 계기가 되었다. 1987년 발표된 기장의 제5문서는 "역사적 현실 속에서 하나의 실체로 엄존하는 민중의 실체를 보면서, 우리는 민중의 편에 서서 민중의 온전한 해방과 인간화를 위해 우리의 선교 능력을 집중해야 한다"고 민중 선교의 중요성을 강조하고 있다.[2]

이렇게 "민중과 함께 민족을 위하여"를 주장한 기장은 1980년대 후반부에 가서 민중의 문제가 해결되기 위해서는 분단 극복이 과제임을 천명하고 "민족을 위한 평화 · 통일 · 전도의 행진"을 표어로 내세우고 통일 선교에 불을 붙였다.

1980년대 기장은 시대의 화살촉으로서 예수를 따라 고난받는 교회였고, 서울노회는 수도노회로서, 하나님의 선교 전위대로서 교단과 함께 예수 그리스도의 제자로서의 길을 걸을 수밖에 없었다.

---

1 기장은 새 역사 30년 신앙고백서를 통해 "우리 기장이 출애굽을 하도록 한 하나님의 섭리에 감사하면서, 지난 30년간 이 나라 역사 현장에서 우리에게 명령된 선교적 사명, 즉 고난받는 민중과 함께 사는 '민중의 교회'가 되지 못했으며, 민족을 위해 십자가를 지는 일에 주저한 일"에 대한 죄책을 고백했다. 그럼에도 "우리의 구체적인 역사적 상황 속에서 약한 자를 들어 강하게 쓰시는 하나님이 당신의 말씀에 복종하도록 우리 교단을 존재케 하시는 하나님의 강한 뜻이 있음을 고백하며, 한국교회 100년이란 역사적 시점에서 새로운 선교적 과제로 '오늘의 구원'의 역사에 동참할 것"을 선언하였다.
2 제5문서, "신앙 선언, 교회, 사회선교, 교회교육정책," 401; 『한국교회 100년사』, 802.

'87신앙고백'과 제5문서 발간, 교단장기발전사업에서 노회 중심화와 시찰회를 통한 개교회 연계 활성화 강조

기장총회는 1987년에 새 역사 50주년을 바라보면서 '87신앙고백'과 더불어 제5문서를 펴냈다. 제5문서는 70년대에 펴낸 4대 문서를 총집대성한 문서로서 오늘의 선교적 상황 인식, 1987년 신앙고백의 원리와 기장의 신앙 선언에 의한 교회 선교 정책, 사회 선교 정책, 교회 교육 정책이 담겨 있다. 같은 해에 총회는 한국기독교장로회 교단장기발전사업계획서를 채택하였다. 장기발전사업계획의 지침은 새 역사 50주년 희년을 향해 하나님의 백성, 그리스도의 몸, 선교 공동체의 교회로서 부름 받은 사명을 수행하는 데 있었다. 이 지침은 선교와 봉사 사업의 일치, 평화를 위한 교육 공동체로서의 교회, 선교 공동체로서의 교회 구조 갱신에 지향점을 두었다. 특히 선교 공동체로서의 교회 구조 부문에서 노회의 공동체성 강화와 활성화, 시찰회를 통한 개교회 연계의 활성화를 과제로 들고 있으며, 노회의 구조에서 개교회주의 극복과 지역 단위의 협력 구조, 제반 사업의 '노회 중심화'를 강조하였다.

1. 1980년대 서울노회의 현황과 조직 발전

1980년대 들어 서울노회의 특별한 점은 노회 구조와 조직의 변화로서, 서울노회와 서울남노회의 분립, 총무 제도 도입, 노회 회원권에 대한 규칙과 노회의 조직을 바꾼 것이다.

1) 서울남노회와 분립

1980년대 들어서 서울노회의 가장 큰 변화는 서울노회와 서울남노회가 분립한 것이다. 서울노회는 1981년 열린 제66회 정기회에서 "한강을 경계로 서울노회, 남서울노회로 분립 청원"을 총회에 헌의하였고, 제65회 총회에서 이 헌의안이 통과되어

1981년 11월 3일 분립하였다. 원래 서울노회와 서울남노회 분립은 경기노회의 두 차례 헌의안에서 비롯되었다. 경기노회는 1975년 제60회 총회에 한강을 분계선으로 서울과 경기를 남북으로 행정구역 재조정하는 "노회 분할 헌의안"을 상정하였으며, 제65회 총회에 "서울동, 서울서, 경기동, 경기서로 분할하자"는 구체적인 안을 만들어 재헌의하였다. 이에 총회는 '서울·경기노회 병합 분리위원회'를 구성하고 이의 조정에 나섰다.

서울노회는 경기노회와 병합 분리가 아니라 서울노회를 한강 이남과 이북을 경계로 분립키로 해 1979년 제36회 정기회에서 '남서울노회(가칭) 분립연구위원회'[3]를 조직하고, 1981년 제66회 총회에 "한강을 경계로 서울노회, 남서울노회로 분립하는 건"을 총회에 헌의, 제65회 총회에서 이 헌의안이 허락되었다. 경기노회에서 서울노회의 입장을 수용하여 총회에서 서울노회와 남서울노회(가칭) 분립위원회를 구성[4]하여 노회 분립이 추진되었다.

제65회 교단총회 결의에 따라 1981년 11월 3일 초동교회에서 서울노회 분립 예배를 분립위원 주관으로 드리고 "한국기독교장로회 제66회 총회의 결의에 의하여 서울특별시 한강 이북의 교회로 전 서울노회의 전통을 계승하여 서울노회가 조직되었음을 선언합니다"라고 노회 분립을 선언함으로 노회가 분립되었다. 노회 분립에 따라 1981년 41회 정기회에서 "본회의 구역은 서울특별시 한강 이북 일원으로 한다"로 규칙 3조를 개정하였다. 이렇게 노회를 분립하고 1981년 제41회 정기회에서 결의한 대로 남서울노회(후에 **서울남노회**로 개칭됨) 분립에 따른 노회 분립 재정 처리 인수인계[5]를 11월에 실시하였다. 한편 1982년 서울노회 교사연합회를 서울남노회 교사연합

---

3 위원: 한장형, 조원길, 신익호, 오병직, 이영찬, 오건, 조준식.

4 위원장: 송상규 목사, 분립위원: 서울노회 측 김영진, 김기종, 서용주, 남서울노회 측 송상규, 강원하, 장만용.

5 서울노회 재정부장(이시모), 회계(김창기), 감사(이지철), 남서울노회 재정부장(권혁규), 회계(최우식)의 책임하에 재정 처리를 하였다. 1981년 11월 3일 현재 전년도 이월금 2,906,550원과 상회비 수입액 1,730,000원, 합계 4,636,550원에서 지출 금액 2,946,805원을 차감한 잔액 1,689,745원 및 개척 전도헌금 잔액 214,900원은 서울노회에서 인수하고, 상회비 미납액 7,448,400원 중에서 남서울노회 분 5,077,200원은 남서울노회에 인계하였다. 첨부 서류 1) 노회 분립 재정 처리 인수인계서, 2) 회계가결산

회와 분립토록 하였으며, 신도회는 자체적으로 협의하여 분립하였다.

2) 총무제 신설과 조직 개편

(1) 전임 총무 제도를 두다

서울노회의 제도 변화에서 1980년대 가장 주목할 만한 것이 있다면 노회 상근 총무제 신설이다. 서울노회는 1983년 제45회 정기회에서 사무처 기능에 총무 1인과 직원 1인을 두기로 하고 노회 규칙에 총무에 관한 규정을 신설, 총무는 "노회 사무 및 사업 진행 책임자로 노회장의 지시에 따라 사무를 집행하며, 노회가 결의한 모든 사업을 관장하고 집행하며"(제18조 1항) 임기는 3년으로 하였다. 서울노회의 상근 총무제는 다른 노회에 없는 제도로서 서울노회만 지닌 특수성이기도 하다.

1984년 1월 4일 노회 사무실을 종로구 돈의동 114번지에 있는 초동교회에 두고 총무 1명과 간사 1명을 두었다. 초대 총무로 김민수 목사가 선임되었으며, 총무가 취임하면서 노회의 업무 능률화와 사무 체계가 잡히기 시작하였다. 1985년부터 총회의 양식을 노회에 도입해 별지로 보고하던 접수 문서가 헌의안으로 노회 보고서에 게재되어 노회원들이 서울노회 정치부와 고시부 상황도 잘 알 수 있게 되었으며, 총대 보고를 노회 보고서에 게재하여 노회원들이 총회의 주요 결정 사항을 알게 되었고, 교단총회 주제를 노회 주제로 연동시켜 노회원들이 총회와 노회의 그해 방향과 지향 점을 이해할 수 있게 되었다. 또한 노회 교육부와 고시부 사업, 3천교회운동을 비롯하여 노회의 사회 선교, 평화통일 선교 등 노회 사업이 활성화되는 면모가 보고서에 나타났다.

보고서(노회 분립 전), 3) 상회비 미납액 현황, 4) 개척 전도 헌금 현황, 5) 상회비 미납액 명세표(서울노회/남서울노회).

(2) 각종 위원회 신설과 활동

서울노회의 위원회는 상설위원회와 임의위원회가 있다. 1980년대 들어서 신설된 위원회는 '개척전도위원회'(1981), 민주화와 교회 신성 수호를 위한 '교회와사회위원회'(1983), 분단 극복을 위한 '통일문제연구위원회'(1985), '해외선교협력위원회'(1988) 등이 있다. 또한 총회가 '전도부'를 '선교부'로 개칭함에 따라 1987년 제53회 정기회에서 노회도 전도부를 선교부로 명칭을 바꾸는 규칙을 개정하였다. 여기에 1980년대 사안에 따라 임시로 만들어진 위원회로 대책위원회, 규칙연구소위원회, 3천교회운동을 위한 '노회부담금책정 소위원회', '회계규정제정 소위원회' 등이 있다.

또한 행정을 위한 위원회 조직으로 '교역지도위원회', '교역자생활보장제위원회', '교회기본재산관리위원회', '전권위원회' 등이 있다. 교역지도위원회는 목사 이동과 청빙 등에 관한 사항이나 교회에서 교역에 관계해서 발생하는 사안들의 자문 역할을 담당하였다.[6] 기본재산관리위원회는 기존의 부동산관리위원회 명칭이 1980년대에 와서 바뀐 것으로 산하 지교회와 기관의 재산 상황을 협의·지도하기 위해 만들어진 위원회다. '교역자생활보장제'는 교역자들의 기본적인 생활을 지원하고 지역 간, 교회 간의 격차를 좁혀 균형 있는 교회 발전과 교역자 간의 유대감을 도모함으로써 성숙한 선교 공동체를 이루기 위한 목적에서 만든 제도로, 서울노회는 1983년 제44회 정기회에서 '교역자최저봉급제운영위원회'를 신설하고 각 시찰별로 1명씩 위원을 선정하여 2개년 조로 위원회를 구성하였다. 교역자생활보장제운영위원회는 교역자 생활 기본 금액의 70% 미만을 사례비로 드리는 교회에 총회가 정한 최소한의 기본 금액의 70% 이상을 지급할 수 있도록 하며, 이에 미달되는 개척교회 교역자들과 미조

---

6 교역지도위원회는 1983년 경동교회에서 다섯 명의 장로가 사표를 낸 일을 은혜롭게 수습하였고, 서울제 일교회 당회장 박형규 목사의 청원으로 "교회 내 정기예배 방해건"을 양측을 불러 정상화하도록 권고하였다. 또한 조직교회로서 담임목사를 모시지 못하고 있는 교회(공덕, 보광동, 제삼, 초원)의 임시 당회장과 장로 대표를 만나 교역자를 모시는 일에 대하여 협의하고 속히 모실 수 있도록 권면하여 잘 조정하였으며, 담임 교역자가 공석인 교회(송암, 경서, 경복, 신흥, 창일, 성수, 송정제일)의 당회장과 장로를 만나 교역자를 모시는 일에 관하여 협의하고 조속히 교역자를 모실 수 있도록 권면하였다.

직교회 목회자들을 총회 교역자생활보장제운영위원회에 청원하여 수혜를 받도록 하였다. 단 교역자와 교회가 교역자생활보장제를 위한 헌금을 내지 않으면 총회나 노회의 회원 자격이 유보되도록 하였다.

한편 서울노회는 전권위원회에서 다루던 통일교 관련자에 관한 처리를 보다 엄중히 하기 위해 '통일교관련처리전권위원회'(1985)[7]를 설치하였다. 이 전권위원회는 통일교 관련자들이 개전의 정이 보이면 관용하였으나 개전의 정이 보이지 않는 자는 재판국[8]으로 전환하여 치리하였다.[9]

※ 통일교 관계 징계 기준

1. 다음과 같은 행위를 범한 자는 출교(제명)한다.

   가. 통일교 단체에 가입, 활동하는 행위

   나. 통일교 단체로부터 금품을 제공받거나 여행, 기타의 혜택을 받는 일

   다. 통일교를 지지하는 언론을 발표하는 일

2. 다음과 같은 행위를 범한 자는 1년 이상 수찬 정지 및 정직한다.

   가. 통일교 단체의 행사에 참가하는 일

   나. 통일교 단체가 발행하는 출판물에 기고하는 일

(3) 시찰회 분립과 기관시찰회 조직 등 노회 조직 변화

노회의 부서는 큰 변동이 없으나 노회의 분립에 이어 시찰회도 재조정, 기존 시찰회

---

7 위원장: 김수배, 서기: 이병연, 위원: 전경연, 강신정, 한장형, 이영찬, 박광재, 장하구, 박영기.

8 위원장: 김수배, 서기: 이병연, 기소위원: 한장형 목사, 박영기 장로.

9 통일교 주선 해외 여행과 통일교 관련 모임에 참가했던 P 장로는 본인이 당회에서 통일교 관련 사실을 시인하고 깊이 사과하며 다시는 관련하지 않겠다고 맹세함으로 제명을 보류하였고, 서울노회에 가입 청원을 낸 중진 K 목사의 경우 기독교 언론에 공식적으로 통일교 비판을 하였으므로 K 목사가 기독교 초교파와 통일교 관계에서 확실히 나온 것으로 인정하여 노회 가입을 허락하였다. H 준목의 경우 두 차례 소환했으나 불응함으로 헌법 권징조례 11장 1절 101조와 2절 108조에 의거하여 준목을 면직하고 해 교회로 하여금 출교토록 하였다.

가 분립되어 시찰회 조직이 확대되었다. 1984년에 동대문, 마포, 서은, 성동, 성북, 용산, 종로, 중구시찰회에서 성북시찰회가 성북, 도봉으로, 도봉시찰회가 다시 도봉, 태능시찰회로 분립되었으며, 1989년 동대문시찰회가 동대문, 중랑으로 분립되었다.

1985년에 군목시찰회가 없어지고 대신 기관시찰회가 만들어졌다. 군목시찰회를 없앤 것은 군목단의 위상이나 활동이 총회와 노회에서 이중적이고, 노회 선교부 사업으로 군목 선교를 지원할 수 있기 때문이다. 그리고 기관시찰회가 조직된 것은 당시 서울노회에 초창기부터 기관 목회를 하는 노회원들이 군목을 포함해서 30명에 달했고 노회원 명부에 기관목사 부분이 별도로 소개되어 있기에 이들의 자리매김과 연대감을 더 긴밀하게 하기 위해서였다.

(4) 노회 회원의 권리 조정, 임원의 임기와 선출, 담임목사 사임 시 부목사 위치 설정 조정

서울노회는 총회 헌법개정에 따라서 또는 노회 발전을 위해 노회 규칙을 다음과 같이 개정하였다.

① 회원 권리에 대한 사항이 조정되어 "공로목사, 명예목사는 정년연령에 달하면 무임목사와 같이 언권회원이 되며, 총대장로는 1년간 회원권을 가지며, 준목은 노회준회원으로 언권을 가지며, 노회가 초청하는 전도사, 여성대표, 청년대표는 노회에서 언권을 가진다"로 수정되었다(헌법 53조 본회의 회원 조항 수정).

② 임원 임기와 선출에 관한 사항이 "본회 임원의 임기는 1년으로 하되 5월 정기회에서 회장단만 무기명투표로 선거하여 과반수로 당선되며 그 외의 임원은 직전회장, 직전장로 부회장, 회장, 부회장 2인이 협의하여 임명한다"로 개정되었다(노회 규칙 제3장 제13조 1항).

③ "노회 허락 없이 시무목사가 시무처를 이동했을 경우 한 회기 동안 청빙서 심의를 보류한다"를 신설하였다(세칙 제18조).

④"담임목사 사임으로 함께 사임된 부목사는 다음 담임목사 취임 때까지 해 교회의 당회
　장이 될 수 없고, 2년 이내에는 해 교회 담임목사가 될 수 없다. 단, 담임목사 은퇴 시에는
　차안에 부재로 한다"로 개정하였다(세칙 제19조).
⑤"노회 부담금 미납교회의 목사와 장로는 노회의 회원권을 유보하고 해 교회 청원권도
　완납 시까지 접수하지 않는다"는 세칙 20조를 신설하였다.

3) 통계로 본 서울노회의 현황과 변화

1981년 11월 3일 서울노회는 서울노회와 서울남노회로 분립하였다. 서울남노회
와 분립된 후인 1982년 5월 현재의 서울노회 상황을 보면, 교회 수 60개 교회(조직
40, 미조직 20), 목사 141명(공로 7, 명예 3, 시무 53, 군목 4, 기관 30, 무임 40, 휴무
4), 준목 17명(남 17, 여 2), 전도사 59명(남 30, 여 29), 목사후보생 160명(남 127,
여 33)이고, 장로 172명(남 159, 여 13), 무흠입교인 10,383명(남 3,948, 여 6,435),
세례교인 13,374명(남 5,348, 여 8,026)이고, 결산 총액은 35,176,550원이었다.

1980년대를 마감하는 7년 후인 1989년 10월 말 통계를 보면, 총 교회 수 88개
교회(조직교회 54, 미조직교회 24, 개척교회 10)로, 목사 수는 총 190명(남 186, 여
4)으로 은퇴목사 20명(공로 4, 명예 3[1명 중복], 은퇴 13[6명 중복]), 시무목사 77명,
기관목사 45명, 무임목사 48명이며, 준목 38명(남 29, 여 9), 전도사 71명(남 34, 여
37), 목사후보생 121명(남 89, 여 32)이며, 장로 243명(남 224, 여19), 무흠입교인
13,757명(남 5,249, 여 8508), 세례교인 17,035명(남 6,715, 여 10,320)이고, 결산 총액
은 117,045,775원이다.

10년간의 변화 추이를 보면 10년 사이에 교회 수는 28개 교회, 목사 49명, 장로는
71명, 무흠입교인 3,374명, 세례교인 3,688명이 증가하였다. 재정은 81,869,225원
증가로 노회가 분리된 후에도 3배 이상의 규모로 확대되었다.

2. 기장 발전을 위한 총회 헌의 활동

1) 한신대 입학 자격을 대학 졸업생으로 하는 헌의와 기독교교육 전공자 진로를 위한 헌의

서울노회는 1980년 제65회 총회에 "한신대 입학 자격을 대학 졸업생으로 하는 건"을 헌의하였으며, 이것은 결과적으로 한신대 신학대학원(M.Div.) 설립으로 이어졌다. 또한 교회 교육의 전문화를 위하여 1989년 제56회 정기회에서 "교회 교육 전문화를 위하여 현 한신대학 기독교 교육학과 졸업생이 각 교회 교육 분야에서 일할 수 있는 구체적인 방안을 한신대학에서 작성하여 총회에 제출할 것"을 헌의하였고, 이 헌의안은 총회에서 한신대학에서 방안을 연구하여 제출하도록 결의되었다.

2) 시무처 이동 제한과 부목사의 당회장 불가에 대한 헌의

1987년 제52회 서울노회 정기회에서 총회에 ① "노회 허락 없이 시무목사가 시무처를 이동했을 경우 한 회기 동안 청빙서 심의를 보류한다"는 건과 ② "담임목사 사임으로 함께 사임된 부목사는 담임목사 취임 시까지 해 교회 당회장이 될 수 없고, 2년 이내에는 해 교회 담임목사가 될 수 없다(단 담임목사 은퇴 시는 차한에 부재로 한다)"는 헌의안을 제출, 헌의안이 통과되어 헌법이 개정되었으며, 이에 따라 서울노회의 규칙도 개정되었다.

1980년대에 기장교회의 발전을 위하여 서울노회가 총회에 헌의한 건에서 "노회 부담금 조정 방안 연구의 건"은 기각되었지만, 실행위원회에 넘겨 계속 노회 부담금을 조정할 수 있는 방법을 연구토록 하였다. 그리고 1988년 한신대 모 교수가 "총회의 한신대학교 학장 인준은 비민주적인 교권의 침해"라고 청와대에 투서한 사건과 「한신학보」 사설에 게재한 내용을 조사하여 해명토록 하여 줄 것을 헌의하였다. 이 헌의안에 대하여 "해당 교수가 해 노회에 해명하고 학장의 사과문을 회보에 게재토록 하며 인사 문제는 이사회에 넘겨 강력하게 처리한 후 실행위원회에 보고토록 한다"로 결의되었다. 이와 같이 서울노회는 중요한 때마다 총회에 비전 있는 정책과 제도들을 헌의하여 총회 발전에 많은 기여를 하였다.

3. 1980년대 서울노회 위원회, 상비부 사업과 제도 발전

서울노회에서 1983년 상근 총무제를 도입하고부터 서울노회 각 부서와 위원회 사업이 보다 체계화되고 활성화되기 시작하였다. 서울노회는 1984년부터 총회 주제를 노회 주제로 삼아 교단과 함께 가는 노회의 모습을 가시화하였다.

1) 하나님의 선교지 확장을 위한 2천교회운동

1980년대에도 서울노회는 2천 교회를 향한 교회 개척 운동을 계속하였다. 교단에서 노회 단위로 '2천교회운동본부'를 꾸릴 것을 제안했지만, 서울노회는 별도의 조직을 만들지 않고 1970년대 조직한 개척전도위원회로 하여금 이 일을 계속 수행토록 하였다. 다만 서울노회는 2천교회운동을 보다 능률적으로 하기 위하여 범 노회적 조직이 필요하다고 판단하여 1980년도에 개척전도위원회의 조직을 실행위원회 구조로 확대하였다.[10]

개척전도위원회 핵심 사업

개척전도위원회 핵심 사업은 교회를 개척하는 일과 개척된 교회를 순방하고 격려하는 일이다. 서울노회에서 해마다 평균 7개 정도의 교회 개척이 이루어졌으며, 1980

---

10 위원장: 한장형 목사, 부위원장: 장하구 장로, 서기: 김준부 목사, 회계: 오건 장로, 총무: 김수배 목사, 실행위원: 임원, 각 시찰장(당연직), 전도부장(당연직), 장로 6인 — 이중태(보광), 이병연(성남), 주재숙(송암), 이시모(경복), 조준식(가리봉), 고문: 조향록, 조덕현 노회장으로 구성되었다.

년대에 들어와서는 개척교회에 공헌이 있는 교회와 개인들을 표창하는 일을 통해서 교회 개척을 격려하였다. 총회가 2천교회운동을 선포하면서 정한 방침은 총회 선교 주일 헌금과 교회 개척을 위해 세례교인 1인당 연 1천 원을 전 교회에 배당한 것이다. 서울노회의 경우 노회 산하 교회 수에 비해 참여 교회 수가 많지는 않지만 적지 않은 헌금을 하였다. 노회는 개척 전도비 헌금 봉투를 만들어 지회에 배포하여 개척교회를 위한 헌금을 독려하였고, 지교회에서도 적극 호응했다. 1983년에는 효율적인 개척 전도비 모금을 위해 시찰별로 책임자를 두었다.[11]

개척교회는 노회가 설립 공인을 하기 이전의 교회이기 때문에 노회에서의 위치가 문제가 되었다. 이 문제의 해결을 위해 개척전도위원회가 개척교회 목회자들을 전도 목사로 청빙하면 노회가 인준하는 방식을 도입하였다. 개척교회전도위원회가 시찰 회 역할을 한 셈이다.

개척전도위원회의 역할과 한계 설정

개척전도위원회는 개척된 교회가 잘 발전하여 설립 예배를 드릴 때까지 책임을 담당했다. 개척전도위원들이 개척교회를 방문하고 지도하여 교회 상황을 살피고 문제 해결을 위해 노회 차원에서 할 수 있는 일이 무엇인지 찾아내어 도움을 주었다. 개척전도위원회에서 보통 한 회기에 7개 교회 정도를 방문하였고, 교회 형편에 따라 개척교회에 1백만 원 상당의 지원을 하거나 총회에 의뢰하여 선교 대금을 대여받도록 하였다. 이렇게 노회 지원을 받았음에도 교회가 문을 닫는 경우에는 자금을 회수하는 것도 위원회 역할이었다.

개척교회의 활성화를 위해 전도부와 개척전도위원회에서 개척교회 교역자 세미 나를 실시하거나 부흥회를 지원하기도 하였다. 개척교회가 설립된 이후는 노회 교역 지도위원회와 시찰회가 관리하도록 역할의 한계를 정하였고, 개척교회가 개척전도

---

11 시찰별 책임자는 다음과 같다. 중구시찰: 장하구 장로, 성북시찰: 서도섭 목사, 동대문시찰: 강만원 목사, 성동시찰: 김대식 목사, 도봉시찰: 문대골 목사, 용산시찰: 이종태 목사, 종로시찰: 신익호 목사, 마포시찰: 박영기 장로, 서은시찰: 윤진원 장로.

위원회를 통하여 노회에 제출하는 모든 청원 서류는 해 지역 시찰위원회와 협의하도록 노회 규칙 조항을 신설하였다.

서울노회에서 1980년대에 개척된 교회

서울노회가 1980년대에 개척한 교회는 모두 37개이다.

개척 연도	교회명	설립자/ 교역자	주소
1980 6교회	방주중앙교회 방주교회 은성교회 대림장로교회 운경교회 제2송암교회	이직상 장로 문성수 목사 이구승 목사 최복열 목사 나운영 장로/유경손 송암교회	마포구 아현1동 85-666 용산구 용산도 3 2가7 교달아파트나동 성북구 미아리 영등포구 대림아파트 5동 101 강남구 압구정동 경기도 의정부 녹양동
1981 6교회	신명교회 방주중앙 중앙교회 영문교회 성도교회 청암교회	이종헌 목사 문병채 목사 김병무 장로 박재범 전도사 김민수 목사 최준수 목사	서대문구 충정로2가 마포구 아현동 동대문구 성동구송정동 도봉구 번동 종로구 청운동
1983~1985 12교회	도봉산교회 한민교회 영광제일교회 상계기장교회 혜성중앙교회 성수교회 청빈교회 송정제일 영광교회 목양교회 늘샘교회 한돌교회	조옥철 전도사 박창희 목사 전종옥 목사 이상묵 목사 김사겸 목사 임홍기 목사 현종인 전도사 윤영국 목사 서정웅 목사 이상묵 목사 장용근 준목 오세남 목사	도봉구 도봉동 150-10 성북구 석관동 304-26 성북구 삼선동 5가 298-23 도봉동 상계2동 396-13 용산구 한강로 3가 63-125 성동구 성수동 2가 315-21 은평구 불광동 281-87 성동구 송정동 66-137 도봉구 월계동 39-10 도봉구 상계2동 396-13 성북구 하월곡3동 77-140 도봉구 공능동 568-24
1986~1987 6교회	이웃교회 제자교회 낙산교회 상계교회 은산교회 한울교회	이창우목사 정상시목사 김관석 목사 김안중 목사 신동일 목사 김형진 목사	종로구 무학동 11-8 마포구 아현1동 372-10 서대문구 충정로2가 190-10 도봉구 상계1동 934-30 은평구 증산동168-1 성북구 정릉동 483
1988~1989 7교회	영은교회 인수교회 영화교회 평광교회 한겨레교회 횃불교회 광명교회	오용식 목사 이호정 목사 김학원 목사 김창국 목사 장진영 전도사 유성근 전도사 김남철 전도사	노원구 하계동 348-6 도봉구 쌍문동 503-47 동대문구 답십리 5동 493-4 종로구 평창동 339 마포구 아현동 336-1 노원구 창동 주공19단지 상가 2층 성동구 광장동 244-6

한편 서울노회는 강원노회가 동해시에 추진하고 있는 교회 개척을 위해 300만 원을 지원하였다.

2천교회운동의 성과와 과제

교단총회는 1976년부터 시작된 2천교회운동 10주년을 맞아 평가회를 하였다. 교단은 1985년 6월까지 1,067개 교회로 교세를 확장하였고, 교인 수는 281,511명이 되었으며, 10년간 증가된 교회 수는 총 329개 교회로 하나님의 선교를 위한 2천교회운동이 선포된 1976년도 738개 교회를 기점으로 본다면 44.6%로 연평균 4.5%의 수적 증가율을 나타내고 있다. 교인 수는 1976년도 재적 216,068명에서 1984년도까지 273,706명으로 총 57,668명 증가해서 26.7% 성장하였다.

교단 전체로 10년간 전체 360개 교회를 개척했는데, 서울노회에서 73개 교회를 개척해서 가장 많은 수의 교회를 개척하였고, 이러한 수치는 전체 교회의 20%나 되었다. 그러나 서울노회에서 교회 손실 역시 가장 큰 규모로 17개 교회가 손실되었고 56개 교회만이 살아남았다. 2천교회평가회에서는 "개척교회가 폐쇄되는 것을 볼 때 노회가 현재까지 세워진 교회의 육성을 위해 개척전도위원회와 전도부를 통해 꾸준한 지원구조를 확립해야 한다"고 강조하였다.[12]

※ 서울노회 소속 교회들의 교회 개척 및 개척교회 보조 상황

서울노회 산하 11개 교회에서 전국 78개 교회를 매월 최하 3~10만 원까지 지원하고 있으며, 2개 교회를 일시불로 2백만 원씩 설립 지원을 했고, 6개 교회를 30만~1백만 원씩 설립 지원을 했다(「55회 정기회 보고서」[1988], 55-59에 구체적인 명단이 나와 있음).

---

12 「제70회 총회보고서」, 12.

새 역사 50주년을 향한 3천교회운동의 주체로서 서울노회 운동

한국교회 선교 100주년을 한 해 앞둔 1983년, 기장은 새 역사 30주년을 맞아 제72회 총회에서 20년 후인 2003년 새 역사 50년을 전망하면서 "하나님의 선교를 위한 3천교회운동"을 결의하고, 교회 개척을 하려는 목회자 확보와 재원 확보 두 가지를 과제로 설정하였다. 이러한 과제를 달성하기 위해 일반 지역에서 개척할 사명감과 신학 훈련이 잘된 교역자를 확보하는 한편, 빈민, 농어민 지역 등 취약 지역에서 선교를 수행할 사명자의 확보가 중요했다. 또한 목회자 확보와 더불어 교회 개척을 위해서 중요한 것이 재원 확보인데, 이를 위해 다섯 가지 방안을 제시했다.[13]

총회가 3천교회운동을 주창하면서 강조한 것은 3천교회운동의 주체는 **노회**라는 점이다. 총회는 이를 위해 노회는 각각 '하나님의 선교를 위한 3천교회운동협의회'를 개최하여 1987년 11월 30일까지 계획을 수립하고 총회와의 협의를 거쳐 1987년 12월 31일까지 계획을 확정하고 1988년 1월부터 본격적인 개척 운동을 전개하도록 제안하였다. 총회 제안은 전국 각 노회에 '하나님의 선교를 위한 3천교회운동 노회추진본부'를 설치하는 것이었지만, 서울노회는 별도의 노회추진본부를 결성하지 않고 개척전도위원회에서 이 일을 수행토록 하였으며, 총회에서 실시한 '하나님의 선교를 위한 3천교회운동' 제2차 협의회 참가자로 노회장과 개척전도위원장을 선정하고, 55회 정기회에서 '3천교회운동을 위한 노회부담금책정 소위원회'를 두었다. 이 소위원회는 하나님의 선교를 위한 3천교회운동을 위하여 총회에서 지교회 결산액의 10%를 노회비로 수납하여 실시토록 권장하였으나 서울노회의 실정으로 볼 때 수납의 실현 가능성이 희박하므로 현행대로 하되 "개척전도위원회의 활동을 더욱 활성화하기 위하여 개척 전도비 예산 배정 및 예산 집행에 우선을 둔다"라고 결의하였다. 서울노회는 매년 십일조에서 노회 운영비 제한 총액을 개척 중인 교회 지원금과 개척 선교비로

---

13 그 방안은 1) 개척 목회자가 조성하는 개척 기금, 2) 교회 개척에 박차를 가하기 위하여 모든 교회는 수입 결산의 10%를 노회에 상납하고, 노회는 이의 상당 부분을 교회 개척 재원으로 활용하는 방안, 3) 총회 선교 주일 헌금 중 1천만 원을 취약 노회에 3개년 단위로 보조해서 개척토록 하는 방안, 4) 총회 선교 기금 대여 사업을 계속하며, 5) 개척 재원에 여유가 있는 노회가 여유분으로 취약 노회의 교회 개척을 돕는 구조다. 「제72회 총회보고서」, 335-336.

하여 개척 중인 교회는 현 20만 원씩 3년간 지원하는 것으로 하며, 개척비는 1회 2천만 원을 기준으로 하였다.[14]

2) 미자립교회와 군목 지원을 위한 전도부 사업

전도부는 미자립교회 지원과 순방, 미자립교회 성장을 위한 세미나 개최, 미자립 교회 부흥사경회 지원, 군목 교역 활동 지원, 문서 전도를 위하여 전도지를 만들어 지교회 배부 등의 일을 해 왔으나 노회가 2천교회운동의 활성화를 위해 개척전도위원 회를 설치하면서부터 노회 안에서 전도부의 입지가 많이 줄어들었다.

3) 목사후보생 및 장로 피택자 고시 진행과 교육을 위한 고시부 사업

고시부 사업이 1984년 제46 정기회부터 고시부 헌의안으로 노회 보고서에 등재되기 시작하였으며, 1989년 제57회 정기회부터 목사후보생 장학금 제도가 실시되었다. 고시부는 1980년대 10년 동안 장로고시 합격자 217명, 목사후보생 고시 373명, 목사후보생 계속 추천 345명, 준목고시 신규 추천 245명, 계속 추천 청원 139명, 전도사 고시 19명, 총회위탁교육 추천 2명을 고시하고 추천하였다.

1980년대 장로고시 합격자

연도	회기	고시 합격자와 교회
1980	38	김인식, 이영일(방화중앙), 정운모, 이춘재, 이태봉(성광), 이규복(염곡), 김성환, 문한우(향린), 지정일(경서)
	39	서영훈, 배춘근, 최동익(초동), 이원섭(경복), 강성모(경서), 김서희, 김동수, 전영신(발음), 정계화, 김세웅, 나선정(잠실중앙교회), 고석호(신흥교회)
1981	40	박동준, 김종일(양천), 김창준, 박노중(이수중앙), 서성준, 양갑동(광염), 한재희, 홍기선(동부), 강환우, 문병혁(수도)
	41	김기찬, 장영호(성남), 김동식(성북), 김종환(성문), 강효근(생명), 김혜남(한남),

---

14 참고: 1988년도 개척 전도비 예산액 2천5백만 원.

		이기용(성음), 장상규(성암), 송진규(성산)
1982	42	이철용(동월), 안계희, 이우정, 이학전(한빛), 이문우(신촌), 김윤섭, 김은식(경복)
	43	강석기(한림), 유철준, 이종윤(은진), 김병현(새밭), 김영도(성북), 원성도(안암), 독고찬웅, 이명의, 장하린(향린), 남광열(송암), 김관용(성북)
1983	44	오준근(은성), 연강희(동원), 김동욱, 백윤석(하계), 문영선, 한용석(공덕)
	45	박일남, 김춘식(생명), 최병도(중앙), 정태하, 임봉호(제삼), 선우명일, 김영관, 박신호, 김갑순(경동)
1984	46	강득용, 양재식, 이영봉, 서형렬, 김창국(초동), 조치원(성북), 박동규, 박태승(효동), 전순오(혜림), 안희각(공덕), 황철, 이광수, 이민재(경동), 김창송(한일)
	47	서대섭, 정명권, 최정석(은진), 김성준(성남), 윤정구, 김옥준(보광동), 김동희, 조애실(송암), 정진명(경동)
1985	48	한철동, 조남선, 백태성, 심순자(신암), 서광복, 최민호(성암), 홍경택(공덕), 박광배(한남)
	49	황영시, 이준상, 이정숙(경동), 박순영, 이동수(보광동), 정용주(향린)
1986	50	최행웅(성능), 김옥주(공덕), 이영우, 인평수(동원)
	51	장미자(성능), 이재녕, 이규개(신흥), 이재천, 최의혁(경복),
1987	52	유수호, 최연식(경서), 장상은, 심재근(새밭), 최영중, 김종상(수도), 김성곤(서울), 김진수(산성)
	53	윤주봉(광염), 임재덕, 허만종(성문), 임종진(한남)
1988	54	김재봉, 양승관, 엄종혁(보명), 김영제(성광), 노재호(방주), 장이홍, 이남송(생명), 백영수, 박종갑, 김용길(성호), 최종복, 박종식(능동)
	55	양민, 전철순, 최명수(초동), 임한종(경동), 이상만(서울성남), 김목훈(서문밖), 박장원, 김기용, 정경훈, 고세현, 정진태, 김숙연, 김영수, 서성언, 강수남, 김상복(공능), 김진송(중암), 길희영(경복), 송기채(창현)
1989	56	장덕수(성북), 김선진, 이주열, 한인수, 홍성배(양광), 함희철(수유제일), 윤인호(성은), 김용복, 이태용, 최광섭(초원), 채주원(경복)
	57	김영걸(한일), 강승택, 김중자, 한용상(서울제일), 장충협, 한익성(향린), 이건우(안암), 장규용(성북), 라득환, 박석제, 김경도, 이규남(송암), 김정덕, 박선(월계동), 김평화, 김종수(창일), 장원선(한남), 이용빈(혜림)

4) 교회 교육 역량 강화와 지도력 개발을 위한 교육 사업

1980년대 들어서 서울노회 교육부의 활동은 매우 다양해졌다. 서울노회 교육부는 연초 신입 교사 교육, 어린이 예능대회, 어린이 여름성경학교를 위한 교사 강습회, 중고등부 여름수련회 교사 강습회를 비롯하여 신년 교사 결단 예배, 봄·가을 교사 수련회, 추수감사절과 성탄 맞이 교사 강습회 등 교회학교에 다양한 프로그램을 도입하였다. 여기에 농촌지역과 개척교회를 위해 여름성경학교를 지원하는 봉사활동까지 교사들이 매우 적극적으로 참여하였다. 특별히 교사의 지도력 훈련을 위해 교사 계속 교육과 청소년 교육을 위한 연구 모임 등이 가동되었으며, 교회학교에 직접 관계가 있는 지교회 교육부장과 교육 담당 목회자 등을 대상으로 교육을 시도하였다.

1980년도 교육부 프로그램을 보면 전반적으로 참여도가 높다. 이렇게 참여도가 높게 된 이유를 분석하자면 1) 노회 교육부가 수시로 교사 모임을 격려하고 회의를 한 점, 2) 교육부 조직을 어린이분과, 중고등분과, 성인분과로 나누고 각 분과가 해당 분과의 사업에는 관심을 가지나 직접 프로그램을 주도하지 않고 교사연합회가 자율성을 갖고 프로그램을 진행할 수 있도록 한 점, 3) 교사 강습회 교육 장소를 돌아가면서 하지 않고 겨울 프로그램은 향린교회에서, 여름 프로그램은 초원교회에서 실시한 점 등이 교사들에게 각인되어 참여도를 높인 듯하다. 노회 교육부에서 교사연합회가 헌신적으로 교사 강습회 등의 프로그램에 임했기 때문에 그 중요성을 감안하여 어린이교사연합회 회장과 중고등부교사연합회 회장을 노회에 언권 회원으로 초청해달라는 헌의를 해 1988년 제55회 정기회에서 언권 회원으로 허락되었다(노회 규칙 제2장 제7조 4항 개정).

(1) 1980년대 교회학교 교육 프로그램의 실제

연도	일시	장소	내용	참가 인원
1980	2.4~7.	향린교회	어린이부 신입 교사 강습 — 강사: 문동환, 정웅섭 교수	47교회 396명, 연인원 1,500명
1981	6.15~19. 7.2~4. 9.24~25.	성남교회 향린교회 향린교회	어린이부 여름성경학교 교사 강습회 중고등부 여름수양회 교사 강습회 중고학생축제 프로그램 교사 강습회	635명 120명 60명
1982	1.18. 3.15~17. 6.21~24. 10.22. 7.16.	한일교회 향린교회 성남교회 신암교회 초원교회	어린이교회학교 신년 교사 결단 예배 어린이교회학교 봄철 교사 수련회 여름성경학교 교사 강습회 가을 교사수련회(주제: 나를 보내소서) 중고등부 교사 수련회	250명 41교회 200명 1,600명 110명 80명
1983	5.5. 6.13~16. 6.26. 10.16. 7.4~6.	한신대 초원교회 초원교회 초원교회 초원교회	어린이 예능대회 여름 교사 강습회 교사 1일 강습회 어린이분과 추수감사절 강습회 여름캠프 지도자 수련회	600명 450명 29교회 79명 30명 100명
1984	1.16. 2.20~23. 5.8. 6.25~28. 9.3~4.	한일교회 향린교회 한신대학 초원교회 초동교회	교사 신년하례회 신년 교사 강습회 어린이 예능대회 어린이 교사 강습회 교사 수련회	15교회 40명 48교회 236명 58교회 480명 100명 6교회 20명

			— 주제: 선교 2세기를 향한 교사의 사명	
	10.22~11.13. 7.2~4. 11.26~27.	초동교회 초동교회 향린교회	제1회 교사 계속 교육 중고등부 교사 강습회 겨울성경학교와 성탄절 강습회	30교회 150명 23교회 120명
1985	2.25~27. 1.17~19. 5.27. 6.10~13. 6.7. 7.1~3. 11.19~21. 2.24~27. 11.10.	향린교회 신암교회 한신대 초원교회 선교교육원 초원교회 향린교회 향린교회 한신신대원	신년 교사 강습회 중고등부 교사 교육: 85년도 기장 공과 다루기 어린이 예능대회 여름성경학교 교사 강습회 청소년 교역을 위한 연구 모임 중고등부 교사 강습회 겨울성경학교 및 성탄 강습회 신년 하례회 및 교사 강습회 중고등부 감사와 찬양의 잔치	21교회 130명 9개교회 35명 16교회 847명 83교회 300명 11교회 32명 72명 22교회 97명 21교회 75명 12교회 302명
1986	1.13~24. 5.16. 6.23~26. 7.3. 11.17~19.	향린교회 한신신대원 초원교회 초원교회 향린교회	교사 계속 교육(2회) 어린이 예능대회 여름성경학교 교사 강습회 중고등부 여름수련회를 위한 강습회 겨울성경학교 및 성탄절 강습회	13교회 29명 12교회 599명 91교회 369명 35교회 120명 18교회 139명
1987	2.9. 4.19. 3.31. 5.5. 6.21~25. 8.3~7. 6.30.~7.2.	향린교회 능동교회 선교교육원 한신신대원 초원교회 태백 선린 초동교회	신년 교사 강습회 교사 계속 교육 — 교회학교 운영의 이론과 실제(김병국 목사) — 청소년 교육을 위한 연구 모임(중고등분과) 중 3, 고 3의 신앙생활과 교육에 대한 교회 지도 예능대회 여름성경학교 지방교회 성경학교 지원 봉사 청소년 여름수련회를 위한 강습회	35교회 180명 지교회부장, 총무 — 각 교회 중고 등부 담당 교역 자, 부장, 총무 21교회 547명 67교회 369명 6명 31교회 210명
1988	5.5. 7.20~23. 6.28~30. 11.21~23.	한신신대원 초원교회 초원교회 향린교회	어린이 예능대회 여름성경학교 교사 강습회 중고등부 여름수련회 교사 강습회 겨울성경학교 및 성탄절 강습회	14교회 700명 67교회 420명 26교회 182명 10교회 150명
1989	1.23~26. 4.20~21. 5.5. 6.19~22. 6.27~29.	신암교회 선교교육원 한신신대원 초원교회 초원교회	신년도 교사 강습회 중고등교회학교 교사를 위한 강좌 — 청소년의 고민과 성문제 어린이 예능대회 여름성경학교 교사 강습회 농촌 및 개척교회 봉사활동(4개 지방, 서울 1)	19교회 250명 18교회 100명 15교회 550명 68교회 700명 27교회 150명

(2) 청년분과의 청년회 지원 활동

노회 교육부는 1980년 38회 회기에 청년회서울연합회를 조직하고 신앙 강좌를 실시하였다. 청년 강연회가 1983년 6월 3일 송암교회에서 1천5백여 명이 모인 가운데 실시되었으며, 8월 13일에는 청주세광교회에서 열린 전국청년대회에 청년회서울연합회 회원들이 다수 참가하였다. 10월 21~22일 선교교육원에서 열린 '선교요원훈련'에 서울연합회 회원 50여 명이 참가했으며, 11월 8일 기독교회관 2층 대강당에서 예장통합, 감리교 청년회와 연합으로 열린 "청년예수제"(강사: 고은)에 500여 명이 참가하였다.

1984년 1월 5일부터 2월 3일까지 월, 목, 금요일에만 송암교회에서 열린 문화선교 강좌에 서울연합회 회원 50여 명이 참가했고, 2월 10~11일 수도교회에서 청년회서울 연합회 정기총회 및 전국 연합회에 60명이 참가하였으며, 3월 11일 한빛교회에서 열린 청년 주일 예배(강사: 문익환 목사)에 400여 명이 참석하였다. 교육부가 창설한 청년회서울연합회는 1984년 서울노회에서 신도부가 조직되면서 신도부의 한 조직 부서가 되었으나 서울노회에서는 여전히 교육부 지도를 받았다.

5) 사회부의 복지 지원 사업과 사회 선교를 위한 교회와사회위원회 신설

사회부는 어려움을 당한 교역자와 장로를 위로 방문하는 일과 원로목사와 원로장 로를 위한 위로 모임을 하는 일 그리고 근로청소년을 위한 지원 사업과 재난을 당한 교회와 어려운 사람을 돕는 일을 해 왔고, 60, 70년대에는 시국 문제 해결을 위한 기도회와 고난받는 이들을 지원하는 일을 담당해 왔다. 시국 사건이 걷잡을 수 없이 많아지면서 서울노회도 1983년에 '교회와사회위원회'를 신설해서 시국 사건 문제를 다루기 시작하였으며, 1885년에는 '통일문제연구위원회'를 설치해 통일 문제에도 관심을 쏟았다. 이에 따라 사회부 역할은 창립 초기에 하던 위로 방문과 위문, 재해를 입은 교회와 교인들, 지역의 소외된 이들을 지원하는 등의 역할로 다시 축소되었다가 1989년부터는 사업의 반경을 넓혀 노동자들에게 야학을 실시하는 교회[15]를 지원하기 시작하였다.

---

15 성수, 영은, 동월, 늘샘, 생명, 한울교회.

6) 해외선교위원회의 해외 선교 협동 관계 형성

(1) 미국 장로교 수도노회와의 선교 협동 관계

1986년 미국 장로교 수도노회에서 서울노회와 선교 협동 관계를 요청하여 서울노회는 1988년 제55회 정기회에서 해외선교협력위원회를 조직[16]하고 해외선교협력위원회 내규를 정하였으며, 1987년 1월 21일 미국 장로교 수도노회와 선교동역협정을 체결하였다.[17] 1989년 1월 23일 메릴랜드주 켄싱턴시 워너기념장로교회에서 기장 서울노회 6명, 예장(통합) 서울노회 7명과 미국 장로교 수도노회 19명이 참석하여 제2차 한·미 수도노회 선교협의회로 모였으며, 제2차 협의서를 채택하여 프로그램 교환을 추진키로 하였다.

제2차 협의서에 따라 미국 장로교 수도노회 청소년들이 한국을 방문하였다. 청소년 20명과 지도자 5명인 방문팀은 1989년 8월 2~18일, 16일 동안 선교교육원에서 숙박하며 각 교회에서 진행하는 수련회에 참석하여 한국기독교에 대해 배우고, 거제도 애광원에서 워크 캠프를 갖고, 경주, 용인 민속촌, 창덕궁 등을 탐방하며 한국 문화에 대한 이해를 높였다.[18]

---

16 위원장: 김용원, 서기: 정운소, 위원: 서도섭, 김정현, 신익호, 김준부 목사, 이우정, 강성모, 이세중 장로.
17 협정문 체결자로 한국기독교장로회 서울노회 측은 김정현(노회장), 김용원(서기), 김민수(총무)이며, 미국 장로교 수도노회 측은 김응창(노회장), 매리온 볼드리지(서기), 에드워드 화이트(총무)였다. 양국 노회 간에 맺은 협정 사항은 ① 양국 노회들의 활동에 관한 정보 교환과 목회자와 평신도의 상호 방문을 통하여 친교를 두텁게 하는 일, ② 미국과 한국에서 정기적인 협의회를 가짐으로 서로 협력하는 선교 활동을 위한 신학적·신앙적 자원을 발굴하는 일, ③ 각 노회가 활용이 가능한 재정과 인적 자원의 범위 안에서 사업과 인력의 상호 지원을 통하여 두 나라 안에서의 선교 활동에 함께 참여하는 일 등이었다.
18 방한 미국 청소년들은 공능, 초동, 경복, 한남, 한일 등에서 열린 청년 프로그램에 참여하였으며, 이를 위해 서울노회 10교회(초동, 경복, 경동, 성능, 공능, 한남, 성호, 동원, 한일)가 지원하였으며, 개인적으로 이세중, 장하구, 강순일, 김은식, 한성일, 최태섭, 김기찬, 강성모, 신우현, 장순상, 임봉호 장로와 연성희 집사 등 12명이 지원하였다.

(2) 노회원의 해외 파송 선교 사역 시작

서울노회가 해외 교회에 선교사 파송을 시작한 것은 1984년부터다. 노회원 유부웅 목사가 아세아연합신학대학 아프리카선교위원회 소속 선교사 자격으로 케냐의 기스 무신학교에 선교사 파송을 청원하여 1984년 파송되었으며, 총회의 요청으로 서울노 회는 노회원 이해동 목사를 독일 프랑크푸르트 라인마인한인교회로 파송하였다 (1984~1988). 이후 권오성 목사가 그 후임으로 1989년에 파송되었고, 성해용 목사가 독일 비텐베르크교회에 선교사로 파송되었다. 목사 회원권은 노회에 있기 때문에 총회가 협력 관계를 맺은 해외 교회에 선교사를 파송할 때 총회가 노회에 요청해서 해외 선교사로 파송되며, 해외 교회와의 관계에서는 총회 파송 선교사로서의 위상을 갖고 선교 활동에 임하였다.[19] 따라서 서울노회 파송 선교사들은 노회 선교사이자 동시에 총회 선교사라는 이중의 위상을 갖고 있다.

4. "인권과 선교 자유 수호, 분단 극복과 평화통일"을 위한 사회 선교 활동

1980년대 서울노회가 시대적 과제 앞에서 주력한 것은 교회와 사회문제 및 인권과 자유 수호를 위한 활동이다. 서울노회는 인권과 민주화 측면에서 위기 상황이 도래하 자 1983년 제45회 정기회에서 "교회와 사회문제 및 인권 자유 수호 문제 등을 관장하기 위해서" 교회와사회위원회를 신설하였다. 교회와사회위원회는 노회장을 비롯한 12 명의 위원으로[20] 구성하여 사회문제에 대해 노회가 총력을 모아 대처하였다.

---

19 해외 선교사 부분은 별도의 장을 참조할 것.
20 당연직으로 회장, 사회부장, 정치부장, 서기와 목사 4명, 장로 4명을 위원으로 하였다.

1) 인권과 선교 자유 수호를 위한 활동

(1) 5.18광주민주화항쟁 관련 대응 활동

1980년 전두환 군부 세력이 5월 17일 발표된 계엄령의 확대 조치로 문익환 목사, 서남동 목사, 이해동 목사 등이 김대중 사건과 연루되었다며 구속하였고, 기장 청년들을 포고령 위반으로 구속하였다. 1980년 5월 18일 광주민주항쟁과 관련하여 강신석 목사, 조아라 장로, 이해신 집사, 명노근 장로 등 많은 현지 기장 교단 인사와 청년, 학생들이 구속되었으며, 한신대학교 신학과 2학년 유동운이 도청을 사수하다 죽임을 당했다. 교단총회는 광주민주항쟁을 비롯한 현 시국과 관련하여 1980년 6월 8일 전국 교회가 특별 예배를 드리도록 하고 광주 시민을 위한 헌금을 실시하여 현지 노회에 보내도록 하였고, 이에 따라 서울노회는 16개 교회에서 1,454,575원을 헌금하여 광주 노회에 보냈다(「총회회보」 213호, 16). 당시 시국 사건과 관련되어 구속된 한국기독교장로회 소속 구속자 총 59명 중 서울노회 소속원이 32명이었으며,[21] 이는 서울노회로 하여금 시국 사건의 전면에 나서게 하는 촉발제가 되었다.

(2) 선교 자유와 교회 '신성성' 수호를 위한 활동

송암교회 경찰 난입과 폭행 사건

1983년 6월 8일 청년회서울연합회가 송암교회에서 "한일협약 19년과 오늘의 한일 관계 및 기독 청년의 각오"라는 주제로 1천5백여 명이 참가하여 강연회를 실시하였

---

21 문익환(한빛), 박재순(신학연구소), 서철용(신명), 김종완(천호동), 권영근(크리스챤아카데미), 오세구(서울제일), 정혁석(서울제일), 박기상(서울제일), 박용훈(향린), 박익순(향린), 김종수(향린), 임영태(향린), 남정우(향린), 이승규(향린), 김도관(향린), 이복희(향린), 우원식(신촌), 박분식(수도), 이향수(수도), 유정상(수도), 이수만(수도), 박세원(수도), 우연호(수도), 강응식(창현), 이형엽(창현), 이영수(초동), 한헌석(초동), 이춘섭(초동), 강영진(초동), 노창식(신명), 박철수(동원), 정상시(동원), 정신화(한빛).

다. 청년들이 강연회를 마치고 노래를 부르며 교회당 밖으로 나가자 사복을 입은 형사와 경찰 1개 중대가 교회당 내에 최루탄을 터트리고 교회당 문을 부수고 난입해 들어와서 청년들에게 무자비한 폭력을 휘둘렀다. 이에 나핵집 목사(송암교회 부목사)가 목사의 신분을 밝히고 말렸음에도 불구하고 경찰들은 나 목사에게도 욕설과 폭행을 자행하였다.

서울노회와 서울남노회는 합동으로 송암교회 경찰 난입 사건의 해결을 위해 1983년 6월 27일 용산제일교회에서 임시노회를 열어 성전 수호 기도회를 개최하고 성명서를 발표하였다. 두 노회는 이 사건의 책임이 내무부 장관에게 있다고 판단하고 내무부 장관 해임 청원과 '성전 신성성 수호를 위한 전국 교직자 대회'를 개최토록 총회에 요청한 한편, '집회와 시위에 관한 법률 개정'과 '송암교회 경찰 난입 사건에 대한 특별위원회'를 구성하였다. 이에 총회가 서울노회의 "교회의 신성 수호를 위한 전국 교역자대회 개최 건"을 수렴하여 전국교역자대회 개최와 교단 임시총회를 7월 11일에 열기로 하자 내무부 장관이 사과 의사를 전해 와서 대책위원들은 7월 2일 12시 프라자호텔 회의실에서 교단 대표 일행과 함께 노태우 내무부 장관을 만나 정중한 사과와 함께 앞으로 이런 불상사가 재발되지 않도록 하겠다는 약속을 받았다.

서울제일교회 성전 수호를 위한 활동

1983년 8월 28일 서울제일교회 정○○ 장로가 전도사에게 폭언과 욕설을 해서 당회장인 박형규 목사가 만류하자 정 장로가 박 목사의 멱살을 잡고 턱을 강타한 사건이 발생하였다. 일련의 사건들이 교회 치리 문제로 비화된 상황에서 조직 폭력배와 결탁한 일부 교인들이 예배당과 당회실을 점거하고 예배 방해를 하였다. 12월 9일부터는 교회 출입을 제지당한 제일교회 교인들이 중부경찰서 앞에서 노상 예배를 드리게 되었고 당회장 박형규 목사와 두 전도사를 포함하여 수십 명의 교인이 경찰이 보는 앞에서 폭력배들에게 집단 구타 당하는 만행이 벌어졌다. 그러나 현장에 있던 경찰은 이 같은 폭력을 저지르는 현행범을 단 한 사람도 연행하지 않았다.

서울노회는 서울제일교회 예배 방해 사태에 관이 개입된 것으로 인정하고 '폭력추방을 위한 전국교역자대회'에 서울노회 교역자들이 적극 참여토록 하였다. 1985년 1월 28일 교역자대회가 열리는 날, 교역자들이 교회에 들어가려고 하자 폭력배들이 주먹을 휘두르며 방해하였다. 교역자 수는 점점 많아져 450여 명이 되었고 불법 점거 자들을 밀어내자는 분위기로 바뀌자 경찰은 2시30분경 폭력 사태 방지라는 미명하에 교회 문을 막고 교역자들의 접근을 막았다. 이날 모인 교역자들은 이러한 경찰 태도가 폭력배들과 예배 방해자들의 불법적 교회 점거와 폭력을 방조하는 것이라 판단하고 교역자 전원이 중부경찰서로 가서 항의하였다. 서울노회는 1984년에도 서울제일교 회 예배정상화위원회를 7명으로 구성하고 분규 수습을 위해 노력하는 한편, 서울제일 교회에 발생한 폭력 사태에 항의하기 위해 1985년 2월 11일 수도교회에서 폭력 추방 기도회를 실시하였으며, 2차 기도회를 3월 3일 신촌교회에서 실시하였고, 5월 제48회 정기회에서 폭력 추방과 민주제도를 요구하는 성명서를 발표하였다.[22] 1988년에도 서울노회는 폭력 비리와 관련된 서울제일교회의 사건을 해결하도록 촉구하는 공문 을 국무총리와 각 정당에 보내는 등 서울제일교회 정상화를 위해 부단히 애썼다.[23]

(3) 악법 철폐 운동과 민주 개헌 서명운동

학원안정법 제정 반대

학원안정법은 1985년 8월 5일 문교부령으로 발표된 것으로, 운동권 학생들을 영

---

22 성명서는 폭력 추방, 군인정치 거부, 언론자유 확립, 민주제도 요구와 구속자 석방, 악질 재벌 비호 중단과 노동권 보호, 농산물 수입 개방 반대를 내용으로 하고 있다.

23 "서울제일교회는 1984년부 시작한 중부경찰서 앞 노상 예배를 만 6년 동안 드리다가 반대 세력의 여전한 예배 방해로 복귀하지 못하고 1990년부터 기독교회관 2층 강당에서 만 6년 동안 예배를 드리다가 서도섭 목사가 담임목사로 부임한 후 1996년 12년 만에 오장동 본 교회로 복귀하여 예배 방해파와 함께 한 교회당에서 각각 예배를 드리게 되었다. 2022년 11월 국가 과거사정리위원회에서 보안사령부가 서울제 일교회 교인들과 고 박형규 목사를 대상으로 자행한 '교회 파괴 공작 사건'이 '진실화해를 위한 과거사 정리위원회'로부터 진실로 규명되어 진실화해위원회는 과거 잘못에 대해 국가가 사과할 것을 권고하였 으나 정부 사과는 없었다. 이에 2023년 3월 28일 서울제일교회를 비롯한 관련 기관들이 기자회견을 열고 정부의 사과를 촉구하였다."「노컷뉴스」 2023년 3월 18일. 과거사 청산 보도 이후 제일교회가 정상화될 수 있었다.

장 없이 바로 체포·구금하고 선도할 수 있는 특별법으로서 삼청교육대의 연장선상에서 나온 발상이었다. 총회는 1985년 8월 15일 "학원안정법 제정에 대한 우리의 입장 — 학원안정법 상정 철회를 주장한다"라는 성명서를 내었다. 정부는 여당을 동원해서 이 법을 제정하려고 했지만 각계의 심한 반대에 부딪히자 8월 17일 전두환 대통령은 입법을 보류하는 조치를 취했다. 서울노회 교회와사회위원회는 이 법안이 완전히 철회된 것이 아니라 보류되었을 뿐이기 때문에 1985년 9월 5일에 선교교육원에서 조영래 변호사를 강사로 학원안정법에 대한 공청회를 열었다. 이런 각계의 노력으로 학원안정법은 결국 철회되었다.

민주개헌서명운동과 악법 철폐 전개 운동

1986년 총회에서 '민주개헌서명운동'이 전개되었다. 총회는 실행위원회의 결의에 따라 각 노회와 지교회에 민주개헌서명을 촉구하는 공문을 보냈다. 서울노회는 1986년 제50회 정기회에서 민주개헌서명운동에 동참하고, 시찰 단위로 서명운동을 추진하였으며, 각 교회에 총회장의 "민주개헌서명촉구" 서한을 발송하여 전 성도의 서명을 권장하였다. 서울노회는 1986년 5월 13일 열린 제50회 정기회에서 "모든 권력은 국민으로부터 나온다는 사실에 입각하여 시작된 개헌서명운동이 평화롭게 진행될 수 있기를 바라며, 시청료 거부 운동이 전개되고 있는 이때에 바른 사실을 알 권리가 보장되길 바란다"는 기원과 함께 시국선언을 발표하였다.[24] 또한 11월 4일 제51회 정기회에서 '민주인사 석방과 민주개헌을 위한 시국선언서'를, 1987년 5월 12일 정기회에서도 '4.13조치 철회와 직선제 개헌 요구에 관한 시국선언문'을 발표하였다.[25]

한편 6월 29일을 전후해서 서울노회는 4.13호헌 철폐와 민주 개헌, 구속자 석방을

---

24 이 시국선언에는 노동자 선교를 한 전규자 전도사와 탈춤선교회 회원 7명이 고문과 함께 용공으로 몰려 구속된 사건, 한빛교회 교인이며 방송작가인 홍정선 씨가 수사요원에 의해 당한 비인간적 모욕 사건, 향린교회와 신촌교회, 성북교회의 청년들이 당한 고문과 폭력에 대해 고발하고 옥에 갇힌 양심수들이 자유케 되기를 촉구하였다.

25 '4.13조치'가 즉각 철회되어야 하며 대통령 중심 직선제 개헌이 이루어져야 한다는 것과 민주화운동에 대한 탄압을 중지하고 현 정권은 즉각 퇴진하라는 것이다.

위한 '나라와 민족을 위한 기도회'를 실시하였다. 1차는 1987년 6월 25일 초동교회(강사: 한장형 목사)에서 80명이 참석한 가운데 열렸으며, 2차는 1987년 7월 5일 초동교회(강사: 문동환 목사)에서 약 7백 명이 참석한 가운데 개최되었다. 이렇게 나라를 위한 기도회를 하는 한편, 산업 선교 활동을 하다가 투옥되어 1년 6개월의 선고를 받고 2심에서 집행유예로 풀려난 서울노회 소속 전규자 전도사가 고문 후유증으로 극심한 병고에 시달리고 있음을 알고 사회부 예산 일부와 모금 활동으로 전 전도사를 도왔으며, 구속 중인 정태호(서울제일), 김암(초동), 유상덕(수도), 박문식(수도), 민관홍(수도), 김민식(향린), 황인국(향린), 황인혁(향린), 김상복(향린)에게 영치금을 전달하였다.

(4) 노동운동 탄압 저지를 위한 전경련 사건과 목회자 구속

1987년 9월 15일 교회협 인권위원회 사무실에서 40여 명의 목회자가 "노동운동 탄압규탄 및 구속자 석방"을 위한 단식 기도회를 시작하였다. 9월 18일 아침에 단식 기도회에 참석한 목회자들은 전국 기업인들에게 "민주적이고 정의로운 노사관계 확립"을 촉구하는 성명을 발표하고, 그중 23명의 목회자가 전국경제인연합회(이하 전경련)를 방문하였다. 이것은 전경련이 9월 5일 국무회의 석상에 노사문제 실태를 보고하면서 15개 회사의 노동쟁의 진상을 허위로 날조해 마치 노동자들이 폭도요 패륜아인 양 매도함으로써 국민을 속이는 한편, 정당하고 민주적인 노동자들의 임금 인상 요구와 민주노조 조직 운동을 정부 당국이 폭력으로 탄압할 수 있도록 구실을 제공했기 때문에 전경련 대표자를 만나 경위를 듣고 사과를 받고자 한 것이었다. 그러나 전경련 측은 방문한 목회자들을 경찰에 고발하였고, 경찰은 18일 저녁에 이들을 전원 연행하여 9월 20일 이들 중 5명은 구속하고 나머지는 불구속 입건하였다. 서울노회 교회와사회위원장 문대골 목사가 '성역 수호와 민주화를 위한 전국 교역자대회' 개최 시에 성전 난입 및 최루탄 투척 사건에 대한 보고에 이어 전경련 방문 성직자 구속에 대해 보고하였다.[26]

전경련 사건으로 구속된 자들이 풀려난 후에도 연이어 구속자들이 생겨났고 서울노회 교회와사회위원회의 활동은 계속되었다. 전두환, 이순자 씨의 구속을 주장하다 구속된 창현교회 서보혁, 제삼교회(삼일교회) 김상순의 석방을 위해 노회장 명의로 법무부 장관과 내무장관에게 항의문을 보내고 석방을 촉구했으며, 그 결과 1988년 12월 4일에 구속취소로 석방되었다. 또한 생명교회 야학에 대해 경찰이 교사와 학생들에게 부당한 조사를 하고 삼양통상의 학생 다섯 명이 해직된 것에 대해 항의하여 해직자 재고용 및 경찰 당국의 사과가 있었다. 이렇게 서울노회의 구속자 석방을 위한 부단한 노력에 적지 않은 시국 관련 구속자들이 석방되었지만, 안타깝게도 국가보안법으로 구속된 성직자들[27]은 풀려나지 못했다.

2) 평화통일 운동을 선교의 과제로 삼다

1980년 광주민주항쟁을 통해 한국 사회는 민주화의 선결 과제를 해결하기 위해서는 분단 체제를 극복하고 통일을 이루어야 한다는 인식을 갖게 되었다. 새 역사 30년을 기념해 경동교회에서 열린 68회 총회에서 기장은 민중과 민족의 과제로서 "우리 민족을 분단시켰을 뿐만 아니라 병들게 하고 민족의 염원인 통일을 방해하는 일체의 세력들을 거부함"을 선언하며 통일 문제를 교단의 과제로 삼겠다고 선포하였다("68회 총회 성명서"). 이듬해 1984년 선교 100주년을 맞은 제69회 총회에서 '통일문제연구위원회'를 상임위원회로 개편하고 노회별로도 이 위원회를 조직할 것을 결의하였다.

(1) 통일문제연구위원회의 조직과 활동

서울노회는 1985년 '통일문제연구위원회'를 조직하고 분단 극복과 통일 문제를

---

26 「73회 총회회의록」, 160-161.
27 서울노회의 문익환, 박창근, 진병도, 오정균.

노회 선교 과제로 설정하였다.[28] 서울노회 통일연구위원회가 위원회 구성을 마치고 일차적으로 한 일은 연 2회 통일 문제에 관한 세미나 개최였다.

첫 번째 세미나는 1987년 6월 22일 선교교육원에서 "남북한 통일론과 정치체제"라는 주제로 "민족통일과 민주화"(발제: 박종화 목사), "남북한 통일론과 오늘의 현실"(발제: 권오성 목사)에 대하여 각각 발제하고 토의하였다. 제2차 통일 문제 세미나는 1987년 10월 12일 수안보 온천장여관에서 "교회 입장으로서 통일정책"이라는 주제로 "교회의 통일정책에 관한 분석"(김용복 박사), "교회의 통일정책 방향과 전망"(정하은 박사)이라는 제목으로 각각 발제하였다. 두 차례 통일 관련 세미나를 개최한 통일연구위원회는 통일 문제를 지교회 교인들에게 알리기 위해 『남북교회와 남북통일』이라는 제목으로 기독교 내외에서 논의 중인 통일 문제에 관한 자료를 묶어 1천 부를 발간하였다.

(2) "민족통일과 평화에 대한 한국기독교 선언"과 서울노회

서울노회가 교단총회와 더불어 통일 문제에 힘을 쏟던 때, 한국기독교 통일운동사에 한 획을 긋는 중요한 선언이 발표되었다. 바로 1988년 2월 29일 연동교회에서 열린 교회협 제37회 총회에서 "민족통일과 평화에 대한 한국기독교 선언"으로, 이 선언은 민족 분단의 고통을 평화로 극복해야 하는 것이 교회 사명임을 천명하고 분단 50년이 되는 1995년을 '민족평화와 통일을 위한 희년'으로 선포하였다.

서울노회 통일문제연구위원회는 1988년 5월 3일 선교교육원에서 3차 통일 문제 세미나를 열고, "한국기독교교회협의회의 선언에 대한 이해"(강사: 김성재 목사)와 "한국기독교교회협의회 선언에 관한 한국교회사적 고찰"(강사: 박효생 목사)의 발제와 토의를 했으며, 교회협의 민족의 통일과 평화에 대한 한국기독교의 선언을 인쇄하

---

28 통일문제연구위원회는 위원장에 박광재 목사, 서기에 권오성 목사, 위원으로는 문익환, 이세중, 고명수, 권오성, 이우정, 허병섭 등을 선임하였다. 「제48회 정기회 활요」(1985). 1985년 교단 70회 총회에서 통일문제연구위원회는 평화통일연구위원회로 명칭이 바뀐다.

여 노회 산하 지교회 교인들에게 배포하였다. 또한 서울노회는 서울남, 경기, 경인노회 연합으로 1988년 6월 28일 초동교회당에서 "한반도의 평화와 민족의 통일을 위한 교회의 선교적 과제"(강사: 김관석 목사, 박형규 목사, 김상근 목사)라는 주제로 200여 명이 모인 가운데 평화·통일협의회를 열었다. 이어서 제4차 통일 문제 세미나를 1988년 12월 14~15일 온양 세종장에서 "기독교 통일운동의 방향과 전망"(강사: 박성준 선생), "통일문제의 본질과 전망"(강사: 김낙중 선생)이라는 주제로 실시하였다.

(3) 통일 인사의 수난과 서울노회의 대응 활동

『미완의 귀향일기』 발간으로 구속된 김종수 집사 석방을 위해 노력하다

1988년 11월 1일 향린교회 김종수 집사(한울출판 사장)가 재미 학자 홍동근 목사의 저서『미완의 귀향일기』를 출판해 구속되고, 17일에는 당회장 홍근수 목사가 소환되어 조사를 받았다.『미완의 귀향일기』는 북한 방문 경험을 토대로 북한 주민들의 실상을 성직자 양심에 따라 저술한 것인데, 이 책을 출판한 김종수 집사는 "북한을 좋은 말로 표현했다"라며 이적 행위와 고무 찬양죄가 적용되어 구속되었다. 이에 서울노회는 향린교회 김종수 집사의 구속에 항의하고 석방 요구를 결의하며 총회 차원에서 이 사건에 대해 대처해줄 것을 요청하였다. 이에 총회는 1988년 11월 19일 교회와사회위원회 이름으로 김종수 집사의 구속은 국민의 알 권리를 침해한 것으로 "김종수 집사(향린교회)의 석방을 촉구한다"는 성명서를 발표했으며, 서울노회에서는 국무총리와 법무장관에게 항의문과 석방을 촉구하는 진정서를 보내 호소하여 1988년 12월 17일 김종수 집사가 구속취소로 석방되었다.

문익환 목사의 방북 사건에 대한 서울노회의 대응 활동

1989년 3월 25일 문익환 목사가 평양을 방문하고, 4월 13일 낮 김포공항에 도착하자마자 기내에서 국가안전기획부 요원에게 연행되었으며, 반국가단체 구성원과의 연락, 회합, 지령에 의한 탈출, 반국가단체에 대한 동조 찬양 등의 국가보안법 위반으로 구속되었다. 서울노회는 문 목사가 귀국하기 하루 전인 4월 12일에 문 목사 방북에 관한 성명서를 발표하였으며, 총회는 문 목사가 구속된 후 1989년 5월 22~23일 향린교 회당에서 '민주화와 민족통일을 위한 민주·통일선교협의회'를 열고 강연, 각 노회 보고, 평화 대행진, 폐회 예배와 성명서를 채택하였다. 총회는 이와 동시에 "민주화와 민족통일을 위해 기도합시다"라는 제목으로 총회장 목회서신을 보냈으며,29 노태우 대통령에게 총회의 입장을 전하기 위해 면담을 요청하였다. 서울노회는 문익환 목사 뿐만 아니라 민족자주평화통일회의와 관련된 박창균 목사를 면회하고 영치금을 넣어 주었으며, 교회와사회위원회와 협의하여 박 목사의 석방을 요구하는 성명서를 발표하였다.

5. 1980년대 정리

1980년대 서울노회는 1983년 기장 새 역사 30주년을 기점으로 '민중과 함께, 민족을 위한 기도의 행진'을 전개하였다. 선교 2세기를 맞아 서울노회는 출애굽의 하나님을 믿음으로 민족을 위하여 일하는 교회가 되고자 노력하고, 죽음을 이기고 다시 사신 예수 그리스도의 부활을 민중·민족과 함께 땅끝까지 펼쳐가는 증인이 되고자 심혈을 기울였다.

전두환 군사정권이 1981년 3월 3일 제5공화국을 출범시키면서 한국 사회는 새로운 신군부 독재 시대에 놓였다. 이런 시대적 상황에서 기장교회는 시대의 요청에 응답하여 민주화와 인권 선교 그리고 민족의 화해와 평화를 위한 통일 선교에 나섰으며, 그 중심에 서울노회가 있었다. "민중과 함께 민족을 위하여"를 주창한 기장은 1980년

---

29 "민주화와 민족통일을 향한 기도회 행진을 계속합시다"라는 제목의 성명서 내용은 "1) 광주항쟁은 아직도 계속되고 있다. 2) 이철규 군 죽음의 진상은 기필코 밝혀져야 한다(조선대생 이철규 군이 수사기관에 잡혀간 후 참혹한 시체로 발견된 사건), 3) 분단 고착과 독재 회귀로 치닫고 있는 이 시대의 징조에 심각한 우려를 표한다. 4) 민주화와 민족통일을 향한 기도의 행진을 계속하자"로 되어 있다.

대에 한국의 민주화를 위한 종교계 보루로서 공헌하였으며, "민족을 위한 평화·통일·전도의 행진"을 표어로 내세우고 통일 선교에 일익을 담당하였다. 1980년대 서울노회는 예수를 따라 고난받는 교회였고, 교단이 나아가는 '시대의 고난'에 함께 걸었다. 서울노회 노력은 한국 사회에 민주화를 이루는 데 일조하였고, 1980년대 서울노회의 인권 보호와 민주화 활동은 또한 민족의 문제인 분단 극복과 평화통일 운동으로 이어졌다.

이렇게 시대의 부르심에 응답한 서울노회는 다른 한편으로 하나님의 선교지 확장을 위해 2천 교회를 향한 교회 개척 운동을 계속하였다. 교단 전체로 볼 때 10년간의 개척교회 수를 보면 전체 360개에서 서울노회가 전체 20%인 73개로 가장 많은 교회를 개척하였다. 교단총회는 제72회 총회에서 20년 후인 2003년에 맞게 될 새 역사 50년을 전망하면서 "하나님의 선교를 위한 3천교회운동"을 결의하였으며, 서울노회는 3천교회운동을 위해 지교회와 함께 최선의 노력을 하였다.

1980년대 서울노회는 서울남노회와 분립되어 노회의 지역적 범위는 축소되었지만, 전국 노회에서는 유일하게 상근 총무제를 도입하여 노회 사업을 활발하게 전개하였다. 상근 총무제가 신설되고부터 서울노회 각 부서와 위원회를 비롯한 노회 조직과 사업이 보다 체계화되고 활성화되기 시작하였다. 또한 제도 변화에서 의미 있는 것은 신도의 대표격인 장로 1인을 부노회장으로 세우는 제도를 도입하여 노회에서 신도의 위상을 높이고 목사와 장로가 함께 열어가는 노회의 모습을 이끈 점이다.

서울남노회와 분립으로 서울노회 규모가 상당히 축소될 것이라는 우려에도 불구하고 1980년대 10년간 서울노회 변화 추이를 보면 교회 수는 28개 교회, 목사 49명, 장로는 71명, 무흠입교인 3,351명, 세례교인 3,688명이 증가하였으며, 재정 규모는 세 배가 커졌다. 이렇게 서울노회에서 교회 수와 교인 수가 증가한 것은 무엇보다도 부활의 증인이 되는 책임을 다하고 하나님 선교 기지인 교회 개척 및 교회 성장을 위해 노력한 결과라고 본다. 이러한 기반으로 1990년대 서울노회는 또 한 번 도약할 기회를 바라보게 되었다.

제 4 장

희년의 나팔을
온 땅에

1990년대는 기장교회가 민주화운동을 넘어서서 평화와 통일을 위한 발걸음을
내딛는 시기였다. 또한 한국교회사에서 매우 중요한, 세계교회협의회(WCC)가 주최
한 '정의·평화·창조의 보전'(JPIC) 세계대회가 1990년 3월 5~12일 서울 올림픽역도경
기장에서 "홍수와 무지개 사이에서"라는 주제로 개최되었다. 생명을 위협하는 범세
계적인 문제들에 대하여 기독교인들의 응답을 모색한 JPIC 대회가 첨예한 대립과
분단의 현장인 한국에서 열렸다는 것 자체만으로도 큰 의의가 있는 대회였다. 이 대회
를 통해 한반도 분단과 통일·희년 문제가 평화 이슈로 다시 세계교회의 관심을 불러일
으키게 되었다. 이 세계대회를 기점으로 에큐메니칼 교회들이 정의로운 사회, 평화로
운 세상 그리고 하나님의 창조 질서 보전을 위한 생명 운동을 교회의 사명과 과제로
인식하고 실천하는 운동을 하게 되었다.[1]

교단총회가 1990년대에 우리 앞에 놓인 '하나님의 선교'의 내용이 무엇인가를
모색, 제일 먼저 부각된 것이 "정의, 평화, 창조의 보전"(JPIC) 서울 선언의 과제 이행이
었다. 서울노회는 많은 노회원들이 JPIC 대회 프로그램에 참석하였고, JPIC 대회 대표
들이 서울노회 교회들을 찾아서 현장 공유를 했기 때문에 "JPIC 서울 선언"에 명시된
과제가 그리 낯설지 않았다.[2] 사실상 서울노회가 그동안 해 온 인간화, 민주화, 폭력

---

1 "① 정의로운 경제질서를 위해서 그리고 외채의 굴레로부터의 해방을 위해서, ② 모든 국민과 민족의
　참된 안전보장을 위해서 그리고 비폭력 문화를 위해서, ③ 지구 환경을 하나님께서 주신 그대로 보존하고
　창조 질서의 보전과 조화롭게 살 수 있는 문화를 만들기 위하여 일하기로 약속하였다."
2 JPIC 참가단이 한국의 교회를 방문하여 예배를 같이 드리는 프로그램으로 1990년 3월 11일 주일에 서울
　지역 14개 기장교회를 방문하였다. 경동교회, 수도교회, 용산제일교회, 초원교회, 초동교회, 성남교회,
　서울제일교회에서 세계교회 대표 단원이 설교하였으며, 한일교회, 향린교회, 성수교회, 성암교회, 선린
　교회, 한남교회, 공능교회에는 예배에 참석하고 환영하고 교류하는 시간을 가졌다. 「제75회 총회보고서」,
　100.

반대, 평화통일 운동이 모두 정의와 평화, 창조의 보전을 위한 공동체를 만드는 노력이었으며, 교역자생활보장제와 은급 제도, 사회부와 교회와사회위원회, 통일문제연구위원회, 선교부 등 서울노회에서 해 온 사업이 정의, 평화, 창조의 보전을 위한 선교활동이었음을 JPIC 선언이 보여주고 있다.

1993년은 기장 새 역사 40주년이 되는 해였으며, 1995년은 한국기독교교회협의회가 선언한 '평화와 통일희년의 해'였다. 1995년 8월 15일에 평화와 통일을 기원하며 한라에서 백두까지 이어지는 '남북 인간 띠 잇기' 행사와 북에 '사랑의 쌀 보내기' 운동이 전개되었으며, 이 행사에 기장이 주도적으로 참여하였다. 기장은 "희년의 나팔을 온 땅에!"라는 표어를 내걸고 군산 월명체육관에서 약 1만 명이 참여하는 희년선교대회를 열었다. 이 희년대회에서 북녘 교회와의 나눔을 위해 1,100만 원 이상의 헌금을 모았으며, 기장교회와 교인들이 각자 처한 자리에서 민족 화해와 통일을 위한 운동을 전개하였다. 남쪽 교회 대표들이 조선그리스도교연맹의 초청으로 북을 방문해 봉수교회를 방문하는 등 한반도 땅에서 남과 북 그리스도인의 교류도 시작되었다.

1990년대 후반부에 한국은 국가 부도 사태를 맞아 전 국민이 고통을 당하였다. 기업의 도산과 그에 따른 대량 실업, 갚을 수 없는 외채 등으로 인해 1997년 한국이 국제통화기금(IMF)의 관리를 받게 되었다. 실직자 증가, 가정경제 몰락으로 노숙자와 결식 인구가 증가되었다. 이런 위기 속에서 서울노회는 생존을 위해 허덕이는 미자립교회를 추스르면서 고통받는 이웃을 위한 나눔 운동을 전개하였다.

1. 1990년대 서울노회 현황과 조직 발전

1991년은 서울노회 30주년이면서 60회 정기노회를 기념하는 해였다. 서울노회는 제60회 정기노회를 기념하여 1991년 5월 13일 한신대학교 신학대학원 교정에서 기념축하 예배, 강연, 마당놀이 축제, 축하 만찬 그리고 노회 공로자들에 대한 공로패와 감사패 수여 등의 일정으로 기념대회를 열었고, 역사 분과에서『서울노회 약사』

(1960~1990)를 발간하였다.3

1) 노회 구조를 치리 구조에서 선교 구조로 전환하다

서울노회는 60회 정기노회를 기해 노회 구조를 "치리 구조에서 선교 구조로 전환한다"는 획기적인 결정을 하였다. 서울노회는 1992년 4월 7일 초동교회에서 노회임원, 각 상비부의 부장과 서기, 각 위원회 위원장과 서기, 시찰장과 서기, 전임노회장 등 43명이 모여 노회 정책에 관한 협의회를 하였다. 이 협의회에서는 "노회의 선교 구조화"(강사: 교육원장 김상근 목사)와 "노회 발전의 구성과 제언"(강사: 감사 육완기 장로)에 관한 두 발제가 있었으며, 정책협의회 후 노회에서 '노회발전연구위원회'가 설치되었고,4 연구위원회는 1993년 3월 22일 한신대학교 신학대학원에서 '노회발전정책협의회'를 열었다. 이 협의회에서 선교에 총역량을 기울이기 위해서 "노회 구조를 치리 구조에서 선교 구조로 전환한다"는 중요한 결의를 하였으며, 노회를 선교 구조로 바꾸기 위하여 시찰회를 활성화하고 노회 프로그램을 시찰회 중심으로 하는 안을 비롯하여 10개 조항의 대안을 제시하였다.5

---

3 『서울노회 약사』는 서울노회가 경기노회와 분립된 해인 1960년부터 1990년까지의 노회 활요를 정리해서 펴낸 것으로, 노회장 강만원 목사의 발간사, 60년 기념행사 준비위원장 한장형 목사의 "서울노회 30년의 회고", 한국교회사 연구가 박효생 목사의 "경충노회에서부터 시작된 서울노회"라는 제목의 글과 본론이 정리되어 있다. 노회약사편찬위원은 박효생, 김민수, 배성산, 박남수 목사였다.

4 위원회 위원은 당연직: 회장, 부노회장 2명, 서기, 회계, 총무, 일반위원: 목사 5명, 장로 4명으로 구성키로 하였다. 이에 따라 위원장: 김대식, 서기: 이영일, 위원: 강만원, 하태영, 윤길수, 전종옥, 김만배, 김대벽, 장충협으로 구성되었다.

5 1. 노회를 선교 구조로 바꾸기 위하여 시찰회를 활성화한다. 1) 교회 개척 업무를 시찰회에서 수행한다. 2) 교사 교육 및 구역장 교육 등 연합프로그램을 시찰회 중심으로 진행한다. 3) 시찰회를 활성화하기 위해 1994년도부터 노회 예산을 시찰회에 배정한다. 4) 시찰위원의 수를 한 당회 2인(목사, 장로 각 1인)으로 한다. 5) 각종 서류, 교회 통계표 및 노회비를 시찰회에서 수납하여 일괄적으로 노회에 제출한다. 2. 총회 총대를 선출하는 제도를 개선한다. 1) 총대는 3년 연속 가고 1년은 쉰다. 2) 공천위원회에서 총대 수를 배수공천하여 투표하여 선출한다. 3) 총회에 상정된 헌의안을 심의하고 노회의 입장을 통일하여 회의에 끝까지 참석하도록 하기 위한 총대 교육을 의무화한다. 3. 상비부와 위원회 기능을 활성화한다. 1) 공천위원회로 하여금 전문성을 고려하여 각 부와 위원회에 회원을 골고루 배정한다. 2) 한 부서에 3년 이상 있을 수 없다.

이 협의회의 제안에 따라 서울노회는 노회 규칙을 개정하였는데, 핵심 내용은 ① 공천위원회에서 위원을 공천할 때 가능한 한 한 사람이 계속 한 부서에 있는 것이 아니라 부서를 순회토록 배정하며, ② 노회 임원 선정에서 '여성 1인'을 포함토록 하며, ③ 위원회 위원에 비회원 중 전문위원을 약간 둘 수 있도록 했으며, ④ 총회 총대를 선출할 때 3년 이상 연속 총회 총대로 선정된 회원은 그다음 해 1년간은 총회 총대로 선정될 수 없도록 한 점 등이다. 총회 총대 3년제는 다른 노회로 확산되었다. 또한 노회 임원에 여성 1인을 포함하기 시작했는데, 서울노회의 '여성 1인 포함' 제도 는 교단총회에도 영향을 주어 총회 임원에 여성 1인을 포함하는 것이 관례가 되도록 하였다.

2) 서울노회, 서울노회와 서울북노회로 분립되다

1990년대 들어 서울노회의 가장 큰 변화는 서울노회가 서울노회와 서울북노회로 분립된 것이다.

(1) 노회 분립 경과와 분립 예배

서울노회의 분립은 1992년 제62회 정기회에서 한남교회 당회장(김준부 목사)과 성암교회 당회장 이영찬 목사의 분립 헌의가 있었으며, 1993년 3월 11일 노회 분립에

---

4. 목사, 장로 시무 제도를 개선한다. 1) 장로는 3년 시무하고 1년 휴무한다. 2) 목사는 6년 시무한 후 안식년을 갖는다.
5. 선교 사업을 위하여 1994년부터 매 2년마다 1%씩 노회비를 상향 조절하여 새 역사 50년인 2004년까지 상회비를 10%로 조절한다.
6. 개척교회 및 미자립교회에 대한 지원은 개교회에 대한 직접 요청을 금지시키고 노회에 신청케 하여 노회가 조정 지원한다(보조 기간 3년까지는 정액, 4년 75%, 5년 50%, 5년 이후엔 중단한다).
7. 신도회의 구성과 사업을 선교 목적 지향적으로 바꾸도록 권장하고 선교 및 교육 프로그램을 구체화한다.
8. 선교 사업의 효율성을 높이기 위해 각 상비부장과 위원장을 위원으로 하는 실행위원회를 구성한다.
9. 노회의 발전과 활성화를 위해 노회의 행사로 축제를 겸한 선교대회를 매 2년마다 가진다.
10. 비효율적인 회원 호명 제도를 바꾸는 방법을 연구한다.

대한 공청회를 개최하고 "노회분립연구위원회"[6]를 구성하여 준비 작업에 들어갔다. 노회 분립은 노회의 활성화를 기할 기회이기도 하지만, 분립으로 인해 노회 동력이 약화될 수 있다는 우려도 있었다. 서울노회는 연구위원회의 안을 검토한 후 1995년 제68회 정기회에서 "노회 분립"을 가결하였으며, 1995년 제80회 교단총회에 노회 분립을 청원하여 허락받았다.

1995년 서울노회 분립대표 배성산, 이세진, 김민수, 김대식과 총회 분립위원 백형기, 손병선, 서용주, 김일용, 박세형이 노회 분립에 관한 제반 사항을 합의하였다.

① 노회 명칭은 '서울노회', '서울북노회'로 하며, 구역은 서울노회는 동대문구, 마포구, 서대문구, 용산구, 은평구, 종로구, 중구 지역으로 하고, 서울북노회는 강북구, 광진구, 노원구, 도봉구, 성동구, 성북구, 중랑구로 한다.

② 노회 회기는 현 서울노회 회기를 그대로 계승하되 한 주간의 시차를 두어 정기회를 모이기로 하다. 회의 운영 규칙은 현 서울노회 규칙을 그대로 사용하기로 하며, 총회 총대 파송은 총회의 통보를 따르되, 현 총회는 총회 회기까지 그대로 파송하기로 한다.

③ 총회 실행위원회 위원은 분립 후 각 노회에서 선정하기로 하다.

④ 현 서울노회가 사용하고 있는 인장, 고퇴, 노회기는 서울노회가 그대로 계속 사용하기로 하고, 서울북노회의 인장과 고퇴는 분립 전에 서울노회가 준비하며 노회기는 총회가 제작하여 기증하기로 하다. 단 재산은 50:50으로 분할하기로 하다.

서울노회와 서울북노회의 분립은 1995년 11월 7일 한신대학교 신학대학원에서 열린 제66회 정기회에서 총회 분립위원 손병선 목사의 사회와 분립위원 이길용 장로의 기도에 이어 분립위원회 서기 박재형 장로의 경과 보고와 분립위원장 백형기 목사의 분립 선언, 총회장 유재천 목사의 축도로 진행되었다.[7] 이후 서울노회(장소: 신학대

---

6 1차 위원장: 김정현, 서기: 연강희, 2차 위원장: 김대식, 서기: 김동원, 위원: 김준부, 나핵집, 김대벽, 이기용, 서도섭, 신익호, 김대식, 오건.
7 「80회 총회회의록」, 348.

학원 예배실)와 서울북노회(장소: 송암교회)는 각기 장소를 분리하여 임원 선거와 취임식에 관한 회무 처리를 진행하였다. 분립된 후 서울노회에는 목사 70명, 장로 35명, 준목 8명, 초청 언권 회원 8명 등 121명이 참석하였다.[8].

(2) 노회 분립 이후의 조직 변화

서울노회는 노회 분립으로 인하여 축소된 노회 규모에 맞게 조직 개편을 하였다. 1998년 제74회 정기회에서 교역지도위원회를 폐지하고 정치부로 그 기능을 통합하였고, 개척선교위원회와 해외선교위원회가 선교부로 통합되었다. 교회와사회위원회, 평화통일위원회가 폐지되고 두 위원회의 기능이 사회복지부로 통합되었고,[9] 각 상비부서에 분과위원회를 둘 수 있도록 하였다. 개척선교위원회와 해외선교위원회의 기능이 선교부로 합쳐지면서 선교부 운용 기금을 선교 기금으로 전환하였고, 선교 기금의 공정한 관리와 집행을 위해 1999년 제76회 정기회에서 "선교 기금 관리 세칙"을 제정하였다. 한편 서울노회청년연합회는 소속은 신도부로 두되 교육부가 청년분과를 만들어 청년 교육 사업을 하도록 하였고, 1999년 선교부 헌의로 '새천년 목회자 정보화위원회'가 신설되었다.[10]

3) 통계로 본 서울노회 현황과 변화

(1) 1990년도 노회 현황

- 교회: 91개(조직 57, 미조직 21, 개척 13)

---

8 분립 노회의 임원진은 회장: 배성산, 부회장: 이중구(목사), 이광수(장로), 서기: 이영일, 부서기: 임방환, 회록서기: 이문우, 회계: 정권면, 부회계: 지정일이었다.
9 후에 사회복지부는 통일사회부로 명칭이 바뀌었다.
10 위원장: 권오성, 서기: 이청산.

- 목사: 186명(시무 77, 기관 45, 무임 51, 은퇴 13, 공로 4, 명예 3 포함)

  준목 38명(남 29, 여 9), 전도사 71명(남 34, 여 37), 목사후보생 121명(남 89, 여 32)

- 장로: 260명(남 235, 여 25), 무흠입교인: 13,757명(남 5,249, 여 8,508), 세례교인:

  17,035명(남 6,715, 여 10,320)

- 결산 총액: 3,894,629,972원

(2) 분립된 후 통계 상황

연도	1996년 (1996년 4월 교회 상황 보고)			2000년 (2000년 1월 교회 상황 보고)			증감
구분	남	여	계	남	여	계	
목사	136	13	149	139	15	154	
준목	16	8	24	12	10	22	
장로	144	24	168	117	11	128	
전도사	20	11	31	13	11	24	
목사후보생	26	11	37	48	34	82	
세례교인	3,955	5,534	9,489	3,406	4,633	8,039	
원입교인	2,275	2,839	5,114	1,701	2,101	3,802	
결산 총액	5,603,276,442원			6,377,966,621원			+77,469,0179

(3) 노회 분립 후 변화

1996년 서울북노회와의 분립 후 4년 동안 추이를 보면, 교회는 조직교회가 2개 줄었고, 개척교회가 1개 증가했으며, 목사 수는 5명 증가하였다. 반면 장로 40명, 세례 교인 1,450명, 원입교인 1,312명이 줄었다. 재정 상황은 1990년 4,534,118,856원, 1996년 5,603,276,442원, 1999년 6,377,966,621원으로 1996년 분립된 4년 후에도 774,690,179원이 증가하였다.

2. 기장교회의 발전을 위한 서울노회의 총회 헌의 활동

1990년대 서울노회가 교단 발전을 위하여 낸 헌의안 중 4개 안은 통과되었고, 9개 안은 부결되었다. 서울노회가 제출한 헌의안 중 주목할 만한 헌의안은 다음과 같다.

1) 전도목사와 부목사의 임기 연장 청원의 건

교단 헌법에는 전도목사와 부목사의 임기가 1년으로 되어 있어서 이들은 매년 형식적으로 제직회에서 신임을 얻어야 하고 소신 있는 목회 활동을 할 수 없는 등 여러 가지 폐단이 있어 1998년 제83회 총회에 전도목사와 부목사의 임기를 3년으로 연장하자는 헌의를 하였다. 이 헌의는 현행대로 하기로 부결되었으나, 2004년 제89회 총회에서 전도목사 시무가 1년제에서 3년제로 헌법 제21조 3항을 개정하여 전도목사는 해마다 시무 청원을 하지 않게 되었다.

2) 담임목사와 장로의 임기제 및 시무투표제 헌의

교단 헌법에는 담임목사와 장로가 한 번 임직을 받으면 특별한 경우를 제외하고는 70세에 정년 은퇴할 때까지 임기 제도나 시무투표제가 없어 여러 가지 폐단이 있기에 목사와 장로의 7년 임기 제도를 실시하자는 제안으로서, 6년간 시무하고 제7년째에는 안식년을 실시한 후 재시무를 원할 시에는 시무 투표를 하여 재시무를 결정하자는 안이다. 이에 총회 헌법 정치 제21조 1항 32조를 개정하자는 헌의안을 총회에 상정하였다.[11] 이 헌의안은 헌법위원회로 하여금 1년간 연구하여 차기 총회에 보고토록 하였

---

11 서울노회가 제출한 헌의안, "목사: 1) 담임 목사는 지교회의 청빙을 받아 노회의 허락으로 그 지교회를 담임하는 목사이다. 2) 임기는 7년으로 하고, 취임 후 6년간 계속 시무한 후 7년째는 1년간 유급 안식년을 갖는다(단, 교회의 사정에 따라 안식년 조건은 조정할 수 있다). 3) 담임목사는 연임할 수 있으며, 연임하려면 안식년 직전에 공동의회를 소집하여 출석 회원 3분의 2 이상의 찬성을 얻어야 한다. 만약 출석

으나 차기 총회에서 부결되었다.

3) 여성 장로 선출을 위한 장로 선출 방법 개선 헌의

교단헌법 정치편 제5장 32조에 의하면 "장로는 당회가 결의한 수대로 공동의회에서 투표수 3분의 2 이상의 가표로 결정한다"고 되어 있다. 이 부분을 "장로는 당회가 결의한 수에서 최소 3분의 1 이상을 여성으로 한다"로 개정하자고 총회에 헌의하였으나,[12] 총회는 현행대로 하되 각 교회가 여성 장로를 많이 선출하도록 적극적으로 권장하는 것으로 가결하였다.

4) 총회 해외 선교 동역자 훈련 시스템 구축 헌의

서울노회는 보다 체계적이고 효율적인 해외 선교 동역자 훈련을 위해서 총회가 '해외 선교 동역자 훈련 시스템'(가칭)을 구축하자는 헌의를 하였고, 총회는 해외선교 협력위원회에 넘겨 1년간 구체적으로 연구하여 차기 총회에 보고하도록 가결하였다. 후에 이 헌의안은 총회의 해외 선교 요원 훈련 프로젝트와 연계되었다.

회원 3분의 2 이상의 찬성을 얻지 못하면 안식년 만료 전까지 노회에 담임목사 시무 사임 청원을 제출해야 한다. 장로: 1) 장로의 임기는 7년으로 하며 연임할 수 있다. 2) 임직 후 6년 동안 계속 시무한 후 7년째는 안식년을 갖는다. 3) 7년의 임기가 끝난 장로가 공동의회에서 3분의 2 이상의 가표를 얻으면 자동적으로 시무를 재개한다."

12 "3. 공동의회 1차 투표에서는 후보자 없이 무기명 비밀투표를 실시하여, 고득점 순으로 당회에서 결의한 선임 장로의 배수만큼 후보자를 선정한다. 이때 후보자 중 여성이 3분의 1 이하면, 남성 후보자 중 최저 득점자 대신 여성 최고 득점자를 넣어 적어도 후보자의 3분의 1에 해당하는 수만큼 여성이 되도록 조정한다(단, 총투표수의 6분의 1 이하를 얻은 사람은 후보자가 될 수 없다). 4. 장로는 공동의회 1차 투표를 통해 선정된 후보자 중 공동의회 다음 투표에서 3분의 2 이상의 가표를 받은 자로 선정한다(단, 1차 투표에서 총투표수의 3분의 2 이상을 얻은 사람은 1차 투표에서 장로로 선임된다). 5. 각 교회는 특별한 이유가 없는 한 전 당회원의 3분의 1에 해당되는 숫자만큼의 여성들을 장로로 피택하도록 노력하여야 한다."

5) 목사후보생 수련 과정 신설에 따른 제도 개선과 목사후보생 장학 기금 조성을 위한 헌의

교단총회는 준목고시 제도를 목사후보생 수련 과정 제도로 변경하고자 방침을 세웠다. 목사후보생 수련 과정 제도란 신학대학원을 졸업한 다음 2년 동안 일선 교회에서 목사후보생 수련생으로서 목회 훈련을 받은 다음 목사고시에 응시토록 하는 제도다. 이에 서울노회는 총회에 목사후보생 수련 과정 제도 개선을 헌의하였으나 기각당하였다.

서울노회가 헌의한 내용은 "목사후보생 수련 과정(인턴십 2년 과정) 신설에 따른 '목사후보생수련과정운영위원회' 구성, 목사후보생 선발을 목회 현장의 수급 현황에 따라 총회가 요구하는 수만 한신대에서 선발하도록 할 것, 목사후보생 장학 기금 조성을 위해 전 교회가 교회 결산의 1%를 노회에 헌금"하도록 하는 안이었다.

3. 1990년대 서울노회 상비부 사업과 제도 발전

1) 하나님의 선교를 위한 3천교회운동

1987년 교단총회는 기장 중장기 발전 계획으로 "하나님의 선교를 위한 3천교회운동"을 발표하면서 3천교회운동을 교회 개척 영역을 넘어서 다양한 선교 영역으로 확장했다. 이때 노회와 시찰회, 지교회에서 주목해야 할 선교 항목이 강조되었는데, 전도와 개척교회, 도시 선교와 도시빈민 선교, 노동자 선교와 농어민 선교, 문화 및 매스컴 선교, 학원 및 병원 선교, 군대 및 경찰 선교, 장애 및 보호 대상자 선교, 세계선교와 해외 교포 선교 등 다양한 선교의 영역이다. 이러한 선교 영역을 개발함과 더불어 "국내외 교회 간의 선교 협력과 선교 동역자들"이라는 말 속에 포함된 선교 일꾼들의 양성과 "선교 구조의 조직 생성과 선교 능력의 개발"을 강조하였다.

(1) 선교부와 개척선교위원회의 3천교회운동

서울노회에서는 선교부와 노회 개척전도위원회가 함께 힘을 모아 하나님의 선교지 확장을 위한 3천교회운동을 전개하였다. 서울노회는 총회의 제도 변경에 발맞추어 1988년 제54회기부터 '전도부' 명칭을 '선교부'로 바꾸었다. 개척전도위원회가 1990년대 들어서도 여전히 교회를 새로 개척하는 일과 개척된 교회를 설립할 때까지 관리하는 일, 개척교회 목회자의 전도목사 청빙과 교역자생활보장제 수혜청원자를 노회 교역자생활보장제운영위원회로 연결하는 일을 하였다. 선교부의 주 사업은 개척교회가 설립 공인 예식 후 미자립교회가 되었을 때 선교비 보조와 미자립교회 활성화를 위한 목회 세미나 개최였다. 또한 군목 선교와 서울대병원 원목 활동 지원을 시작하였으며, 기관목회를 하는 목사를 전도목사로 노회에 파송 청원하는 일을 담당하였다.

공동개척교회지원금 제도 시작

서울노회는 1990년대 이르러 교회 개척을 촉진하기 위해 공동개척교회지원금 제도를 시행하였다.[13] 이 제도에 의한 교회 개척이 시작되면서 개척전도위원회는 "교회 개척을 위한 공동개척자 선정 기준"[14]과 개척교회 지도를 위한 위원회 내규를 정하였고,[15] 이 내규에 따라 개척교회의 어려운 재정(특히 월세)을 지원하기 위해

---

13 공동개척교회지원금 제도란 서울노회 내에 교회를 개척하는 교회나 개인이 개척교회 지원금을 청원할 때 노회에서 한 교회에 지원금 1천만 원씩을 보조하는 제도다. 처음에는 공동개척지원금이 1천만 원이었으나 후에 개척하는 교회 형편에 따라서 2천만 원, 3천만 원으로 증액되었고, 90년대 말에는 4천만 원까지 증액되었다.

14 서울노회 교회 개척을 위한 공동개척자 선정 기준: "1. 교회 개척에 확실한 사명감을 가진 본 노회 소속 목사, 장로, 전도사(목사후보생)이어야 한다. 2. 본인이 교회 개척에 필요한 준비를 하고 있으나 노회 지원 없이는 교회 개척이 어려운 상황에 있는 사람이어야 한다. 3. 서울노회 교회 설립 기준 중 제1항(본 노회 교회와의 거리 약 500m)에 저촉되지 않는 장소에서 개척해야 한다. 4. 교회당 임대 계약 명의를 공동명의로 할 수 있는 사람이어야 한다(부득이한 경우는 서울노회 명의로). 5. 노회가 지원한 개척 기금 이상의 개척 기금을 가지고 있는 사람이어야 한다. 6. 위 항에 부합하는 사람으로 교회공동개척 신청서를 노회 양식에 의거 제출하는 사람이어야 한다. 7. 위 항에 의해 본 위원회가 심의하여 선정한 사람이어야 한다."

15 "1) 어려운 교회를 선정하여 선교비를 지원하며, 2) 선교비 신청서(노회 양식) 및 교회예산서를 제출한

월 5만 원씩 12개 교회를 지원키로 하였다.[16] 개척전도위원회는 1994년 개척교회 선교 보조비 신청서를 심의하여 15개 교회에 매월 10만 원씩 지급하는 한편, 기존의 교회가 개척교회를 지원하는 상황을 파악하여 한 교회씩 연결해 주기로 하였다.

1990년대의 교회 개척 상황

연도	교회 이름	설립자/교역자	위치	비고
1990	송광교회 새뜻교회 들꽃교회 돌산교회	이필섭 목사 박수현 전도사 이수현 전도사 김성훈 목사	도봉구 쌍문 3동 도봉구 미아7동 도봉구 미아2동 도봉구 미아1동	송암교회 지원 (여민교회로 바뀜) 새밭교회 기념사업
1991	혜화교회 언약교회 한샘교회 예일교회 동암중앙교회 주님교회	강혜송 목사 권진관 전도사 한종실 목사 김희수 목사 장진희 목사 송지영 전도사	종로구 혜화동 용산구 동부이촌동 노원구 상계동 중랑구 면목3동 성북구 동소문동 성동구 자양3동	
1992	여민교회	박수현 목사	마포구	공동 개척 지원금
1993	상수교회 작은샘교회 백합교회	강동선 목사 강일상 목사 김수남 전도사	노원구 상계7동 은평구 갈현동 종로구 사간동	공동 개척
1994	산돌교회 흰돌교회 동성교회 수유한신 생명샘교회	이창우 전도사 박병철 전도사 김성일 목사 이영재 목사 박찬원 목사	서대문구 남가좌동 도봉구 수유2동 마포구 연남동	공동 개척 공동 개척 격려금 2백만 원 격려금 2백만 원
1997	상암동교회 한우리교회	이청산 목사 이해동 목사	마포구 상암동 서대문구 충정로2가	공동 개척 공동 개척
1998	예가교회 독립문교회	조익표 전도사 서상중 목사	용산구 청파동 1가 종로구 행촌동 210-167 예장 대신측에서 전입함	공동 개척(선교분과) 선교 기금 대여 3천 만 원 대여

교회 중 본 위원회가 심의하여 선정한 교회에 지원하며, 3) 서울노회 교회 설립 기준을 참조하여 개척교
회가 조속히 설립할 수 있도록 지도, 권면, 육성하며, 4). 서울노회 교회 설립 기준에 따라 설립 청원을
할 수 있는 교회가 특별한 사유 없이 설립 청원을 하지 않을 경우 선교지원금수혜, 교역자생활보장제수
혜 청원 및 노회 전도목사 청빙을 보류한다."
16 이 해 예일, 한샘, 한울, 여민, 돌산, 언약, 혜화, 들꽃, 돈암중앙, 송광, 주님, 영광제일교회 등이 지원받았다.

1995년도 노회 개척교회선교위원회는 자립교회(순위 1~35번까지)에 미자립교회 및 개척교회 명단을 알려 각기 1~2개 교회와 결연 맺을 것을 요청하여 개척교회와 자립교회와의 결연을 추진하였는데, 13개 교회가 결연 관계를 맺었다.[17] 1990년대 서울노회에 22개 교회가 개척되었고, 1교회가 타 교단에서 이명해 사실상 13교회가 개척된 셈이다.

1998년 노회 조직 개편으로 개척선교위원회가 선교부 개척선교분과로 재편되었으며, 개척분과는 개척선교위원회가 실시하던 개척교회 선교 지원과 교역자생활보장제 지원, 개척교회목회자 연금 지원(교회 부담금)과 교역자 모임과 수련회 지원 등의 사업을 계속하였다.

(2) 서울노회의 도시빈민 선교

교단총회가 '87신앙고백'과 '중장기 정책'에서 제시한 교회 선교 정책에서 두 번째로 강조된 점은 도시빈민 증가 문제를 선교 과제로 인식하고 도시빈민 선교와 노동자 선교에 대한 전략을 모색하는 것이다. 서울노회에서 도시빈민 선교는 노회의 직접 사업이기보다는 지교회 단위에서 수행하는 데 필요한 선교비를 지원하는 형태로서, 도시빈민 선교는 대부분 소위 '민중교회'라는 정체성을 가진 교회들에 의해서 이루어졌다. 민중교회는 하나님의 선교 측면에서 노동자, 농어민, 빈민과 함께하는 교회로서 기장 민중교회 47개 중에 서울에 12개 교회가 포진하고 있었으며, 모두 도시빈민, 노동 지역에 위치하고 있었다. 1980년대 서울에 설립된 민중교회는 이웃, 사랑, 늘푸른, 성수, 청암, 영은교회 등이었고, 신명교회와 돌샘교회가 후에 민중교회 반열에 섰다. 1990년대 후반에 서울노회로 이명 온 독립문교회는 애초 교회 이름을 '민중교회'라고 지을 정도로 민중교회적인 정체성을 갖고 있는 교회였고, 새뜻(여민)교회와 상암동교회는 민중교회를 표방하지는 않았지만 도시빈민 선교를 하였다. 당시 민중

---

17 자매결연 13개 교회: 영은-송암, 공능/ 영생-공능/ 도문-성광/ 동월-안암/ 한민-성암/ 갈보리언덕-신암/ 청암-초동, 경복/ 목민-경동/ 세광-능동, 공덕/ 중암-효동.

교회를 보면 교인들은 열악한 공장 노동자였으며, 교회에서 하는 선교 사업은 노동 청년들을 위한 노동 야학 교실, 저소득 맞벌이 가족을 위한 무료 탁아방과 공부방, 성탄절에 장기수를 위한 캠페인과 모금 활동, 풍물 교실, 아나바다를 비롯한 환경운동과 지역 주민과 함께하는 마을 잔치 등을 실시하였고, IMF 때는 공부방과 통합해 지역의 결식아동을 위한 '밥집'을 운영하였다.[18] 이렇게 민중신학에 기반하여 도시빈민 지역 속에 들어간 민중교회가 자기 힘만으로 생존할 수 있었던 것은 아니다. 서울노회 교회들의 선교 후원이 수도권 민중교회들의 큰 지지기반이 되었고 민중교회 생존의 버팀목이 되었다.

(3) 서울노회의 특수 선교

특수 선교는 학원 선교와 병원 선교, 군 선교와 경찰 선교, 장애인과 보호 대상자 선교를 들 수 있으며, 1990년대에는 국내에 유입된 이주노동자 선교가 특수 선교의 한 분야를 이루고 있었다. 기장 교단은 변화하는 시대적 상황에 대비하여 이른바 특수 선교라고 분류했던 선교 영역들을 과감하게 하나님의 선교를 위한 3천교회운동의 장으로 수용할 것을 밝혔다. 이런 특수 선교 영역들은 전문가가 필요한 일이라 일반 교회가 주체로 나서기는 어렵고 그 사역을 하는 기관을 지원하거나 그 기관에서 일하는 사역자들을 지원하는 일을 하는 게 더 효율적일 수 있다는 게 총회의 특수 선교 방침이기도 하다[19]

군 선교: 서울노회의 경우 군 선교는 1960년대부터 시작되었고, 1970년대는 군목 시찰회가 조직될 정도로 선교부에서 군 선교에 대한 관심이 높았다. 서울노회가 한 일은 군 선교를 담당하는 군목을 지원하고 군부대를 방문하고 군 세례식을 거행하는

---

18 민중교회의 공부방과 밥집 시스템이 IMF 이후 정부의 '지역아동센터' 제도를 이끌어 냈다.
19 「제82회 총회회의록」(1997).

정도였다. 여신도회서울연합회에서도 정례적인 사업이 될 정도로 군 선교에 관심을 가졌다. 그러나 1980년대 후반에 와서 군 선교를 총괄하는 기능을 총회가 담당하고 노회는 군목을 지원하는 것으로 역할이 조정됨에 따라 노회에서 군목시찰회는 없어지고 군목 개인들이 기관 시찰 회원이 되는 것으로 개편되었다. 이후 서울노회 군 선교는 서울노회 출신 군목의 활동을 지원하는 것으로 조정되었으며 군부대 방문을 통한 지원은 개교회에 맡겨졌다.

병원 선교: 서울노회의 병원 선교는 향린교회가 1980년대에 서울대학병원 원목실을 개설하면서부터 시작되었다. 1990년대 와서는 반경이 조금 넓혀져 1995년 서울노회 출신 원목들이 관여하고 있는 영동세브란스병원, 서울대학병원, 한양대학병원, 중앙병원, 원주기독병원에 「살림」지 10권씩을 문서 선교 차원에서 제공하였다. 1998년에는 서울대학병원 원목실(이중구 목사 시무)을 방문하여 100만 원을 헌금한 것을 비롯하여 병원 교회를 짓는 데 지교회가 참여해서 선교비로 지원하였다. 서울대학병원은 처음 김성환 목사가 원목으로 시작해서 이중구 목사가 뒤를 이었으며, 병원 교회를 짓고 계속 서울노회에서 기관목사를 파송하였다.

장애인 선교: 서울노회 특수 선교 영역에서 장애인 선교[20]는 사실상 노회 선교부가 아니라 개교회가 담당하고 있다. 1991년 4월 1일부터 2일까지 총회 주최로 열린 장애인선교정책협의회 자료에 의하면, 서울노회 지교회가 운영하는 장애인 선교 기관은 세 곳으로, 수도교회의 특수아동교실, 공능교회의 샬롬장애자의 집과 샬롬복지선교회, 초동교회의 햇빛조기교실 등이다.

---

20 1990년 개최된 장애인선교협의회에 의하면, 교단 장애인 선교는 특별히 관심을 갖고 있는 소수의 목회자와 평신도에 국한되어 있는 실정이라 교단 차원에서 장애인을 위한 선교에 관심을 불러일으키는 제도적 장치가 마련되어야 하며, 교회의 신축이나 개척 시 장애인을 위한 휠체어 길을 만들도록 각 노회에 적극 권장하고, 1교회 1장애인 돕기 운동을 펼치되 특수 선교 목회자로 양성·지원해야 한다는 방안이 제시되었다.

외국인노동자 선교: 1990년대 후반 서울노회에서 또 다른 특수 선교의 장이 새롭게 열렸다. 1995년 네팔 노동자들이 명동성당 앞에서 목에 쇠사슬을 감고 "우리는 노예가 아닙니다"라고 이주노동자의 열악한 노동 상황을 한국 사회에 고발하였고, 외국인 노동자들의 인권 문제가 가시화되기 시작하였다. 서울노회의 경우 외국인노동자들의 인권과 선교 문제를 제일 먼저 착수한 곳은 청암교회였다. 1996년 하반기에 종로시찰회의 청암교회가 '서울외국인노동자선교센터'를 세우고 외국인노동자 선교를 시작하였다. 서울노회는 1997년 72회 정기회에서 청암교회의 청원으로 '외국인노동자선교센터'를 "노회가 지원하는 선교 기관으로 인준"하고 매월 일정액의 선교비를 지원하고 센터에 이사 1명을 파송하기 시작하였다.

한편 신촌교회에서 2000년부터 중국인 노동자 상담실을 운영하고 이들이 모일 수 있는 사랑방 활동을 시작하여 선교부에서 선교비 지원을 하였으나, 사업이 중지됨에 따라 서울노회의 선교비 지원도 중단되었다.

2) 목사후보생 및 장로 피택자 고시와 교육을 위한 고시부 사업

1990년대 이르러 장로 피택자 교육과 목사후보생 교육이 체계적으로 자리 잡았다. 서울노회 고시부는 교역자가 될 목사후보생과 장로 피택자들을 위한 교육과 고시를 통해 이들이 교회의 지도자로서 위상을 갖추는 데 중추 역할을 하였다.

(1) 목사후보생 및 장로 피택자 고시 청원자, 준목고시 추천 헌의

장로 피택자로 추천 헌의된 이들은 사실상 사전 서류 심사와 고시를 위한 예비 교육을 마친 자들로서 노회에서 최종 승인이 나면 장로 임직 예정자로서 결단 기도회를 하게 되는데, 여기까지가 고시부의 역할이다. 고시에 합격한 목사후보생들은 노회의 공인식을 거쳐 장학금을 받게 되며 준목고시에 합격할 때까지 고시부의 관리를 받는다. 서울노회 고시부는 초창기부터 계속 이런 업무를 해 왔음에도 1990년까지는 고시부 사업에서 목사후보생과 장로고시의 청원자와 합격자만 「노회 촬요」에 발표 되었다가 1991년에 와서 노회 보고에 고시부 사업의 전 면모가 제대로 보고되었다.

고시부는 1990년부터 1999년까지 10년 동안 장로고시 청원자 114명, 전도사 5명, 목사후보생 신규 추천자와 계속 추천자 166명 등에게 고시 청원을 하여 고시를 실시하였다. 고시에 합격하여 목사후보생이 된 343명을 계속 관리하였으며, 준목고시 신규자 101명과 계속 추천자 82명을 고시부에서 심사하고 노회에 청원하여 총회에 추천하였다. 평균적으로 한 회기 당 장로고시 6명, 목사후보생고시 신규 8명, 계속 17명, 준목고시 신규 추천 5.5명, 계속 추천 4명을 서류 심사와 고시, 면접을 하였다.

(2) 장로 피택자와 목사후보생을 위한 고시 예비 교육

1990년대에도 장로 피택자와 목사후보생을 위한 고시 예비 교육이 실시되었다. 장로고시자 예비 교육은 신앙 교육과 고시 교육으로 이루어졌다. 신앙 교육은 일반적으로 고시 교육 일주일 전에 별도로 실시되었으며, 과목은 기독교와 역사, 교역과 장로, 기장의 신앙고백과 선교로 구성되었으며, 교육은 1990년대 내내 모든 과목을 고시부 목사부원들이 담당하였다. 일례로 1991년의 경우를 보면 장로 피택자 신앙 교육은 "기독교와 역사의식"(박종화 목사), "교역과 장로"(김호식 목사), "기장의 신앙고백과 선교"(이해동 목사) 등이었다.

장로 피택자와 목사후보생을 위한 고시 예비 교육 과목은 성경, 상식, 헌법과 논문으로서 장로 피택자는 성경, 상식, 헌법을, 목사후보생은 성경, 상식, 논문 과목에 응시하였다. 이 고시 과목들은 먼저 과목 담당자들이 고시 출제를 위한 문제지를 만들고, 그 문제지의 내용으로 예비 교육을 실시한 다음, 별도의 날에 고시를 치르는 시스템으로 진행되었다.[21] 서울북노회와 분립된 이후에 고시부 규모가 작아졌으나 그 기능은 축소되지 않았다.[22]

---

21 1991년의 예를 보면 고시 문제 출제자는 "성경"(이영일 목사), "헌법"(배성산 목사), "상식"(윤길수 목사), "논문"(정광은 목사)이었으며, 이들에 의해 예비 교육이 실시되었다.

(3) 장로고시 합격자와 장로 임직 예정자 결단 기도회

1990~1999년 장로고시 합격자

연도	회기	임직자와 교회
1990	58	신태균, 오용환(강림), 윤주일(동월), 윤원영, 신광휴(성암), 김종화(행화정), 이성복, 김영찬(하계교회), 윤익석(경복)
	59	홍계문, 김영선(성능), 서진근, 박창현(신암), 최경춘, 주균(한남), 김영환, 배성호(새밭), 손형렬, 김성오, 이시호(한일), 홍기선(경동) 권희덕, 이규현(동원), 김원길, 강덕근, 권승신, 이기웅, 김승열, 김재숙(보광동), 강호준, 성해순(용산제일), 김옥두, 이영태(수도)
1991	60	이근재, 한기수, 김광재, 홍계표(공능), 황귀님, 리창성(서울성남), 강영옥, 문홍주, 이상근(향린), 손재문(성능)
	61	정경식, 이종포, 권영길(부름), 김주래(한일), 조중태(광복)
1992	62	선영기(성북), 김성일, 이순휘(공덕)
	63	김봉수(하계), 장주환(천은), 한창수, 노회일, 김광주(성암), 서원태(성은), 최춘안(한일)
1993	64	김종태, 송금심(향린), 김용호, 정용근, 함청숙(경동), 이상보, 유동준(은진), 박수명, 오세준(능동), 서미숙(새밭)
	65	김재숙(용산제일), 김기홍(창현), 이일수(창현)
1994	66	최진기(생명), 이동태(성산), 권호정(성음), 이상만(성음), 문공남, 서원균(서울성남), 김원봉(늘샘), 유혁재(서문밖)
	67	윤수경, 문의근, 김순필(한빛), 송영자, 이돈영(효동), 김종균, 이동하(능동), 박형길(초원), 서종학(성산), 윤성기(경서), 김정희(도문)
1995	68	박영석, 전창린(숭신), 오동근, 이영규, 안형택(동원), 김재석(열림), 정재형, 이종수, 정원길(한일)
	69	최정옥(경동)
1996	70	김천규, 황창구, 주인기(초동), 박명노, 홍영진(향린), 황민구(평광)
	71	김성규, 김영환, 이만섭, 조원극, 이홍렬, 추의호(서울성남), 김재중(용산제일), 김재훈, 최풍식(서울제일)
1997	72	김종덕(수도), 이철호, 최수웅(한일)
1998	74	박수길, 박무용(경동)
	75	원세연, 차충명, 손병기(경복), 김종달, 전수일, 박명수(경서), 오종원(삼일), 조재상, 추광태(향린)
1999	77	신동림(방주교회), 조은행(용산제일교회), 최공나, 김용준(창현교회)

---

22 고시부는 1996년 4월 29~30일 경동교회에서 "교역과 장로"(강사: 김광집 목사), "신앙과 역사"(강사: 이영일 목사), "기장신학과 선교"(강사: 권오성 목사)란 제하에 장로고시 청원자 신앙 교육을 실시하였으며, 5월 6일에는 장로, 목사후보생 고시 청원자 예비 교육을; 5월 13일에는 고시를 경동교회에서 시행하였다. 출제자는 홍철화 목사(성경), 김성섭 목사(상식), 김대식 목사(헌법), 박효생 목사(논문) 등이었다.

장로고시에 합격한 장로 임직 예정자를 위한 기도회는 1991년부터 공동 기도회로 실시되다가 1996년 제71회 정기회에서 장로 임직 예정자 결단 기도회로 변경, 첫 시작은 1996년 11월 21일 서울성남교회에서 배성산 목사의 설교, 홍규식 장로의 권면으로 진행하였다.

(4) 목사후보생 장학금 지급과 교육

서울노회는 1990년부터 목사후보생을 위한 장학금 제도를 시행하기 시작하였다. 목사후보생 장학금은 '목사후보생 장학금을 위한 100분의 1 헌금'을 통해 기금이 마련되었다. 장학금은 학부생과 신대원 학생 목사후보생에게 지급되었는데, 1990년도 초반에는 매 학기 50명가량에게 지급하다가 1995년 이후에는 25명으로 줄어들었다. 1990년대 초반에는 수업료의 1/3 선으로 지급하다가 1995년 2학기부터 수업료의 1/2로 장학금을 증액하였다. 1994년부터 한신대학교 요청으로 한신대학교 신학대학원 1학년생들에 대한 생활관 입사비를 지원하기 시작하였으며, 해외선교위원회의 요청으로 케냐 나이로비노회 소속 카부이(Kabui Estace Kahuhia) 목사의 한신대 대학원 과정 97년 1학기 수업료와 생활관 입사비를 지원하였다.

한편 노회 고시부는 1995년 10월 17일에 가졌던 목사후보생 초청 지도 모임을 시작으로 1997년 하반기부터 목사후보생 교육을 시작하였다. 첫 시작은 1997년 10월 27~28일 초동교회 안성수양관에서 고시위원 8명과 목사후보생 31명이 참석한 가운데 개회 예배, 강의, 자유 토의로 목사후보생들의 소명 이야기와 진로에 대한 고민과 비전을 나누고 성찬식, 새벽기도회로 진행되었다. 이런 목사후보생 교육은 연 2회 실시되었다.

(5) 목사후보생 지도와 관리를 위한 제도 개선 연구

고시부는 효율적인 목사후보생 지도와 관리를 위해 1997년에 목사후보생 지도

관리에 대한 내부 규정을 제정하고, 이에 따른 장학금 지급 방법 개선, 목사후보생 관리와 준목고시 추천 청원에 관한 원칙을 정하였다.

목사후보생 지도 관리에 관한 내부 규정 제정

1997년에 고시부가 목사후보생 명단을 정리하니, 교회 소속 목사후보생 62명, 소속 불명 목사후보생 21명, 목사후보생 삭제자 108명이었다. 노회 고시부는 1997년 제72회 정기회에서 '목사후보생 지도 관리에 관한 내부 규정'을 제정하였다. 내부 규정의 요지는 서울노회 목사후보생 장학금에 관한 규정을 서울노회 목사후보생에 관한 규정으로 고친 것으로 1) 목사후보생이 노회 내 소속 교회로 이동 시 서식에 의한 보고 의무화, 2) 신학교 졸업 후에도 연 1회 지도(준목고시 청원 시 직전 2년 동안 노회 지도 사항이 있어야 추천), 3) 장학금 지급의 한계 연도 설정(학부생: 8학기, 일반대학 출신 신학대학원생: 6학기), 4) 전입하지 않고 서울노회 소속 교회에서 봉사하는 목사후보생의 경우 이명 허락 후 소속 교회에서 봉사하도록 명문화, 5) 2년간 교회 소속 목사후보생이 없고 새로 목사후보생이 소속하는 경우 2학기에 한하여 수업료 전액 지급 등이다.

또한 1997년 제73회 정기회에서 목사후보생에 관한 규정 중 목사후보생과 준목고시 청원에 관한 원칙을 정하였다.[23]

장학금 지급 방법에 대한 개선

1998년 제75회 정기회에서 고시부는 학기별 장학금 지급 내역을 조사하고 장학금 지급 방법에 대한 개선안을 만들었다. 규모가 큰 교회에는 목사후보생이 세 명 내지

---

23 "(1) 지도 회수: 본 노회 목사후보생은 준목 인허 전까지 연 1회 이상 고시부의 지도를 받는 것을 원칙으로 한다. (2) 준목고시 추천 청원: 본 노회의 준목고시 추천 청원을 받고자 할 경우는 최근 2년간 본 노회의 지도를 받은 적이 있어야 한다. (3) 목사후보생 명부: 본 노회 목사후보생은 목사후보생 명부를 작성하여 제출해야 한다. (4) 본 노회 내의 소속 변경: 본 노회 목사후보생이 본 노회 타 교회로 소속을 변경하고자 할 경우 서면으로 보고하여야 한다. (5) 타 노회 목사후보생이 본 노회 교회에 소속하여 봉사하고자 할 경우는 정해진 이명 절차를 거친 후 봉사하여야 한다."

네 명씩 몰려 있는 반면, 작은 교회의 경우 2년 동안 목사후보생이 한 명도 없는 교회가 13개 교회, 1년간 한 번도 받지 못한 교회가 19개 교회나 있는 것을 파악하고 "최근 1년간(2학기) 목후생 장학금을 받지 못한 교회와 세례교인 100명 이하인 교회(전 회기 통계보고서 기준)의 경우 등록금 전액을 장학금으로 지급하며, 한 교회에서 장학금을 지급 받는 목사후보생의 수는 3인까지로 한다"는 개선안을 만들었다.[24]

3) 교회 교육 역량 강화와 지도력 개발을 위한 교육 사업

어린이교회학교와 중고등부 여름성경학교 교사 강습회, 어린이 예능대회를 주요 사업으로 실시해 온 서울노회 교육부는 1990년대 들어서면서 교육의 활성화를 위하여 교육부를 어린이분과, 중고등분과, 성인분과 등 세대별 분과로 분리하였으며, 어린이와 중고등부 교회학교에 국한되었던 교회 교육을 성인 교육까지 확대하였다. 또한 교육부장의 목회 통신을 서울노회 지교회 어린이부 교사들에게 보내 교사들과의 관계 형성에 힘을 쏟았고, 교육부장이 총회 교육 사업 개발 정책협의회에 참여해서 총회의 교육 정책을 인지할 수 있도록 노력하였다.

노회의 교회학교 지도력 육성을 위해서는 1995년부터 총회교육원에서 실시하는 노회 교육 지도자 여름 행사 준비를 위한 강습회에 지교회 교육 전도사들을 파견하여 이들이 노회 교육부에서 주최하는 여름성경학교 교사 강습회를 인도하는 중간 지도자가 되도록 하였다.

1995년 서울북노회와의 분립 후 노회 교육부는 1996년 2월 13일에 경동교회에서 "교회학교 발전을 위한 교육과제 토의"를 주제로 지교회의 교육 담당 교육자 협의회를 실시하였고, 청년부 활성화를 위한 지도자 모임, 지교회의 교회학교 각 부서의 부장단 회의를 열어 교회학교 교육에 대한 기획 회의를 실시하였다. 또한 교사연합회 재건이 이루어지도록 노력하여 1997년 6월 9일 초원교회에서 재건 총회가 열리게 되었다.

24이 개선안은 서울노회 목사후보생에 관한 규정으로 "한 교회에 지급되는 장학금 총액은 해당 학기 1인 등록금의 2/3를 넘지 못한다"로 2003년 개정되었다.

어린이교사연합회 조직 활성화 사업으로 지구별 교사 모임 활성화, 교회학교 부장, 총무 모임(9월 28일)을 "리더십과 교회학교 운영 기법"이라는 주제로 실시하였다. 1998년 8월 9~12일 교육부 청년분과 주최로 오대산 청소년 수련마을에서 60명이 참가한 가운데 청년부 연합수련회를 개최하였다. 또한 예비 청소년인 고3 학생들을 대상으로 2월 22~23일 청평 리조트에서 'N세대를 위한 신앙 수련회'를 실시하였다.

새천년을 앞두고 서울노회 교육부는 "새천년과 교회 교육의 전망"이라는 주제로 1999년 10월 18~19일 산정호수 한화 콘도에서 교육 정책 세미나를 열고 밀레니엄 시대의 교회 교육에 대한 준비를 하였다.

(1) 성인 교육의 일환으로서의 구역 지도자 교육

1990년에 들어서 노회 교육부는 산하 교회의 역량 강화를 위해 성인 교육을 실시, 그 일환으로 시찰회를 기본으로 한 구역 지도자 수련회를 시작하였으나 아쉽게도 서울북노회와 분립된 이후 구역 지도자 교육은 더 이상 실시되지 않았다.

일시	주제
1990.1.22.	구역의 부흥 발전과 인간관계 훈련
1991.1.22.	구역 지도자의 역할
1992.2.13.	강권하여 내 집을 채우라, 구역 성장 사례 발표 및 개인 전도법
1993.2.11.	한국기독교 역사 속의 기장, 교회 부흥과 구역 관리,
1994.10.27~29.	21세기 교회 교육의 전망과 과제
1995.	사랑으로 이루는 희년

(2) 교회학교 교사 교육

서울노회 교육부는 분과별로 신년 교사 강습회, 어린이부 여름성경학교 교사 강습회, 농촌교회 여름성경학교 봉사, 어린이 예능대회, 성탄절 준비 교사 강습회를 해마다 실시하였다. 신년 교사 강습회는 교회를 순회하며 개최하였으며 보통 20개 교회에서 150명가량의 교사가 참석하였고, 여름성경학교 교사 강습회는 초원교회에서 개최되었으며 60여 개 교회에서 600~700명의 교사가 참석하였다. 또한 어린이 예능대회는 한신대 신대원 교정에서 열렸으며 12~15개 교회에서 500명가량의 어린이가 참석하였으나 노회 분립 이후 중지되었다. 성탄 행사 준비 및 겨울성경학교도 1991년 11월 25~28일 시작되었다가 노회 분립 후 중단되었다.

신년 교사 강습회

일시	장소	주제	참가 인원
1991.1.21~22.	신암교회	착하고 충성된 종아!	20교회 120명
1993.2.1~2.	초원교회	창조질서와 생명운동	24교회 150명
1994.1.31.~2.1.	서울성남교회	나눔으로 정의 실현	20교회 100명
1995.1.16~17.	서울성남교회	사랑으로 이루는 희년	20교회 200명
1996.10.29.	동원교회	노회 분립으로 인한 신년도 교회학교 교육 계획을 위한 교사 모임	
1997.3.2.	동원교회	대안 예배로서의 찬양 예배와 열린 교육의 기독교교육 접목	15교회 130명
1998.1.18.	서울성남교회		10교회 95명
1998.3.15.	서울성남교회	교사 일일 심령성회	6교회 78명
1999.1.24.	서울성남교회		50명

총회교육원 중간 지도자 교육에 교사 파송과 여름성경학교 교사 강습회

서울노회의 어린이교회학교와 중고등부 교육 프로그램은 서울노회 교사연합회가 주관하여 실시하였다. 1995년부터 총회교육원에서 전국 교회학교 교사들을 대상으로 어린이 여름성경학교 교사들을 위한 교육을 실시하였으며, 성경학교의 주제는 총회의 주제를 따라 하였다. 서울노회에서는 해마다 5~8명의 중간 지도자를 이러한 프로그램에 파송하여 지도력 육성을 하였으며, 이들이 노회에서 여름성경학교 교사 강습회 지도자가 되었다. 또한 어린이교사연합회가 주관하여 농촌교회 여름성경학교 봉사활동을 실시하였는데 매해 6~7명의 교사가 참석하였다.

일시	장소	주제	참가 인원
1990.6.18~21.	경동교회		70교회 720명
1991.6.17~20.	한일교회		66교회 670명
1992.6.15~19.	초원교회		70교회 600명
1993.5.31.~6.4.	초원교회	모든 생명, 귀한 생명	15교회 500명
1994.6.13~17.	초원교회		57교회 300명
1995.6.6.	경동교회	*총회 전달 강습 6명 파송	60여 교회
1996. 6.17~20.	초원교회	*총회 전달 강습 8명 파송	20여 교회
1997.6.8~10.	초원교회	*총회 전달 강습 7명 파송	20여 교회
1998.5.38. 1998.6.23.	노회 사무실 동원교회	*파송 강사 워크숍 *서울북노회와 공동	파송 강사 6명 300명 참석
1999.3.7. 1999.6.20~22.	공덕교회 동원교회	*어린이교사연합회와 간담회 주제: "우리와 함께하시는 하나님"	15명 참가 400명 참가

중고등부 교사 교육

교육부에서는 1990년 7월 3일 초동교회당에서 중고등부교사연합회를 조직하였고, 9월 23일에 용산제일교회당에서 10개 교회 150명이 모여 교사연합회 헌신 예배를 드렸다.

1990년대 중고등부 여름수련회 교사 강습회

일시	장소	주제	참가 인원
1991.6.23~25.	초동교회		45교회 230명
1992.6.28~29.	초원교회		
1993.6.13~14.	경동교회	새로운 세상, 귀한 생명	30교회 150명
1994.6.19~20.	경동교회		45교회 200명
1995.6.25~26.	경동교회	*서울북노회와 연합	50여 교회 참석
1996.9.15.	경동교회	청소년부 연합 찬양제	
1997.6.8~10.	초원교회		20여 교회 참석
1998.6.21~22.	서울성남교회		100명 참가
1999.6.20~22.	동원교회	우리와 함께 계시는 하나님	400명 참가

4) 사랑의 공동체를 위한 사회복지 선교

정의, 평화, 창조 보전을 위한 하나님의 선교는 본디 사회부의 총체적 기능에 관한 것이다. 서울노회는 1995년에 사회부를 사회복지부로 이름을 바꾸고 사회문제와 복지 문제를 다루는 기능으로 확대하였다. 사회복지부가 한 일은 피해 입은 교회나 어려움에 처한 교역자와 개인들을 지원하는 것에서 장애인과 1990년대 초부터 지원하던 빈민 지역의 작은 교회들이 하고 있는, 소위 도시빈민 민중 선교를 지원하는 일과 정책협의회를 통해 노회의 사회복지 선교에 대한 과제와 방안을 모색하는 일이었다.

당시 사회복지부 사업 성격과 개요를 보면, 은퇴 교역자 원호 사업, 재해 헌금 및 위로 사업과 구속자 가족 위로 사업, 야학(공부방) 지원과 사회봉사 기관 지원 사업, 사회봉사 프로그램 개발 사업과 지역사회 조사 사업, 사회봉사정책협의회와 사회봉사 자료집 발간 사업[25] 등의 사업을 하였다.

(1) 도시빈민 섬김 사업 지원

1990년대 도시빈민과 노동자 선교와 관련해 서울노회의 교회들의 상황을 보면, 성수교회, 영은교회, 월곡교회, 청암교회, 돌산교회처럼 민중교회를 표방하면서 지역사회를 섬기는 교회들이 있고, 생명교회처럼 교회에서 지역 노동자를 위한 야학 교실을 운영하거나, 돌샘교회처럼 공부방을 운영하거나, 상암동교회처럼 '내일을 여는 집을 통한 결식아동과 노숙자 돕기'를 하는 교회들이 있다. 대부분 미자립교회이거나 개척교회에 속하는 교회들이라 선교 사업을 하는 프로그램비가 넉넉하지가 않기 때문에 모금을 해서 시설들을 운영하였다. 서울노회 사회부가 사회복지부로 개편된 다음부터 이들 교회와 지역 상황에 관심을 갖고 지원하기 시작하였다.

서울노회 사회복지부는 1991년에는 『빈민 지역사회 조사연구자료집』을 발간하기 위해 노회 산하 전 교회를 대상으로 지역 선교 사업을 조사하였으며, 지교회 사회 선교 활동을 위한 예산 집행에 대해 조사 연구를 하였다. 1992년에는 사회 선교 활동을

---

25 『구역집회 활성화를 위한 재가 복지』, 『마음으로 하는 사회봉사』 등 자료집 발간.

위한 지역 조사 연구 사업을 지원하여 종로구 창신2동 596-2번지 산동네 빈민 지역, 마포구 망원동 432-42번지 등에 대해 지역 실태를 조사하였고, 1993년에는 노회 사회 복지부에서 지원하는 월곡교회 공부방의 활동을 노회 보고서에 게재해 노회원으로 하여금 도시빈민 선교의 필요성을 공감하도록 하였다.

(2) 장애인복지사업과 사회 사업 기관 지원

서울노회 사회복지부가 노회적 차원에서 한 장애인 사업은 주로 기독교봉사회를 통해 추천된 장애인에게 휠체어를 기증하거나 사회복지부 예산으로 심신 장애인에게 휠체어를 기증하는 휠체어 기증 사업이 주를 이루었으며, 장애인 선교를 하는 교회를 지원하였다. 또한 노회 산하 각 교회 사회복지사업 현황을 파악하고 사회봉사 프로그램 개발하고 구산동 결핵환자촌, 예수재활원, 베다니집, 두레방 등 사회봉사 기관을 지원하였다. 1997년에는 상암동교회를 통해 성탄절에 난지도 거주 극빈 가정 4세대[26]를 지원하였고, 군포시종합사회복지관을 통해 독거노인들 5세대에게 쌀 40kg씩을 후원하였다. 이렇게 복지기관 지원 이외에도 주한미군범죄근절운동본부, '전국목회자정의평화실천협의회'(목정평)의 실업고용대책 사업, 기장 외국인노동자 선교협의회(외선협) 등의 기관들을 지원하였다.

한편 IMF 위기 시에는 결식아동을 위한 공부방을 운영하는 은행골교회 청소년쉼터, 들꽃피는 가정, 청암교회 공부방과 신나는 밥집 그리고 결식아동과 노숙자를 위해 도시락을 제공하고 있는 상암동교회 지역선교센터를 지원하였으며, 총회가 설치한 실업자와 노숙자를 위한 '내일을 여는 집'에 서울노회의 교회들이 지원하였다.[27]

---

26 1997년 가을 난지도 불법 거주자 일제 철거 때 판잣집과 생활 도구 등을 전부 잃고 이주할 곳이 없어 난지도 마을회관에서 임시로 공동생활을 하고 있었다.

27 초동교회, 경서교회, 향린교회, 창현교회, 경동교회, 한일교회, 수도교회, 공덕교회, 용산제일교회, 여신도회서울연합회.

(3) 인식 개선과 사회복지 활성화를 위한 사회선교정책협의회

사회복지부는 서울노회의 복지에 대한 인식을 넓히고자 사회선교정책협의회를 1992년 10월 22일 초동교회에서 실시, 권도현 교수와 김상근 목사의 강연과 오용식, 김인태 목사의 현장 발제를 듣고 종합 토론을 한 후 그 자료를 중심으로 협의회 보고서를 발간하였다. 1993년 4월 13일에는 성남교회 교육관에서 '교회 사회 선교 프로그램 개발을 위한 세미나'를 "구역집회 활성화를 위한 재가 복지"라는 주제로 열었다. 이후 재가 복지 사업에 필요한 자료 수집, 연구 활동을 하였으며, 1994년에 사회봉사 자료집 『마음으로 하는 사회봉사』를 펴냈다. 1994년 7월 14일에 선교협의회를 한신대 효촌관에서 실시, 이 협의회에서 한 발제 내용은 현재 서울노회 사회복지부의 문제점과 미래 과제가 들어 있기에 눈여겨 볼 필요가 있다. 정책협의회에서 제시된 문제 제기와 과제, 전망 및 대안은 다음과 같다.

① 노회 및 지교회는 사회봉사 의식은 높으나 실천적 결의는 미약한 편이다. 이런 결과는 총회 중심의 정치구조, 신학의 전개 방식과 관련이 있을 것이다(이론 신학).

② 50, 60년대는 신학 논쟁 중심으로, 70, 80년대는 정치 중심의 갈등과 투쟁 가운데 총회가 운영되었다. 이런 상황하에서 목회적 실천에 대한 관심은 미약했다. 사회 선교를 가장 앞서 천명한 교단으로서 사회정의에는 많은 관심을 기울였으나 사회봉사는 관심 영역이 되지 못했다.

③ 90년대는 목회(교역)적 관심으로 신속히 전환해야 한다. 이것은 인간과 사회의 다양한 영역에 대한 깊은 통찰과 관심의 확장을 의미한다.

④ 교회의 사회봉사는 문화현상으로서의 교회가 아닌 그리스도의 생명에 대한 헌신과 신앙의 토대 위에서 이뤄져야 한다. 그렇지 않을 경우 여타의 사회봉사 서비스와 다를 바가 없다.

⑤ 교회의 사회봉사 및 교회 공동체 일원으로서의 사회봉사는 그리스도 안에서의 구원, 생명성의 회복과 깊은 관련을 지녀야 한다. 물론 교회는 지역 사회봉사 서비스에도

적극 참여하여야 한다.

⑥노회는 다양한 사회봉사 프로그램을 개발하여 지교회에 공급하고, 지교회는 시설 운영
못지않게 평신도 개개인이 신앙 안에서 사회봉사를 실천하도록 독려해야 한다.

⑦교회의 체계적인 사회봉사는 전문적인 사회봉사 이론과 경험을 적극 활용해야 한다.

⑧지교회는 지역 자치단체가 설치하는 사회봉사 시설들을 적극적으로 인수하여 위탁
운영해야 한다.

5) 해외선교위원회의 해외선교협력 사업

1983년 제50회 교단총회에서 서울노회가 1965년 헌의한 "해외 선교사 파송을
위한 연구위원회 설치"를 수용하여 해외 선교 지침을 만들었으며, 세계교회와 선교
협력을 맺고 선교 동역자로서의 방향을 추구해 나갔다. 기장의 해외 선교는 과거처럼
선교를 베푸는 교회와 받는 교회가 종속 관계가 아니라 복음의 빚진 자로서 세계교회에
복음을 전하고 그들과 선교 동역자로서의 관계를 맺는다는 지향점을 분명히 하였다.

서울노회 해외선교협력위원회는 교단의 해외 선교 지침에 충실하면서 세계선교
의 장을 확대하기로 하였다. 선교적 과제를 수행하기 위해 1991년부터 해외 선교
기금을 적립하기 시작했으며, 해외 선교 기금은 해외선교위원회에서 관리하되 위원
장과 총무가 관장하도록 하였다. 노회 해외선교위원회는 노회의 해외 선교 정책을
세우기 위해 1991년 지교회의 해외 선교 현황을 조사하였다.[28]

---

28 초동교회에서 동북아선교협의회를 통해 대만 원주민 선교에 연 24만 원, 재일대한기독교총회 한인대학
위탁 교육생에 월 10만 원, 중공교회 건축비로 100만 원, 소련 성경 보내기에 300만 원, 한도수 목사의
필리핀선교를 위해 연 500불, 장옥윤 목사의 뉴질랜드한인교회를 위해 월 10만 원, 이원태 목사의 미국
하와이(자매결연 교회)에 연 2,000불, 이정복 목사의 뉴질랜드 선교에 연 1,000불, 유부웅 목사의 케냐
원주민 학생에 연 2,000불을 선교비로 지원하고 있었으며, 한일교회에서 장옥윤 목사에게 뉴질랜드
선교를 위해 월 10만 원을, 용산제일교회에서 이영순 전도사에게 중화민국 선교를 위해 월 10만 원을
선교비로 각각 지원하고 있었다.

(1) 서울노회와 해외 교회와의 파트너십 형성

서울노회가 선교 협약을 맺은 노회는 미국 워싱턴 수도노회(PCUSA), 케냐 나이로비노회(PCEA), 말라위 블랜타이어노회이며, 지역별 선교사는 케냐, 말라위의 유부웅 목사, 강요섭 목사, 독일의 권오성 목사, 인태선 목사, 김인태 목사, 싱가폴의 방태진 목사, 태국의 장병조 목사 등이다.

협력 유형별로는 파송 선교사 지원(지역별 선교사), 현지 프로그램 지원(케냐, 말라위)과 현지 신학생 지원(케냐), 상호 방문 교류 프로그램(케냐, 말라위, 미국)과 한미 청소년 교환 프로그램(미국) 등이 있다.

한미 수도노회(워싱턴노회)와의 선교협의회

1987년 미국 장로교 수도노회와 기장 서울노회, 예장(통합) 서울노회 간에 선교동역협정서가 체결되었고 서로 교류해 왔다. 1990년 4월 23~24일 한국교회백주년기념관에서 미국 수도노회 11명, 예장 서울노회 13명, 기장 서울노회 13명이 참석하여 3차 협의회를 진행하였다. 1991년 4차 협의회는 1991년 5월 21~24일 워싱턴 수도노회에서 열렸으며, 이 협의회에서 아프리카 말라위에 기장 서울노회와 예장 서울노회, 미국 수도노회가 함께 외과의사 1명을 의료 선교차 파송키로 하였으며, 경비는 각 노회가 1/3씩, 세 단위에서 각각 연 1만 5천 달러씩 부담키로 하였다. 1993년 말라위 블렌타이어 시노드에 파송할 의사로 예장 측의 이봉렬 외과의사를 결정하고 파송 예배를 4월 25일 예장 동숭교회에서 드렸다. 서울노회의 경우 서울북노회가 분립된 후에도 의료 선교사 지원을 위해 서울북노회 측과 협의되어 1997년도에는 서울북노회로부터 400만 원을 지원받아 선교비를 충당하였다. 이후 말라위 뮬란제병원에서 봉사하던 이봉렬 의사가 1년 임기를 마치고 귀국한 후 후임 선정에 문제가 생겨 더 이상 진행되지 못하였다.

미국 장로교 수도노회와 선교 동역 관계에서 청소년 교류 프로그램이 총 5차에 걸쳐 시행되어 왔으나 1995년 협의회에서 청소년 교환 프로그램은 지양하고 한미

간에 개교회의 자매결연을 통한 교류 활동을 확대하기로 하였다. 선교협의회가 진행되는 동안 5차에 걸친 한미 수도노회 연합 청소년 프로그램과 서울연합회합창단(서연합창단)의 미국 수도노회 순회공연이 워싱턴과 뉴욕의 4개 교회에서 진행되었으며, 1994년에 초동교회 김현숙 목사가 미국 수도노회 협조로 목회자 교환 프로그램으로 1년간 도미 유학을 하기도 했다. 그러나 미국 장로교 총회에서 해외 선교 협약을 노회 단위에서 하는 것이 바람직하지 않다는 이견을 제시해 2000년 10월에 서울에서 8차 협의회를 개최하고 종료되었다.

아프리카 교회와의 협력 관계

서울노회는 아프리카 교회 케냐 나이로비노회, 말라위 블랜타이어시노드 그리고 동부 아프리카 장로교회 등과 선교 협력 관계를 맺었다. 1991년 11월 18일~12월 1일 서울노회 해외선교협력위원회는 케냐 나이로비노회, 말라위 블랜타이어시노드를 방문하여 선교 헌금을 전달하였다.[29] 1992년 9월 18~28일 경주에서 열린 교단총회에 동부 아프리카 장로교회 MUNDI 총회장 외 12명이 참석하여 총회와 케냐의 나이로비교회가 선교 협력 관계를 수립하고, 이어서 서울노회와 선교협의회를 맺어 양국의 선교 협력이 시작되었다.

서울노회는 케냐 교회와의 선교 협력으로 동부 아프리카 장로교 총회(PCEA) 복지센터의 프로젝트를 지원하였고, 여신도회서울연합회가 간호학교 프로젝트를 지원하였으며, 남신도회서울연합회는 노인 프로젝트를, 해외선교협력위원회에서 양장기술 훈련 프로젝트로 훈련에 필요한 도구 및 자재를 지원하기로 하였고, 이후 아프리카 선교 개발연구원 프로젝트 하나를 더 지원하였다. 이 외에도 서울노회는 1995년에 동부 아프리카 장로회 나이로비노회 3개 교구에 각 1,000달러씩 3,000달러를 지원하

---

29 방문자는 서울노회에서 12명(김대식, 신익호, 박남수, 김준부, 김지선, 박선희, 송영자, 민경자, 이신자, 김상선, 송철우, 최경준)이 참석하였으며, 남신도회서울연합회 2,200달러, 여신도회서울연합회 5,500달러, 초동교회 2,000달러, 경북교회 1,000달러, 새밭교회 50만 원, 보광동교회 10만 원을 선교비로 후원하였다.

였다.

1994년 4월 19일에 초동교회가 케냐 나이로비 지역에 기념교회(카사라니교회)를 세우고 헌당식을 거행하였다. 이 헌당식을 위해 총회장과 노회장, 해외선교협력위원장이 나이로비를 방문하였고, 초동교회는 아프리카 케냐 '형제 교회'를 위해 '입지 않는 옷 보내기 운동'을 펴서 대형 컨테이너 한 대분을 수집하여 발송하였으며 피아노 두 대도 같이 보냈다.

1995년에는 옷과 신발 및 학용품 등을 수집하여 13개 교회로부터 컨테이너 한 대분을 모아 말라위에 선적 발송하였으며 5개 교회가 경비를 협조하였다. 그리고 1996년에는 말라위 좀바 지역 강요섭 선교사에게 옷을 보냈으며, 같은 해 6월에 말라위교회의 대정부 민주화 투쟁에 대한 지지성명서를 노회 이름으로 발송하였다.

또한 서울노회는 말라위교회 요청으로 블랜타이어시노드의 목회자 넬슨 마세야 (Thomas Nelson Maseya) 목사가 1994년 봄에 한신대학교 신학대학원에 유학할 때 고시부에서 장학금을 지급하였다. 이때 해외선교협력위원회는 마세야 목사로 하여금 노회 산하 지교회를 순회하며 목회를 배우는 프로그램을 실시하였다. 1996년 학위를 마친 마사야 목사가 귀국한 후 케냐 나이로비 노회 소속 카부이 에스탄스 카후하 목사(Kabui Eustance Kahuhia)가 한신대 신대원에 입학하였고 고시부에서 계속 장학금을 지급하였다.

이렇게 해외 선교를 시작하면서 노회 해외선교협력위원회는 해외 선교 기금 마련을 위해 1992년 6월 11일 초동교회에서 해외 선교 세미나를 열고 후원회를 조직하였고,[30] 1993년 12월에 초동교회에서 후원 만찬회를 실시하였으며[31] 또한 해외 선교후원회의 밤을 1994년 6월 9일 초동교회에서 "동부 아프리카 총회 및 나이로비 선교"(강사: 유부웅 목사)라는 주제로 강연하였다.[32] 이때 모금액 일부로 1993년 일본 고베지

---

30 후원회장: 홍규식 장로(한일), 부회장: 라득환 장로(송암), 위원: 김옥준 장로(보광동), 송영자 권사(효동), 정운소 장로(공능), 강호준 장로(용산제일).

31 교회 해외 헌금 11,995,000원(13개 교회), 개인 후원금 6명 2,050,000원, 단체 후원금 2,300,000원(3단체의 노회를 경유한 목적 헌금에 포함되어 있음)이 모였다.

32 해외 선교 헌금 현황: ① 교회 해외 헌금 9,365,000원(성호, 용산제일, 효동, 초동, 송암, 한일, 서울성남,

진 피해 교회인 아카시교회를 지원하였다.

(2) 해외 교회와의 교류 협력에 관한 평가와 실천 과제

1995년 노회사업평가위원회는 정책적인 면에서는 실질적인 교류가 중단된 곳은 정리하고 협력 각서를 체결한 곳과 지속적 연계성을 갖고 진행하되 노회 총무가 이 지속적인 협력 조정자의 역할을 감당하며, 정책적 타당성을 수렴한 후 기간을 설정해서 협약을 맺어야 한다고 제언하였다. 재정적인 면에서는 해외 선교의 구체적인 사업들을 노회가 주관하는 방식보다 사안별로 지교회들이 중심이 되어 진행하도록 해 해외 선교 재정 문제를 해소하는 것이 바람직하며, 선교 기금 중 일부를 해외 선교 사역을 위한 기금으로 사용하자는 제안에 대해서도 반대 의견이 많았으며, 전체적으로 노회가 직접 해외 선교 사업을 하는 것을 자제해야 한다는 제언들이 있었다.

서울노회는 1995년 10월 19일 효율적인 선교 전략을 세우기 위해 선교부, 사회부, 개척선교위원회 공동으로 한신 효촌관에서 선교정책협의회를 개최하였다. 이 협의회에서 해외선교협력위원회가 노회 해외 선교 사업의 현황과 실천 과제에 대해 발제하였다.

선교정책협의회 평가에서 더 이상의 선교사 파송은 현재의 재정 상태로는 불가하며, 상호 방문과 교류를 통한 선교 협력 프로그램 개발과 지원을 할 수 있어야 하는데 어려운 점이 있어 대안적 과제로 제시된 것이 교단 차원에서 상호 선교 협약이 체결된 지역에 대해서는 총회 해외선교협력 사업으로 이관해 주고, 새로운 지역으로 2/3 세계와의 선교 협력을 위한 프로그램 개발이 필요하며, 중국 및 북한 선교는 총회와 보조를 맞추어 추진하자는 대안이 제시되었다. 실천 과제로 해외선교협력 사업을 위해서는 재정적 확충이 절대 시급한 문제이며, 이를 위해 지교회 예산의 1%를 해외 선교비로 부담하자는 안이 제출되었다.

성북(8개 교회), ② 단체 후원금 770,000원(여신도회서울연합회).

6) 선교정책협의회를 통해 본 서울노회 선교의 문제와 과제

서울노회는 1994년 7월 14일에 한신대 효촌관에서 선교부, 개척선교위원회, 사회부, 해외선교협력위원회 등 4개 부서가 공동 주관하여 "노회 선교 사업의 현황과 미래의 사업 방향"이라는 주제로 선교정책협의회를 개최하였다. 6명의 발제 이후[33] 토의에서 각 부서별 당면 과제로 다음 사항이 제시되었다.

(1) 선교부는 개척교회들의 교세는 50명 내지 10명 정도로 미약하고, 특히 전세 또는 월세를 지불하여 집회 장소를 빌려 쓰는 환경에서 지역 주민이 교인으로 참여를 기대하기가 어려운 상황이며, 미자립교회의 상황도 비슷해 큰 교회가 지원을 강화하여 결연(結緣) 관계로 전환하고, 노회 선교 정책도 적극성을 띠어야 한다.

(2) 사회 선교를 위해 각 교회는 목회적 관심으로 사회봉사를 가르치고 실천케 해야 하며, 노회는 사회봉사 프로그램을 개발·전파하는 기능을 수행하고, 노회, 교회는 전문적인 사회봉사 이론과 경험을 유기적으로 활용토록 하며, 지방자치단체가 설립하는 사회봉사 기관을 교회가 위탁받아 지역사회 봉사활동에 나서야 한다.

(3) 현재 진행 중인 해외선교협력 사업은 재정적 뒷받침을 적극 준비키 위하여 역시 각 지교회 예산 편성 시기에 맞추어 노회 해외 선교 사업 예산 규모를 적용하도록 할 필요가 있음이 제시되었다.

한편 노회가 특수 선교나 도시빈민 선교를 활성화하기 위해서는 개교회주의가 극복되어야만 하며, 기성교회가 하기 어려운 선교 과제를 노회가 감당할 수 있어야

---

33 주제 발표: ① 노회의 선교 과제와 구체적인 실천 방안(한신대 김성재 교수), ② 독일 교회의 선교 구조(신학연구소 김원배 목사), ③ 각 부서의 선교 현황과 보고: 개척선교위 선교 현황(서도섭 목사), 해외선교위 선교 현황(배태덕 목사), 사회부 선교 현황(하태영 목사), 선교부 선교 현황(김만배 장로).

하는데, 시찰회가 행정적인 통로만이 아니라 지교회 선교와 교육 공동체로 묶어내는 길도 모색해야 한다고 논의되었다.

4. 1990년대 서울노회의 인권과 평화 선교

1990년대는 1987년 6월 항쟁으로 직선제가 이루어져 전교조와 노동조합이 조건부로 합법화되었고, 1988년 성공적인 올림픽으로 국가의 위상은 올라갔다. 그러나 민주자유당(민자당) 보수 정부하에서 보안법, 안기부법이 남아 있어 인권 유린과 성소 난입이 여전하였고, 정경유착으로 인해 노동자, 농민, 도시빈민들의 삶은 피폐하였다. 이런 상황 속에서 서울노회는 시대적 부름에 응답하고자 인권 선교에 나섰다.

1) 서울노회의 사회참여와 인권운동

서울노회가 1990년대 전개한 인권 선교는 구속자 석방을 위한 기도회, 성전 난입과 보안법 위반 혐의로 구속된 목회자를 위한 활동, 민자당 해체 요구와 공의와 조국통일을 위한 시국성명서 발표, 교회협 경찰 난입과 성소 유린 항의, 문익환 목사의 소천과 박용길 장로 구속 철회 운동, 우루과이라운드 국회 비준 반대와 재협상 촉구를 위한 서명운동 등이다.

(1) 구속자 석방을 위한 기도회

1990년에 접어들어 서울노회와 관련된 구속자 현황은 문익환 목사(한빛교회), 박세연 집사(서울제일교회), 오정근(서울제일교회), 진병도(초원교회) 등이 수감 중이었다. 문익환 목사는 보안법으로 징역 7년을 선고받았으며, 박창균 목사는 1989년 12월 8일에 보석으로 석방된 후 항소한 결과 1990년 4월 26일에 징역 1년 6개월,

집행유예 3년의 선고를 받아 대법원에 상고 중이었다. 서울노회는 1990년 7월 29일 '통일과 구속자를 위한 예배'를 새밭교회에서 21개 교회의 225명이 모여 드리며 구속자를 위한 헌금을 실시하였다.

(2) 성전 난입과 보안법 위반 혐의로 구속된 목회자를 위한 활동

1991년 2월 20일에 안기부원 40명이 향린교회에 난입하여 당회장실을 수색하고 설교 원고 등을 압수한 후 홍근수 목사를 보안법으로 구속한 사태가 발생하였다. 이에 서울노회 임원들과 교회와사회위원들이 중부경찰서와 안기부를 방문해 성전 난입과 홍 목사 구속의 부당성에 대해 항의하는 한편, 1991년 3월 3일 향린교회에서 홍근수 목사 구속 사건에 대한 성직자 비상대책 기도회를 열고 성명서를 발표하였다.[34] 이후 노회 임원과 교회와사회위원, 통일연구위원이 8월 18일에 홍근수 목사의 재판을 방청하고 가족들을 위로하였다. 또한 교사위원회와 평화통일위원회 공동 주관으로 1991년 8월 18일 서울성남교회에서 평화통일 연합 예배(강사: 서울남노회 평화통일위원장 손규태 목사)를 드렸으며, 이날 헌금은 구속자(권형택, 홍근수, 문익환)에게 위로금으로 전달하였다.

1992년 봄에 홍근수 목사가 석방되어 제62회 제2차 임시노회에서 출소 환영회를 열었으며, 이때 열린 임시노회에서 시국에 관한 성명서를 발표하였다.[35]

---

34 성명서의 내용은 안기부원 40명이 신성한 교회에 난입하여 당회장실을 수색하고 설교 원고 등을 압수해 가고 홍근수 목사를 보안법으로 구속한 데 대한 규탄과 더불어 ① 홍근수 목사를 포함한 모든 통일 인사와 양심수의 석방, ② 통일에 장애가 되고 인권유린과 탈법의 원인이 되는 국가보안법의 철폐, ③ 성전을 짓밟은 안기부 책임자 처벌, ④ 반민주적 반인권적 안기부 해체를 강력히 요구하는 내용이다.

35 ① 오늘의 정치, 경제, 사회, 문화의 제반 문제를 비롯하여 철폐키로 합의한 국가보안법, 안기부법, 단체행동권을 제외한 노동조합을 인정키로 한 전교조법 그리고 통합보험법 등 각종의 민생 법안들이 사문화된 현실, ② 이질화된 민족의 화해를 위해 통일을 몸으로 이뤄내려던 평화의 일꾼들이 구속되는 원인과 책임이 민정, 민주, 공화 3당의 야합에 기인한 것으로 진단하며, ③ 권력 유지를 위해 언론을 통제하고 관제 용공주의자들을 생산하며, ④ 돈으로 산 한·러 수교와 한·중 수교, 집권층 속에 숨어든 친일 세력, 고도성장을 군부정권 유지의 철학처럼 신봉해 온 세력들의 반공해운동가들에 대한 탄압, ⑤ 탈법조직화되어 집권당을 지켜주기 위한 부정선거 세력으로 전락하고 있는 행정 조직, ⑥ 재벌,

(3) 교회협 경찰 난입과 성소 유린 항의

1994년 6월 30일 한국기독교교회협의회 사무실에 경찰이 난입한 사건이 발생하였다. 이에 서울노회는 "성소 유린과 현 시국에 대한 우리의 입장 — 경찰의 한국기독교교회협의회 난입을 강력히 항의하며"라는 제목의 성명서로 입장을 발표하였다.[36] 서울노회는 입장 표명으로만 끝내지 않고 1994년 7월 10일 향린교회에서 250명이 모여 '성소 유린과 현 시국에 대한 긴급 기도회'를 개최하고 기도회 후 향린교회당에서 종로3가까지 평화 행진을 하였다. 이 기도회에서 문민 정부로 불리는 현 정부의 파행적인 정책과 시국 사건에 대한 정부의 무원칙적인 대응에 대한 항의로 "김영삼 대통령에게 보내는 공개서한"을 발송하였다.[37]

극우 군부 세력, 극우 정치세력이 주체가 되어 있는 민자당의 해체를 요구하였다.

36 "1. 행정 수반으로서 대통령은 금번 사태로 인하여 막대한 국가경제적 손실과 국민에게 준 고통과 불편에 대해 사과하고 평화로운 수습과 대책을 세워야 한다. 2 대통령은 본 사건 등을 통해 선교 자유를 침해하고 성소를 유린한 일에 대해 한국교회에 사과하여야 한다. 3. 대통령은 이번 사건의 명령자와 진두지휘자를 즉각 파면하여야 한다. 4. 정국을 공안정국으로 이끌어가면서 국민을 불안으로 몰아가는 수구 세력들의 재등장은 김영삼 대통령의 정치력 부재로 간주하며 이로 인한 전 국민과 민족의 불행을 막기 위해 우리 모두는 굳은 결의로 이를 저지하여야 한다. 5. 우리는 이번 사태에 있어서 언론의 편파적 보도가 사실을 왜곡하고 문제 해결을 어렵게 한 것에 통탄해 마지않으며 언론이 파업의 동기와 시차, 노동쟁의 내용, 책임소재 등에 대한 사실 보도할 것을 요구한다. 6. 우리는 이러한 요구가 이루어질 때까지 기도하면서 가능한 모든 행동을 취할 것이다."

37 공개서한 중 대통령께 한 요구 사항이 있다. "1. 금번의 성소 유린 사건은 전두환 정권하에서와 같이 사과로 매듭지어질 수 없습니다. 1983년 전두환 정권 시 본 노회 소속 송암교회의 난입 사건이 있은 후 당시 내무부 장관 노태우 씨가 사과를 하였습니다. 그러나 독재정권과는 다르다는 문민정부하에서 더욱이 개교회가 아닌 한국교회의 상징인 곳에서 그것도 거룩한 주일에 재발했다는 사실은 도저히 묵과할 수 없는 신성모독입니다. 우리는 김 대통령이 하나님께 회개하고 한국교회 앞에 겸손히 사과할 것을 강력히 요구합니다. 또한 이번 사태의 최고책임자인 최형우 내무부 장관을 즉각 해임할 것을 요구합니다. 2. 전국기관차협의회 소속 노동자들을 포함하여 이번 사태로 구속된 전 노동자들을 전원 석방하고 해고·징계방침을 철회할 것을 요구합니다. 3. 이번 사태는 군사독재정권이 교회의 산업 선교를 탄압하기 위해 만들었던 제3자 금지조항 그리고 복수노조금지 정책 때문에 발생하였습니다. 우리는 대통령께서 즉시 제3자금지조항을 폐지하고 복수노조금지정책을 철회할 것을 요구합니다. 4. 대통령께서는 자신들의 생존과 기득권의 유지를 위해 노동자들의 생존권투쟁을 압살하고 공안정국을 유발하여 남북통일을 위한 정상회담의 성사마저도 방해하려는 수구 세력들의 발로를 즉각 척결해야 합니다. 우리는 이러한 일들이 이루어져 평등과 평화가 성취되는 민주화 개혁이 달성되고 남북정상회담이 성과 있게 성사되어 50년 동안 갈라진 민족의 화해와 통일의 길이 열릴 때까지 기도하며 싸워나갈

(4) 문익환 목사 소천과 박용길 장로 구속 철회 운동

1993년 3월 6일 안동교도소에서 출소한 문익환 목사는 감옥에서 구상한 '통일맞이 칠천만 겨레 모임'을 실천에 옮기고자 동분서주하다가 감옥에서 얻은 심장병으로 1994년 1월 18일 소천하였다. 한신대학교 신학대학원에 빈소가 마련되었으며 장례는 '늦봄 문익환 목사 겨레장'으로 거행되었다.[38] 문익환 목사의 별세에 대해 조문을 보낸 김일성 주석이 6개월 만에 사망하자 1995년 6월 28일에 박용길 장로는 김일성 주석 1주기에 조문을 위해 북한을 방문했으며, 7월 31일 판문점을 넘어오자마자 국가보안법 위반으로 구속되었다.

서울노회는 1995년 8월 20일 박용길 장로 구속 철회를 위한 '민족·평화·통일을 위한 기도회'를 향린교회에서 열고 박용길 장로를 면회하여 위로금을 전달하였다. 검찰로 송치된 박 장로에게서 허혈성 심장질환이 발견되었으나 검찰은 박 장로를 국가보안법상의 회합, 통신, 찬양, 고무, 잠입, 탈출죄로 기소하여 서울구치소로 송치하였다. 한국에서의 박용길의 석방과 구속집행정지를 요구하는 농성, 시국기도회 등과 세계 각국의 인권 단체들의 노력으로 구속된 지 4개월 만인 11월 30일 박용길 장로는 집행유예로 풀려났다.

(5) 우루과이라운드 국회 비준 반대와 재협상 촉구를 위한 서명운동

한국 정부가 1992년에 우루과이라운드 다자간 무역 협상을 타결하자 교단총회는 농민들의 편에 서서 "우루과이라운드(UR)협정 국회 비준 반대와 재협상 촉구를 위한 한국기독교장로회 총회 서명문"을 받아 관계 기관에 보냈다. 이 서명운동에 서울노회

것입니다."

38 북에서 조문단이 오려고 했으나 정부의 반대로 오지 못하고 대신 김일성 주석이 문익환 목사 유가족에게 "남조선 사회의 자주화와 민주화, 나라의 평화통일을 위해 몸 바쳐 투쟁하여 온 명망 있는 애국인사 문익환 목사를 잃은 것은 우리 민족에게 큰 손실"이라는 조전을 보내왔다.

가 참여하여[39] 지교회 교인들의 서명을 받았으며, 총회가 이를 취합하여 국회와 농수산부 장관과 미국 대통령, 상하원 위원장, 농무부 장관에게 보냈다.

2) 민족 화해와 통일을 위한 평화 선교의 여정

서울노회가 평화통일 문제에 관심을 갖고 열심히 활동하는 와중에 1994년 6월 28일 남·북한 정부 당국은 판문점 남측 지역 평화의 집에서 남북정상회담을 위한 예비 접촉을 갖고 1994년 7월 25~27일 평양에서 역사적인 남북정상회담을 갖기로 합의했다. 이 소식을 접한 서울노회는 노회와 평화통일위원회 명의로 "성과 있는 남북정상회담을 촉구한다"라는 성명을 발표하였다.[40] 이 성명을 비롯하여 서울노회가 전개한 민족 화해와 통일을 위한 평화 선교의 여정은 희년선교대회, 북녘과의 나눔 운동, 평화통일 연구 활동, 통일 기행 등이 있다.

(1) 희년선교대회

분단 50년이 되는 1995년은 한국교회가 선포한 '95통일희년의 해'였다. 서울노회는 95통일희년의 해를 준비하기 위해 1994년 희년사업추진위원회(위원장: 이해동, 서기: 나핵집)를 조직하였으며, 제68회 정기회를 평화·통일희년축제 노회로 실시하였고,[41] 1995년 5월 15일에 송암교회에서 평화·통일희년축제를 열었으며, 희년 사업

---

39 이 서명문에는 총회 임원을 비롯하여 각 노회의 임원진 이름이 들어갔다. 서울노회의 경우 회장 서정덕 목사, 부노회장 이해동 목사, 김명규 장로, 서기 홍철화 목사, 부서기 박효생 목사, 회의록서기 유원규 목사, 회계 이광수 장로, 부회계 이삼모 장로, 총무 박남수 목사의 이름이 맨 앞장에 명기되었다.

40 "한국기독교장로회 서울노회는 민족 분단 50년 만에 남북정상회담이 열리게 된 것을 진심으로 환영한다. 아울러 남북정상회담은 민족의 숙원인 평화통일의 문제와 직결되어 있으므로 정치적으로 악용되어서는 안 되며 이는 꼭 성사되어야 한다. 남북 정상은 이번 회담을 민족의 미래와 민족의 운명이 걸려 있는 중대한 회담임을 인식하고 이 회담이 체제의 이해관계나 정략을 떠나 민족의 화합과 협력, 불가침 및 비핵화를 위해 가슴을 연 논의가 있기를 바라며 이 회담을 통해 일천만 이산가족의 재회 및 경제교류를 성사시키고 나아가 남북통일의 대업을 성사시키기를 기대한다."

비 중 1천만 원을 장애인을 위해 헌금하여 '장애우권익문제연구소'에 기증하였다.

한편 총회는 1995년 6월 19~20일 군산 월명종합운동장 실내체육관에서 "희년의 나팔을 온 땅에!"라는 주제로 희년대회를 열었는데, 자체 희년대회를 마친 서울노회는 총회가 실시하는 희년대회에도 적극적으로 참여하였다.

(2) 북녘과의 나눔 운동

교단총회는 매년 전국의 교회가 평화·통일 주일(8월 둘째 주일)을 지켜 남북의 평화와 통일을 위해 기도하고 헌금하도록 하였으며, 1995년 희년선교대회(군산)에서 통일 통장을 만들어 헌금하는 사업을 진행해 왔다. 1996년 북한 동포를 위한 사랑의 헌금과 1997년 북한 동포 돕기 '평화의 성미 보내기 운동'을 전개해 강원도 감자를 북한에 지원하였고, 세계교회협의회를 통해 헌금을 조선기독교도연맹에게 보냈으며, '한국기독교 북한동포후원연합회'와 식량은행을 통해 라면 10만 상자와 5만 상자를 두 차례에 걸쳐 보냈고 또한 여러 교단과 함께 쌀 80톤을 모아 북한에 보냈다.

교단총회가 이렇게 북한과의 나눔을 할 수 있었던 것은 사실상 노회를 통한 지교회의 나눔 운동의 성과다. 서울노회는 1997년 제72회 정기회에서 지교회의 북한 돕기가 개별화되어 산만하지 않도록 또 긴급한 상황에 대처할 수 있기 위해 북한과의 나눔 원칙을 세웠고, 그 결과 가시적인 나눔이 이루어졌다. 서울노회는 1997년 5월 넷째 주부터 8월 15일까지(12주) 서울노회 산하 24개 교회의 교인들이 일주일에 한 끼씩 금식하여 매주 3천 원 이상 '북한 동포 돕기 헌금'으로 총 35,196,900원을 헌금하였다. 평화통일위원회는 북한 돕기 헌금을 독려하기 위해 매주 헌금 봉투를 제작하여 지교회에 보냈다. 서울노회로 모인 헌금은 총회를 통해 북한 동포에게 전달되었다.

---

41 희년 예배는 배성산 부노회장의 사회로 찬송가 53장 <하늘에 가득 찬 영광의 하나님>(김정준 작), 부회장 임봉호 장로의 기도, 성서 봉독(출 23:20-26; 눅 18:18-27), 노회장 이해동 목사의 "희년 신앙"이라는 제목의 설교가 있었고, 결단 찬송으로 261장 <어둔 밤 마음에 잠겨>를 불렀다.

(3) 평화통일 연구 활동

서울노회 평화통일위원회의 통일 문제에 대한 연구 모임은 연 2회, 해마다 개최되었다.

연도	일시	장소	내용
1990	4.16~17. 6.21~22.	수안보온천 소요산금강장	홍근수 목사, 박팽재 목사 위원회 정책협의회
1991	4.8~9.	속리산해운장	박상증 목사, 박팽재 목사
1992	3.31~4.1. 8.28~29.	산정호수 양평프라자	"평화통일과 한국교회"(남정우 목사) "기독교 입장에서 본 주체사상"(박재순 박사) "해방 이후 북한 기독교의 변화"(김홍수 교수)
1993	2.23~24. 8.23~24.	수원아카데미 산정호수	"통일신학 세미나"(손규태, 김낙중) "민족자주통일의 전망"(홍근수 목사) "평통자료집 평가"(나핵집 목사, 박승화 목사)
1994	4.7~8. 4.21. 11.3.	도고글로리아콘도 송암교회 한신대 효촌관	"분단 50년 남북한 현대사 비교연구"(정창현 교수) 공개 강좌: "북한현대사"(정창현 교수), "평화통일을 위한 목회적 접근"(홍근수 목사) "민족통일과 희년의 정신"(이재정 신부), "통일을 앞둔 교회"(성해용 목사)
1995	3.7~8.	양평프라자	"민간통일운동의 진정한 역할"(박형규 목사), "통일에 대한 명제와 신학적 조명"(권오성 목사), 성서 연구, "희년의 성취"(박재순 목사)
1996	9.21~22.	비무장지대	"휴전선 서부전선과 중부전선까지 분단 체험 기행"
1998	3.27~28.	도고글로리아콘도	"새 정부의 통일정책"(임채정 의원), "국민정부시대의 한국 교회 통일운동 방향"(박종화 총무)

(4) 평화통일 기행

서울노회 평화통일위원회는 '95통일희년대회'를 마치고 나서 평화통일의 열기를 잇고자 1996년부터 평화통일 기행을 시작, 서울 지역 4개 노회의 평화통일위원회가 합의하여 통일 문화 기행과 평화통일 세미나를 공동으로 실시하기로 하였으나, 실제로 추진된 것은 서울노회와 서울북노회, 두 개 노회만으로 이루어졌으며, 기행 장소는 분단의 아픔을 몸소 체험할 수 있는 곳을 선택하였다.

제1차 평화 기행은 1996년 9월 21~22일 휴전선 서부전선과 중부전선까지 비무장

지대를 기행하였고, 제2차는 1997년 4월 14~15일, 무박 2일로 고성 통일전망대를 찾아보았고, 3차는 같은 해 10월 13~15일 백령도를 기행하였다. 4차 통일 기행은 8월 31일~9월 1일 이데올로기 대립으로 인해 깊은 피해와 상처를 입고 있는 곳인 충북 영동군 노근리 학살터와 도북리 보도연맹학살사건 현장, 함양 양민 학살터와 엄천골, 산청 지역 양민 학살터와 산천재를 탐방하고 유족들과 이야기를 나누었다. 5차 통일 기행은 1999년 6월 21~26일 중국 지역 백두산 일대와 북경을 기행하면서 통일의 당위성을 돌아보았다.

서울노회는 통일을 가시화하기 위해 많은 활동을 전개하였다. 문익환 목사의 생전 숙원 사업인 '통일맞이칠천만겨레모임'에 서울노회 평화통일위원회가 단체회원으로 가입하였으며, 1997년 제71회 정기노회의 결의에 따라 '남북기본합의서 이행촉구를 위한 서한 및 서명운동'을 전개하였고, 72회 정기회 중 한 시간 동안 평화통일 강연회(홍근수 목사, "통일로 가는 길")를 실시하였으며, 1999년 6월 21일 장충단공원에서 남산 팔각정까지 '99 민족의 화해와 평화통일을 위한 겨레 손잡기 평화대행진'에 참여하였다.

5. 1990년대 정리

1990년대 하나님은 이 땅에 정의가 강물처럼, 사랑이 햇살처럼, 생명과 평화가 샘물처럼 솟아나게 하시려고 기장과 서울노회를 주님의 일꾼으로 불러주셨다. 서울노회는 90년대를 맞아 하나님으로부터 받은 소명을 새롭게 하고 사명을 재확인하면서 민족 분단 50주년이 되는 해를 '남·북 사이에 막힌 담을 헐고, 칼을 쳐서 보습으로 만들고, 약속의 땅에 의를 심어 사랑을 거두는 희년의 해', '희년의 나팔을 온 땅에 퍼지게 하는 해'가 되도록 기도하며 노력하였다.

1990년대 초 생명을 위협하는 범세계적인 문제들에 대한 기독교적 응답을 모색하는 '정의·평화·창조질서의 보전(JPC)' 세계대회가 첨예한 대립과 분단의 현장인 한국에서 열려, 이 대회를 통해 한반도 분단과 통일·희년 문제가 평화의 이슈로 다시 세계교회의 관심을 불러일으키게 되었다. 서울노회에서는 많은 노회원이 JPIC 대회 프로그램에 참석하였고, JPIC 대회 대표들이 서울노회 교회들을 찾아서 현장 공유했다. JPIC '서울 선언'에 명시된 과제는 사실상 서울노회가 그동안 해 온 선교 활동이었다. 또한 1990년대에 서울노회는 노회 임원에 여성 1인을 포함하는 제도를 시행해서 교단총회에서도 총회 임원에 여성 1인을 포함하도록 하는 등 선도적인 성평등 제도 확립에 앞장섰으며, 3년 총대로 간 사람은 1년 휴식하는 총대 3년제를 시행하여 총대 독점의 폐해를 방지하였다. 총대 3년제는 경기남, 경기북, 경기중부, 제주노회 등으로 확산되었는데, 이 역시 JPIC 정신에 입각한 제도로 평가할 수 있다. 그럼에도 불구하고 서울노회는 '정의·평화·창조질서의 보전'을 위한 과제에는 전력을 다하지 못하였다. 세계대회 이후 바로 '95통일희년의 해' 사업이 전개되어 전 기장교회가 여기에 매진하였기 때문이다.

1993년은 기장의 새 역사 40주년이 되는 해였다. 서울노회는 '95통일희년의 해'를 준비하기 위해 1994년 희년사업추진위원회를 조직하였으며, 제68회 정기회를 평화·통일희년축제 노회로 실시하였다. 1991년부터 서울노회는 공동개척교회지원금제도를 시행하고, 개척교회 지도를 위한 위원회 내규를 정하고, 이 내규에 따라 개척교회를 재정 지원하여서 1990년대 23개 교회가 개척되었다.

한편 1990년대에 와서 기장은 이른바 특수 선교라고 분류해 온 선교 영역들을 과감하게 하나님의 선교를 위한 3천교회운동의 장으로 수용하면서, 학원 선교와 병원 선교, 군대와 경찰 선교, 장애인과 보호 대상인 선교 그리고 이주노동자 선교에 관심을 갖게 되었다. 서울노회는 교회가 이런 특수 선교를 잘할 수 있도록 서울 외국인노동자센터를 노회 인준 기관으로 결의하고 지원하였다. 또한 교단의 해외 선교 지침에 충실하면서 세계선교의 장을 확대하기로 하고, 해외 선교적 과제를 수행하기 위해 1991년부터 해외 선교 기금을 적립하기 시작했다.

1990년대 서울노회는 서울노회 30주년과 정기노회 60주년을 맞아 노회 구조를 "치리 구조에서 선교 구조로 전환한다"는 획기적인 결정을 하고 열 가지의 다양한 세부 방안을 결정했다. 노회가 서울노회와 서울북노회로 다시 분립하면서 축소된 노회 규모에 맞게 조직 개편을 새로 하였고, 사안별 위원회 중심으로 전개되던 노회 사업을 상비부서에 통합시킴으로써 조직이 간결화되고 노회 사업이 상비부로 일원화되는 효과도 있었다.

1990년대 후반에 접어들어 서울노회의 교세가 줄어드는 추이를 보이면서 노회 선교 활동도 축소되고 교육 참여도도 줄어들 수밖에 없는 지점에 놓이게 되었다. 한국 사회에서 종교인, 특히 기독교인 감소는 이미 예견된 상황이다. 이미 서구 사회에서 생활이 풍족해지면서 기독교인이 급감한 역사를 우리는 알고 있다. 이러한 교인 감소에도 불구하고 새천년 앞에서 숫자에 연연하지 않고 서울노회가 어떤 전망을 가지고 어떤 선교 공동체로 나아갈지, 새로운 과제가 부과되었다.

제 5 장

새천년,
주어 나를 보내소서!

한국교회는 새로운 밀레니엄, 21세기라는 시대적 전환 앞에서 급변하는 시대적 상황과 더불어 새로운 도전을 받게 되었다. 특히 평화통일 측면에서는 경천동지할 사건이 발생하였다. 대한민국 김대중 대통령과 조선민주주의인민공화국 김정일 국방위원장이 2000년 6월 15일 평양 정상회담에서 '6.15남북공동선언'을 발표하였으며, 민족 화해와 평화를 위한 '남북기본합의서'를 창출하는 역사적인 사건이 터진 것이다. 이후 한국 통일운동은 6.15남북공동선언 실천을 위한 운동으로 자리매김하였다. 95통일희년에 집중했던 한국교회도 그 역량을 몰아 6.15공동선언 실천에 매진하게 되었으며 교회협과 더불어 기장이 앞장섰다. 기장은 새천년의 열기를 모아 남북 정상회담에서 합의한 남북기본합의서의 실천 촉구를 위해 적극 노력하였다.[1]

기장의 새 역사 50주년 감사 예배와 희년 선포식

2000년대는 6.15남북선언뿐만 아니라 우리 기장에게도 '새 역사 50년 희년 총회'를 맞는 의미 있는 때였다. 기장총회는 희년을 맞아 새 역사 감사 예배를 드리고 희년을 선포하였다. 총회는 2003년 2월 10일 "약속의 새 땅에서 하나 되어!"라는 주제로 새 역사 희년 맞이 감사 예배와 희년 선포식을 한반도 남쪽의 끝 제주 성내교회에서 거행하고 희년 맞이 일곱 과제를 제시하였다.[2] 새 역사 50년 희년대회 일정은 120일

---

1 2000년 6월 20~23일 평화통일을 기원하는 국토 순례 기도회를 금강산과 현대 금강호 선상에서 개최하였다. 이 대회에 목회자 148명, 장로 95명, 평신도 779명 등 1,022명이 참가하였다. 또한 6월 25일 주일을 '민족 화해 주일'로 선포하고 전국 교회가 공동의 본문으로 똑같은 내용의 설교문을 갖고 지켰으며, 2008년 11월에는 6.15공동선언 이행과 평화통일을 위한 공동 기도회를 평양에서 가졌다.

2 ① 창조 질서의 회복과 생명 공동체를 위한 정의 평화 구현, ② 물신 숭배와 폭력의 문화를 생명의 문화로 전환, ③ 민족의 화해와 평화통일, ④ 하나의 교회 고백을 통한 일치, ⑤ 교회 갱신을 통한 그리스도의

연속 기도, 희년 맞이 감사 예배, 학술 심포지엄, 희년 맞이 선교 동역자 선교대회, 새 역사 희년 문집 출판기념회,[3] 하나의 교회를 위한 한국교회 대토론회, 희년대회 등으로 진행되었다.

2003년 2월 9일부터 6월 9일까지 진행된 120일 연속 기도는 전국 노회 시찰회가 하루씩 기도를 담당하는 방식으로 진행되었다. 서울노회의 경우 2003년 2월 12일 동대문-마포시찰, 13일 서은시찰, 14일 용산시찰, 15일 종로시찰, 16일 중구시찰 순으로 연속 기도를 실시하였다. 그리고 2003년 6월 10일 천안종합체육관에서 교단 산하 1,600여 교회를 대표하는 목회자와 평신도 1만여 명이 참석한 가운데 새 역사 희년 맞이 대회를 열었으며, 2003년 9월 제88회 희년 총회 주제를 "네 이름이 무엇이냐?"(창 32:22-31; 갈 5:1, 눅 10:25-37)로 정하고 기장교회의 정체성을 가다듬었다. 서울노회는 새 역사 50주년 기념 교회력에 넣을 기념교회로 김재준 목사가 설립한 경동교회와 송창근 목사가 세운 서울성남교회를 선정해 총회에 추천하였다.

신사 참배와 부일 협력에 대한 죄책 고백 선언

교단총회는 2007년 9월 17일 제92회 총회에서 우리 교단의 신사 참배와 부일 협력에 대한 죄책 고백 선언문을 임명규 총회장과 총회원 일동의 이름으로 발표하였다. 죄책 고백 선언의 중요 내용은 1) 신사 참배를 한 죄, 2) 일제 침략전쟁에 협력한 죄, 3) 신사 참배와 부일 협력을 참회하고 청산하지 못한 죄를 회개하는 것이었다. 기장이 일제하 신사 참배와 부일 협력에 대해 죄책 고백을 한 것은 교회가 또다시 하나님과 민족의 역사 앞에 부끄러운 과오를 범하지 않도록 우리의 수치스러운 죄악을 기억하며 역사의 교훈으로 간직하고 한국교회의 개혁과 올바른 성장 그리고 새 시대를 준비하는 화해·평화 선교에 적극 앞장서고자 하는 결단을 담고 있다. 이런 죄책 고백과 함께 총회는 2008년 3.1절 기념 주일을 신사 참배 회개 주일로 지키기로 결의하였다.

온전한 몸 구현, ⑥ 남녀 평등과 세대 간 화합 도모, ⑦ 나눔과 섬김 실천 등.

3 1권: 『희년문서 — 은총·생명·섬김의 희년』, 2권: 『장로교 신조모음』, 3권: 『희년예배서』, 4권: 『새역사 50년사』.

1. 2000년대 서울노회의 현황과 조직 발전

2000년이 되자 서울노회는 "새천년, 주여 나를 보내소서!"라는 주제로 새로운 밀레니엄을 시작하였다. 이 주제와 더불어 제일 먼저 한 것은 정기회 개회 예배를 '예배의식 연구위원'들이 작성한 예배문으로 새롭게 드린 것이다. 예배 기도를 공동 기도로 바꾸고, 그 기도의 내용에 노회 주제를 담아 간구와 결단을 촉구하도록 하였고, 기도에 따른 키리에 응답송을 드렸다. 성만찬 예식에서도 전통적인 예식에 오늘의 시대적 상황을 반영한 내용의 성만찬 기도가 드려졌다. 마지막 결단 찬송으로 261장 <어둔 밤 마음에 잠겨>를 부르며 새천년의 첫발을 내디뎠다.

1) 새로운 교회 형성을 위한 서울노회의 새천년 맞이 활동

새로운 예배로 2000년을 시작한 서울노회는 새로운 천년에 노회가 걸어야 할 새로운 이정표를 만들기 위한 작업을 시작하였다. 그 일환으로 정보화 시대를 맞아 노회에 '새천년 목회와 정보화위원회'를 설치하고, 새천년 시대에 노회 제반 사업을 모색하기 위해 그동안의 노회 사업을 평가하고, 밀레니엄 시대 첫 노회 정책협의회를 열었으며, 노회의 날을 제정하고, 강단 교류를 시작하였다.

(1) 새천년 목회와 정보화위원회 설치

서울노회는 1999년 제77회 정기회에서 새 밀레니엄 시대의 정보화 사회를 전망하면서 새천년 목회와 정보화위원회를 설치하고,[4] 2000년에 노회와 지교회의 행정 전산화 작업에 들어갔다. 노회 역사 및 제반 서류들을 데이터베이스화하였고, 서울노회의 독립 도메인(인터넷 주소)을 확보하여 그곳에 현재 서울노회의 각 부서와 42개 교회

---

4 위원: 권오성, 하영호, 이청산, 이재경, 최윤태, 정원진, 배안용, 송영자, 오동근.

의 선교 활동을 소개하고 정보를 교류하는 장을 마련하였다. 그리고 노회 홈페이지를 통해서 홈페이지가 있는 교회들과 연계하고 홈페이지가 없는 교회들에는 홈페이지를 구축할 수 있도록 지원하여 해당 교회 선교 활동과 매주 설교 등을 제공할 수 있도록 하였다. 또한 제80회 정기회에서 총대선거 전자투표 방식을 도입하여 2001년 가을 노회부터 활용하였다. 이 전자투표 시스템은 서울노회뿐만 아니라 서울북노회를 비롯해 타 노회에서도 이용할 수 있도록 하였다.

(2) 세 개 노회(서울, 서울북, 경기북노회)의 선교 협력 형성

1995년 분립된 서울노회와 서울북노회는 2001년 1월 19일 양측 임원연석회의를 열어 사안별로 협력하기로 결의하였다. 통일사회부와 해외 선교 사업, 장로고시자 신앙 교육과 결단 기도회, 교사 강습회 등을 연합으로 실시하며 목사후보생 이명 시 발생할 수 있는 행정적 불편을 제거할 수 있도록 서로 협력하기로 하였다. 또한 서울노회의 새천년위원회 사업인 『목회백서』 발간을 위해 상호 협력하기로 하였으며, 이 협의에 따라 서울노회는 서울북노회와 사안별로 서로 협력하고 연대하였다.

서울노회는 새천년에 접어들어 서울노회, 서울북노회, 경기북노회의 재분할 추진을 노회장에게 위임하여 추진하다가, 2002년에 재분할 추진 대신 세 노회 선교협력위원회를 구성하였다.[5] 선교협력위원회의 목적은 기장 세 노회가 노회의 관할을 초월하여 교회를 개척하고 필요한 교육, 훈련, 대회, 친교, 및 국내외 선교를 협력하는 것으로, 그 첫 번째로 2003년 신년하례회를 1월 3일에 경동교회에서 세 노회 연합으로 시행하였으며 세 노회 목회자 신년 세미나를 실시하였다. 또한 경동교회가 개척교회를 위해 서울노회에 제공하려 했던 부지를 경기북노회에 이관하여 필요한 곳에 사용하도록 하였다. 그러나 2009년 선교 환경의 변화와 노회별 상황의 변화로 세 노회 선교 협력 사업은 계속 이어지지 못했다.

---

5 선교협력위원회는 세 노회에서 5인씩(노회장, 직전 노회장, 서기, 장로 부노회장, 직전 장로 부노회장) 구성하였다.

(3) '서울노회의 날' 제정과 강단 교류 시작

2000년에 들어서서 서울노회는 '노회 제반사업과 재정운영에 관한 특별연구위원회'를 구성하였다. 특별위원회의 제안으로 두 가지 새로운 변화를 시도하였는데, 첫째는 정기회 날짜 변경과 '서울노회의 날' 제정, 시무장로 안식년제다. 노회 정기회 날짜를 서울북노회보다 한 주 앞선 4월 셋째 주일 후 화요일로 바꾸었으며, 10월 둘째 주일을 서울노회의 날로 제정하고, 서울노회 산하 모든 교회가 목회자 강단 교류를 시행하도록 하였다. 첫 서울노회의 날인 2003년 10월 12일 대예배에서 그해 노회의 주제인 "네 이름이 무엇이냐?"(창 32:22-31; 갈 5:1; 눅 10:25-37)로 강단 교류가 진행되었다. 또한 시무장로가 6년간 계속 시무하였을 때 1년간 휴양을 통해서 영적, 심적, 육체적 회복과 재충전의 기회를 제공하는 장로 휴양제와 안식년 제도를 적극 권장하기로 하였다.[6]

(4) 새천년준비위원회

2000년 제78회 정기회에서 선교부의 헌의로 새천년을 맞아 서울노회의 선교 방향 과제를 모색하기 위한 '새천년준비위원회'[7]를 구성,[8] 4회의 정책협의회[9]를 실시하였다. 1, 2차 소그룹 정책협의회를 거쳐 3차 정책협의회는 "서울노회 새천년 사업 지침"

---

6 교단 헌법 제4장 27조 2항에 시무 목사의 안식년제에 관하여 "5년 동안 계속 시무하였을 경우 교회는 다음 해를 신학 재연수의 해로 정하고, 3개월 이상 유급 휴양을 제공할 수 있다"로 정하고 있다.

7 위원장: 서도섭, 서기: 강석찬, 위원: 서도섭, 허광섭, 강석찬, 홍근수, 김시한, 이동수, 배성산, 박근원, 하태영.

8 제79회 정기회에서는 기존의 부서 대표 위원 외에 신학 부분 위원을 추가하였으며, 2002년 제83회 정기회에서 '새천년준비위원회'가 '새천년위원회'로 바뀌었다.

9 1) 제1차 정책협의회(일시: 2000년 7월 20일(목) 오후 4시~10시, 장소: 청평, 참석 인원: 13명), 2) 제2차 정책협의회(일시: 2000년 10월 5일(목) 오후 5시~10시, 장소: 경복교회당, 참석 인원: 25명), 3) 제3차 정책협의회(일시: 2001년 3월 27일, 장소: 경복교회당, 참석 인원: 16명), 4) 제4차 정책협의회(일시 2001년 7월 26일, 장소: 동원교회당, 참석 인원: 28명).

(강사: 박근원 목사) 주제하에 "한국기독교장로회 선교 정책 소고"(강원구 목사), "새천년을 맞는 한국기독교장로회 교회 교육"(홍순원 목사)으로 각각 발제하고 토의하였으며, 4차 정책협의회는 "피택장로 교육방안"(김광집 목사), "인턴십에 관한 연구"(김병국 목사), "교회 교육방안"(이준원 목사), "21세기 성인 교육 어떻게 해야 하는가?"(강용규 목사) 등으로 발제하고 토의하였다. 또한 정책협의회에서『목회백서』를 발간키로 하였으며, 이를 위하여 영역별로 작업팀을 나누고 팀을 구성하였다.

① 총론 작업팀: 하태영, 이대건, 정해동, 김남석
② 교회 교육 작업팀: 김병국, 신승섭, 이영복, 이길수
③ 목회 영역 작업팀: 강원구, 김종희, 박남현, 이준원
④ 선교(국내외) 영역 작업팀: 권오성, 구창완, 인금란, 이청산

새천년위원회는 2003년에 해체되고『목회백서』를 출간하지 못했으나 위원회가 작업한 연구 내용은 2005년에 실시된 제1회 서울노회 정책협의회에 반영되었다.

(5) 밀레니엄 시대 제1회 서울노회 정책협의회

서울노회는 특별위원회 제안으로 2002년 제83회 정기회에서 '노회사업 평가위원회'를 신설하였다.[10] 평가위원회는 작성한 평가서를 기초로 3년에 한 번씩 정책협의회를 개최하여 노회 사업 전반에 대한 평가를 공유하고 이를 토대로 노회 전반에 대한 개혁을 이루기 위해 설립되었으며, 평가서 작성을 위해 분야별 연구자[11]를 선정하여 2004년 1년 동안 수차례의 평가 연구 모임을 하였고 이를 토대로 노회정책협의회를 열게 되었다.

---

10 위원장: 박종화, 서기: 인금란, 위원: 배태덕, 김광집, 인금란, 신승섭, 박종화, 이문우, 강환우.
11 평가 작업은 ① 고시부(김광집), ② 재정부, 신도부(강환우, 박종화), ③ 선교부(배태덕), ④ 교육부(신승섭), ⑤ 통일사회부(인금란) 등이 맡아서 실시했다.

제1회 서울노회 정책협의회는 2005년 6월 13일 수유리 총회회관에서 56명의 노회원이 참석한 가운데 "건강한 서울노회 발전을 위한 방안 모색"을 주제로 개최되었다.[12] 노회 사업평가회에 참여했던 위원들이 다섯 개 분야별로[13] 연구 결과의 주요 내용을 소개한 후 참석자들은 세 개 분과로 나뉘어 그룹 토의하고 종합 토의에 들어갔다. 이날 종합 토의에서 논의된 내용들을 정리하면 아래와 같다.

기구, 조직에 관한 건

① 총무는 행정적인 업무보다 교육, 해외 선교를 비롯하여 노회의 제반 사업과 프로그램을 기획·관리하는 업무에 주력할 수 있도록 총무 위상을 재정립할 필요가 있다.

② 선교부는 현재의 분과 시스템을 그대로 유지하는 것이 좋으며, 향후 해외 선교의 구체적인 사업들은 노회가 주관하는 방식보다 지교회가 중심이 되어 진행하는 방식을 도입하여 해외 선교 재정 문제를 해소하는 것이 바람직하다.

③ 고시부는 타 노회에서 목사후보생들이 전입해 올 때 이전 소속 노회의 목사후보생 관리 상황을 보고받아 적법하면 추천하도록 하며, 각 교회는 고시부가 제정한 커리큘럼에 따라 장로 피택자 교육을 실시하며, 노회는 교육 자료집을 발간하여 지교회가 장로 피택자 교육을 실시할 때 사용할 수 있도록 한다.

④ 통일사회부가 사회문제에 대한 성명서나 시국대책선언서를 발표할 필요가 있을 경우 통일사회부에서 연구·검토하여 작성하되, 최소한 임원회와의 협의를 거쳐야 한다. 사안에 따라서는 통일사회부 이름으로 나갈 수도 있으나 신중을 기해야 한다.

---

12 제1회 서울노회 정책협의회 종합 보고서의 상세 내용은 2005년 「89회 노회보고서」, 202-215 참조.
13 (1) 노회 선교 사업과 구조 개혁에 대하여(노회 선교 사역, 노회 규칙·규정 및 기구 개역, 예전 예식) — 배태덕 목사, (2) 목사후보생 관리와 장학제도 개선, 장로 피택자 교육에 대하여 — 김광집 목사, (3) 사회 선교 일반과 복지 선교에 대하여(통일 부문, 사회 부문, 복지 부문) — 임방환 목사, (4) 평신도 활성화와 노회 재정의 효율적 운용에 대하여 — 강환우 장로, (5) 노회의 교회 교육 지원에 대하여 (교사대학, 여름성경학교 교사 강습회, 연합수련회, 교육 실무자 정책 세미나, 교육부 재정 문제, 교육부 활성화를 위한 제안) — 신승섭 목사.

정치부 역할과 예전에 관한 건

① 노회가 주관하는 제반 예전의 통일성을 유지하기 위해서 정치부가 제안한 예식서를 존중하며, 서울노회 예식에 사용하는 성서 본문은 "개역개정판"을 사용한다. 단 성차별적인 용어 등 문제가 있다고 판단될 경우, 적절히 자구를 수정할 수 있다.

② 목사 임직 예식 시 "임직패 수여"는 하지 않기로 하고, "목사청빙서"를 전달하여 지교회 파송에 예식의 의미를 둔다. 단 임직패 대신 시각적인 상징물을 기념으로 주도록 한다.

③ 정치부가 준목의 관리를 맡아 수행하며, 효율적 준목 관리와 지도를 위해 조항을 명문화하는 방안을 검토한다.

※ 상비부 사업에 대한 평가와 제언 부문은 해외 선교 사업 문제, 목사후보생 관리 및 장학제도 개선과 장로 피택자 교육의 문제, 사회 선교 일반과 복지 선교의 문제, 평신도 활성화 방안과 노회 재정의 효율적 운용의 문제, 노회의 지교회 교회학교 교육 지원의 문제가 다루어졌다(이 부문에 대한 것은 상비부 각 부 사업에 첨가하였다).

2) 노회 제도 변화

새천년에 들어와서 서울노회의 조직들이 재편성되었다. 2004년 제87회기에 '교역지도위원회'가 다시 설치되어 2007년 92회 노회에서 교역협력지도위원회로 명칭이 바뀌었으며 역할도 본회와 임원회 위임 사안을 다루는 것으로 정해졌고, 교역자생활보장제위원회가 다시 설치되어 위원회 역할에 생활보장제 운영을 위한 재원 또는 기금의 조성 및 관리 그리고 교역자생활보장제에 대한 연구가 추가되었으며, 교역자안식년제 운영 세칙[14]에 따라 '교역자안식년제운영위원회'가 설치되었다.[15] 이 위원회의 주 역할은 안식년 보조금 지급 교회 선정, 안식년 기금 운용으로 기금 조달 원칙

---

14 서울노회 교역자안식년제운영위원회 세칙은 2005년 「88회 정기회 촬요」, 17-18 참조.
15 위원은 목사 부노회장, 장로 부노회장, 부회계, 공천위원회 공천 3인, 총무로 구성하였다.

수립, 보조금 지급 금액 결정, 기금 운용이다. 교역자 안식년 제도는 서울노회만 있는 특별한 제도로서, 교회가 해 교회 교역자들의 안식년을 위해 노회에서 지정한 교회 부담금을 노회의 안식년제 기금에 적립하면 해 교회에서 6년 이상 근무한 교역자를 대상으로 안식년 보조금을 교회가 수령할 수 있도록 하는 제도이며, 안식년 보조금의 사용 용도는 교회 강단보조금 50%, 교역자 안식년 보조금 50%로 운용한다.

한편 2004년 8월 9일에 노회 사무처를 여신도회서울연합회 선교회관이었던 예가 교회 2층으로 이전하여(현 노회 사무처) 노회 사무를 안정적으로 하고 있다.

3) 통계로 본 서울노회 현황과 변화

① 2000년
- 42교회(조직 27, 미조직 6, 개척 9)
- 목사 157명(시무 95, 무임 39, 은퇴 23 - 공로, 명예 포함)
② 2009년
- 45교회(조직 35, 미조직 5, 개척 5)
- 목사 173명(원로 29, 시무 100, 무임 44)

10년 동안 서울노회 소속 교회는 3개 교회가 증가하였고, 미조직교회 6개 교회와 개척교회 2개 교회가 조직교회로 발전하였으며, 목사는 16명(시무목사 5명 증가), 장로는 5명이 증가하였는데, 남성 장로가 3명 준 데 비하여 여성 장로가 8명 증가하였다. 그리고 전도사가 8명 증가한 데 비해 목사후보생은 1명이 줄었으며, 눈여겨보아야 할 점은 10년 동안 세례교인 590명 증가하였고, 원입교인도 525명이 증가하였다는 것이다. 재정은 통계상으로 2,350,867,992원이 증가하였으나 10년 사이의 물가 상승을 감안하면 늘었다고 보기 어렵다.

연도	2000년 2001년 4월 30일			2009년 2010년 3월 31일			증감
구분	남	여	계	남	여	계	
목사	144	13	157	155	18	173	+16
준목	13	11	24	5	12	17	-7
장로	124	14	138	121	22	143	+5
전도사	8	10	18	13	13	26	+8
목사후보생	50	29	79	48	30	78	-1
세례교인	2,915	4,163	7,078	3,131	4,537	7,668	+590
원입교인	1,572	1,693	3,265	1,689	2,101	3,790	+525
결산 총액	6,946,089,377			9,796,957,369			+2,850,867,992

2. 기장교회의 발전을 위한 서울노회의 총회 헌의 활동

새천년에 와서 서울노회에서 총회 제도 개선에 관한 연구와 이에 따른 헌의가 많았다.

새천년을 맞아 총회에 보다 실천적이고 의미가 있는 총회 주제를 설정하기 위해 '총회주제위원회'와 '예배위원회'를 신설할 것을 헌의하여 두 위원회가 신설되었으며, 교회력에 따른 성서일과 제정은 교육원으로 넘겨 연구하도록 가결되었다. "목회 현장의 목회자 수급 현황에 따른 신학생 선발 청원의 건"은 한신대 신학대학원으로 하여금 1년간 연구키로 하였으며, 목사후보생 수련 과정 시행의 수정 보완 헌의는 채택되어 1년간 더 연구 후에 시행키로 하였다. 또한 총회 목사후보생 수련 과정 운영 내규 중 목사후보생 수련 과정의 등록 기간을 현행 1월에서 5월로 변경하여 목회 실습 과정을 조정하고, 총회에서 실시하는 목사후보생 수련 과정의 평가를 노회에서 확인하여 지도할 수 있도록 평가서 사본을 학기마다 노회에 통보해 주도록 하는 헌의 안을 상정해 허락되었다.

그러나 "총회 구조 개혁 청원의 건"과 "기관목사의 노회 출석 및 교역자생활보장제 헌금 참여 등 의무 강화 청원의 건", "장로 선출 방법 개선 청원의 건", "전직 총회 총무의 총회당연직 언권 회원 신설 청원의 건"은 부결되었다.

한편 "명예목사, 공로목사 폐지 청원의 건", "증경총회장 총회 대내직 금지 청원의 건", "담임목사와 장로의 임기제 청원의 건"은 헌법과 총회 규칙 개정에 관련되거나 상충되는 부분이 있어서 헌법위원회 대표 5명, 법제부 대표 10명, 기구개혁위원회 대표 2명, 전문가(여성 포함) 6명 등 총 23명으로 구성된 '특별위원회'로 하여금 연구 심의하여 차기 총회에 보고키로 하였고, 명예목사, 공로목사제 폐지건만 채택되었다.

1) 총회 구조 개혁 헌의

총회 구조 개혁 헌의는 전국 단위로 조직되어 있는 현 총회를 지역별로 재조직하여 가칭 "대회"(대회는 권역별로 편성)를 조직하고, 총회가 관장하는 모든 선교 사업을 대회로 이관시켜 대회로 하여금 책임적으로 선교 사업을 수행케 하며, 총회는 2년에 한 번 정도 교단의 연대성과 축제의 장으로 개최토록 하는 안이다.

2) 명예목사, 공로목사 폐지 헌의

교단 헌법에는 목사가 은퇴하면 은퇴목사, 공로목사, 명예목사 등 세 가지 직책을 동시에 가질 수 있도록 되어 있다. 공로목사나 명예목사 제도는 노회와 교회에 공로가 있는 분들을 추대하는 제도이나, 평생을 교회에 봉사하고 은퇴하는 목사님들이 누구는 교회에 공로가 있고 누구는 공로가 없다고 할 수 없기에 명예목사와 공로목사 제도를 폐지하자는 것이다.

3) 한신대학교 신학전문대학원 발전을 위한 1/100 헌금 봉헌 헌의

서울노회가 헌의한 "한신대학교 신학전문대학원 발전을 위한 1/100 헌금 봉헌(개 교회 결산의 1/100) 헌의의 건"은 허락되었다.

(1) 한신대신학전문대학원(장공기념관 건립) 100분의 1 헌금에 관한 규칙을 제정한다.

(2) 헌금액은 각 교회의 전년도 결산의 100분의 1로 하되, 해 노회는 그 총금액의 80% 이상을 납부해야 한다.

(3) 이 헌금은 해 노회가 한신학원이사회에 납부한다.

(4) 100분의 1 헌금 납부 기간은 7년으로 하고, 2003년부터 시행한다.

(5) 이를 이행하지 않을 경우에는 해 노회의 회원권을 유보한다.

4) 총회교육원 본관 보전을 위한 헌의

2003년 서울노회가 총회에 "총회교육원 본관 보존을 위한 헌의"를 하였다. 서울노회 임원회는 제안 설명에서 "총회가 현 총회교육원 자리에 총회 회관을 건축하려고 계획하고 있는바, 총회교육원 건물은 캐나다연합교회 선교부가 우리 교단에 기증한 역사적 건물이며, 총회교육원은 어두웠던 군사독재정권 시설에 민중신학의 산실로서 중요한 역할을 감당해 왔으며, 우리 교단과 캐나다연합교회와의 관계와 한국 역사 속에서의 역사적 가치를 생각할 때 총회교육원 본관 건물은 보존되어야 한다. 이에 총회회관을 건축할 때 총회교육원 본관건물은 보전될 수 있도록 대책을 강구해 달라"는 제안 설명에 의거, 총회에 "총회교육원 본관 건물 보전대책" 헌의를 하였다. 서울노회뿐만 아니라 서울북노회와 경기노회도 같은 취지의 헌의안을 제출하였으나 총회는 총회회관 건축을 추진하는 것으로 결의하였다. 이에 서울노회 회원들을 중심으로 총회 교육원 건물을 서울시 문화재로 지정되도록 하여 이 건물을 헐고 총회회관을 짓는 것은 무산되었고 결국 총회회관 건축추진위원회를 재구성하는 것으로 수정되었다.

5) 총회 생활보장제위원회 규정 신설 헌의(제11조 3항)

서울노회는 교역자들이 정성으로 납부한 교역자생활보장제 기금이 원래의 목적에 맞게 효율적으로 운용되지 못하고 있다는 지적과 혜택이 필요한 교역자들이 많은 데 기금은 누적되고 있는 현실에 주목하여 기금 운용 원칙을 좀 더 분명히 하기 위해 규정 개정을 헌의하였다. 총회는 이 헌의안을 받아들이면서 "생활보장제 부담금은 원래의 목적에만 사용해야 하며, 해당 회계연도에 사용함을 원칙으로 한다"는 서울노회의 헌의안을 "생활보장제 부담금은 원래의 목적 이외에는 사용할 수 없다"로 수정하여 채택하였다.

3. 2000년대 서울노회 상비부 사업과 제도 발전

1) 선교부의 다양한 선교의 장과 새로운 교회 형성을 위한 모색

2000년대 들어와서 서울노회는 서울이라는 지역적 여건 때문에 개척교회의 동력이 많이 상실되었고 대신 다양한 선교의 장을 모색하였다. 선교부는 국내선교분과(학원 선교, 병원 선교, 군 선교, 매스컴 선교 분야 등등)와 개척선교분과(개척교회 관리와 지원), 해외선교분과를 두는 체제로 운영되었으나 실제로는 학원 선교나 병원 선교, 매스컴 선교는 거의 드러나지 않고 개척선교분과와 해외선교분과가 기능을 했으며, 특히 해외선교분과가 활발하였다.

2000년에 들어 서울노회 선교부는 야심 차게 여성 지도력 향상을 위한 교육 프로그램을 시도하였다. 2001년 여성 지도자 과정 소위원회[16]를 구성하여 여성 지도자 과정을 진행하였으나 여신도회 전국연합회 여신도교육원의 여신도 교육과 겹치는 부분이 많아 자연스럽게 여신도교육원으로 이관되었다.

---

16 소위원회 위원은 노회장, 선교부장, 정보영, 한국염, 김병국, 인금란, 유근숙으로 구성하였다.

(1) '새로운 교회 형성'을 위한 선교정책협의회

선교부는 2000년 4월 6일 경동교회에서 "새천년, 새로운 교회 형성 어떻게 할 것인가?"라는 주제로 선교정책협의회를 열었다. 분야별 발제(신학적 관점에서 ― 박종화 목사, 기존의 목회적 관점에서 ― 신익호 목사, 미래적 관점에서 ― 하태영 목사) 후 종합 토의를 하였다. 서울북노회와 분립 후 열린 2006년 선교부정책협의회는 9월 12일 중앙청소년훈련원 세미나실에서 "선교부 현안과 앞으로의 과제"라는 주제로 노회의 선교 상황 안내(김인태 목사)와 캄보디아 선교 현황 보고(권오성 목사), 교회 선교 현황 보고(김종희 목사)의 발제가 있었다. 종합 토의에서 합의된 사항은 해외 선교비 이월금을 해외 선교 기금으로 적립하지 않고 아시아권 선교사에게 프로젝트 형태로 선교 사업을 신청 받아서 지원하기로 하며, 지교회의 해외 선교 사업을 노회에 알리고, 노회는 해외 선교 사업을 위한 정보와 프로그램을 지원하기로 했다.

2009년 6월 11일에 경서교회당에서 선교부 실행위원들이 모여 선교협의회를 갖고 선교부 업무 현황에 대해 김인태 총무의 발제를 들은 후 선교 업무 활성화를 위한 협의를 하였다. 결론적으로 해외 선교에 비하여 상대적으로 취약한 국내 선교를 활성화하는 방안을 강구하고, 특수 선교 분야에 눈을 돌려서 도시 선교의 새로운 블루오션을 개발하는 일에 적극 지원하기로 하였다.

(2) 개척교회 목회자들의 해외 선교 현장 방문

서울노회에서 2000년대 창립된 개척교회는 양지교회(2000년 6월 18일), 이웃교회(2000년 6월 14일), 새하늘상암교회(2004년 7월 4일), 빛소리교회(2008년 9월 21일)다.[17] 개척선교분과에서는 연례적으로 개척교회에서 목회하는 교역자들에게 생활보장제 수혜 신청과 연금 일부를 지원하고 개척 선교 목회자들을 위한 세미나 겸

---

17 여민교회는 2007년에 폐교회했고, 낙산교회(1985년 4월 15일), 혜화교회(1991년 1월 10일), 작은샘교회(1993년 4월 25일)는 창립된 지 10년이 넘었으나 설립되지 않았기 때문에 개척교회로 분류되었다.

위로회를 1년에 2회씩 실시하고 있다.

서울노회 선교부 개척 분과에서는 개척교회 목회자들을 격려하는 차원에서 2000년 8월 28일부터 9월 8일까지 브루나이 선교 현장 및 말레이시아 원주민 선교지를 방문했다. 이 행사는 매년 2회 봄, 가을에 실시하는 개척교회 목회자 위로회의 일환으로 국내에서 했던 행사의 폭을 넓혀 국외에서 새로운 경험을 할 수 있게 한 것이다.[18] 방문 일정은 유성근 목사가 있는 미리(MIRI)에 도착해서 선교하는 지역을 돌아보고 보르네오 복음교단(SIB) 및 그 교단 신학교인 말레시아복음대학(Evangelical College of Malaysia), 유성근 목사 동역자인 원주민 라잉(Laing) 목사가 일하는 베케누(Bekenu) 지역 원주민 교회, 브루나이 한인교회[19]를 방문했다. 마루디 원주민 교회에서 마루디 원주민들과 함께 예배드리고 원주민 공동체 건물 롱하우스에서 일박했다.

브루나이 선교 여행기를 쓴 김수남 목사는 이번 여행을 통해 브루나이 선교 현장을 다소 체험할 수 있었다고 고백했다. 11박 12일이라는 짧지 않은 여정을 통해 개척교회 목회자들은 열대 지방의 특이한 기후, 문화, 환경 그리고 그곳 사람들의 생활 등을 볼 수 있었고, 선교 현장에서 그곳만의 방식으로 뿌려지고 자라나는 그리스도 복음을 접할 수 있었다. 그곳은 그리스도의 복음이 얼마나 다양한 지역에서 얼마나 다양한 방식으로 뿌리내리고 있는가를 배우게 해 준 신비스러운 학습장이었다.

2) 서울노회의 해외 선교 사업

서울노회의 2000년대 해외 선교는 노회원으로 총회에서 해외 파송 받은 선교사들

---

18 참석자는 열 명으로 김형기 총무, 임방환 목사(성산, 선교부 개척분과장), 임봉호 목사(양지), 하영호 목사(낙산), 강해송 목사(혜화), 김수남 목사(백합), 박수현 목사(여민), 이청산 목사(목양), 이수호 목사(이웃), 조익표 목사(예가)이며, 비용은 1인당 약 110만 원 정도가 소요되었는데, 개척교회 목회자 위로회 예산 3회 적립분과 개척교회 목회자가 1인당 50만 원씩을 부담하였다.

19 브루나이는 국법으로 회교가 국교로 지정되어 있고, 그리스도교 선교 행위가 불법으로 규정되어 있는 나라라 이곳의 한인교회당 입구에 걸린 간판은 'KOREAN LANGUAGE SCHOOL'이고, 유성근 선교사의 공식 직함도 '한인학교 교장'이다.

의 선교 사업과 해외 교회들과의 선교 협약을 맺어 협력하는 사업, 두 가지로 전개되었으며, 2005년 제1차 노회정책협의회 제안에 따라서 해외 선교 방향을 아시아 지역으로 넓혔다.

(1) 선교 협약에 의한 해외 교회와의 선교 협력

2000년대 해외 교회와 선교 협력을 맺어 교류와 지원을 하는 나라는 1) 미장로회(PCUSA) 워싱턴 수도노회(NCP), 2) 말라위 시노드, 3) 동부 아프리카 장로회(PCEA) 케냐 나이로비 노회, 4) 미얀마교회협의회(CCM), 5) 미얀마장로회(PCM)와 교류(서울북노회 공동 참여), 6) 일본 그리스도교단 동경교구 북지구와 교류 등이 있다.

아프리카 교회와의 교류

서울노회는 90년대에 이어 아프리카 케냐 나이로비노회, 말라위 시노드, 동부 아프리카 장로회(PCEA)와 교류하였다. 서울노회는 고시부를 통해 말라위 목사에게 한신대학원 장학금을 지급하여 논문을 마치고 귀국할 수 있도록 도왔고, 케냐 장학생 카부이(Kabui) 목사에게 한신대학 수업료와 어학연수를 지원하였다. 2000년 2월 7~18일 동부 아프리카 장로회와 선교협의회를 열었으며, 케냐 PCEA에서 호서대학 신학부로 2년간 유학 오는 학생의 등록금을 노회에서 재정을 지원키로 하는 한편, 2005년에는 나이로비노회(PCEA)신학교에서 한국으로 유학을 청원한 신학생(Bernard Kibadi Muiruri)에게 서울노회 목사후보생 장학금의 범위 내에서 지원하였다.

미얀마 교회와의 선교 협력

서울노회가 미얀마 교회와 선교 협력을 한 곳은 미얀마교회협의회와 미얀마장로교회 두 곳이다. 서울노회는 미얀마교회협의회와의 선교 협력을 위하여 2003년 2월 11~19일 대표단[20]을 구성하여 미얀마 교회를 방문하고, 미얀마연합신학교 및 미얀마 도시농어촌교회를 지원하고 신학생을 초청하는 선교협약각서를 체결하고 지원하였다.[21] 그리고 향린교회 지원으로 미얀마교회협의회 도시농어촌위원회에서 양곤 외곽 '쌍따야' 마을에 URM센터(CBCC) 건물을 '향린커뮤니티센터'라는 이름으로 건립하였다.

서울노회와 미얀마장로교(PCM)와의 선교 협력은 2005년부터 시작되었다. 서울노회는 서울북노회와 공동으로 미얀마 선교를 전개하기로 하고 2005년 2월 22일부터 3월 2일까지 서울노회와 서울북노회 대표단이 미얀마 양곤 및 타한-칼레이묘, 만달레이 지역 등을 방문해서[22] 미얀마교회협의회(MCC)와 선교 협력 진행 사업들을 점검하였다.[23] 대표단은 미얀마장로교단과의 선교 협력을 위해 만달레이장로교회 및 지역 학교를 견학하고, 만달레이 지역 역사 현장을 탐방하였으며, 타한-칼레이묘에 위치한 미얀마장로회 총회에 참석하여 서울노회가 총회에 헌의해서 이루어진 한국기독교장로회 총회(PROK)와의 선교 협약 기초문을 협의하고 초안을 작성하였다. 이어 미얀마 장로회 총회 산하 기관들(고아원, 병원, 타한장로회신학교 신축 부지, 타한 지역노회 사무실, 교역자 사택 등)을 방문하고, 미얀마장로회 여신도 지도자들과 간담회를 통해서 여성 지도자 양성에 관한 협력 방안을 협의하면서 한국교회의 여성 목사, 여성 장로 제도를 소개하고 한국교회 여성 운동 경험을 나누었다.

2007년에도 서울노회 총무 김인태 목사, 서울북노회 노회장 나핵집 목사, 총회해외선교협력위원회 간사 배광진 목사(통역) 등이 함께 미얀마 교회를 방문, 선교 현지

---

20 단원은 신익호 목사, 김광집 목사, 송영자 장로, 김형기 목사, 김원철 목사, 이신자 권사, 김창주 목사, 신승민 목사이다.

21 서울노회는 2003년 미얀마MIT신학교 장학생 30명에게 3천 달러, 미얀마교회협의회 농어촌선교센터(MCC-URM)에 5백 달러를 지원하였으며, 2004년 미얀마 교회협의회 도시농어촌위원회(MCC-URM)에 5백 달러, 미얀마교회협의회 학생국(MCC-SCM) 컴퓨터프로그램훈련센터에 1천5백 달러, 미얀마연합신학교(MIT)에 신학생 장학금 2천 달러를 지원하였다.

22 방문자는 서울노회에서 송영자 장로, 민경자 권사, 이신자 권사, 허광섭 목사, 서울북노회에서 김준부 목사, 신동일 목사, 김복기 목사, 김영화 목사, 채혜원 목사, 윤자선 권사 등이었다.

23 미얀마연합신학교(MIT)를 방문하여 부총장과 2004년도 장학생들을 면담했으며, 서울노회와 향린교회 커뮤니티 센터 현장인 쌍따야 마을을 방문하여 정초 기도회를 하였다. 이어 미얀마교회협의회 학생국(SCM)을 방문하여 컴퓨터 프로그램 및 네트워크를 형성하는 학생국의 현장을 둘러보고 500달러를 헌금하였다.

를 돌아보며 선교 헌금을 전달하였다. 대표단은 오지 학교를 위한 운영비 지원과 학용품을 선물하였으며, 미얀마 장로교회와의 공동 선교 협력을 위한 합의 각서를 체결하였다.[24] 2009년 2월 20~25일 서울노회와 서울북노회 대표단 7명[25]이 미얀마장로회 총회에 참석하였다. 타한장로회신학교 대학교회당 헌당 예식과 봉헌 예배[26]를 드렸고, 미얀마장로회 총회에 성경 찬송 합본 두 권을 전달하였으며, 총회 산하 기관인 만나고아원과 아가페클리닉에 약간의 헌금을 하였다. 이후 여러 사정으로 서울노회와 미얀마교회협의회(MCC) 간의 선교 협력 사업이 중단되었다.

한편 서울노회는 미얀마에 직접 하는 현지 선교만이 아니라 국내에 와 있는 미얀마 이주노동자들을 돌보는 것도 의미가 있다고 생각하여 재한 '버마행동'(Burma Action Korea)의 '뚜라' 대표와 만남을 가졌다. 뚜라 대표는 이주노동자 합법화를 위해 성공회 성당에서 진행한 '겨울 천막 농성'[27]에 참여한 미얀마 출신 이주노동자이다. 이 단체[28]는 아웅산 수지 여사의 석방과 버마 민주화를 위해 전 세계적으로 연대하여 투쟁하고 있었다. 서울노회는 2005년 제88회 정기노회 개회 예배 헌금을 이들에게 전하기로 하고, 정기노회에서 미얀마를 위한 전시회와 수지 여사 석방을 위한 서명을 받도록 하였다.

필리핀연합교회와의 선교 협력

서울노회 김인태 총무와 해외선교분과위원 이준원 목사가 2009년 5월 18~23일

---

24 합의 각서에는 미얀마장로회 여성 지도력 개발 프로그램을 위한 협력 과제로서 여성 지도자 양성을 위한 교육 사업 지원, 미얀마장로회 여성의 지위 향상과 목회 사역을 위한 양 교회의 공공 관심사 나눔, 여성 인력 개발을 위해 한국의 여성 단체와의 교류를 주선한다는 내용이 있다.

25 김인태 목사(서울노회 총무), 강원구 목사, 송영자 장로, 유란규 권사(효동교회), 이완기 목사(서울북노회), 김찬수 목사(배목사기념사업회), 배유미 간사(통역).

26 효동교회 60주년을 기념하여 박동규, 송영자 장로 헌금.

27 2003년 90일 동안 진행된 농성에 최의팔 목사와 한국염 목사가 주도적으로 참여하였고, 많은 서울노회 교회와 여신도회에서 선교 헌금을 전달하고 방문하여 격려했다.

28 재한버마행동이 국가 이름을 미얀마가 아니라 버마로 한 것은 미얀마라는 이름이 군부독재가 붙인 것이므로 군부를 거부한다는 의미다.

필리핀연합교회 북서 민다나오 쥬리스딕션 총회에 참석하였다. 서울노회 파송 선교사인 김현숙 선교사의 선교 현장을 4박 5일의 일정으로 돌아보고 나서 쥬리스딕션 총회 네 개 노회와 함께 필리핀연합교회 측과 서울노회가 해야 할 과제와 역할 등을 모색하였다.[29]

(2) 일본 기독교단 동경교구 북지구와의 교류 협력[30]과 한일선교협의회

서울노회는 200년 제79회 정기회에서 일본의 수도노회인 일본 기독교단 동경교구 북지구(이하 동경 북지구)와 선교 협력을 맺기로 하고 동경 북지구에 제안, 일본 도쿄에서 동경 북지구와 선교실무협의[31]를 하였다. 여기서 합의 사항은 교류를 중심으로 관계를 시작하되 목회자, 여신도, 청년 등 다양하게 교류하며 매년 동경 북지구 총회(3월)와 서울노회 정기회(4월) 시에 양측 대표가 상호 방문하여 교류하고, 한일선교협의회를 2년마다 갖되 서울과 일본에서 번갈아 실시하기로 한 것이다.

동경교구 북지구와의 교류에는 가정순 선교사의 역할이 컸다. 가정순 목사는 1992년 일본으로 유학 가서 출석하던 일본인 교회인 동경 백인정(하쿠니초오)교회의 담임목사로 청빙(1997년) 받아 사역하면서 서울노회와 동경 북지구가 자매결연을 맺고 교류하는 일에 가교 역할을 하며 초창기부터 지금까지 많은 역할을 감당해 왔다.

양국 간의 선교협의회를 시작하기 전인 2001년 11월 10~15일 한국에서 일본 측

---

29 발로소 감독과 '북서 민다나오 쥬리스딕션' 소속 여러 노회장이 다시 만나 북서 민다나오 쥬리스딕션 간사인 젤리 목사로부터 북서 민다나오 쥬리스딕션 상황, 선교, 조직 등에 관해 프리젠테이션을 듣고 논의한 이후 "북서 민다나오 쥬리스딕션과 서울노회 간의 파트너십에 의한 선교 협력"에 대해 서로의 입장을 나누었다. 2009년 「정기회보고서」, 80-87.

30 일본 기독교단은 전국을 16개 교구로 나누고 있다. 동경교구는 가장 큰 교구로서 동경의 23구와 치바현을 포함하는 지역으로, 5개 지구로 나누어져 총 250개 교회가 있다. 북지구는 51개 교회와 몇 군데의 전도소로 구성되어 있다. 일본 기독교단은 교구가 지구를 대표하여 행정 부문만 담당하며, 지구가 활동의 중심이 되어 있다. 현재 본 교단 소속 가정순 목사가 동경 백인정(하쿠니초오)교회를 담임하고 있으며, 북지구 상임위원회 위원으로 활동하고 있다.

31 실무 회의 참석자는 송영자 장로, 권오성 목사, 김형기 목사 등이다.

9명(여성 2명)과 서울노회 측 17명이 참석한 가운데 사전 준비 회의를 하였다. 11일에는 일본 북지구 목사가 초원교회와 서울제일교회에서 설교하였고, 본격적인 선교협의는 11월 12~13일 바람과 물 연구소에서 진행되어 서울노회 측에서는 "각 교회 및 교단의 역사 현황, 성격"(허광섭 목사), "선교 현황 및 과제"(권오성 목사) 등의 발제를 하고 두 노회 및 지구 간 선교 협력 방안을 협의했다.[32]

① 제1회 한일선교협의회는 2002년 10월 4~7일 일본 동경의 재일본 한국 YMCA와 하꼬네의 후지하꼬네랜드에서 서울노회 대표 19명이 참석한 가운데 개최되었다. 협의회에서 "선교의 현실 과제를 위한 협력과 전망"(서울노회장 배태덕 목사), "북지구의 선교 현실과 전망"(북지구 국제선교협력위원장 秋山眞兄)으로 각각 발제하였으며, 서울노회 목사들이 여섯 교회에서 주일 예배 설교를 하며 상호 교류를 심화하였다. 1차 선교협의회의 합의 사항은 교회학교 교사를 포함한 청소년 및 여신도 교류 프로그램 추진, 개교회 간의 교류를 위한 서울노회와 동경교구 북지구의 교회 현황 정리 및 교환이었다. 특히 선교협의회는 1회부터 합의문을 작성하였으며, 양측 노회장이 서명한 합의문으로 회의록을 대신하기로 하였다.

② 제2회 한일선교협의회는 2003년 11월 7~10일 "오늘의 선교 과제와 교회의 역할"이라는 주제로 경동교회당 및 오크벨리리조트에서 총 65명이 참석한 가운데 열렸다. 9일에는 북지구 대표 20명이 서울노회 9교회[33]의 주일 예배에 참석하여 밀도 깊게 상호 교류를 하였다. 협의회 합의 사항은 청소년의 교류 프로그램과 평신도 교류 프로그램의 일환으로서 서울노회 여신도회와 북지구 부인회와의 교류를 추진하기로 하고, 양측 노회장(허광섭, 秋山眞兄)이 서명하였다. 이 합의에 따라 여신도회서울연합회 대표 3인이 일본 그리스도교단 동경교구 북지구 부인회 초청으로 2004년 9월 8~10일 일본 동경을 방문하여 교류하였는데, 이 교류 모임에 총 71명이 참석하였으며,

---

32 사전 한일선교협의회 한국 측 참석자는 노회장(하태영), 부노회장(배태덕, 안희각), 서기(허광섭), 선교부장(송영자), 선교부 서기(이준원), 총무(김형기), 권오성, 한국염, 성해용, 구창완, 김명수, 김광집, 신익호, 여신도회 회장과 총무, 남신도회 회장과 총무다.

33 공덕, 동원, 서울성남, 서울제일, 수도, 창현, 초동, 한일, 효동교회.

여신도회서울연합회는 연합회 활동을 슬라이드로 소개하였다.

③ 제3회 한일선교협의회는 2005년 10월 28~31일 동경 시나노마치교회, 국립올림픽기념청소년종합센터, 사이타마현의 국립여성교육회관에서 "동아시아에서 한일교회의 역할"이라는 주제로 열렸다. 이 주제에 따라 서울노회는 "한반도의 분단 극복과 평화, 통일을 위한 교회의 역할"에 대해, 북지구는 "일본국 헌법개정 문제와 평화를 위한 교회의 역할"에 대해 각각 발제하고, 한반도의 분단 극복과 일본국 헌법 개정 저지가 동아시아 평화를 위해 필요하다는 것을 확인하며 구체적인 행동에 대해 활발히 의견을 교환하였다. 10월 30일 주일에는 서울노회 방문단 19명이 북지구 13교회 주일 예배에 출석하고, 11교회에서 서울노회 목사와 장로가 설교하고 상호 교류를 하였다. 3회 협의회 합의 사항은 양 노회 간의 선교 과제를 공유하기 위해 "동아시아의 평화"를 주제로 함께 기도하는 날을 정하고 계속 기도하기로 하였다. 서울노회는 일본이 현재의 평화헌법, 특히 전문과 제9조를 유지하도록 한일 양국 정부에 촉구하기로 하고, 북지구는 서울노회가 진행하고 있는 북한과의 우호 증진 활동을 위해서 상호 기도하기로 하였다. 한편 오키나와와 한일 양국 외의 동아시아 지역의 공동 선교 협력도 검토·추진하기로 합의했다.

④ 제4회 한일선교협의회는 2007년 10월 26~29일 서울성남교회에서 "동아시아 평화와 교회 그리고 선교"라는 주제로 실시되었다. 서울노회는 "동북아 평화의 빛에서 본 한국교회의 과거와 현재, 미래"라는 제목으로 "동아시아의 평화와 교회 — 남북 통일, 북핵 문제, 이주노동자 문제, SOFA 문제, 평화, 교회"에 대해서 조헌정 목사가, 북지구에서는 "오늘의 선교 과제와 교회의 역할 — 일본 재무장, 우익화 문제, 평화헌법 전문과 제9조, 오키나와 미군기지 문제, 평화, 교회"에 대해 야마모토 유지 목사가 각각 발제하고 한일 양 교회가 동아시아 평화를 위해 할 수 있는 일들을 모색하였다. 일본 동경 북지구는 "전쟁 책임 고백"에 있어서 교회의 "파수꾼의 사명의 중요성, 현재 일본의 정치 상황과 교회의 역할"에 대해 발제하였다. 특히 한국기독교장로회가 2007년 제92회 총회를 통해 고백한 "신사 참배와 부일 협력에 대한 죄책 고백 선언문"에 대한 깊은 이해를 하였으며, 서울노회와 북지구가 동아시아 전역의 평화를 위해

함께 돈독한 관계를 가지고 사회 선교의 파수꾼으로서의 역할을 다하기 위해 구체적인 행동에 임하고자 활발히 의견을 교환하였다.

한편 3차 협의회에서 합의한 대로 서울노회 선교부는 통일사회부와 공동으로 2007년 12월 1일 용산제일교회당에서 동경 북지구에서 요청해 온 합동 기도회를 시행하였고,[34] 8월 첫째 주일에 양국 교회가 공동 기도문을 작성하여 산하 교회 대예배 시에 함께 기도를 드렸으며,[35] 한일 양국 정부에 "양국 정부가 평화를 위해 힘쓸 것, 특히 일본 평화헌법 제9조를 개정하려는 움직임을 멈출 것"을 촉구하였다.

⑤ 제5회 한일선교협의회는 2009년 10월 23~26일 동경 시나노마치교회와 다카오 모이와쿠와쿠빌리지에서 "현대 사회의 신음에 응답하는 교회 ― 갈릴리의 예수를 생각하며"라는 주제로 개최되었다. 서울노회는 "최근 한국 사회에서 들려오는 신음과 그 배경, 교회의 복음 이해에 대하여", 북지구는 "지난 반세기 동안 북지구 선교 발자취를 돌아보고 복음에 기초하여 현재 안고 있는 문제점과 앞으로의 과제"에 대해 각각 발제하였다. 발제와 활발한 논의를 통해서 한일 양국이 처한 어려운 현실, 교회의 모습, 복음을 통해 서로 이해의 폭을 넓혔고 양국 교회의 10년에 가까운 교류의 발자취를 돌아보았다. 또한 제4회 선교협의회 합의서에 따라 10월 23~26일 여신도회서울연합회와 북지구 부인부는 일본 동경 시마노마치교회당에서 20여 명이 만나 교류하고 자유여행을 하였다. 한편 협의회를 마치고 예년처럼 주일에 서울노회 참석자들이 북지구 9교회에 방문, 서울노회 목사들이 설교하였다.

---

34 합동 기도회는 선교부 해외선교분과장 인금란 목사의 전체 사회로, "북한 핵무장, 남북한 평화통일과 동아시아 평화"라는 주제 강연(사회: 최의팔 통일사회부장, 강사: 정지석 한국기독평화연구소 소장)과 오키나와 방문 보고(향린교회 임보라 목사)가 있었고, "동아시아 평화를 위하여"(강석찬 목사), "양국 교회 지속적인 선교 협력을 위하여"(송영자 장로) 각각 중보 기도하고 서울노회장 임방환 목사의 축도로 끝났다.

35 공동 기도문은 서울노회와 동경 북지구 회원들이 바른 역사 인식을 가지고 화해와 평화의 길을 만들어 갈 수 있기를, 한국을 비롯한 아시아에서 전쟁 위기를 없애고 긴장을 완화하며 평화 체제를 이루는 평화의 일꾼이 되기를, 후손들에게 정의와 평화, 사랑의 아름다운 신앙 전통을 물려줄 수 있기를, 여성과 인권, 차별금지, 환경을 위해 일하기를 기원하는 내용으로 되어 있다.

3) 목사후보생 및 장로 피택자 고시와 교육을 위한 고시부 사업

고시부는 일상적으로 목사후보생을 지도·육성하고, 이들에게 장학금을 지급하며 장학 기금을 관리하는 업무와 지교회에서 피택된 예비 장로들을 대상으로 교육하고, 고시를 진행하며, 장로 피택자들을 위해 결단 기도회를 하는 업무를 해 왔다.

(1) 고시 청원자 교육과 고시

2000년부터 2009년 동안 장로고시 추천 93명, 목사후보생고시 신규 85명, 계속 398명, 준목고시 신규 43명, 계속 26명, 위탁교육 6명, 목사후보생 수련 과정 신규 24명, 계속 19명에 대하여 고시 청원과 추천 청원을 하였다. 한 회기에 장로 4명, 목사후보생 4.25명을 고시하였으며, 계속 추천 20명, 준목 3.45명을 추천하고 관리하였다. 목사후보생 수련 과정의 경우 5년 한 회기에 4명을 추천하고 관리하였다.

(2) 장로고시 합격자와 임직 예정자 결단 기도회

장로 임직 예정자들의 결단 기도회

일시	회기	장소	임직 예정자와 교회
2000.5.25.	78	초동교회	이종진(수도), 이천광, 권순정, 김익겸(초동), 조기남, 박승자(한우리), 임순모(공덕)
2000.11.14.	79	서울성남	김형균, 이귀우(한일), 정동국(광염), 이강무, 조남순(성산), 리효성(서울성남)
2001.5.22.	80	초원교회	이충언, 임승계(향린), 윤재봉, 정길채, 서남식, 김은석(동명), 김연한(동원), 김중구, 김태웅(초원)
2001.11.15	81	초원교회	정락성, 이규남(보광동), 오근재, 서기섭, 유태준(은진)
2002.5.23.	82	수도교회	최영철, 문대원(수도), 김선용, 이병희(향린), 윤여송(행화정), 유완식(독립문)
2002.10.28.	83	한일교회	김가은(서울성남), 박현근, 이익선, 한홍련(용산제일), 양윤철(효동), 박재윤, 유순형(경동)
2003.5.1.	84	동원교회	최영숙(향린), 김국진(서문밖), 황영수, 김부일, 김관식, 정병창(동원)

2003.10.28.	85	한일교회	황성자, 이성균(한일)
2004.4.29.	86	향린교회	류홍열(예가), 이상춘, 이태환(향린)
2004.10.28.	87	경복교회	원병준, 조남성(은진), 김의한, 송순자(서울성남), 김동성, 정영자(경복), 이원희(창현), 서현석(초동), 전호철(서울제일)
2005.4.26.	88	경동교회	정성산(보광동), 이강태(경동)
2005.10.27.	89	동원교회	백남욱(동원), 고안언, 정혜란(한백), 문정렬, 곽종준(서울), 최형식(수도), 기원강(창현), 정재훈(창현), 한호원, 이창호, 황세택(초원), 김장근, 이기완, 정찬성(서문밖)
2006.5.2.	90	용산제일	민경자, 서정남(공덕), 전웅도(용산제일), 김광석, 김영진, 주대명(초동)
2006.10.26.	91	서울제일	김진구, 임찬식, 최옥주(동녘), 김효식, 정인숙(서울제일), 변세경(한우리), 오해룡(효동)
2007.4.26.	92	용산제일	김결, 지은숙, 최승한, 조성현, 최문자, 김철, 김재철(공덕), 윤병기, 한무득(보광동), 이재긍(효동)
2007.11.1.	93	동원교회	노재열(향린), 박종천(신촌), 심ији현(세광), 김형순(서울성암)
2008.5.1.	94	창현교회	차경자(창현), 김의환, 김일형, 나호천, 이민호, 임광택(초동), 윤영수, 이현우(향린), 윤영순(동원), 양희성(방주)
2008.11.14	95	경서교회	임채교(경서교회)
2009.5.1.	96	수도교회	김봉주(경서), 김일섭(수도), 안영신(수도), 고경심, 이동수(향린)
2009.11.17	97	경복교회	오범석(경복), 우종원(경복), 양성석(한일)

장로 피택자 교육 자료집 발간

고시위원회는 2002년 가을 노회에서 장로 피택자 교육 자료 초안을 작성하고 계속 자료를 검토하여 5년 만인 2007년 93회 회기에 장로 피택자 교육 자료집을 발간하였다. 교육 자료집은 다음과 같이 구성되었다.

단원	제목	내용
1단원 장로교의 형성과 발전	1과 장로교의 태동	기독교의 기원, 종교개혁과 장로교, 한국장로교회
	2과 기장의 태동과 선교	교단의 출발, 교단의 뿌리, 교단의 지도 이념
	3과 세계장로교회 형성사	교회의 머리는 오직 한 분 그리스도, 종교적 영역에서의 교회의 자유권, 장로직의 동경성, 장로를 통한 교회정치 참여, 치리회, 권징, 교회에서의 성령의 인지
2단원 장로교회 정치원리와 그 직제	4과 장로교회 정치 원리	장로의 명칭, 기원, 기능과 역할, 현대적 이해
	5과 장로직제의 발전과 세계교회 장로직	장로의 기원과 구분, 초대교회 안의 교직으로서의 장로, 감독과 장로, 현대적 이해
	6과 교단 헌법에 나타난 장로직	헌법에 나타난 자격, 직무, WARC 장로직과 한국 장로직의 미래상
3단원 장로직에	7과 장로의 자질과 지도력	인격론, 지도력, 평신도 지도력

대한 청지기적 이해	8과 장로의 직무와 자세	장로의 직무, 당회원으로서의 직무, 장로의 자세, 노회원과 총회원으로서 의 장로
	9과 장로의 임직과 봉사 기간	장로의 임직, 청원, 선거, 고시, 예비 교육, 봉사 기간
4단원 장로의 윤리	10과 장로의 교회 생활	장로의 청지기 생활, 장로의 영성, 목사와의 협력 관계, 교인으로서의 의무
	11과 장로의 가정 및 사회생활	성서에 나타난 장로의 가정생활, 현대 사회에서 장로의 가정생활, 장로의 사회생활
	12과 노회 고시부 교육	

(3) 서울노회 목사후보생 수련회

2000년대에 고시부는 목사후보생 수련회 참석자에 한해서 장학금을 지급하기로 하였으며, 면접 주제를 연차별로 목사후보생 1년 차는 소명감, 2년 차는 기독교적 가치관, 3년 차는 성직자 됨의 의미 확인 그리고 4년 차는 결단을 중심으로 면접하기로 하였다. 목사후보생 수련회 주제는 다음과 같다.

일시	주제/내용
2000	청년 목회, 어떻게 할 것인가?
2001	목사후보생 수련 과정 안내(김형기 목사/총무)
2003	"21세기 창조적 목회와 영성"(지인성 박사)
2004	목회자의 삶, 목회에 있어서 부교역자, 교역자의 자기 관리, 목회자의 가정관리
2005	오늘의 목회 현장을 찾아서, "생명윤리"
2007	"목사후보생의 소명과 비전 1, 2, 3"
2008	"목회자로서의 소명감 (1)" — 특수 목회 체험담, "목회자로서의 소명감 (2)" — 교회학교 지도자 리더십, 목회 수련 과정 안내, 기관 실습
2009	목회와 전문 선교 영역 I "교회 사회복지 영역, 교회음악 영역, 여성 목회 영역, 학원 선교 영역"

(4) 목사후보생 관리와 제도 개선

노회가 목사후보생과 관련한 제도를 개선한 것은 목사후보생의 관리에 대한 부분과 목회 현장 수요에 맞춘 목사후보생 선발, 노회 목사후보생에 관한 규정을 개정한 것이다.

목사후보생 규정 개정

서울노회는 2005년에 실시한 노회사업평가위원회의 제안을 반영하여 2007년 제93회 정기회에서 목사후보생에 관한 규정을 개정하였다. 즉, 노회 목사후보생은 목사 임직 전까지 연 1회 이상 고시부 지도를 받는 것을 원칙으로 하며, 본 노회 목사후보생이 총회 수련 과정에 추천 청원을 받고자 할 시 최근 2년간 노회 지도를 받은 적이 있어야 하며, 노회 소속 교회에 전임으로 시무하여야 하며, 고시부가 정하는 교회에서 의무적으로 봉사해야 하는 것으로 개정하였다.

또한 서울노회 목사후보생이 총회 수련 과정에 추천 청원을 받고자 할 때 최근 2년간 노회 지도를 받은 적이 있어야 하고, 노회 소속 교회에 전임으로 시무하여야 하며, 고시부가 정하는 교회에서 두 학기 이상 의무적으로 봉사하여야 하는 것으로 원칙을 정하였다.

목사후보생 장학금 고갈과 목회 현장의 수요에 맞춘 신학생 선발 요청

고시부는 2005년부터 교회에서 전액 장학금을 제공하는 경우 노회 장학금을 신청하지 않도록 하였다. 2000년대 초반부터 고시부는 목사후보생 장학금 고갈과 목사후보생 수급과 관련된 목회 현장의 불균형 문제로 고민하였다. 2001년도의 경우 고시부에서 목사후보생 장학금 수입은 41,177,000원, 지출은 67,350,000원으로 26,173,000원의 적자가 발생하였으며, 한 학기에 약 25명의 목사후보생 장학금으로 25,000,000원을 지급하고 있는데, 이에 비해 졸업 후 목사후보생이 목회지를 구하지 못하는 경우가 많았다. 이에 고시부는 교단에 목회 현장이 요구하는 수만큼만 목사후보생을 선발하도록 총회에 헌의했으나 한신대학교에서 연구토록 하는 것으로 종결되었다.

목사후보생 수련 과정 제도 개선을 위한 활동

서울노회는 목사후보생 수련 과정 제도가 도입되자 수련 과정에 대한 전반적인 과정을 다시 면밀히 검토하고 시행할 것을 총회에 헌의하였고, 86회 총회에서 헌의안이 받아들여져 2002년부터 시행될 예정이던 목사후보생 수련 과정은 연구와 논의를 거쳐 수정 보완책을 마련해 1년 후에 시행되게 되었다. 또한 목사후보생 수련 과정의 등록 기간을 현행 1월에서 5월로 변경하도록 하고, 총회에서 실시하는 목사후보생 수련 과정의 평가를 노회가 확인하여 지도할 수 있도록 평가서 사본을 매 학기 노회에 통보하도록 하는 헌의안을 상정하여 92회 총회에서 채택되었다. 이에 따라 위 내용으로 목사후보생 수련 과정 운영 내규가 변경되었다.

한편 목사후보생 수련 과정에는 노회가 지도위원회를 구성하여 '지도'하도록 되어 있다. 지도위원회의 위원장은 수련생이 소속된 교회의 목사가 하도록 되어 있고, 지도 위원은 시찰회에서 지정한 목사가 역할을 맡는 시스템이다. 서울노회는 2008년 95회 정기회에서 목사후보생 수련 과정 1년 차와 2년 차 지도위원을 결정하였다. 고시부는 2008년 7월 16일 서울노회 사무처에서 목사후보생 수련 과정 지도위원장 연석회의를 개최하였는데, 연석회의에서 지도위원장들이 목사후보생 수련 제도에 대한 소감과 문제점을 제기했다.[36] 또한 2008년 8월 25일 고시부에서 서울노회 목사후보생 중 수련 과정 집중 교육에 참여하는 수련생(12명)을 격려하기 위해 교육 장소인 대천에 직접 방문하였으며, 2008년 9월 10일 서울노회 사무처에서 수련 과정 참여자 11명이 모여 수련 과정 집중 교육 평가 모임을 실시하였다. 고시부는 지도위원회와 수련생들의 의견을 반영하여 2008년 총회에 "목사후보생 수련 과정 운영 규칙"과 "목사후보생 수련 과정 시행에 따른 운영 내규"로 구분하여 '규칙'과 '내규'의 성격을 분명하게 구분할 것을 헌의하였으나 기각되었다.

4) 교회 교육 역량 강화와 지도력 개발을 위한 교육부 사업

교육부가 연례적으로 하는 사업은 신년 교사 교육, 어린이와 중고등부 여름성경학

---

36 수련 과정 주체가 노회와 총회 둘이라는 느낌, 목사후보생 수련 과정에 실질적인 권한은 총회가 가지고 있으면서 책임은 지도위원장에게 있는 불합리함, 현장 학습을 2개월간 다른 기관에서 봉사해야 하는데 현실적으로 개교회에서 사례를 주면서 그 제도를 받아들이기 어려운 점, 집중 교육의 커리큘럼과 강의 내용 문제, 수련 과정에 참여할 기회마저 얻기 힘든 여성 목사후보생 현실 등에 관한 것들이 제기되었고, 실습 평가를 맡은 3인 위원회가 노회 안에서 파행적으로 운영되고 있는 점에 대해서도 우려하였다.

교를 위한 교사 교육, 노회 교육을 위한 정책협의회 등이다. 노회 교육부는 새천년을 시작하면서 2000년 12월 10~11일 "21세기 교회 교육의 전망과 대응"이라는 주제로 정책 세미나를 실시하였다. 이 세미나에서 2001년 교회 교육에 대한 정보와 안내, 교사 공동 교육 과정의 필요성 등을 논의하고 이 해부터 교회학교 교사대학을 시작하였다. 노회 교육부의 관심과 역량이 교사대학에 집중되어 90년대에 적극적으로 해오던 여타의 프로그램이 약화되었다. 노회 교육평가단의 평가와 제안 후[37] 교육부는 노회와 지교회의 교육 사업을 보다 세밀하게 점검하였다. 이후 교육부에서는 교육지도자(실무자) 세미나를 정례화하였고, 교육부와 교회 교육 담당자 연석회의를 통해서 노회 교육부가 실시하는 교육 프로그램에 대한 의견을 나누었다. 또한 총회교육원에서 실시하는 여름성경학교 중간 지도자 교육에 지교회 교육 담당자를 파송만 하지 않고 그들로 하여금 여름성경학교 교사 강습회에 전달자가 되도록 장을 마련하였다. 이런 노력으로 1996년부터 노회 교육부 사업 체계가 잡히고 활성화되었다.

(1) 교사대학

교육부는 교회학교 교육이 위축되는 위기 상황을 인식하면서 교회학교 교육을 활성화하고 교회학교 교사의 질을 높이기 위한 방안으로 2000년부터 교사대학을 실시하였다. 교회학교 교육이 활성화되려면 교사 교육이 뒷받침되어야 하나 지속적인 교사 교육을 하기 어려운 교회들이 노회 안에 많았다. 교사대학은 노회 교육부가 계획적이고 지속적인 교사 교육을 지원하여 노회 안 모든 교회학교 교육의 성숙과 발전을 도모하고 교사의 성장을 도와 지교회 교육을 활성화하기 위한 시도였다. 교사대학은 구체적으로 연 4회 이틀간(3, 6, 9, 12월 첫째 주간, 월, 화 저녁 시간) 하루에 2강좌씩, 1회에 4강좌를 실시하며, 교사의 출석을 점검하여 수료증을 발급하고, 예산은 노회 교육부 예산과 교회의 교사 교육비의 부담으로 확보하도록 하였다. 구체적으

---

37 2005년 실시된 노회사업평가회에서 교육부에 대한 제안은 지교회 교회학교 교육 지원과 패러다임 구축이었다.

로 강의 제목은 성서, 신학, 역사, 사회, 교육 대상 이해, 영성 교육, 교육 방법론, 교재 연구 등 교사의 신앙관 확립과 시대 변화에 따른 다양한 정보 제공과 교사로서 갖추어야 할 기초적인 자세에 관한 것이었다.[38]

일시	장소	내용	참가 인원
2001.4.16~17. 2001.10.29~30.	경동교회 초원교회	"교사됨의 의미"(박종화 목사), "Click! 교육자료"(신승섭 목사), "한눈에 보는 성경: 성서의 맥잡기 1, 2"(박종구 목사), "찬양"(문은성 목사) "교사의 사명감"(하태영 목사), "구약성서의 이해"(박경철 목사), "신년계획 교육"(강석찬 목사), "성탄절 교육"(김성종 전도사), "부흥하는 주일학교 사례발표"(장희섭 목사)	13교회 250명
2002.2.28~29. 2002.5.19~20.	경동교회	"신약성서의 이해"(허광섭 목사), "신앙교육과 가정"(김대동 목사), "수련회를 위한 스킷드라마 실연"(박병득 목사)	21교회 125명
2003.3.30~31. 2003.11.23~24.	초원교회 한일교회		15교회 150명 14교회 200명
2004.2.22. 2004.11.14.	한일교회 한일교회	성탄절과 신년 교육	15교회 190명 13교회 130명

(2) 신년 교사 강습회 실시

노회 교육부는 2000년 1월 9일 경복교회당에서 150명이 참가한 가운데 "새천년 교회 교육 어떻게?"라는 주제로 어린이부, 청소년부 교사 연합으로 신년 교사 강습회를 실시하였으나 중단되었다가 2006년부터 다시 시작되었다.

2005년 이후 신년 교사 강습회

일시	장소	주제/내용	참가 인원
2006.2.18.	경복교회	교사 사명감 고취와 분반 교수 학습	19교회 180명
2007.2.4.	경복교회	교사의 은사와 교육	15교회 145명
2008.1.27.	보광동교회	역동적인 반목회를 통해 부흥을 꿈꾼다	19교회 175명
2009.2.8.	보광동교회	예배가 살아야 교회학교가 산다	

---

38 교사대학은 2005년부터 총회교육원에서 시작한 여름성경학교를 위한 중간 지도자 교육을 계기로 중단하였다.

(3) 총회교육원 중간 지도자 교육과 노회 파송자들의 역할

여름성경학교 교사 강습회는 서울노회 교육부에서 매우 중요한 위상을 차지하고 있는 사업이었다. 2004년 총회교육원에서 실시하는 여름성경학교 중간 지도자 교육에 서울노회 교육부에서 지교회 부교역자 6명을 파견하였다. 총회교육원에서 하는 교육은 교육을 받은 중간 지도자가 일선에서 여름성경학교 프로그램을 실제로 적용할 수 있도록 한 것이기 때문에 노회 파송자들은 처음부터 부서를 정해 교육에 참여하였으며 노회 여름성경학교 교사 강습회에서 그 부서의 강사로 활동하였다.

노회에서 파송한 부교역자들이 노회의 어린이 여름성경학교와 중고등부 여름수련회 강습회 지도자들이 되었고, 동일한 사람들이 지속적으로 파송되어 전문 지도자로서의 위상을 갖추게 되었다. 노회 분립 후 2006년부터 이틀에 걸쳐 하던 교사 강습회를 주일 예배 후 하루로 집약해 실시하였고 지교회의 참여율 또한 높아졌다. 강습회 주제는 총회교육원의 주제에 따라 실시되었으며, 주제 강사는 주로 노회장이나 교육부장이 담당하였다.

2000년대 노회의 중간 지도자 교육 파송

일시	파송자
2005.5.16~18.	조은화(유치부), 윤은숙(유년부), 김고은(초등부), 문은성(소년소녀부), 고준영(중등부), 김민전(고등부)
2006.5.22~23.	이성진(유치부), 윤영민(유년부), 김고은(초등부), 장보람(소년소녀부), 한문덕(중등부), 고준영(고등부)
2007.5.22~23.	정나진(유년부), 배민아(초등부), 오승룡(소년소녀부), 고준영(중등부), 서동용(고등부), 조은화(노래&율동)
2008.5.18~21.	김윤정(유치부), 정나진(유년부), 백용석(초등부), 허석헌(중고등부), 조은화(노래&율동)
2009.5.18~20.	오승룡(청소년부), 김은정(초등부), 김윤정(유치부), 백용석(유년부), 맹드보라(노래&율동)

(4) 2000년대 어린이부 여름성경학교 교사 강습회

일시	장소	주제와 내용	참가 인원
2002.6.23~24.	서울성남		180명
2003.6.22~23.	용산제일		21교회 60명
2004.6.20~21.	동원교회	네 이름이 무엇이냐?	19교회 430명
2005.6.19~20.	보광동교회	"주님의 성령, 우리 안에 있어요!	20교회 410명
2006.6.4~5.	경복교회		180명
2007.6.10.	보광동교회	우리는 청지기	21교회 217명
2008.6.1.	보광동교회	우리는 달라졌어요.	19교회 186명
2009.6.7.	보광동교회	예수님 따라 생명 나라 꽃 피워요.	17교회 157명

(5) 청소년 여름수련회와 한일청소년연합수련회

청소년 여름수련회는 어린이부 여름성경학교와 마찬가지로 연례행사로 열렸다. 노회 교육부는 2001년 7월 23~25일 수안보 유스호스텔에서 "하나님의 교회 참 아름다워요"라는 주제로 11교회 172명이 참석한 가운데 청소년 연합수련회를 개최하였고, 2002년 7월 31일~8월 2일 오대산청소년수련원에서 11개 교회 190명이 참가하여 청소년 연합수련회를 열었다. 2004년 7월 26~28일 충북 괴산 청소년수련마을 보람원에서 실시할 때는 일본 동경 북지구 청소년들도 일정에 참여했다. 2006년 8월 13~15일 초동교회 수양관에서 "바로 이 맛이야"라는 주제로, 2007년 7월 24~26일 예림미술원(강원도 영월)에서 "우리는 청지기"라는 주제로 실시하였을 때는 3교회에서 41명이 참석하였다.

이렇게 연례적으로 하던 청소년 여름수련회가 해를 거르게 된 것은 한일청소년연합수련회 영향이다. 한일청소년연합수련회는 노회 선교부가 일본 그리스도교단 동경교구 북지구와의 선교협의회에서 북지구 요청에 의해 실시된 프로그램으로서, 노회 선교부가 교육부로 그 사업을 이관하여 시작되었다. 처음에는 서울노회 교육부의 청소년 수련회 프로그램에 일본 청소년들이 참석하는 형태였으나 점차 한일청소년연합수련회로 정례화되었고, 프로그램에 짜임새가 생기면서 양국 청소년들의 교류를 통해 양측 역사 이해와 문화 교류가 증진되었다.

제1차 연합수련회는 사전 행사로 일본 청소년들이 한국을 방문하는 프로그램이었다. 통상적으로 한일청소년연합수련회 일정은 도착한 날, 본 프로그램을 시작하기 전에 역사 탐방을 한 후 개회 예배, 프로그램 안내와 참가자 소개, 저녁에는 그룹 빌딩, 둘째 날은 아침 기도회, 조별 활동, 오후에는 주제 강연 듣기와 의견 나누기, 저녁에는 조별 활동에서 주어진 과제 시연하기로 진행되거나 반대로 아침에 주제 강연을 듣고 오후에 조별 활동을 하였다. 셋째 날은 아침 기도회, 경험 나누기, 조별 모임 및 종합모임, 폐회 예배로 끝났다. 귀국 전에 시가지를 돌아보는 경우도 있었다. 대개 주일이 끼어 있는 경우가 많았는데, 그럴 경우 전날에 홈스테이를 하고 주일에 홈스테이 민박 집 주인의 교회에 참석해서 예배드리고, 오후에 시내 구경 후 해산하는 일정으로 진행되었다.

일시	장소	주제/내용	참가 인원
2003.7.24~25.	제암리교회 서울제일교회 민통선	사전 프로그램 서울제일교회 민박과 예배 참석	
2004.7.26~28.	일영그린랜드	"네 이름이 무엇이냐?"	한국 64, 일본 7,
2005.7.26~28.	한국스카우트연맹	"주님의 성령이 우리 안에 있어요." 안국동 한옥마을, 임진각, 땅굴	한국 92, 일본 5
2006.7.13~15.	일본 요요기 청소년올림픽센터	"더불어 사는 생명"	한국 5교회 21명
2007.8.4~8.	서울 국제유스호스텔	"친구 되신 예수, 친구 되는 우리" 경동교회 청소년 문화제 참가	한국 15, 스탭 13 일본 8, 스탭 3
2008.8.16~20.	일본성서신학교 니시가타마치교회	"너와 나의 만남, 너와 나 사이에 서 계신 예수님" 역사박물관, 자연사박물관, 한일역 사자료실	한국 11, 스탭 4
2009.8.17~21.	강화도 오마이스쿨	"생명을 택하여라"	한국 15, 일본 16

2008년부터는 청소년 수련회가 아예 한일청소년연합수련회로 실시되었다. 한국에서 연합수련회를 할 때는 한국 측 청소년들의 참석률이 높았으나 일본에서 실시할 때는 참가 비용의 문제로 한국 측 참석률이 저조하였는데, 이에 대한 특별한 대책을 세우지 못하였다.

(6) 청년회 재건을 위한 노회 교육부의 노력

2000년대 들어서 청년회가 소강상태에 들어가자 서울노회 교육부에서 청년회를 살리기 위해 청년 연합 세미나와 수련회, 예비 청년들을 위한 신앙 수련회 등 다양한 청년 교육을 실시하였다. 2001년 2월 22일 청평리조트에서 'N세대를 위한 신앙 수련회'를 실시한 것을 필두로, 2001년 11월 4일 경동교회 여해기념관에서 2030 청년들을 대상으로 청년 연합 수련회를 "청년의 나침반과 시간 관리"(한국리더십센터 소장 정광섭 목사)라는 주제로 실시하였으며, 청년연합회 세미나를 10개 교회 80명이 모여 실시하였다. 그러나 교육부의 노력에도 불구하고 지교회 청년회 자체가 기능을 상실해 청년들을 대상으로 한 교육이 더 이상 불가능해졌고 2006년에 청년회서울연합회는 수면 상태로 들어갔다.

4. 통일사회부의 사회 선교와 통일 선교 사업

2000년대 들어 사회복지부가 통일사회부로 명칭이 바뀌게 되었다. 통일사회부는 교회와 사회문제, 인권과 자유 수호 문제, 민족의 염원인 평화통일 문제 등에 관한 업무와 교역자 가족의 원호에 대한 일을 하는 부서로서, 사업은 사회 선교 사업, 복지 선교 사업, 통일 선교 사업 등 세 축으로 분류되어 있다.

2005년 노회 사업평가위원회에서는 통일사회부의 사업에 대해 "자료집을 발행할 때 자료의 효용성이 떨어지지 않도록 시기를 잘 조정하도록 하고, 책자로 발간하는 대신 노회 홈페이지를 통해 필요한 자료를 다운 받아 사용할 수 있도록 하며, 평화통일 교육 세미나와 기행을 할 때 신학적인 측면에서 조심스럽게 진행해야 하며, 사회문제 성명서나 시국대책선언서 등을 발표할 때 노회장 명의로 발표되는 문건은 최소한 임원회와의 협의를 거치도록 하며, 증경 노회장 중심의 위로 사업은 은퇴한 모든 목회자가 도움을 받을 수 있는 지원 구조로 발전시키며, 복지 사업은 예산을 고려하여 노회 소속의 지교회나 기관의 참여를 유도하여 1교회 1복지시설을 운영하도록 하는 운동을 전개토록 하며, 통일사회부가 통일 문제에만 주력하는 경향이 있으므로 사회 선교 일반에 균형 있게 관심을 기울이도록 노력해야 한다"고 제언하였다.

1) 사회 선교 사업

(1) 반전 평화 운동

서울노회 차원에서 총회 교회와사회위원회 활동에 맞추어 2003년에 이라크 파병 반대와 이라크 전쟁 반대 운동을 전개하였다. 반전 평화 운동의 일환으로 서울노회는 서울북노회 교사평통위와 함께 3월 15일부터 부활절까지 「한겨레신문」에 매일 한국 기독교장로회 반전 평화 연속 광고를 게재하였고, 이라크 파병과 관련하여 반전 평화 서명 및 일간지 연속 광고를 하기로 하고, 교회가 참여하도록 협력을 요청하는 공문을 각 교회에 보냈다.[39] 한편 2005년 4월 24일 평택 미군기지 확장 이전 반대 연합 예배에 참석하고 지원·연대하였으며, 2006년 3월 30일 평택 대추리를 방문하여 기도회를 실시하였다.

(2) 시국 대책 활동 지원

서울노회는 한국의 민주화뿐만 아니라 아시아 나라의 민주화운동에도 관심을 가졌다. 2000년 6월 19일 버마의 아웅산 수지 생일을 기해 그녀의 가택연금 해제와 버마 민주화를 위해 서울노회 소속 교회에 관심을 촉구하고 이를 위해 기도해 줄

---

39 참여 교회 및 단체: 서울노회 통일사회부, 서울북노회 교사평통위, 낙산교회, 동원교회, 예가교회, 서울교회, 서울제일교회, 해인교회, 열림교회, 초동교회, 향린교회, 송암교회, 수도교회, 공능교회, 성북교회, 한빛교회, 하늘씨앗교회, 강남향린교회, 새밭교회, 능동교회, 생명교회, 여민교회, 목양교회, 예닮교회, 효동교회, 창현교회, 서울노회 기관시찰위원회. 잔액 132,000원은 기장여신도회전국연합회를 통해 이라크 어린이 돕기에 지원하였다.

것을 요청하는 서한을 보내는 한편, 총회에도 제3세계 민주화에 관심을 갖고 제도적 장치를 마련하도록 헌의하였다. 또한 독도 수호를 위한 특별 기도회를 2000년 11월 23일 향린교회에서 20명이 모여 드렸으며 주제 강연으로 "독도 수호에 대한 제반 고찰"(독도지키기 발기인공동대표 김봉우)을 듣고 토의하였다. 한편 통일사회부에서는 노회 총무와 부원들이 함께 시국 사건 관련 34곳을 위로 방문하고 후원금을 전달하였다.[40]

2) 복지 선교 사업

통일사회부의 복지 선교 사업은 시설 지원,[41] 서울노회 원로목사 지원, 태풍 등의 재난 지원 활동[42] 등이다. 통사부에서는 서울노회 원로목사 열두 명을 모시고 2009년 12월 10일 12시에 세종문화회관 1층 벨라지오에서 송년 모임을 했고, 연말에 투병 중에 계신 원로목사들을 댁으로 직접 방문하여 위로하였다.

또한 통일사회부에서는 사회 선교에 관련하여 다양한 세미나를 실시했다. 2000년 11월 23일 향린교회에서 22명이 참석하여 최인식 교수(한신대학 사회복지)를 강사

---

40 지원한 시국 관련 모임 34곳은 다음과 같다. 국가보안법철폐를 위한 국민행동연대, 민족민주열사 유가족협의회, 박정희기념관 건립반대, 정신대문제대책협의회, 교회 갱신과 바른 선거문화정착을 위한 기장인 모임, 미군여중생 사망사건 대책위원회, 기독교대선연대, 북한 용천참사 어린이, 생명선교연대 금식 기도, 이주노동자 합법화를 위한 농성장문, 미군범죄와 한미주둔군 지위행정협정(SOFA) 현황에 대한 홍보용 영문자료제작비, 여수 '외국인보호소' 화재참사 해결촉구를 위한 농성단, 일본관동지진 때 재일동포학살 진상 규명 및 명예회복을 위한 행사, 목회자 천인 시국선언 신문광고, 기장생명선교연대 미디어법 반대 일인 시위 현장, 목회자 1,000인 시국선언 광고, 한반도 대운하 저지 기독교대책위 기도회, 생명의강 살리기 사순절 릴레이 금식 기도회 등이다.
41 청암교회 내 결식아동을 위한 청암공부방, 목양교회 '내일을 여는 집'의 결식아동 지원 사업, 군포 주몽종합사회복지관, 한국이주여성인권센터, 무의탁재소자 지원, 베다니 집, NCC 재소자 월동 준비 사업, 외국인노동자 긴급구호, 가정폭력 피해를 당한 결혼이주여성 쉼터, 서울외국인노동자센터 병원 환자 위로, 이주여성들에게 운동화 세 박스, 무의탁 재소자 등 지원.
42 태풍 매미 피해자를 위한 특별 헌금(28교회 45,563,340원, 4개 여신도회 2,700,000원, 개인 2,030,000원, 계 50,293,349원)을 해서 큰 피해를 입은 애광원에 보내고 지진 피해가 극심한 파키스탄 이주민 구호를 위해 12교회에서 7,599,000원을 헌금하여 보냈다.

로 사회복지정책협의회를 개최했고, 여신도회서울연합회와 연합하여 2009년 12월
3일 보광동교회에서 "거룩한 죽음에 대하여"(강사: 최준식 이화여대 교수)라는 주제
로 사회 선교 세미나를 실시하였다. 2005년 10월 7일 예가교회당에서 최의팔 목사,
김인태 목사, 이수호 목사를 강사로 "장애우와 교회선교" 세미나를 가졌다.

3) 통일 선교 사업

통일사회부의 2000년대 사업으로는 평화통일정책협의회 개최, 평화통일 자료집
발간 그리고 평화 기행이 있다.

(1) 평화통일정책협의회와 세미나(서울북노회와 공동 주최)

일시	장소	주제와 강사
2000.3.28.	한우리교회	"한국의 통일정책(민화협 김창수 실장), 임홍기 목사
2001.3.19~20.	양평한화콘도	"부시 행정부의 대한반도 정책과 남북 관계의 변화"(홍근수 목사), "'6.15공동선언' 이후의 한반도 환경과 교회의 역할"(박종화 목사)
2002.4.16.	한우리교회	"급변하는 한반도 정세와 교회의 대응"(강정구 박사)
2003.3.10~11.	청평풍림콘도	노정선 목사(연세대학교 교수, 교회협 평통위원장)
2003.12.15. 2004.3.26.	향린교회	"이주노동자 실태와 우리 과제", "제17대 총선과 그리스도인의 책임", "국가보안법 무엇이 문제인가?" — 법률적 측면(김진 변호사), 성서적 측면(나핵집 목사)
2005.3.28.	경동교회	"북핵 문제와 남북 관계 전망"(김연철 박사)
2006.7.3.	북노회사무처	"최근 남북 관계의 변화와 우리의 대응"(김정수 박사)
2007.4.9.	경동교회	"변화하는 남북 정세와 전망"(김상근 목사)
2008.2.19.~4.8. 매주 화요일 (총 8회)	예가교회	"목회패러다임의 전환"(정지석), "평화를 향한 마가복음서 묵상"(조익표), "구약성서와 평화"(이영재), "십자가의 기독교, 십자군의 기독교"(정지석), "평화목회의 역사적 모델 연구"(정지석), "남북한 평화를 향한 교회의 역할"(박종화), "평화목회 실천사례 연구"(조헌정), "평화목회 구상 세미나"(참석 목회자 전원 발표)
2009		총회 평화통일협의회와 대북토론회 참가

(2) 평화통일 자료집 발간

통일사회부는 2005년 평화통일 자료집『한반도 평화와 교회의 역할』을 서울노회

와 서울북노회와 협력하여 1,000권을 출간하여 각 교회에 발송하였다.[43] 이 자료집은
총 5부로 구성되었다.

제1부 성서연구:

1) 교회의 평화 만들기(김창락), 2) 예수와 초대 그리스도인들의 평화 운동(김창락)

제2부 동북아시아의 평화와 교회의 역할:

1) 동북아시아의 평화 모색 — 한미 관계를 중심으로(이철기), 2) 중국의 고구려사
왜곡과 통일 문제(한운석), 3) 동북아시아의 평화를 위한 교회의 역할 — 평화공동
체운동본부를 중심으로(나핵집)

제3부 한반도 통일의 방향과 가능성:

1) 한반도 통일 전망과 대북 정책 방향(김연철), 2) 한국의 비전과 신정부의 정치
개혁(유시민)

제4부 국가보안법, 무엇이 문제인가?:

1) 국가보안법에 대해 그리스도인은 어떻게 대답할 것인가?(나핵집), 2) 국가보안
법 폐지 그리고 그 이후(김진), 3) 국가보안법 폐지 권고 결정문(국가인권위원회)

제5부 자료 모음 — 교회 개혁과 그리스도인의 참여:

1) 한국 사회의 개혁 방향과 총선의 과제(정대회), 2) 현대사 속에서의 제17대 총선
의 의미(손혁재)

(3) 평화통일 기행

평화통일 기행은 해마다 실시되었으며, 통일사회부 주최로 전 노회원을 대상으로
신청을 받아 분단과 전쟁의 참사 현장 등 평화와 관련된 장소를 기행하면서 평화통일
의 의지를 키우는 데 중점을 두었다.

---

43 재정은 총 2,417,650원을 지출하였다. 후원금 불포함으로 평화통일자료집 발간에 있어서 자료 발간
예산(1백만 원)을 초과한 부분에 대해서는 부원 중심으로 모금 협조를 받았다.

일시	장소/주제	참가 인원
2000.10.16~18.	제주4.3 현장	50(서울노회 22, 북노회 9, 제주노회 8, 워싱턴 수도노회 10)
2001.10.15~16.	매향리 미군 쿠니폭격 훈련장 동두천 일대 미군기지 탐방 "미군은 우리에게 어떤 나라인가?"(김용한)	22
2004.5.10~12.	육로로 금강산 기행	34(북노회와 공동)
2005.11.7.	강화도 군사 접경지	45(북노회와 공동)
2006.11.3~16.	일본 오키나와	16(북노회와 공동)

5. 2000년대 정리

한국교회는 새로운 밀레니엄이라는 시대적 전환 앞에서 남과 북의 두 정상이 만나 '6.15남북공동선언'으로 새로운 통일운동 시대로 돌입하였다. 2000년대는 기장교회에게도 '새 역사 50년 희년'을 맞는 의미 있는 때로서 서울노회는 "새천년, 주여 나를 보내소서!"라는 주제로 새로운 밀레니엄을 시작하였다. 1999년 새 밀레니엄 시대의 정보화 사회를 전망하면서 '새천년목회정보화위원회'를 설치하고, 2000년에 노회와 지교회의 행정 전산화 작업에 들어갔고, 2001년 노회의 정보화 사업과 더불어 새천년위원회를 설치하였다. 2002년 제83회 정기회에서 '노회 제반 사업과 재정 운영에 관한 특별연구위원회'의 제안으로 '노회 사업 평가위원회'가 신설되었고 제1회 '서울노회 정책협의회'를 통해 건강한 서울노회 발전을 위한 방안을 모색하고 '서울노회 제100회노회준비위원회'를 설치하였다.

2000년대 들어 서울노회는 교회와 사회문제, 인권과 자유 수호 문제, 민족의 염원인 평화통일 문제 등에 관한 문제뿐만 아니라 버마 민주화운동에도 관심하여 총회에도 이와 같은 제3세계 민주화에 관련된 제도적 장치를 마련하도록 헌의하였다. 서울노회는 유럽과 아프리카 중심이던 해외 선교의 연대와 교류 방향을 미얀마와 일본 등 아시아 지역으로 넓혀갔다.

새천년에 들어와서 서울노회 각 부서는 부서마다 정책협의회를 열고 새로운 모습으로 활기차게 활동을 시작하였고, 노회 조직들이 재편성되었다. '교역지도위원회'와 '교역자생활보장제위원회'가 다시 설치되었으며, '교역자안식년제운영위원회'가 신설되었다. 또한 2004년 8월 9일에 노회 사무처를 예가교회 2층으로 이전하여 노회 활동을 안정적으로 전개하기 시작하였다.

이런 노력에도 불구하고 몇 가지 어려운 상황이 시작되었다. 2000년대 들어 초반부터 목사후보생 장학 기금의 원금 손실 문제가 드러나기 시작했으며 원입교인이 감소하기 시작하였다. 무엇보다도 심각한 문제는 지교회 청년회 자체의 기능 상실로 2001년에 청년회서울연합회가 그동안 실시해 온 사업을 평가하면서 더 이상 회생할 수 없다는 아픈 고별인사를 하였다. 서울노회에서 청년회가 좌초되었다는 것은 청년회만의 문제가 아니라 서울노회의 전망이 어두워짐을 의미한다. 서울노회 전체가 나서서 대책을 모색해야 하는 문제다. 새천년 초반에 청년들이 던진 화두를 보면서 새로운 시대적 변화에 서울노회가 어떻게 대응해서 이런 어려움을 헤쳐 나갈 것인가, 고난의 때에 어둠 속에 빛을 보이도록 할 것인가라는 과제가 남겨졌다.

제 6 장

예수 그리스도의 빛 안에서
새로워지는 노회

2010년대는 국가적으로나 사회적으로 큰 사건들이 발생한 시대였다. 2013년은 정전협정이 체결된 지 60년이 되는 해였으며, 사회적으로 용산참사, 4대강 개발, 제주 해군기지 건설, 세월호 참사, 사드 배치, 2015 일본군 '위안부' 문제 한일 합의, 남북 관계 동결, 남북정상회담, 강남역 살인사건, 미투와 위드 유(Me to, with You) 운동 등 다양한 사회문제가 발생하였다.

교회사적으로는 2013년 세계교회협의회 제10차 총회가 부산 벡스코에서 "생명의 하나님, 정의와 평화로 이끄소서!"라는 주제로 열렸다. 부산 대회를 맞아 기독 단체들은 "정의, 평화, 창조의 보전"이라는 이름의 세계교회협의회 총회 마당 프로그램을 가동하고 그동안 한국의 기독교 단체들이 벌여 온 '정의, 평화, 창조의 보전' 운동과 한반도의 평화와 통일을 위한 노력을 세계교회에 소개하면서 공동 과제를 모색하였다. 서울노회도 부산 대회에 대표단을 구성해서 동참하였다.

WCC 제10차 대회에 "주변부로부터의 선교"라는 매우 새로운 패러다임의 선교 용어가 등장했는데 한국에서는 별로 주목을 받지 못하였고, 세월호, 강정 해군기지 건설, 원전 참사 등을 통해 죽어가는 생명의 현장을 보면서 부산 대회를 기점으로 '정의, 평화, 창조의 보전' 대신 '정의, 평화, 생명'이라는 용어를 사용하기 시작하였다.

기장교회사적으로는 한국기독교장로회 2013년은 새 역사 60주년이 되는 해였다. 총회는 새 역사 60주년 기념 예배와 새 역사 60주년 선언서를 발표하였고, 2015년 제100회 총회에서 '3천교회를 향한 비전 2015 운동본부'를 발족하였다. 2016년 대한 예수교장로회(통합)가 101회 총회에서 김재준 목사에 대한 제명 결의를 철회하고 예장통합 교단의 총회장과 임원들이 기장총회본부를 방문하여 김재준 목사에 대한 38총회 제명 사건을 공식 사과하고 제명 철회를 결의한 예장총회의 입장을 공식으로 통지하였다. 예장통합 이성희 총회장이 기장총회장 권오륜 목사와 부총회장 윤세관 목사, 장공기념사업회 이사장 김경재 목사 앞에서 직접 읽은 해당 결의 내용이 담긴 공문은 다음과 같다.

"본 교단(예장통합) 제38회 총회(1953.4.24~28., 대구 서문교회당)의 고 김재준 박사 제명 결의는 권징 없이 책벌할 수 없다는 헌법을 위반하고 총회가 제명 결의를 한 것이기에 제101회 총회(2016.9.26~29.,안산제일교회당)에서 고 김재준 박사에 대해 제명 결의한 제38회 총회의 결의를 철회하기로 결의했다. 앞으로도 양 교단이 한국교회의 연합과 일치를 위한 연대 활동에 함께 힘을 모아 협력할 수 있기를 바란다."

한편 2017년은 종교개혁 500주년이 되는 해였다. 교단총회 101회 총회 참석자 일동의 이름으로 "종교개혁 500주년, 내 교회를 세우리니!"라는 총회 선언서를 발표하였다. 이 선언서에서는 "믿음의 반석 위에 세워진 교회임에도 우리의 교회답지 못함을 회개합니다"라는 죄책 고백과 더불어 "우리 자신을 바로 세워 주님의 교회로서 주님의 교회를 교회답게 하기 위하여, 이 땅에 '하나님 나라'를 실현하기 위해 모험과 저항을 지속해 나갈 것"을 선언하였다. 이와 더불어 한국기독교장로회 성윤리 규범을 제정하였다. 서울노회 통일사회부는 총회의 결의에 따라서 2016년 제111회 정기회에서 목회자 윤리강령을 위한 성명서를 작성하고 게시하였다.[1] 그리고 102회 총회(종

---

1 한국기독교장로회 성윤리 규범: "우리 주 예수 그리스도 안에서 누리는 영원한 생명(롬 6:23)이 가득한 교회는 성평등을 실현하는 가운데 '그리스도께서 우리를 해방시켜 주셔서, 자유하게 한다'(갈 5:1). 그러므로 기장에 속한 우리 모두는 성평등한 교회를 만들기 위해 성 윤리 강령을 실천하기로 다짐한다. 이 성윤리 강령은 한국기독교장로회 소속 목회자와 신도 기관 및 유관 기관의 모든 임원, 직원, 자원봉사자에게 적용된다.
종교개혁 500주년을 맞아 기장이 성평등한 공동체로 거듭나기를 바라며 다음과 같이 다짐한다.
1. 모든 사람은 성적인 존재로 창조된 하나님의 형상이므로 차이와 다름을 서로 존중한다.
2. 하나님 앞에서 모든 존재가 동등한 가치를 지니고 있으며 풍요한 삶을 누릴 자격이 있으므로 권위와 물리적인 힘을 이용하여 심리적, 신체적 경계를 넘어서는 성적 침해 행위를 하지 않는다
3. 내 이웃은 내 몸과 같이 사랑하고 섬겨야 하는 존재이므로 굴욕감과 수치감을 주는 성적 대상화와 외모에 대한 평가를 하지 않는다.

교개혁 500주년의 해) 선언서에서 기장의 실천 방향을 다섯 가지로 정하였다.[2]

1. 2010년대 서울노회의 현황과 조직 발전

서울노회는 2010년에 100회 노회를 맞았다. 100회 노회를 맞아 노회를 재정비하고 앞으로 나가야 할 방향과 발전을 모색하였다.

1) 서울노회 100회 노회를 새로운 발전의 전기로 삼다

서울노회는 100회 노회가 열리는 해인 2010년 1월 19일 경동교회에서 정책협의회를 실시하였다. 이날 협의회는 김태환 목사 인도, 박무용 장로 기도에 이어 "서울노회, 돌아보며 내다보며"라는 주제로 박종화 목사가 기조 발제를 하였고, 분과별 토의에 대한 보고 후 노회장 김성일 목사의 진행으로 분과 종합 토의를 하였다. 종합 토의에서는 '노회의 날' 재정비와 선교 사업의 구체화, 시찰회를 통한 강단 교류, 북노회와의 통합 연구, 100회 노회 전야제 실시 등의 사안이 다루어졌다. 정책협의회를 마감하면서 2005년에 구성되었던 '100회노회준비위원회'를 가동키로 하였다.[3]

---

4. 신뢰와 젠더 감수성을 기반으로 돌봄을 행하도록 요청받는 직에 있는 우리는 개인의 쾌락을 위해 위계질서와 고용관계를 이용하여 성을 착취하지 않는다.

5. 성희롱, 성폭행, 성추행, 성차별을 당한 피해자의 아픔에 귀 기울이며 비밀보장, 치료와 돌봄, 법적 대응과 같은 적극적인 지원을 한다.

6 어린이 청소년 등 미성년자나 신체, 심신 지적 장애인 등 사회적 약자에 대한 학대와 성폭력은 더욱 엄중히 다루어야 한다.

7. 성폭력 가해자의 행위는 기장의 신앙고백과 헌법을 위반하는 것이므로 성평등 실현에 대한 확고한 기준과 의지를 바탕으로 실시하고 그에 따른 징계 과정을 철저히 이행한다.

8. 성폭력 예방과 권징을 위한 특별법을 제정하고 성폭력 예방 교육을 기장 내 각 단위마다 연 1회 이상 실시할 것을 의무화하며 건강한 성 담론 형성을 위해 인간과 성에 대한 교육 교재를 만들어 배포한다."

2 "1. 교회의 건전한 성장과 사회적 책임을 위해 기도합니다. 2. 한반도의 평화, 생명, 정의를 위해 기도합니다. 3. 한신대학교의 정상화를 위해 기도합니다. 4. 소외된 자들과 차별받는 소수자들의 인권 회복을 위해 기도합니다. 5. 양성평등과 성윤리 의식을 높여 세상의 본이 되는 교회를 세우기 위해 기도합니다."

100회노회준비위원회는 100회 노회를 위한 행사를 준비하는 것이 아니라 100회 노회를 기점으로 노회가 보다 나은 방향으로 발전할 수 있는 제도적 기틀을 마련하는 데 집중하기로 하였다. 위원들은 노회 기구 개편, 목사후보생 교육, 목회자 계속 교육, 100회노회기념교회 개척안을 과제로 정하여 연구하였으며, 네 차례에 걸쳐 발표하고 토론하였다. 논의를 바탕으로 100회노회기념교회를 세우는 방안을 추가하여 노회원들의 의견을 수렴할 수 있게 2010년 10월 5일 보광동교회에서 공청회를 개최하였다.

공청회를 마치고 100회노회준비위원회는 서울노회 100회기념교회 개척의 건을 노회에 헌의하였으며, 노회에서 결의해서 '설립추진준비위원회'를 노회장, 목사부노회장, 장로부노회장, 선교부장, 총무 외에 목사 1인, 장로 5인으로 구성하였다.[4] 이후 100회노회기념교회 설립보다는 노회의 구심점이 될 수 있는 다용도 선교 센터를 추진하는 것이 좋겠다는 의견에 따라 100회 노회에서 '노회선교센터' 설립으로 바뀌었다.[5]

2) 노회의 기구와 제도 변화

(1) 서울노회의 날 제정과 강단 교류

서울노회는 노회정책협의회의 제안에 따라 '서울노회의 날'을 지키기로 하고 제1회 서울노회의 날을 2010년 4월 18일 경동교회에서 실시하였고,[6] 제2회 서울노회

---

3 서울노회 100회노회준비위원회 위원으로 배태덕, 강석찬, 김태환, 조헌정, 양미강, 배안용, 김형균, 민경자 9인이 공천되었다.

4 1차 설립추진준비위원회 위원 15인은 위원장: 오동근, 부위원장: 정진우, 송영자, 서기: 박승렬, 부서기: 김태웅, 위원: 조헌정, 정진웅, 김가은, 박승렬, 인영남(당연직), 박종화, 김광집, 강석찬, 김성일, 김종희, 오동근, 정재형으로 구성되었다.

5 선교센터의 당위성: ① 선교센터가 노회의 구심점이 되어 지경을 넓혀 하나님 나라 확장에 이바지하도록 한다. ② 노회 산하 모든 기관(남·여신도회)이 연대해서 활발한 활동을 할 수 있는 장을 마련한다. ③ 특수 선교(개척교회 장소 제공, 다문화 교회 등) 활동의 장을 마련할 수 있다. ④ 교회학교 및 청년들의 연합 활동의 장을 마련한다. 2011년 「101회 정기회 회의록」, 88.

6 서울노회의 날은 "하나님의 기쁨을 함께 나누는 삶"이라는 주제로 예배 인도(김성일 노회장), 기도(정진우 선교부장), 성경 봉독(김가은 부회계), 로마서 8장 27-30절에 의거한 "의롭고 영화롭게 살자"(박종화

날은 서울노회 100회 기념의 날과 겸하여 2011년 4월 25일 오후 6시에 향린교회에서 거행되었다.7 한편 서울노회는 제83회 정기회에서 결의한 대로 10월 둘째 주일을 서울노회의 날로 정하고 서울노회 산하 모든 교회가 목회자 강단 교류를 하기로 하였지만, 2003년에 44교회 중 7교회가 실시하지 못했으며, 2교회는 초청교회 사정으로 갑자기 중단되었고, 9교회에서 예정되었던 설교자가 교체되었다. 2004년에는 시찰위원회에서 시찰 관내 지교회들끼리 강단 교류를 하기로 해 중구시찰위원회, 서은시찰위원회, 용산시찰위원회는 계획대로 진행하였으나 종로시찰위원회와 마포시찰위원회는 강단 교류를 하지 않기로 결정해 사실상 강단 교류가 제대로 이행되지 못했다.

(2) '목사은퇴준비 및 예우연구위원회' 설치와 증경 장로부노회장 언권 회원 제도 신설

2016년 110회 노회에서 '목사은퇴준비 및 예우연구위원회' 설치가 헌의되어 특별위원회로 설치되었다. 이후 위원회 명칭을 '목사은퇴 및 예우연구위원회'로 변경하고 예우 연구를 하였으나 2019년 이후 더 이상 존속되지 못하였다. 위원회는 존속되지 못하였지만 은퇴목사 예우에 관한 사업은 계속 진행되었으며, 기관목사도 은퇴 찬하의 시간을 갖기로 하고 11월 4일에 거행하는 목사 임직식에서 권호경, 이영일 목사의 은퇴 찬하 시간을 가졌다.

한편 2011년 100회 노회에서 증경 장로부노회장을 언권 회원으로 초청하는 제도

목사)라는 제목의 말씀, 경동교회 2부 성가대의 특별 찬양과 여성 3중창, 합창이 있었다. 김성일 노회장의 축도에 이어 친교와 사귐의 시간이 진행되었다.

7 행사는 찬송가 620장을 함께 부름으로 여는 마당을 시작하였고, 김태환 목사의 인사말과 참가자 소개, 친교와 나눔 마당 그리고 축하 마당으로 야마모도 유지 목사(일본동경교구 북지구장), 다케하나 카즈나리 목사(일본 오키나와 교구장), 크리스토프 예쉬케 목사(재독 한국어권 교회)의 축사, 서울노회 소속 선교 동역자인 김형기 목사(캄보디아), 김현숙 목사(필리핀), 김진 목사(인도), 이진숙 목사(중국), 정광은 목사(독일)의 선교 보고, 향린교회 국악선교팀 예향과 향린성가대의 새 하늘 새 땅과 함께하는 축하 마당이 있었다.

가 허락되어 노회 세칙 제2장 7조 2항을 개정하였다.

(3) 교회 설립 기준 개정

2017년 113회 노회에서 본래 세례교인 15인 이상으로 되어 있는 서울노회의 설립 기준을 총회 헌법에 따라 "정치 제11조 지교회 2항 1) 공동으로 모이는 전용 예배처와 세례교인(입교인) 10명 이상과 전담 교역자가 있어 지교회를 설립코자 하면 노회에 청원하여 허락을 받아 설립한다"로 개정하였다.

(4) 노회에서 성폭력 예방 교육 의무화와 여성 총대 비율 명시에 관한 노회 규칙 개정

2018년 103회 총회에서 "성폭력 예방 교육 의무화"(매해 1회 이상 학부, 신대원, 인턴 교육, 각 노회와 교회에서 실시키로)가 통과되었다. "성폭력 예방을 위한 의무교육 헌의안"이 2018년 제115회 정기회에서 통과됨으로써 노회에서 성폭력 예방 교육은 1년에 한 번 이상 실시해야 하는 의무 사항이 되었다. "총회 총대로 선정된 여성 장로와 여성 목사는 각 20% 이상이 되도록" 한다는 세칙 4조 6항 조항은 2019년에 신설되었다.

이 외에도 2020년 118회 정기회에서 한신대학원 법인이사회에 노회 파송이사를 선출할 때 "한신학원 이사가 되고자 하는 사람은 이사회비를 자비로 부담하며, 후보자원서와 해 당회의 추천서와 노회원 5인 이상의 추천서를 제출하여야 하고, 본회에서 선출한다. 단 후보자가 없을 경우 후보자가 있을 때까지 공석으로 한다"로 한신학원 이사 선출 자격을 세칙 4조에 삽입하였다. 또한 생활보장제 수혜를 2014년부터 차등 적용해 3년까지는 100%, 4~5년까지는 90%, 6년 이상은 80%만 지급하기로 하였고, 생활보장제 헌금이나 당회록 검사를 받지 않을 경우 회원권이 유보되거나 교회의 청원 서류가 접수되지 않도록 제한하였다.

3) 통계를 통해 본 노회의 10년 사이 변화 추이

(1) 교회 상황 통계

① 2010년
- 45교회(조직 32, 미조직 8, 개척 5)
- 목사 173명(원로 29, 시무 99, 무임 45[정직 1명 포함])

② 2019년
- 45교회(조직 31, 미조직 9, 개척 5)
- 목사 190명(원로 47, 은퇴 2, 시무 91, 무임 50)

연도 구분	2010년 (2010년 1월 교회 상황 보고)			2020년 (2020년 1월 교회 상황 보고)			증감
	남	여	계	남	여	계	
목사	146	27	173	161	29	190	17
준목	7	12	19	0	11	11	-8
장로	111	20	131	105	24	129	-2
전도사	16	10	26	9	14	23	-3
목사후보생	49	33	82	41	25	66	-16
세례교인	3,097	34,236	7,360	2,671	3,526	6,197	-1,163
원입교인	1,517	1,464	2,981	927	1,041	1,968	-1,013
결산 총액	9,795,465,045			9,884,593,381			+89,128,336

(2) 변화 추이

위 표를 보면 10년 사이에 교역자 수가 17명이 증가(여목사 2명)하였고, 남준목은 0이고 여준목만 있는 것으로 미루어 남준목은 다 목사가 된 것으로 추측할 수 있다. 전도사의 경우도 전체적으로 3명이 줄었으나 여전도사는 오히려 4명이 증가한 것으로 미루어 여성 목회자가 준목이 되거나 안수받기 어려운 현실을 말해준다. 장로의 수는 2명이 줄어든 것에 비해 여장로의 수는 4명 증가해 여장로에 대한 의식이 높아진 것으로 볼 수 있다. 안타까운 현실은 목사후보생의 수가 16명 줄었으며, 남성 목후보생보다 여성 목후보생의 수가 월등히 감소하였다. 신학생이 줄어들고 있는 것은 한국교회 전반적인 추세이긴 하나 여성 목후보생의 수가 이렇게 준다는 것은 목사수련생이 되기 위한 목회 현장을 찾기가 어려운 현실을 반영하는 것은 아닌지 서울노회가 고민해야 할 지점이다.

2. 기장교회의 발전을 위한 서울노회의 총회 헌의 활동

2010년대 서울노회가 총회의 발전을 위해 한 헌의는 총 4안으로 총회 유지재단 유지관리 시행세칙 제5조 2항에 "총회 총회장, 부총회장에 등록하는 목사 장로는 소속교회의 재산이 총회 유지재단 또는 노회 유지재단에 등록되어야 한다"는 규정이 "총회원의 기본적인 선거권과 피선거권을 제한하기에 폐지해야 한다"는 헌의안과 '목사후보생 자격에 대한 총회 헌법 제40조' 개정 청원을 하였으나 기각되었다.[8] 총회의 목회신학대학원 폐지 헌의, 레마성서연구원 이단성 조사위원회 구성 헌의 그리고 임보라 목사를 이단으로 지정한 타 교단 결정에 항의 표명 헌의가 있다.

1) 총회 목회신학대학원 폐지 헌의안

서울노회가 총회의 발전을 위해 2010년대 들어서 제일 처음 한 것은 2012년 102회 정기회에서 "총회 목회신학대학원 폐지 헌의안"을 총회에 상정한 것이다. 이 헌의안은 서울노회뿐만 아니라 다른 8개 노회가 함께 폐지 헌의안을 내어, 결국 총회 목회신

---

8 노회의 헌의안은 신학교 지원율이 감소하는 현실에서 목사후보생 선발 과정의 엄격성과 지속적인 관리가 절실하므로 신학교 2학년 때부터 지도 관리를 받게 하고 노회 고시부의 심의를 통하여 노회가 주체적으로 선발할 수 있도록 하자는 제안이었다.

학대학원이 폐지되었다.

2) 레마성서연구원 이단성 조사위원회 구성

2013년 104회기에 서울노회 임원회가 '레마성서연구원 이단성 조사위원회'를 구성할 것을 노회에 헌의하였다. 헌의에 의하면 '레마성서연구'는 한국교회가 이단으로 규정한 단체로서 산하에 예일교회와 예일신학대학원대학교를 두고 있다. 문제가 된 지점은 "예일교회가 기장 '경기 남노회'에 2012년 4월 19일에 가입되었고, 예일교회의 담임목사가 총회 고시위원회의 허락을 받아 2012년 2학기부터 총회 위탁교육 과정 중에 있는 상황이었다. 예일신학대학원대학교는 한신대학교와 학술교류협력 협약을 2012년 1월 19일 체결하였는데, 이 협약을 통하여 예일신학대학원대학교의 학생들이 기장총회에서 목사 안수를 받는 데 협력할 것을 약속했다고 알려졌다. 그후 예일교회는 예일신학교 학생들을 경기 지역 기장교회에 '파송 사역자'로 파송하였으며, 이를 주보에 적극 알리고 있다"[9]는 상황이었다.

이에 서울노회는 임원회의 헌의안을 받아들여 총회에 "레마성서연구원 이단성 조사위원회 구성"을 총회에 헌의하였고, 총회에서 서울노회에서 헌의한 안건을 목회와 신학연구소에 연구하도록 위임하고 '목회와 신학연구소' 조사에 서울노회 2명과 타 노회 1명을 포함하도록 하였다. 서울노회에서는 총회와는 별도로 "레마성서연구원 이단성 조사위원회 구성 헌의의 건"을 완성하기 위한 소위원회(강원구 목사, 박승렬 목사, 김종희 목사, 이승구 목사)를 구성하였다. 소위원회가 조사하는 과정에서 레마선교회 측으로부터 박해를 받기도 하였다.

---

9 평택 지역 3교회, 안성 지역 2교회, 수지 지역 1교회 등. "예일교회 2013년 2월 24일 주보."

3) 원심의 기소는 최종심까지 그 효력을 유지하도록 헌법 권징 14조 1항 개정 헌의

헌법 권징조례 재판의 심급과 관할에 "재판은 각급 치리회에서 주관하되 3심제로 한다"라고 규정하고 있다. 이는 재판의 관할권과 절차에 대한 사항으로 당회, 노회, 총회가 각각 재판국을 설치하여 각각의 치리회에서 기소와 재판을 결정하는 제도다. 그런데 현행 우리 교단 권징 제도에 하급심(당회, 노회)의 판결에 불복하여 상소한 사건에 대하여 다시 기소 여부를 논의하는 현행 기소 결정 제도는 충분히 정당하게 재판받도록 권리를 인정하는 3심제도를 침해하는 제도로서 하급심에서 결정된 기소의 건은 그 효력이 최종심까지 유지되도록 인정해야 한다. 하급심에서 기소하고 판결한 사건에 대하여 다시 기소 여부를 결정하는 것은 하급심의 판결을 무시하는 것이며 불필요한 절차다. 따라서 헌법 권징 14조 1항을 "1. 고소 또는 고발이 접수된 때에는 치리회는 그 기소 여부를 결정하여야 한다. 원심의 기소는 최종심까지 그 효력을 유지한다"라고 개정할 것을 헌의하였다. 이 헌의에 대해 총회는 만장일치로 가결하였다.

4) 임보라 목사를 이단으로 지정한 타 교단 결정에 항의 표명 헌의

2017년 7월 26일 한국교회 교단장 회의에서 기장의 임보라 목사가 "동성혼 결혼에 축복하고 옹호했다"는 이유로 '이단성'이 있다고 규정하였는데, 이 자리에 기장총회장이 서명한 사실이 보도되었다. 이에 '생명선교연대'를 비롯한 단체들이 경위 설명과 함께 총회장의 사과를 요구하였다. 총회장은 8월 8일 열린 총회 실행위원회에서 성명에 참여하게 된 경위를 밝히면서 "성소수자를 위해 헌신하며, 모욕당하고 손가락질당하는 이들을 위해 목회를 하는 분들을 존경한다. 우리 교단은 다양성 있는 목회를 허용하고 개인 신앙 양심에 따라 목회하는 것"이라고 임보라 목사에 대한 입장을 표명하면서, 서명하게 된 이유에 대해서는 "우리 총회가 동성애, 동성혼 반대결의를 하지 않았고, 기장총회 결의가 아직 동성애 동성혼 합법화까지 나간 것은 아니기에

서명에 참여한 것이지 임 목사와 성소수자를 위해(危害)하기 위해 한 것이 아니다"라고 답변하였다.

임보라 목사에 대한 이단 규정 사태에 대해 교단 총무와 총회 교회와사회위원회는 8월 8일 "성적 소수자를 감싸는 목회 활동이 이단 심판의 대상이 될 수 없습니다"라는 제목으로 예장을 비롯한 8개 교단의 결론에 항의하는 성명서를 발표한 바 있다.[10] 그럼에도 불구하고 9월 11일 예장백석대신 총회가 본 교단 소속 섬돌향린교회 임보라 목사를 이단으로 지정하는 결정을 하고, 9월 12일 예장통합 총회에서는 임보라 목사에게 "이단성이 있다"는 이단사이비대책위원회 보고를 채택하였다. 이에 대해 총회와 교회와사회위원회, 양성평등위원회는 "임보라 목사에 대한 이단몰이 광풍을 멈추어라"라는 제목의 성명서를 공동으로 발표하고 임보라 목사를 마녀사냥으로 몰고 가지 말 것을 촉구하였다.

이런 상황에서 열린 교단 103회 총회에서 서울노회 통일사회부장 최대욱 목사 외 99명이 "본 교단 소속 임보라 목사를 이단으로 지정한 타 교단총회의 결정에 대해 한국기독교장로회 103회 총회의 이름으로 두 교단을 향해서, 공교회의 질서를 어지럽힌 섣부른 이단 정죄 결정을 취소할 것과 임보라 목사에게 사과할 것을 요구하는 성명을 발표할 것"을 헌의하였다.[11] 이 헌의에 대해 103회 총회 참가자 일동은 9월 20일 "임보라 목사에 대한 이단 정죄를 즉각 취소하라. 예장통합과 백석 대신 교단의 무례함을 규탄한다!"라는 성명서를 내었다. 그럼에도 불구하고 예장 통합총회는 이단 사이비대책위원회가 낸 "임보라 목사가 이단성이 있다"는 연구 보고서를 그대로 채택하였다. 이 사건에 대해 2018년 교회협 67회 총회에서 교회협 가맹 교단 목회자에 대한 이단성 규정에 항의하는 질의(기장 회원인 인영남 목사)를 하자 예장통합 총무가 "잘못되었다. 이에 대한 시정을 위해 노력하겠다"라고 대답해 일단락되었다.

---

10 2018년 「103회 총회보고서」, 322-323.

11 한국의 장로교회는 타인의 신앙을 정죄하는 악습으로 인해 숫자를 헤아릴 수도 없을 만큼 갈라진 교단 분열을 이미 경험했으며, 사회적으로는 그 배타적인 모습으로 인해 불통과 환멸의 대상이 되어 선교 자체가 거의 불가능한 지경이 되었다. 예장(백석대신)과 예장(통합) 총회는 이런 불행하고 어리석은 전철을 밟고 있다.

3. 서울노회 2010년대 상비부 사업과 제도 변화

1) 선교부의 비전 2015 운동과 서울노회 선교 활동

2010년대는 총회가 선포한 '비전 2015 운동'이 결산되는 해다. 비전 2015 운동은 교단 제91회 총회에서 결의하여 시작된 운동으로 교단 100회 총회가 되는 해인 2015년까지 105개 교회를 개척하기로 해 '3천 교회를 위한 비전 2015 운동'으로 명명되었다. 총회가 '비전 2015'를 선포한 것은 예수 그리스도의 몸을 바로 세워 가기 위한 교회 개척과 교회 성장·성숙의 사명을 감당하고자 추진한 것이다. 총회는 비전 2015를 선포하면서 개척과 부흥을 위한 노력이 자칫 교세 확장이라는 유혹에 빠질 수도 있으나, 우리가 기장이라는 정체성을 잃지 않는다면 반드시 사회와 역시 속에서 그리스도의 소금과 빛으로의 사명을 감당할 수 있다고 확신하였다. 비전 2015 선언 후 2011년까지 전 교단적으로 28개 교회가 개척되었으며, 서울노회에서는 2010년 생명나눔교회가 개척되었다.

(1) 개척선교분과

개척선교분과에서 관리하는 교회는 낙산교회, 양지교회, 이웃교회, 작은샘교회, 빛소리교회, 생명나눔교회 등 6개 교회였다. 2016년 여민교회와 홍대청년교회가 개척하였으나 작은샘교회가 폐쇄되었으며, 2012년 이웃교회와 신촌교회가 합침으로 이웃교회가 개척교회 명단에서 삭제되었다. 2019년에는 빛소리교회 이철 목사가 동노회로 이명해 2019년 서울노회의 개척교회는 낙산교회, 생명나눔교회, 홍대청년교회 등 3개 교회만 남았다가 인터내셔널선교교회와 서울디아스포라교회가 개척되어 총 5개 교회가 되었다.

2010년대 서울노회 개척 선교사에서 특이한 사항은 2013년의 섬돌향린교회 개척이다. 섬돌향린교회는 개척교회이긴 하나 향린교회에서 창립 60주년을 맞아 분가한 교회로서 통상적인 개척교회와는 성격이 다르고 창립된 지 한 회기 후 바로 설립 예배를 드렸다.

선교부 개척선교분과에서는 2010년대에도 개척교회들에 생활보장제 혜택을 받게 하고 연금의 일부를 부담함으로써 개척교회 목회자를 지원하였다. 선교부에서 개척교회 선교비(매월 20만 원)를 지원하는 교회는 5개 교회(서울디아스포라교회, 생명나눔교회, 인터내셔널선교교회, 홍대청년교회, 모두의교회 펩)이며, 개척교회 목회자 연금(교회 분담금: 매월 1인당 224,000원)을 지원하는 목회자는 6명이다.

(2) 국내선교분과 활동

노회 선교부는 2017년 113회기 종교개혁 500주년을 맞아 노회 결의에 따라서 선교 기금 연장 청원을 반려하고 목양교회, 산돌교회, 신촌교회, 홍은동교회, 서울교회 선교 기금 대여 전액을 탕감키로 하였다. 2010년대 들어 국내선교분과 사업으로 이주민 선교를 위해 서울외국인노동자선교센터에 월 40만 원, 병원 선교를 위해 서울대학교병원교회와 명지병원에 연 1백만 원을 선교비로 지원하고 있으며,[12] 2019년 서울대병원교회 종탑 십자가 수리비로 500만 원을 후원했다.

2015년 현재 병원 교회의 의료 선교 사역을 위하여 도움을 주는 서울노회 소속 교회는 12곳이며,[13] 역시 서울노회 지교회의 후원이 많은 힘이 되었다.[14] 서울대학교

---

12 2012년에는 총회 2015본부가 주관하여 강남교회, 새밭교회, 홍성제일교회, 동수원교회, 예닮교회, 안산광명교회가 뜻을 모아 2011년 8월부터 병원 사역을 함께 할 수 있도록 장영래 목사를 선교목사(원목)로 파송해서 서울대학교병원교회는 기장 목사 2명과 감리교 목사 1명이 원목으로 일하게 되었다. 총회 2015의 지원은 1년 반 정도 계속되었고, 그 후는 여타 후원금으로 이를 보충하였다. 그리고 목사후보생 수련 과정에 있는 오유진 전도사가 어린이부를 담당·교육하였으며 인턴십 과정으로 지도하였다.

13 경동교회, 경복교회, 경서교회, 보광동교회, 삼일교회, 서울제일교회, 초동교회, 초원교회, 한일교회, 혜림교회, 향린교회, 서울노회 선교부.

14 매주 토요일 모든 병동에 주보를 돌리며 전도하는 봉사자로 초동교회 오명희 장로, 김기련 권사, 김성혜 권사, 임정순 권사가 수고하였다. 또한 짝수 달 둘째 주 저녁 예배 때는 초원교회 청년들이 찬양으로 봉사하고, 한일교회와 경복교회는 기독봉사회 예배 시 설교와 점심을 제공하고 있다.

병원교회는 2012년 2월 정관을 바꾸어 원목을 파송하는 교단과 교회가 사례비 전부를 담당하는 것을 원칙으로 하도록 수정되어 교단총회와 서울노회의 지원이 더욱 절실해졌다.

　서울노회에서의 이주민 선교는 노회 인증 선교 기관인 서울외국인노동자센터가 이주노동자의 인권 보호를 위한 제도 개선을 위해 많은 활약을 했고, 서울노회가 총회에 청원하여 받은 이주여성쉼터 기금(2,000만 원)[15]으로 '이주여성노동자의집'을 마련할 수 있었다. 이러한 선교 활동의 결실은 서울노회 많은 교회가 이주민 선교를 위해 물심양면으로 협력해서 이루어진 성과다.

　한편 국내 선교부는 개척교회와 미자립교회를 대상[16]으로 '작은 교회모임'을 2018년 10월 25일 낙선제에서 하였으며 이후 계속되고 있다.

(3) 해외 선교 ─ 그리스도의 사랑으로 동아시아 선교의 장을 열다

　2010년대 들어 서울노회 해외 선교의 특징은 그동안 해 오던 미국 장로교 워싱턴노회 그리고 아프리카 노회와의 교류와 협력을 총회로 이관하고 노회 정책협의회의 제안에 따라 동아시아 쪽에서 새로운 선교 협력 관계를 모색하였다는 것이다. 2010년 들어 캄보디아와 필리핀 교회와의 선교 협력이 보다 활발하게 이루어졌다.

캄보디아 에큐메니칼교회 선교 지원
　노회장 김성일 목사가 노회를 대표하여 2010년 2월 28일부터 3월 6일까지 캄보디아 에큐메니칼교회와 한국교육문화원 그리고 서울노회 선교부 지원으로 이루어진

---

15 청암교회 전도목사인 한국염 목사가 노회에 청원하여 받은 총회 지원금으로 쉼터 '이주여성노동자의집'을 세웠으며, 이 쉼터를 기반으로 '한국이주여성인권센터'를 설립하여 결혼이주여성의 인권 보호를 위한 다양한 법과 제도를 만들었다.
16 참석 대상은 빛소리교회(이철 목사), 생명나눔교회(진동욱 목사), 독립문교회(김성희 목사), 목양교회(이청산 목사), 홍은동교회(박성주 목사), 홍대청년교회(이정재 목사), 낙산교회(한강희 목사), 여민교회(이수호 목사), 산돌교회(이창우 목사), 청암교회(김지원 목사)이다.

캄보디아 '100호 우물 기증 기념식'에 참석하였다. '캄보디아 우물 파기'는 2006년부터 웅진코웨이와 교회, 기관, 개인들의 후원으로 에큐메니칼교회(담임목사 김형기)가 진행하는 선교 프로그램 중의 하나로서 100번째 우물을 서울노회의 이름으로 파게 되었다. 김형기 목사는 국제 NGO로 2008년 캄보디아 외무부, 2009년에 캄보디아 사회부와 정식 협정을 체결한 캄보디아 네이버후드(Neighborhood)라는 이름으로 선교 사업을 하고 있다. 네이버후드의 주 사업은 캄보디아 에큐메니칼교회에서 드리는 예배와 어린이교회학교, 교회당 건립, 캄보디아 교회 목회자 후원과 교육, 캄보디아 교회에 성경 후원, 우물 파기 사업, 그룹홈, 거리의 아이들을 위한 선교 활동 등이다. 또한 한국으로 일하러 가는 캄보디아 노동자를 위해 한국어와 한국 문화를 교육하고, '미래로 방과후 교실'을 운영하는 한국교육문화원도 운영하고 있다. 서울노회 총무였던 김형기 목사의 선교 사업을 위해 서울노회 지교회와 교인들이 선교 후원을 하고 있다.

필리핀연합교회(UCCP/The Church of Christ in the Philippines) 팔라완노회(Conference)와의 선교 협약

2015년 7월 13~17일 필리핀에서 서울노회 선교부장 이금만 목사와 해외선교분과장 박찬일 목사가 참석하여 필리핀연합교회 팔라완노회와의 선교 협약식을 조인하였다. 팔라완노회는 교단총회가 2002년 선교 협력 관계를 수립한 필리핀연합교회의 팔라완주에 48교회로 구성된 노회다. 서울노회는 지교회 청소년 단기 선교팀 방문, 청소년 영어 캠프, 목회자 안식년 프로그램, 팔라완노회 목회자 지원 사업 등을 통하여 교류 협력 사업을 진행하고 있다.

(4) 한일선교협의회 교류 자료집 발간과 선교협의회

2011년 서울노회와 일본 동경교구 북지구 노회는 그동안의 교류 10년을 기념하는 책자를 내기로 하고 양측에서 '교류10년기념 편집위원회'를 구성하여 『마음을 하나로』라는 자료집을 펴냈다. 이 자료집은 일본 측 발간사(이카타이 타쿠아 위원장),

한국 측 발간사(김성일 위원장), 합의문 모음(1~5회), 한국 교회 글, 일본 교회 글로 구성되었다.[17] 이 자료집은 2011년 6차 한일선교협의회에서 배포되었다.

2010~2020년 한일선교협의회

한일선교협의회의 특징 중 하나는 한 협의회가 끝날 때마다 토의를 거쳐 협의서를 채택하는 점이다. 협의서는 협의회의 내용 소개와 양측에서 앞으로 시행해야 할 과제를 합의한 결의문이 들어 있다.

① 제6차 한일선교협의회를 2011년 10월 21~24일 서울 경동교회에서 "피조물의 고통에 응답하는 교회(롬 8:22)"라는 주제로 한국 측 50명, 일본 측 20명이 참가하였다. 일정은 첫날 저녁은 환영회와 만찬이 있었고, 둘째 날은 주제 발표와 종합 토의, 난지도 생태공원과 친환경 교회 그룹별 현장 탐방 후 홈스테이 집으로 이동하였다. 셋째 날은 열 교회로 분산하여 각 교회에서 주일 예배를 드린 후 을왕리 협의회 장소로 이동해서 합의문 초안 작성 모임을 하였다. 마지막 날은 아침 경건회, 갯벌 걷기 명상 체험, 합의문 채택 그리고 폐회 예배를 드렸다.

② 제7차 한일협의회는 2013년 11월 22~25일 일본 니시가다마치교회에서 열렸다. 본 선교협의회 하루 전인 11월 21일 양측 여신도회 모임이 별도로 진행되었다.

---

17 한국 교회 글은 배태덕 목사(서울성남교회), "한일선교협의회의 태동과 초기 활동", 김성일 목사(경복교회), "한일선교협의회 앞으로의 10년을 내다보며", "너와 나의 현장을 알고 함께 하기 — 한일선교협의회 1~2회를 회고하며", 정진우 목사(서울제일교회), "평화로운 동아시아의 대안을 위하여", 배안용 목사(서울교회), "청소년교류 프로그램인 '한일청소년수련회'", 김가은 장로(서울성남교회), "제5회 한일선교협의회를 다녀와서", 박무용 장로(경동교회), "빛과 빛"이라는 제목으로 제4회 선교협의회를 회고하였고, 이혜진 목사(여신도회서울연합회 전총무), "동경교구 북지구 부인회와의 만남과 미래를 꿈꾸며"를 게재하였다. 일본 교회의 글은 아카야마 나오에(시나노마치교회), "동경교구 북지구와 서울노회의 교류·연대 10년을 생각한다", 야마모토 유우지목사(니시카타마치교회), "전쟁 책임고백과 선교협약의 관계", 마스다 고토 목사(스가모토키와 교회), "한일청소년연합수련회의 발자취", 한수현 목사(와세다교회), "한일청소년연합수련회에 바라는 점", 모리타 미츠히로 목사, "한일청소년연합수련회의 계속을 기원하며", 가메오카 켄 목사(혼고중앙교회), "다음 10년을 향하여", 카이호 마사코(시나노마치), "교류의 진전과 계속을 염원하며", 시로이 아이코(니시카타마치 교회), "일본 기독교단 동경교구 북지구·한국기독교장로회 서울노회 — 한일청소년연합수련회 8년의 발자취를 돌아보며", 오노 에이코(오우지교회), "함께 손을 맞잡고: 북지구 부인회-여신도회서울연합회 교류에 대해"라는 글이 들어 있다.

여신도회 모임은 21일 환영 만찬 후 동경 YMCA호텔로 이동해서 22일 오전 10시 30분~12시 시나노마치교회의 예배에 참석하고, "생명과 환경"이라는 주제로 양측에서 생활 실천에 대한 발제를 하고 교류회를 진행하였다.

본 프로그램은 개회 예배(니시가다마치교회)와 환영 만찬이 있었다. 둘째 날은 주제 발표 및 양국의 현안 문제에 대한 발제와 대안 모색을 위한 토론이 있었고, 히쿠지 갠지(사진저널리스트)의 "'원전 노동자들의 피폭 문제'를 사진으로 보는 현장 이야기"를 듣고 홈스테이 장소로 이동했다. 셋째 날에는 홈스테이 가정에서 안내하는 교회에 출석하여 주일 예배에 참석하고, 오후에 국립여성교육회관(사이따마현)에서 양측 여신도회가 가진 협의회 내용에 대해 발표하고 종합 토론 후 협약문에 대한 토의를 하였다. 마지막으로 합의문 채택 후 폐회 예배를 드렸으며, 폐회 후 희망자에 한하여 아이즈 지방으로 여행하였다.

한편 2013년 8월 23일 서울에서 안식년 중에 있는 일본 기독교단 동경교구 북지구 지구장 야마모토 유지 목사를 초청하여 "일본 기독교의 역사와 과제"라는 제목의 특강을 통해 일본을 깊이 이해하는 시간을 가졌는데, 선교부에서는 유키 목사에게 장학금으로 매월 10만 원씩 지급하였다.

③ 제8차 한일선교협의회는 2015년 10월 24~27일 서울(공덕교회)과 제주도(아빌로스호텔)에서 일본 측 참가자 15명[18]이 참여하여 열렸다. 첫날은 공덕교회에서 주제 발표와 환영 만찬을 하고 민박 숙소로 이동하였고, 다음날 각 교회 예배 참석 후 [19] 제주로 이동하여 제주 역사 유적지를 탐방하였고, 마지막 날 협약서를 체결한 후 폐회 예배를 드렸다.

④ 제9차 한일선교협의회는 2017년 11월 10~13일 동경 시나노마치교회와 니시카타마치 교회에서 서울노회 20명(노회 14, 여신도회 6)이 참가한 가운데 "기독교와 민주주의 ― 패전·해방 후의 발자취를 돌아보며"라는 주제로 열렸다. 서울노회에서

---

18 북지구 14명, 오키나와교구 1명.

19 서울노회 소속 주일 예배 참여 교회는 경동, 초동, 공덕, 서울성남, 경서, 한우리, 용산제일, 보광동, 한일, 동녘, 경복, 서울, 섬돌향린, 서울제일, 혜림교회 등이다.

는 "한국의 민주주의와 기독교"(박승렬 선교부장), 북지구에서는 "신앙고백과 사회
— 해방 후 일본 그리스도교단의 사회적 방향성"(오쿠보 미사요시 북지구장)이라는
제목으로 주제 강연을 하였고, 최근의 중요한 사건에 대해 서울노회 측에서 "한국의
촛불혁명과 기독교"(신승민 목사), 북지구에서 "오키나와 현상과 야마모토의 관계"
(아키야마 나오예 오키나와 한국연대위)라는 주제로 발제하였고, 협의회를 마친
후 한국 측 참가자는 14~15일 이틀간 자유여행을 하였다.

⑤ 한일선교협의회는 10회 동안 협의회를 하면서 언제나 협약서를 작성하였으며,
그 회차의 진행 사항과 공동 과제가 협약문에 잘 드러나 있다. 하나의 예시로 제10차
한일선교협의회에서 체결한 협약문을 제시한다.

※ 한국기독교장로회 서울노회와 일본 그리스도교단 동경교구 북지구의 제10회 선교
협의회 합의서

2019년 7월 일본의 대한 수출규제 이후, 한국 정부는 지소미아 연장을 중단하는 등
한·일 양국의 관계는 전례가 없을 정도로 악화되고 있다. 정치와 경제, 사회와 문화,
군사와 안보를 포함한 전 영역에서 한·일 관계의 총체적인 갈등이 표출되는 가운데,
한국기독교장로회 서울노회와 일본 그리스도교단 동경교구 북지구는 "연대와 변화를
향한 선교-한일교회의 역할"을 주제로 2019년 11월 9~12일 서울과 용인에서 제10회
한·일선교협의회를 개최하였다.

이에 앞서 여신도회서울연합회와 북지구 부인부는 이틀간의 여성협의회를 통하여
교회 안에서 여성들이 직면한 도전들에 대해 진지하게 논의하고 기도하는 시간을 가졌
으며, 한·일 양국의 생명, 정의, 평화를 위하여 연대하고 협력할 것을 다짐하였다.
주제 강연을 통하여 양 교회 참가자들은 치유와 화해, 평화와 생명의 선교가 우리의
최우선 과제가 되어야 함에 인식을 같이하였다. "동북아시아 오이쿠스"를 건설하고
"약자들과 함께하는 이야기"를 만들어 나가기 위해서는 한·일 양국의 과거사를 올바로
성찰하는 것이 가장 시급한 선교 과제임을 함께 고백하였다.

각론 발제를 통해서 참가자들은 지난 20년간의 공동의 선교 여정을 이끌어 주신 하나님께 감사드리고, 미래지향적인 선교 협력을 위하여 더 많이 고민하고 기도하기로 다짐하였다. 특별히 한반도 평화 프로세스와 일본의 평화헌법 9조를 수호하는 일, 차세대를 위한 평화 교육에 양 교회의 선교 역량을 집중할 것에 합의하였다. 더불어 양국의 역사와 변화된 사회 상황을 신학적으로 성찰하여 복음 이해의 공유를 확산해 나가는 일도 매우 중요한 과제임을 인식하였다.

이어진 분과 토론을 통하여 양 교회는 다음과 같이 실천 과제를 확인하였다.

1. 동북아시아의 평화 체계 수립을 위해 노력한다. 동북아시아의 평화 실현을 위해 한반도 종전 선언과 평화 조약이 필요하다는 것과 일본의 평화 헌법 9조 수호가 중요 과제임을 확인하고 이를 위해 기도한다.

2. 한·일 두 나라의 평화와 교류를 위해 노력한다. 상호 이해를 위해 서로의 역사를 배울 수 있는 기회를 만든다. 최근 심각한 혐오와 차별의 문제에 직면하여 사회적 약자를 환대하는 교회가 되도록 노력하며, 부당한 대우를 받고 있는 조선학교를 지원하는 일에 협력한다.

3. 청년, 청소년 교류를 위해 협력한다. 청소년 연합수련회를 2020년은 한국에서, 2021년은 일본에서 개최한다. 청년연합수련회는 계속 추진하기로 한다.

4. 여성들의 교류를 위해 협력한다. 여신도회서울연합회와 북지구 부인부는 하나님 나라를 이 땅에 세우기 위해 연대하고, 생명, 정의, 평화를 배우고 서로가 빈곤과 차별 해소, 한일 양국의 화해를 위해 기도하며, 신앙 계승을 위해 노력한다. 제11회 한일선교협의회 전날에 일본에서 만나 개회 예배와 교류회를 갖는다.

5. 동아시아의 평화를 위해 기도한다. 8월 첫째 주일을 동아시아 평화 기도 주일에 기도문을 공동으로 작성하며 양 교회가 예배를 드리도록 노력한다.

6. 제11회 한일 선교협의회를 2021년 일본에서 개최하며, 동아시아 평화와 두 나라의 교류와 우의를 위한 과제를 협의한다.

7. 2021년 한·일 선교협의회 20주년을 맞이하여, 20주년 기념 사업과 양 교회의 신학적 대화를 위해 공동 워킹 그룹을 만든다.

본 합의서로 "한국기독교장로회 서울노회와 일본 그리스도교단 동경교구 북지구의 제10회 선교협의회 회의록"을 대신한다. 본 선교협의회에 참가한 북지구 참가자들은 서울노회의 7개 교회를 방문하고 그중 3개 교회에서 설교하고 함께 예배드릴 수 있어 기쁨이었으며 환대에 감사한다.

2019년 11월 12일

한국기독교장로회 서울노회 노회장 조항철

일본 그리스도교단 동경교구 북지구 지구장 오쿠보 마사요시

2) 목사후보생 및 장로 피택자 고시와 교육을 위한 고시부 사업

고시부는 통상적으로 노회에 고시를 청원한 목사후보생과 장로 피택자를 위한 예비 교육과 고시에 합격한 장로 임직 예정자들을 위한 결단 기도회를 실시하고, 목사후보생 인허가 된 목사후보생들에게 장학금을 지급하고 관리하며, 목사후보생 수련회를 실시한다. 또한 목사수련자 수련 과정에 있는 목사후보생들의 관리와 교육 현장 방문 및 장학금 지급 등의 사업을 하며, 2010년부터 목사고시 추천 사업이 고시부 사업으로 추가되었다.

(1) 목사후보생과 장로 피택자 고시 청원자 예비 교육과 고시

2010년부터 2019년까지 10년 동안 고시부가 고시 추천 청원과 고시를 한 사람은 장로고시 118명, 목사후보생 540명(신규 71, 계속 469), 목사후보생 수련 과정 108명 (신규 56, 계속 52), 목사고시 추천 71명, 총회 위탁 교육 추천 3명이다. 한 회기 평균

장로 5.9명, 목사후보생 신규 3.5명, 계속 23.5명, 목사후보생 수련 과정 3명, 계속 2.6명, 목사고시 추천 3.6명이다.

(2) 2010년대 장로고시 합격자와 임직 예정자 결단 기도회

연도	회기	이름과 교회
2010	98	김복수(공덕), 최종학, 정갑영(경동)
	99	최대영(보광동), 이정우, 사부성, 이정일(서울성남), 전훈남(용산제일), 김덕수, 정형섭, 박만생(초원), 김창희(향린)
2011	100	김형태(공덕), 김봉숙, 김영승(한백), 최영란(예가), 권순재, 권순재, 이영발, 전재원(용산제일), 박영주, 오명희, 윤동원, 정병우(초동), 강은성(향린)
	101	
2012	102	한백수, 최동식(동원), 한창환(창현), 정대제, 이길수, 윤기호(경동), 박인수, 윤성애(한일)
	103	김희선, 김선영(동명), 김무성, 김인수(경서), 설규철(효동)
2013	104	이인경, 백명기(한일), 신복희(향린), 김민욱(보광동)
	105	김남강, 여정성, 김강중(경동), 조현순(서울제일), 구교희(공덕), 유달상, 최정(삼일), 김재천(은진), 김의신, 조영민(서울성남)
2014	106	신동수(수도), 조혜진, 이기만, 박병석(초원), 백남호(동원), 이희수, 최황열(혜림), 최인택(공덕)
	107	김국진(경복), 강대인, 고순희(경동), 김종순, 김현익, 조선희(보광동), 서정래, 안은희(서울성남)
2015	108	조항영(동녘), 최병인(경서)
	109	신명구, 양회종(경복), 김명선(향린)
2016	110	신덕선(초원), 채운석(향린), 이명훈, 박노진, 주영복(동원), 황은경(광염)
	111	김경실, 오백규(한백), 윤인석, 이영제(서울성남), 정홍기(창현), 박은숙, 이병률(한일), 신동욱(공덕)
2017	113	송보섭(공덕), 양혜경(방주), 김경호, 임채윤(경서), 김원용, 최정관, 윤옥초(수도), 정용덕(초동), 강혜정, 조규곤(경동), 김회문, 안희정(혜림)
2018	114	백남혁, 허근, 김병두(동원).
	115	김광열, 김지수(향린), 이희종(초동), 장용준, 함천진(경동)
2019	116	김동현, 문진성(서울성남)
	117	심정기(경동), 윤창희(경서), 이보화, 한창환, 홍성복(한일), 김은미, 홍이승권(향린), 정효현(효동)

고시부에서 장로고시에 합격한 장로 피택자들을 대상으로 실시한 장로 임직 결단 기도회에 지난 10년간 121명이 참여하였다.

(3) 목사후보생 교육

① 목사후보생 면접 시 교육

100회노회준비위원회에서 보고한 자료에 의하면, 2010년 서울노회 목사후보생 수는 73명(이 중 15명이 수련 과정, 목사고시)이며, 장학금은 세 등급(A급 90만 원, B급 120만 원, C급 170만 원)으로 나누어 지급하고 한 교회당 세 명의 목사후보생에게만 장학금을 지급하였다. 목사후보생 면접 교육은 목사후보생 일일 수련회(연 1회)에서 목사 임직 전까지 연 6회 정도 실시하며, 목사후보생이 봉사하는 교회 수는 총 46개 교회 중 26개 교회이다. 목사후보생 면접 지침은 4단계로 구분하여 서울노회만의 매뉴얼을 통해 면접을 진행하고 고시부에 종합 보고하여 차기 상담과 교육 자료로 삼았다.[20]

연차	내용	비고
1년	목사후보생의 인성과 소명감	학부 3학년, 일반대 출신 M.Div 1년 차
2년	기독교적 가치관 점검(성실성, 경건 훈련, 학문 활동)	학부 4학년, 일반대 출신 M.Div 2년 차
3년	성직자 됨의 의미 확인(진로 교육)	대학원 1년 차, 일반대 출신 M.Div 3년 차
4년	결단을 중심으로(사역의 비전, 방향성 제시)	대학원 2년 차, 일반대 출신 M.Div 3년 차
5년		인턴십 과정 대상자

② 목사후보생 수련회 과정

연차	제목	내용	비고
1년	목회자의 소명감	목회자로서의 기본적인 소명감을 고양시키는 과정이다.	인성검사, 적성검사 실시
2년	목회와 선교	목회자에게 꼭 필요한 실천신학적인 교회 현장 중심의 목회 실제와 선교에 대한 다양성을 소개하여 목회적 안목을 넓히는 전문적인 교육 훈련 과정이다.	
3년	사역의 비전과 전문 영역	다양한 목회의 영역을 소개하여 다원화 시대에 맞는 전문 목회자를 육성하고 그 방향성을 제시하여 전문성을 키워나가도록 돕는다.	

---

20 그러나 고시부에는 목후보생 개인에 관한 면접 사항에 대한 자료가 없다.

목사후보생 교육의 전체 기조는 인재 양성을 중심 과제로 선정하며, 선교와 교육을 결합하는 선교 현장 방문을 적극적으로 추진하고, 목사후보생들의 문제의식을 반영하여 그들이 능동적으로 참여할 수 있도록 유도하는 것이다. 이러한 교육을 진행하기 위해 목사후보생 가이드라인을 설정하고, 개교회에서 목사후보생 교육을 강화할 수 있도록 목사후보생의 역할, 교인들과의 관계 등 구체적인 내용을 담도록 하였다. 또한 목사후보생에게 전도사란 호칭을 남발하지 않기 위해 '전도사'의 호칭을 대학원을 졸업한 후 사용하도록 권고하고, 목사후보생 면접 시 성포용적 관점, 객관적 질문이 가능하도록 질문을 매뉴얼화해서 개인별 면접 내용을 자료화하도록 했다.

10년 동안의 목사후보생 수련회

일시	장소	교육 내용	강사
2010.2.9.	용산제일교회	— 목회자의 사명 — 기장의 해외 선교 정책 — 성직과 설교 준비	신익호 목사 신승민 목사/총회해외선교부장 허광섭 목사/증경노회장
2011.2.17.	초동교회	주제 강연과 그룹 토의 — 패널: 신학자 입장 — 해외 선교사 입장 — 목회자 입장에서	강석찬 목사 정권모 목사 이영일 목사 김병국 목사
2012.2.7.	보광동교회	특강	천세기 목사/파고다교회 담임
2014.2.4.	서울제일교회	주제: 한국 사회의 변화와 목회의 대응 — 학원 선교 — 해외 선교 — 병원 선교 — 여성 목회	이기호/한신대 교수 방태진 목사/영생고등학교 이재산 목사 이대건 목사/서울대병원교회 이혜진 목사/여교역자회총무
2015.2.12.	초동교회	주제:목사후보생의 내일을 준비한다 — 영성이란 무엇인가? — 장로교 정치 원리와 목회 — 청소년의 자아 정체감 성취와 위기	지인성 목사/예닮교회 하태영 목사/삼일교회 하상훈 원장/생명의 전화
2016.2.2.	수도교회	주제: 목사후보생의 내일을 준비한다 — 시대 변화와 장로교회 — 갈등 관계 — 패널 토의	하태영 목사 백상렬 목사/은진영성센터 정현진, 신익호, 조은화 목사 박재윤 장로, 최현웅 목후보생
2017.2.14.	초원교회	주제: 사역의 비전 — 교회 사역 분야 — 사회 사역 분야 — 사역의 비전	강원구 목사 한강희 목사 전정희/국민일보 종교국부국장
2018.2.28.	보광동교회	주제: 목회자로서의 소명감(1년 차) — 목회자의 소명	권오성 목사 이혁 목사

		― 다윗의 소명감과 목후보생 ― 소명	조혜진 장로
2019.2.26.	한일교회	주제: 목회와 선교 ― 목회자의 길 ― 목회하는 즐거움 ― 하나님 나라와 공동체	지형은 목사/말씀삶공동체 이승구 목사 양진일 목사/가향공동제

위 표에서 보듯이 목사후보생 교육은 주로 목회자의 사명감에 대한 내용이 많았는데, 2014년의 경우 목회 현장을 중심으로 교육하였다. 강사진은 교회 현장이 아니라 특수 목회 현장에서 목회하는 목회자들이 다양한 목회 현장에 대해 안내해 줌으로써 목회지를 선택하는 데 있어서 폭넓게 인식할 수 있는 계기가 되었다. 그러나 이런 특수 목회지가 수련 기관으로 받아들여지지 않는 어려움이 있다. 위의 목회지에서 사역하는 목회자는 모두 서울노회 선교부에서 인정하는 기관이기 때문에 인턴도 가능하나 여타의 기관 목회는 목사 안수를 받은 후에야 사역 가능성이 있다는 아쉬움이 있다.

3) 교회 교육 역량 강화와 지도력 개발을 위한 교육부 사업

2010년대 들어 교육부의 사업은 체계가 잡히고 다양한 교육 방식이 도입되었다. 2010년에 실시한 노회 정책협의회와 100회노회준비위원회가 공청회에서 제안한 제언들이 노회 교육부 사업에 많이 반영되었다. 2010년대 교육부가 실시한 사업은 교육부 세미나, 교육 지도자 워크숍, 신년 교사 강습회, 여름성경학교 중간 지도자 강습에 중간 지도자 파송, 중간 지도자를 활용한 여름성경학교 교사 강습회, 한일청소년연합수련회 등을 실시하거나 개최하는 것이었다.

(1) 교육부 세미나와 교육 지도자 워크숍

교육부는 노회 정책협의회와 100회노회준비위원회가 실시한 공청회의 제안을 반영하여 2010년 11월 9일 예가교회에서 프랑스 떼제 공동체의 신한열 수사를 강사로 초청해서 25명이 참석한 가운데 떼제 공동체의 영성과 예배를 주제로 세미나를 개최하였고, 2011년 1월 27일 초동교회에서 김광집 목사를 강사로 부교역자와 담임목사 14명이 참석한 가운데 "부교역자의 사역 현장과 미래를 위한 준비"라는 주제로 교육 지도자 워크숍을 가졌으며, 2011년 11월 24일 창현교회에서 허광섭 목사를 강사로 서울노회 소속 교회 전임전도사, 준목, 부목사를 대상으로 부교역자 세미나를 실시하였다. 2012년 11월 25일에도 수도교회에서 교회 지도자 세미나를 갖고 정현진 목사의 말씀을 듣고 각자 목회 경험을 나눈 후 공동 식사로 친교를 도모하였다.[21]

2015년 교육부에서는 11월 24일 한신대학교 신학대학원에서 서울노회 교회 교육 실무자 간담회[22]를 열고 교사 교육 필요 등 교회 현장에서의 고민을 공유하였다. 이때 나온 의견들, "신대원에서의 교육과정과 교회 현장의 연계와 적용 문제, 교회 교육 방법론에 대한 교육 부족, 규모와 재정이 적은 교회를 위한 배려, 청소년 현실에 따른 교회 교육의 어려움, 교육원에 보다 다양한 콘텐츠 요청, 대형 교회 프로그램과 비교하여 큰 교회에 잠식당하지 않을 차별화된 대안 등"을 논의하고, 교육 전도사와 교육 담당 목사의 간담회를 이원화하여 별도의 시간을 마련하자고 고시부에 요청하기로 하였다.

2017년 교육부에서는 3월 19일 마리스타교육관에서 21명이 참석하여 교육 담당 목회자 모임을 가졌고, 12월 7일 함춘원에서 각 교회 교육 담당자들과 교육부원 등 28명이 모여 간담회를 진행하였다. 이날 간담회에서 지역별 네트워크, 신입 교사들을 위한 강의, 교사의 의미와 사명감을 위한 강의, 어린이들을 위한 절기 묵상집, 연령대 별로 성장 과정 및 발달 단계에 관한 강의, 교사 사기를 북돋는 부흥회, 교사 신앙을 이끌어 낼 수 있는 프로그램, 도시 공동화 현상에 따른 아이들의 전도 방법과 사례 연구, 개교회별로 적용할 수 있는 프로그램 등의 제안들이 나왔다.

---

21 참석자는 한문덕, 정현진, 최대욱, 이금만, 허정강, 고지아, 서동인, 김민, 이성은, 김건호 목사 등.
22 참석자는 임보라 목사(교육부장), 최대욱 목사(교육부 서기), 조은화 목사(교육부 실행위원), 안미정 목사(총무) 등.

(2) 서울노회 교회 교육 실태조사 실시

서울노회 교육부에서는 2016년 교회 교육 실태조사를 실시했는데 설문에 응한 응답자는 총 69명이었다. 응답한 교사 57명의 봉사 연수는 전체 평균 5.3년이고, 응답한 교역자 12명은 비전임 신입 교사, 비전임전도사, 전임전도사, 전임목사가 섞여 있다. 한 교회에서 여러 명 또는 한 명이 설문지를 작성하는 등 교회 규모에 따라 편차가 심해, 교회 크기별로 분류하여 아래와 같은 결과를 분석하였다.

① 노회 차원에서 지속적으로 체계적인 교사 교육을 제공하는 등 교회학교 교사 양성에 대한 지원이 필요하며, ② 작은 교회에 대해 노회 차원에서 제공하는 교육이 절실하며, ③ 비슷한 규모의 교회학교가 연합하여 진행하는 연간/분기별 등 공동 프로그램이 필요하다. 교회학교 지도 및 담당자의 58%가 전도사인 바, 교육에 대한 지도자 및 교회의 관심이 부족하므로 교육에 대해 의논할 수 있는 창구가 필요하다.

또한 체계적이고 주기적이며 실질적인 학생 연령대별 맞춤형 교육에 대한 욕구가 커 이에 대한 지속적인 노력과 개선이 필요하다고 응답하였다.

(3) 2010년대 교회학교 교사 교육

① 신년 교사 강습회

2010년대 교회학교 신년 교사 교육은 서울북노회와 공동으로 실시되었으며 다양한 주제로 이루어졌다. 또한 신년 교사 교육의 방향을 모색하기 위해 신년 교사 강습회 설문 조사하였다.

신년 교사 강습회와 설문 조사

2016 신년 교육 강습회에서 처음으로 설문 조사가 실시되었다. 설문 조사 참가자는 46명으로[23] "교육 내용, 주제 강연, 원포인트 레슨이 신년도 교회 교육 준비에 도움이 되었는가"라는 물음에 전반적으로 "그렇다"와 "매우 그렇다"에 70% 이상의 높은

응답률을 보였다.[24] 앞으로 개선점에 대한 것은 영유아부의 분리, 미디어 중독성에 대한 보다 강도 높은 교육, 청소년에 대한 실제적 접근 프로그램, 분노 조절/게임에 관한 교육 같이 현실 문제 처방에 대한 교육 기회가 많았으면 좋겠다는 의견이 있었다. 또한 제공된 성평등 지침서도 반응이 좋았으며, 이를 실제 적용할 수 있는 교육의 필요성도 제기되었다.[25]

신년 강습회 상황

일시	장소	프로그램	참석 인원
2010. 1. 30.	초원교회	주제: 우리가 만드는 평화	12교회 130명
2011. 2. 20.	초동교회	교사의 리더십과 소명의식, 학생 발달 과정과 비폭력 대화	13교회 120명
2012. 2. 12.	초원교회	교회 교육에서 멀티미디어 활용	15교회 120명
2013. 1. 19~20.	성북교회	서울북노회와 공동 주최 주제: 성서와 함께하는 교사의 품격	서울노회 11교회 100명
2014. 1. 25~26.	동원교회	주제: 교사의 품격	70명
2015. 1. 18.	서울성남교회	주제: 아이의 부모와 협력하는 신앙 교육	
2016. 1. 24.	초동교회	주제: 교회를 살리고 생명을 키우는 교회 교육 길라잡이	15교회 156명
2017. 1. 22.	경동교회	주제: 함께 세우는 교회	
2018. 1. 28.	한일교회	주제: 교사, 다름-다양성-관용을 향하여	15교회 135명
2019. 1. 27.	용산제일교회	성과 중독	13교회 135명

② 중간 지도자 양성과 여름성경학교 교사 교육

서울노회는 해마다 총회교육원에서 실시하는 여름성경학교 중간 지도자 교육에

---

23 영유아부 4명, 유치부 9명, 어린이부 15명, 청소년부/중고등부 17명, 통합 1명이며, 직분은 교회 교육 담당자 6명, 교사 16명, 신입 교사 10명, 교회학교 부장 8명, 기타 7명이었다.

24 "교사 교육의 어떤 측면이 도움이 되었습니까?"라는 물음에는 교사에 대한 책임감, 교사의 본질을 깨닫게 됨, 교회 교육에서의 본질적 측면에 대한 이해와 장기적인 목표 설정에 도움, 교사 강습에 대하는 태도에 진심이 느껴짐, 중고등부와 아동심리에 대해 깨우침, 찬양과 기도, 분반 강연과 쪼개기 프로그램을 실시한 것 등에 대한 반응이 좋았다. 특히 주제 강연을 통해 교회 교육의 방향을 바르게 설정하게 되었다거나 교육의 방향을 깨닫게 해 주었다는 등 주제 강연에 대한 호응도와 기운 다지기 프로그램에 대한 반응이 좋았다.

25 교회 교육 실태조사나 신년 교사 강습회의 설문 조사에서 제기된 응답에 대해 노회 교육부가 심도 있게 받아들여 그 부분을 연구하였고, 교육에 적용해야 할 과제가 제기되었다.

지교회 목회자를 파송해서 중간 지도자를 양성하였으며, 이들이 중간 지도자가 되어 여름성경학교의 강사로 활동하였다. 서울노회에서 파송한 중간 지도력은 해마다 5~8명 정도인바, 거의 같은 사람을 보내어 전문 지도자가 되게 하였다.

2010년 들어 교사 강습회의 특색은 교사 교육 일정을 주일 오후부터 저녁까지 실시해 많은 교사가 교육에 참여할 수 있도록 했다는 점이다. 서울북노회와 연합해서 할 때는 토요일 오후와 주일 오후 양일간 실시할 때도 있었으나 서울노회 단독으로 할 때는 주로 주일 하루만 교사 강습회를 실시하였다.

강습회 프로그램은 교육부원들이 인도하는 개회 예배와 폐회 예배, 총회교육원에서 실시하는 중간 지도자 교육에 참여했던 지교회 교육 담당자들이 노래와 율동, 교재 다루기, 교육 활동으로 진행되었으며, 때로 특강이 가미되었다. 교재와 교육 활동은 유치부, 유년부, 초등부, 청소년부 등 부별 교육으로 진행되었다.

10년 동안의 여름성경학교 교사 강습회 상황

일시	장소	주제
2010.6.5.	초원교회	예수님을 따라 화해의 큰길 걸어요
2011.6.9.	초동교회	하나님의 뜻을 땅에서도 이뤄요
2012.6.9~10.	신암교회	이 땅을 고치시는 생명의 하나님!
2013.6.8~9.	경동교회	생명, 정의, 평화의 하나님을 사랑해요
2014.6.14.	공능교회	희년을 누리는 교회
2015.6.14.	용산제일교회	하나님께로 더 가까이, 이웃에게로 더 가까이
2016.5.29.	서울성남교회	예수님을 기억하고, 예수님처럼 살아요
2017.6.4.	보광동교회	나는 그리스도인입니다
2018.6.24.	공덕교회	말씀으로 새로워져요
2019.6.16.	서울성남교회	예수님과 함께 평화의 세상을 만들어요

2016년과 2017년 서울노회 여름성경학교/수련회 교사 강습회 강사 평가 내용

2016년과 2017년 여름성경학교와 수련회 교사 강습회에서 "교육의 어떤 측면이 도움이 되었는가?", "어떤 점이 보완되면 좋겠는가?"라는 평가회 질문에 대해 다양한 응답이 나왔다. 전반적으로 "교재 다루기의 실제적인 방법론과 함께 원론 중심의

강의가 좋았다"는 응답이 많았으며, "교육 활동과 교재 다루기에서 교재 다루기를 먼저 한 다음에 교육 활동을 하는 것이 효과적일 것 같다"는 의견이 있었다. 특히 노회가 귀를 기울여야 할 제안들로, "① 노회 강습회 후 교회 자체 강습회를 노회에서 도와주었으면 좋겠고 작은 교회들을 연합해서 자체 강습회를 열었으면 좋겠다. ② 노회 교사들을 하나로 묶을 수 있는 시간이 있었으면 좋겠다. ③ 각 교회의 교육부서 담당자 모임 활성화와 강습회를 준비하는 교육 연구팀이 필요하다"는 제안이 있었는데, 노회 교육부가 응답해서 지교회 여름성경학교에 도움을 줄 수 있도록 연구할 필요가 있다.

③ 한일청소년연합수련회

한일청소년연합수련회는 한 해는 한국, 다음 해는 일본에서 교차로 3박 4일 프로그램으로 진행되었으며,[26] 주제는 양측에서 사전에 합의하여 정했다. 2010년대 한일청소년연합수련회는 참가자들이 사전 준비 모임을 통해 매 수련회의 취지와 목적, 일정, 기초적인 일어와 일본 문화에 대한 예비 지식을 숙지하고 프로그램에 임했다는 것도 중요한 발전이며, 서울노회의 경우 2000년대에 프로그램에 참석했던 학생들이 청년이 되어 지도자로서 참여하여 프로그램 활성화에 공헌했다는 데 의미가 크다. 또한 2011년부터 한일선교협의회에서 합의한 대로 일본 오키나와교구에서도 참여하여 그 의미가 더욱 깊어졌으며, 한국의 인솔자들이 프로그램 및 감동적인 소감문을 회기마다 노회에 보고하였다.

---

26 일정은 첫날에는 개회 예배와 주제를 담은 설교, 환영 만찬, 프로그램 오리엔테이션, 둘째 날은 아침 기도회와 조별로 테마 여행(역사 유적지 탐방, 주제와 관련된 탐방), 저녁에는 친교와 온천(목욕탕), 셋째 날은 아침 기도회, 주제와 관련된 현장 탐방, 경험 나누기와 감상문 쓰기, 저녁에 조별 테마 발표회 등으로 진행되었다. 한국에서 할 때는 개회 예배 인도는 교육부장, 주제 설교는 노회장, 기도는 한일 양 측에서, 역사와 주제 현장 방문 등의 프로그램은 주최 측에서 준비하였다.

경과

횟수	일시	장소	주제	참석 인원
7	2010.8.16~19.	일본성서신학교, 재일한국인 역사자료관 탐방	함께 만드는 미래	한국 21, 일본 24
8	2011.8.15~17.	아카데미하우스, 4.19묘지, 시내	뜻이 땅에서도 이루어지이다	한국 18, 일본 21
9	2012.8.9~12.	동경 YMCA호텔, 도쿄 탐방	기쁨을 함께, 슬픔을 함께	한국 16, 일본 37
10	2013.8.7~10.	제주 종달, 백주년교회, 4.3유적지, 항일유적지	생명의 하나님, 우리를 정의와 평화로 이끄소서	한국 32, 일본 35
11	2014.8.6~9.	동경 ASO하우스, 농촌 탐방	생명을 함께 이어가기	한국 19, 일본 29
12	2015.8.3~6.	철원 학마을센터, 소이산, 백마고원, 노동당사	정의가, 큰 평화가 꽃 피게 하소서.	한국 32, 일본 11
13	2016.8.11~14.	일본 무사시란 국립여성회관, 니시카타마치교회, 마루키미술관	평화를 이루는 사람은 복이 있다	한국 20, 일본
14	2017.8.10~13.	하늘내들꽃마을(장수), 덕유산, 전주한옥마을	하나님을 찾는 사람들이, 그대들의 심장에 생명이 고동칠 것이다	한국 36, 일본
15	2018.8.9~12.	시나노마치교회, YMCA호텔, 관동대지진 현장 학습	여러분은 그리스도의 몸이요, 따로 따로는 지체들입니다.	한국 19, 일본
16	2019.8.8~11.	철원, 국경선평화학교, 한탄강	우리가 평화가 되자 평화되기 워크숍	한국 44, 일본 11

매회 참가자들의 소감문 쓰기가 있었다. 양국 청소년들의 글에서 하나씩을 뽑아 게재한다.

한국 측: "관동 대지진 사건에 죄 없는 많은 조선인들이 근거 없는 유언비어에 무고하게 죽어갔다는 것을 듣고, 불안한 인간은 불만이 엉뚱한 곳으로 표출될 수 있다는 것을 알았다. 그리고 금요일 아는 형, 누나와 함께 밤을 새웠다. 하지만 밤을 새우는 것은 상상외로 힘든 일이었다. 아침 예배 시간에도 비몽사몽하게 있었고, 아침도 대충대충 먹고 있었다. 그리고 재일 한국인 역사 자료관에 도착해서 설명을 듣고 재일 동포의 위대함을 알았다. 왜냐하면 제주도에 감귤 농사를 지으라고 귤 몇십만 그루를 보내주고 기술자도 보내주었기 때문이다. 일본과 한국이 임진왜란 등으로 인해 복잡한 관계인 것은 알지만 관동대지진 사건에 재일 동포까지 이렇게 복잡한 관계가 있을 줄은 몰랐다."

일본 측: "관동 대지진에 대해서 역사 수업에서 배운 것은 큰 지진이 일어나고 사망자가 많이 있었다는 것뿐이었다. 이번에 현장 학습으로 일본인이 무고한 조선 사람들을 대량 학살했다는 사실을 듣고, 왜 이렇게 중요한 것을 일본 학교에서 가르치지 않았느냐는 큰 의문이 생겼다. 니시자키 선생님이 하신 '관동 대지진 당시 일어난 비참한 사건은 지금도 계속되고 있고 옛날의 일이 아니다'라는 말이 매우 인상적이었다. 일본은 일본이 아시아 국가들에 대해서 해 온 처참한 것을 반성할 생각도 없고, 더군다나 없었던 것으로 하려고 하고 있다. 그런 방식으로는 문제가 해결될 리 없다. 힘들 수 있지만 비참한 역사를 제대로 인정하고, 다시는 같은 실수를 하지 않는 것, 학습하는 것이 평화의 첫걸음이라고 생각한다."

④ 상(相, 서로)상(想, 생각하다) ─ 노회 성평등 교육 나눔 마당

노회 성평등 교육

서울노회는 2015년 10월 20일 제109회 정기회에서 교육부와 통일사회부 공동 주관으로 "상(相, 서로)상(想, 생각하다) ─ 성평등 나눔 마당"을 실시하였다. 성평등 나눔 마당은 총회가 노회에서 성평등 교육을 실시할 것을 결의한 후 서울노회에서 처음 실시하는 프로그램으로, 12시 45분부터 1시간 동안 교회의 성평등 모습과 과제에 대해 토크 쇼 형식으로 진행되었다.[27] 사회자가 기장총회 양성평등위원회 설치, 노회 교육 실시 결의 관련 등을 소개하였고, 이야기 손님 소개와 동영상[28]으로 보는 여는 마당 그리고 이야기 손님의 좌담으로 진행되었다.

이때 나눈 토크 내용은 "기장 양성평등의 현실은 어떤가? 영상 보고 맨 먼저 어떤 것이 떠올랐는가?"라는 제목으로 이야기 손님 4인이 30초씩 말한 후 여섯 개의 질문[29]

---

27 이야기 손님(패널)은 양윤철 장로, 김성희 목사, 이대건 목사, 이혜진 목사, 나은 씨 5명이었으며, 통일사회부 부장 이재산 목사의 사회로 진행되었다.

28 http:/www.youtube.com/watch?v=iu8-2hgj4ve.

29 "1. 교회 내에서 자주 차별적인 언어를 접하게 된다고 하는데 어떤 말들이 차별적인 언어라고 할 수 있을까?(이대건) 2. 사회가 많이 변했다는 말도 나오곤 하는데 성평등과 관련하여 사회인으로 또 교인으

으로 이야기를 계속했다. 이어 2부로 기장총회 양성평등위원회 이혜진 위원이 양성평등위원으로서 서울노회에 요청하는 네 가지 사항을 전한 후 이야기 손님들의 "성평등한 서울노회를 위해 우리가 노력 가능한 것은 무엇인가?"를 주제로 짧게 한 마디씩 의견을 나누었다.[30] 마지막으로 사회자가 "성 정의 실현은 참된 성만찬입니다"라는 성평등선언문 중 일부를 낭독하였다.[31]

또한 제111회 정기노회 시에도 성평등 교육을 위해 여성사회연구원 김희은 원장을 강사로 상(相)상(想) — 성평등 나눔 마당을 교육부와 통일사회부가 공동 주관으로 개최했다. 김 원장은 "무엇이 성희롱인가?"라는 강연을 통해 성폭력에 대한 이해를 증진하고 성폭력 문제에서 가장 오해하기 쉬운 성희롱에 대해 설명하면서 성폭력 없는 기장 서울노회가 될 것을 주문하였다.

종교인의 과세 문제

제3회 '상상(相想)나눔마당'은 2017년 10월 17일 제113회 정기노회 시에 윤여문 장로(김포한신교회)를 강사로 "종교인의 과세"에 대해 다루었다.[32] 종교인의 과세

로 체감하게 되는 것이 있다면 무엇인가?(양윤철) 3. 2006년 기장 양성평등위원회 신설을 결의하고 2007년 양성평등위원회가 출범한 후 현재에 이르기까지 변화된 점은 무엇이며, 개선되어야 할 점은 무엇인가?(김성희) 4. 여성 목회자와 교우들이 느끼는 기장교회 성평등 지수는 어느 정도일까?(양윤철, 김성희) 5. 성평등과 관련한 몇 가지 용어들이 있던데 중요한 말들에는 뭐가 있을까?(이대건 — 성주류화, 성인지, 성인지 예산 등) 6. 기장 100회 총회 때 결의된 성평등 선언문에는 교회의 모든 의사결정기구에 여성, 남성의 동등한 참여를 보장하는 제도를 확립하겠다고 되어 있는데, 구체적으로 각 교회에서 할 수 있는 또는 해야 할 일은 무엇인가?(김성희)"

30 "교회에서 제도적으로(이대건), 교회 내 평등 문화 정착을 위해(양윤철), 교인 간 목회자가 노력해야 할 언어 문화(김성희), 청년들이 바라는 성평등한 교회상(나은)."

31 성 정의를 토대로 새로운 신앙 순례를 떠나는 기장인의 삶 위에 의로우신 하나님께서 동행하시기를 기도하며 우리는 다음과 같이 실천할 것을 결의합니다.
— 교회 모든 의사결정기구에 여성과 남성의 동등한 참여를 보장하는 제도를 확립하겠습니다.
— 여성 지도력 함양을 위해 다양한 프로그램을 만들고 지원하겠습니다.
— 여성과 남성의 동등한 교역을 위한 제도적 장치를 마련하겠습니다.
— 신학대학과 교단 교육 기구들에서 '성 정의' 관련 교과과정을 의무화하겠습니다.
— 장로교 전통에 기초한 교단의 논의 구조와 교회 생활 전반을 '성 정의'와 '생명살림' 관점에서 성찰하고 그 유산을 창조적으로 계승하는 새로운 규범을 세우겠습니다.

문제가 사회 이슈가 된 상황에서 종교인 과세의 찬반 문제 논쟁, 교회가 준비해야 할 사항에 대해 다루었으며, 종교인 소득의 과세가 양성화됨에 따른 교회의 준비와 소득 탈루나 체납 시 세무조사를 받을 우려에 대해 강조하였다.

4) 정의, 평화, 생명을 위한 통일사회부 사업

정의, 평화, 생명을 위한 통일사회부의 사업은 생명 살리기 운동에 동참하기, 재개발 사업시행처의 성전 침탈 사건에 대한 대응 활동 그리고 평화통일 운동이 있다.

(1) 생명 살리기 운동에 동참하기

① 제주 해군기지 건설 반대 — 강정마을 살리기

국방부가 2007년 6월 제주 강정마을 앞바다를 해군기지 건설 예정 지역으로 선정하였다. 평화로운 강정 앞바다를 훼손하는 강정 해군기지 건설에 대항하여 주민, 시민사회, 종교단체, 국내외 평화 활동가들이 강정마을을 지키기 위해 지난한 투쟁을 시작하였다. 기장총회도 제주에 해군기지 건설은 "한반도 안보와 평화에 있어 잠재적인 위험 요소이며, 하나님의 창조 질서를 훼손하는 것"임을 강조하고, 2011년 9월 4~6일 제주 강정마을에서 평화 기도회를 개최하였다. 제주 강정마을 해군기지 건설에 평화적으로 반대한 교단의 목회자들이 연행되고 구속되자[33] 총회는 2012년 2월 22일부터 4월 3일까지 '사순절 금식 순례 기도'를 개최하여 총회 본부에서부터 제주 강정마을까지 전국을 순례하였다. 서울노회에서도 사순절 금식 순례 기도회에 함께하였다.[34]

---

32 종교인의 과세 발제 내용은 다음과 같다. 1) 개요: 종교인 소득(종교단체로 받는 소득)의 과세 양성화, 법적 근거/소득세법 12.21(1).145의3 — 시행령19.41.87.186(1). 2015년 국회에서 2년 유보(2018년 1월부터 시행), 23만 명의 대상자 중 4~5만 명이 세금부과/한 해 세금 수입 100억 원 예상.

33 제주노회장 이정훈 목사, 임보라 목사(향린교회), 최종철 전도사(들꽃향린), 최병조 전도사(주민교회), 윤병희 전도사(동산교회).

34 서울노회가 주관한 사순절 금식 순례 기도회는 인도(김종희 목사), 기도(김가은 장로), 설교(조헌정

② 생명의 강 살리기 운동에 동참

이명박 정부는 2008년 하반기부터 2012년까지 한강, 낙동강, 금강, 영산강 등 4대강 유역을 중심으로 총 22조의 예산을 투입해 하천종합개발사업을 추진하였다. 4대강뿐만 아니라 섬진강과 지류에 보 16개와 댐 5개, 저수지 96개를 만들 계획을 세우고 개발을 시작하였다. 이에 총회는 2010년 사순절을 맞이하여 팔당 유기농단지에 천막 기도처를 세우고 '생명의 강 살리기' 릴레이 금식 기도회를 시작하였다. 서울노회에서도 사순절 릴레이 금식 기도회에 노회 총무와 통사부원들이 위로 방문하고 후원금을 전달하였다.

③ 동일본 대지진 피해 이재민 돕기 헌금

2010년 3월 11일 동일본 대지진으로 후쿠시마 원전 사고가 일어나 예측할 수 없는 심각한 상황이 계속되었다. 동경 북지구는 '동일본 대지진 지원 특별위원회'를 조직하여 지진, 쓰나미, 원전 피해가 심각한 동북 지방의 지역, 교회와의 아픔을 함께 나누기로 하였다. 북지구는 서울노회의 정기노회에 초대받았으나 참석할 수 없음을 안타까워하면서 서면으로 축하 인사를 보냈다. 이 소식을 접한 서울노회는 2010년 후쿠시마 동일본 지진 재앙으로 인해 고통 받고 있는 일본 그리스도교단 동경교구 북지구를 위한 위로 사업으로 2010년 3월 27일 서울노회 전 교회가 합심해서 기도하고 일본을 돕기 위한 특별 헌금을 지교회별로 실시했다. 노회 통일사회부는 자체 예산 중 250만원과 교회 특별 헌금을 동일본 이재민을 위해 송금하였다.

④ 세월호 참사의 아픔에 동참하기

온 국민을 슬픔에 잠기게 한 세월호 참사가 고난 주간인 2014년 4월 16일에 발생, 제주를 향해 가던 세월호 여객선이 진도 팽목항 앞에서 가라앉아 476명 승객 가운데 304명이 사망했는데, 가슴 아프게도 세월호 참사 희생자 중 대다수는 안산 단원고등

위원장), 축도(증경노회장)로 진행하였으며, 금식 기도 참여자는 조헌정, 정진우, 인영남 목사였다.

학교 학생들이었다. 세월호 사건이 일어나자 온 국민과 더불어 기독교에서도 세월호 참사의 아픔과 진실 규명에 동참하는 움직임이 일어났다.

통일사회부는 세월호 참사가 발생하자 임원들과 함께 세월호 합동분향소를 찾아 조문하였으며, 세월호 유가족들이 청운·효자동 주민센터 앞에서 거리 노숙을 하고 있을 때 서울노회 통일사회부장과 총무가 유가족을 위로하고, 유가족을 돕고 있는 전북노회 사회부장 이윤상 목사와 서울교회 배안용 목사를 격려하기 위해 찾아갔다.[35] 서울교회는 거리 농성장에 물품과 텐트를 지원하였고, 농성장의 빨래 봉사와 더불어 교회의 샤워실을 개방하였고, 추석에는 섬돌향린교회와 같이 유가족들과 추석 식사 나눔을 하는 등 75일간 지원하였다.

또한 2014년 5월 28일 청계광장에서 세월호 참사 진상 규명을 촉구하는 한신대학교 신학대학원생들의 삭발 단식단 그리고 기장총회 사무처에서 농성 현장을 방문하였다. 7월 24일에는 향린교회에서 열린 세월호 참사 100일 추모 기도회, 9월 1일 광화문광장에서 열린 5개 종단 기도회, 10월 20일 광화문광장에서 열리는 기도회 등 각종 집회에 서울노회 목회자들이 많이 참석하였다. 이 무렵의 노회 보고서를 보면 서울교회, 향린교회, 섬돌향린교회, 청암교회, 한우리교회가 세월호 참사를 기억하며 드리는 '고난받는 이들과 함께하는 부활절 연합 예배'에 교회 차원에서 참여하였고, 팽목항 기도회를 비롯해 서명운동, 단식 기도회, 밤샘 기도회, 세월호 진상 규명을 위한 특별법 제정 운동 등에 서울노회 산하 지교회들과 목회자들이 참여하였다.[36]

---

35 2014년 5월 8일 어버이날 "세월호 사고는 300명이 한꺼번에 죽어서 많이 보이지만, 연간 교통사고로 죽는 사람 수를 생각하면 그리 많은 건 아니다"라는 발언에 항의하기 위해 유가족들이 KBS를 방문했다. 그러나 KBS가 아무런 반응을 보이지 않자 유가족들은 박근혜 대통령 면담 요청을 하였지만 거절당했다. 이에 유가족들이 청와대로 향했으나 경찰과 경호원에 가로막혀 청운·효자동 주민센터 앞에서 밤샘 노숙 농성을 시작하였다. 이에 서울교회에서 지원을 나섰다.

36 독립문교회는 세월호 희생자를 위한 추모 기도회를 교회에서 실시하였다. 섬돌향린교회 주관으로 매주 토요일 홍대입구역에서 세월호 특별법 제정 촉구 서명운동이 진행되었으며, 서울교회와 함께 추석 연휴 동안 유가족과 저녁 밥상을 나누었다. 경서교회에서는 부활절 오후 예배를 세월호 침몰 사고 피해자들을 애도하는 예배로 드렸고, 은진교회에서는 세월호 참사 특별 헌금과 세월호 특별법 제정을 위한 천만인 서명운동을 전개했으며, 한백교회는 광화문 단식장에서 세월호 진상 규명 특별법 제정 촉구 단식에 동참하였다. 2015년 2월 5일 매서운 바람이 부는 진도 팽목항에서 기장총회와 교회협

⑤ 사순절 '고난 당하는 민주주의' 촛불 예배 및 기도 운동

통일사회부 주관으로 2016년도 사순절을 맞아 3월 14일 시청 옆 구 인권위원회 앞에서 '고난 당하는 민주주의'를 위한 촛불 예배와 기도회를 실시하였다. 이 기도회는 총회 평화통일위원회와 교회와사회위원회가 공동으로 사순절 기간 동안 매일 한 가지 기도 주제를 정하여 노회와 교회를 통해 함께 전개한 매일 기도 운동이다. 2016년에는 제100회 총회의 주제인 "성찬의 깊은 뜻, 세상 안에서!"의 의미를 몸으로 실천하는 예배 운동을 전개하며 민주주의가 파괴되어 고난 당할 수밖에 없는 이웃을 찾아가 억눌린 자를 해방시키는 하나님을 경배하고 그리스도의 성찬을 나누는 '촛불 예배'를 드렸다. 서울노회는 "고공농성 기아차 비정규직 노동자와 함께하는 촛불 예배"로 총회 예배 운동에 참여했다.

(2) 재개발 사업시행처의 성전 침탈 사건에 대한 대응 활동

① 삼일교회 존치를 위한 활동

삼일교회가 위치한 녹번동에 재개발 지구 사업이 본격적으로 시행되면서 삼일교회는 재개발조합으로부터 일방적인 명도 소송을 당하는 등 교회의 존폐 위기 속에서 가슴 졸이면서도 굳건히 싸워 왔다. 조합으로부터 "종교 활동 불가"라는 말도 안 되는 통보를 받은 상황에서 서울노회가 '삼일교회 존치를 위한 대책위원회'를 조직·활동하여 대토 부지를 약속받고 건축비와 이전비 등의 협상이 원활하게 진행되는 듯하였으나, 11월 18일 법원 집달관들이 갑자기 들이닥쳐 교회 물품과 시설 일체를 들어내고 교회당을 폐쇄시키는 황당한 일이 벌어졌다. 노란 옷을 입은 ㈜ 티앤티 용역들이

의회 주관으로 '세월호 인양을 촉구하는 기도회'가 열렸다. 이 자리에 전국에서 기장의 목회자들이 모였으며, 서울노회에서 참석한 목회자들도 다수 있었다. 2015년 4월 14일 기독연대 주최로 광화문광장에서 열린 '세월호 완전 인양과 시행령 폐기를 촉구하는 기도회'가 실시되었으며, 4월 21일에는 대한문 앞에서 열리는 '사순절 시국기도회'가 있었다. 9월 2일 광화문광장에서 '세월호 진실 규명을 위한 기도회'가 열렸다. 위의 세월호 참사와 관련된 교회 활동은 2014년 노회 보고서, "시찰 단위 지교회의 사업 보고" 참조.

교회 입구를 가로막아 삼일교회 담임 하태영 목사를 비롯하여 시무장로조차 교회 안에 들어가지 못하고 속수무책으로 강제 철거를 지켜봐야 했다.

서울노회는 '삼일교회 존치를 위한 특별위원회'를 구성하였고,[37] 2015년 7월 5일 통사부 주관으로 삼일교회에서 1백여 명이 참석하여 '삼일교회 존치를 위한 특별 기도회'를 개최했으며, 2015년 7월 둘째 주일 셋째 주일에 걸쳐 지교회별로 '삼일교회 존치를 위한 서명운동'을 하였다.[38] 특별위원들은 은평구청장과 이미경 국회의원을 각각 7월 24일, 7월 27일 면담하여 노회 의사를 정확하게 전달하고, 녹번지구 2-1 조합대표와 대책위원회 간 수차례 회합을 가져 삼일교회 문제를 원만하게 해결하기로 원칙을 정하고 후속 작업을 진행하였다. 그런데 협상 진행 중 11월 8일 삼일교회 강제 철거가 집행되었으며, 이러한 강제 철거 소식을 접한 총회에서 19일에 비상대책회의를 구성하였고, 20일에 삼일교회 강제 철거에 대한 기장총회 성명서[39]를 발표했다.

예배당을 강제 철거 당한 삼일교회에서는 주일 오전에 노상 예배를 시작했으며, 11월 22일 서울노회 주관으로 은평구청 앞에서 '삼일교회 성소 침탈 규탄 긴급 연합 예배'가 실시되었다. 총회가 성명서를 발표한 이후 시공사인 삼성물산 서부사업소 소장이 총회에 내방하여 면담하고, 삼일교회와 조합이 협상을 지속할 수 있도록 시공사가 최선을 다할 것을 약속하였다. 그러나 약속이 이행되지 않아 2016년 1월 10일 총회와 서울노회 대책위원회가 '삼일교회 성소 침탈 규탄과 재발 방지를 위한 기자회견'[40]을 실시하였다. 삼일교회가 계속해서 파손된 교회 앞에서 노상 예배를 드리고,

---

37 위원장: 박승렬 목사(노회장), 집행위원장: 이건화 목사(광염교회), 위원: 이승구 목사(부노회장), 정재훈 장로(부노회장), 조익표 목사(서기), 김유준 목사(서은시찰장), 김태환 목사(정치부장), 이금만 목사(선교부장), 이재산 목사(통사부장), 황성길 권사(초동교회).

38 19교회 1,027명, 총회 사이트 약 500명, 당일 집회 서명 50명 등 약 1,577명의 서명을 받았다.

39 '삼일교회 불법 강제 철거 집행에 대한 한국기독교장로회 총회 성명서'에서 요구 사항은 다음과 같다.
  ― 불법적 강제 철거 배후인 시공사 삼성물산 규탄한다!
  ― 삼일교회 성소 침탈 시행사와 재개발조합은 즉시 사과하라!
  ― 주택재개발조합은 삼일교회와의 협상을 성실히 이행하라!
  ― 관할 은평구청은 시민의 기본권을 보장하라!

40 사회: 김지목 목사(총회 간사), 기도: 정재훈 장로(서울노회 부회장), 취지 설명: 박승렬 목사(서울노회장), 경과 보고: 이건화 목사(서울노회 대책위원회집행위원장), 총회의 입장과 대응: 김경호 목사(총회

서울노회 대책위원회가 적극적으로 대처하고, 총회가 지원하여 삼일교회 문제는 해결되었다.

② 재개발 성전 침탈 당한 강남향린교회 지지 방문 및 기도회

삼일교회에 이어 예고도 없이 강남향린교회를 강제 명도 집행(강제 철거)을 한 성전 침탈 사건이 발생하였다. 2018년 3월 30일 강남향린교회는 교회에 대한 성전 침탈 사건이 발생하자마자 대책위원회를 구성하고 현장에서 천막 농성 기도회에 들어갔다. 5월 8일 서울노회 통일사회부는 성전 침탈로 피해를 입은 강남향린교회 현장 기도처를 방문하여 기도회를 실시하고 헌금을 전달하였다. 9월 18일 송파구청에서 교회와 조합, 구청 간에 의견 조율이 있었고, "이행 각서"라는 이름으로 문제 해결을 위한 합의문을 작성하였다. 합의에 따라 3월 30일 사태 이후 여태까지의 집행 비용, 보관 비용은 모두 조합에서 책임지기로 하고, 9월 20일 강남향린교회는 교회 짐을 새 터전으로 옮기기로 하고 6개월에 걸친 현장 기도회를 종결하였으며, 9월 30일 거여동 마지막 주일 예배에서 조합장이 사과함으로써 사건은 매듭되었다.

(3) 평화통일 운동

① 정전협정을 평화협정으로 캠페인

정전협정이 체결된 지 60년이 되는 해인 2013년을 맞아 기장총회는 남북 분단의 아픈 역사를 걷어내고 평화협정이 체결되는 원년이 되도록 다양한 방법을 모색하고 2013년을 평화협정의 원년이 될 수 있도록 기도하며 다양한 노력을 하였다. 서울노회는 2010년부터 받기 시작한 '평화협정 서명'에 통일사회부 중심으로 적극적으로 참여해 2013년에 서명자가 11,573명에 이르렀다. 기장이 시작한 이 서명운동은 한국기독교교회협의회의 협력으로 협의회 가맹교회 모두가 동참하는 운동으로 확산되었으

교회와사회위원장), 향후 계획: 배태진 목사(총회총무).

며, 세계교회의 서명운동으로 전개되어 WCC 10차 부산총회에서도 비중 있게 다뤄져서 '한반도 평화를 위한 선언'으로 이어졌다.

② 평화통일 월요기도회

총회 평화통일위원회와 평화공동체운동본부는 2013년부터 남과 북의 화해와 통일을 위한 평화통일 월요기도회를 매주 월요일 한신대 신학대학원 예배실에서 실시하다가 총회가 종로5가로 이전한 다음부터 기독교회관에서 열었다. 월요기도회의 목적과 방향은 동독 라이프치히에 있는 니콜라이교회의 작은 기도 모임을 통해서 독일의 통일이 시작되었듯이 기장교회의 한반도의 평화와 통일을 위한 촛불 기도 행진이 남과 북의 화해와 통일을 위한 중요한 밑거름으로 자리 잡기를 기대하면서 시작하였다.[41] 월요기도회 첫 시작은 사순절이 시작되는 3월 10일 총회 평화통일위원회와 평화운동본부에서 시작하였고, 제2회 기도회는 3월 17일 서울노회에서 주관하여 진행하였다.

③ 2013~2019년 서울노회가 실시한 평화통일 월요기도회

일시	장소	순서자	중보 기도
2013.3.17.	한신대학원 예배실	인도: 배안용 목사(통사부부장) 기도: 이재산 목사(통사부서기) 설교: 이준원 목사(서울노회장)	분단의 장벽이 화해와 일치로 변하고, 평화통일이 속히 이루어져 이 기도회를 드리지 않아도 되는 날이

---

41 평화통일 월요기도회에서 함께 기도할 제목은 다음과 같다.
① 북녘 온 누리에 그리스도의 사랑과 복음이 전해지기 위한 기도
② 정전협정 60년, 긴 전쟁을 끝내고 평화협정을 체결하기 위한 기도
③ 이산가족을 비롯한 분단으로 고통 받는 이들을 위한 기도
④ 대북 인도적 지원의 재개와 굶주림으로 고통받는 북한 주민을 위한 기도
⑤ 남북 간 군사훈련을 중지하여 한반도에 전쟁 위협이 없어지기 위한 기도
⑥ 개성공단을 비롯한 남북 교류를 통해 화해와 상생의 길로 나아가기 위한 기도
⑦ 핵무기의 위협에서 벗어나 한반도 비핵화가 이루어지기 위한 기도
⑧ 해군기지 건설이 강행되고 있는 강정마을의 생명·평화를 위한 기도
⑨ 세계 곳곳의 갈등과 폭력의 현장에 평화가 이루어지기 위한 기도
「총회회보」(2014.3.): 119-120.

		성찬 집례: 이승구 목사(노회서기)	오기를, 우리 한국기독교장로회를 도구 삼아 남과 북이 주 안에서 하나가 되기를(기도 축약).
2017.10.30.	기독교회관 조에홀	인도: 이혜진 목사(통사부장) 기도: 이금만 목사(부노회장) 설교: 조익표 목사(노회장) 성찬 집례: 김희헌 목사, 김창주 목사 배찬위원: 서범규 목사, 신연식 목사	— 전쟁 위협 해소와 한반도 평화통일 정착을 위해(진영오 목사) — 사드 배치 철폐와 군축을 위해(김효식 장로) — 사회적 약자들을 위해(김희헌 목사)
2018.5.21.	기독교회관 조에홀	인도: 최대욱 목사(통사부장) 기도: 안영신 장로(부노회장) 특송: 서울노회 통사부 부원들 설교: 이금만 목사(노회장) 성찬 집례: 김희헌 목사 배찬위원: 김창주 목사, 윤성애 장로 축도: 박승렬 목사(증경노회장)	— 한반도 평화통일 정착과 북미 정상회담 성공을 위한 기도(한국염 목사) — 사드 배치 철폐와 군축을 위한 기도(이정재 목사)
2019.3.11.	기독교회관 조에홀	인도: 최대욱 목사(통사부장) 기도: 정보영 목사(원로목사) 설교: 김상근 목사(원로목사) 축도: 이금만 목사(노회장) 성찬 집례: 허광섭목사(원로목사) 배찬위원: 서범규 목사, 윤성애 장로	— 북미협상 정상화와 한반도 평화 정착을 위한 기도(김창주 목사) — 적폐 청산과 사회정의 실현을 위한 기도(김광은 목사) — 비정규직 문제 해결과 사회적 약자를 위한 기도(김효식 장로)

④ 평화통일 기행

통일사회부는 거의 해마다 평화통일 기행을 실시하였다.

2012년 11월 6일 철원 국경선평화학교에서 노회원 18명이, 2013년 6월 13일 같은 장소에서 원로목사 통일 기행을, 2013년 6월 20일에 김포 민통선 평화학교에서 통일 기행을 실시하였다. 2014년 6월 16~17일 경남 거제도(포로수용소, 애광원)에서, 2015년 6월 22~23일 강원도 고성에서 각각 평화 기행을 실시하였다. 2016년 9월 5~6일 경상북도 영덕으로 생명평화 기행을 다녀왔고, 2017년 9월 5일 영동 지역의 산내 골령골,42 노근리 평화공원,43 백화마을에 다녀왔다. 2018년 6월 23일에는 총회

---

42 산내 골령골은 한국전쟁 시기 남한 군경에 의한 민간인 희생자 암매장지다. 이곳은 전쟁이 터진 1950년 6월 말부터 이듬해 초까지 대전형무소 재소자 등과 대전 충남·북 일원의 보도연맹원 등 7천여 명이 군경에 의해 집단 학살된 것으로 추정되는 곳이다. 2007년 진실화해위원회의 유해 발굴 결과 34구의 유해가 발견되었고, 2015년 민간 차원의 유해 발굴에서는 18구의 유해가 발견된 바 있다.

43 노근리 민간인 학살 사건은 한국전쟁 중 조선인민군의 침공을 막고 있던 미국 1기병 사단 7기병 연대 예하 부대가 1950년 7월 25~29일 사이에 충청북도 영동군 황간면 노근리 경부선 철로와 쌍굴다리에

평화공동체운동본부가 주관하는 '통일 철도 기행'에 함께해서 경원선 열차를 타고 동두천-철원 백마고지 앞에서 진행한 통일 행사에 참여하였다. 2019년 하반기에는 한국 현대사의 아픔을 간직한 또 하나의 골고다 현장, 여수·순천을 기행하였으며, 같은 해 3월 철원 DMZ 순례길 및 국경선평화학교에서 실시한 DMZ 순례길 평화 걷기에 노회원 40명이 참석하였다.[44]

한편 국내 평화 기행뿐만 아니라 해외 평화 기행도 진행되었다. 2018년도 10월 29일~11월 1일 오키나와 평화 기행을 실시하였다. 오키나와 평화 기행은 한반도를 둘러싼 동북아시아 평화 현장을 순례하기 위해 개최, 총 15명의 노회원이 함께했다. 일정은 29일 작은 매화의 탑, 츠시마마루시념관, 카카즈카다이를 방문하고, 기노완센터에 도착해서 환영회를 가졌으며, 30일 도카시키섬으로 옮겨 배봉기 할머니가 사시던 '빨간 기와집'을 비롯하여 아리랑비, 강제집단사 현장, 백옥의 탑 등을 방문하여 일제 시대 일본에서 고통당하던 일본군 '위안부'들의 역사 현장을 돌아보았다. 그곳에서 평화통일 월요기도회(170차)를 마치고 페리호를 타고 기노완센터로 돌아왔다. 31일 아침 식사 후 헤노코 농성장을 방문하고, 테어마어항에 도착해서 산호 파괴 현장을 견학하고, 츄라우미수족관 견학을 마친 후 나하국제거리를 돌아보았다.[45]

피난민들을 모아놓고 폭격과 기관총 발사를 시작하여 민간인들을 학살한 전쟁 범죄이다. 2001년 1월 12일 한·미 양국 조사단은 노근리 사건이 '미군에 의한 양민 학살'이라는 것을 인정했으며, 빌 클린턴 미국 대통령은 노근리 사건에 대한 유감을 표명했다. 노근리 사건 피해자들의 끈질긴 노력으로 '노근리 사건 희생자심사 및 명예회복에 관한 특별법'이 제정되었다.

44 남북평화선언 1주년이 되는 2019년을 맞아 참여자들은 오랜 분단의 아픔을 딛고 평화의 길로 나아가기 위해 철원 DMZ 순례길을 함께 걸으며 기도하였다. 또한 이번 행사를 통해 주님께서 우리에게 맡겨주신 화해의 사명을 감당하고자 평화의 걸음에 앞장서 나아가기를 다짐하였다. 일정은 오전 11시에 노동당사 앞에 집결해서 기념 촬영을 하고, 오전 11시 30분~오후 12시 30분 DMZ 평화 걷기를 하였다. 시작 기도 후 1구간, 약 1시간 거리를 개인별로 나눠준 짧은 평화 기도문을 갖고 묵상하면서 평화 걷기를 하고 국경선평화학교에서 마침 기도로 마무리하는 프로그램으로 진행되었다.

45 오키나와 평화 기행은 2010년부터 준비되었다. 2010년 12월 6~10일 김태환 목사(노회장), 인영남 목사(총무), 임보라 목사(통일사회부원, 통역 담당), 이상 3인이 오키나와교구장 다케하나 카즈나리 목사의 초청으로 오키나와를 방문하였다. 서울노회와 공동으로 할 수 있는 프로그램들에 대해 논의하였으며, 2013년부터 서울노회, 일본 북지구, 오키나와교구, 세 개 노회 연합 프로그램에 참여하기로 하였다. 이 협의회에 당시 통일사회부 부장 조헌정 목사가 대표로 참석하여 오키나와 평화 기행을 조망하게 되었다.

4. 2010년대 정리

서울노회는 2010년을 시작하면서 노회의 주제를 "그리스도의 빛 안에서 새로워지는 교회"로 삼았다. 이 주제의 뜻은 "세상의 빛으로 오신 예수 그리스도를 증언하고 따름으로써 어두운 세상을 밝히자는 데 있다"(요 8:12). 즉, 우리 사회의 어둠의 현실, 고난의 현장 한복판에서 어두운 세상을 보다 밝게 이끌어야 할 사명을 강조한 것이다. 서울노회는 이 주제를 세상을 향해서보다는 서울노회 자체에 적용하였다.

2010년대는 기장교회사적으로 새 역사 60주년이 되는 시기이며, 세계교회사적으로는 아시아 중 처음으로 부산에서 세계교회협의회 제10차 총회가 개최되었고, 종교개혁 500주년이 되는 해였다. 이런 중요한 시기에 서울노회는 교단의 정책과 활동에 발맞추면서도 100회 노회를 기점으로 보다 나은 방향으로 발전할 수 있는 제도적 기틀을 마련하는 데 집중하였다. 노회 기구 개편안, 목사후보생 교육, 목회자 계속 교육, 100회 노회를 기념하여 노회 활동의 구심점이 될 수 있는 다용도 '노회선교센터'를 설립키로 했다. 그러나 선교센터 건립은 결의한 지 10년 동안 설립에 대한 논의조차 이루어지지 않아 아쉬움으로 남는다.

100회 노회를 기점으로 각 노회 부서마다 그리고 노회 차원에서 정책협의회를 실시하여 내실화를 다지게 되었다. 이러한 정책협의회를 거쳐 각 부서마다 예수 그리스도의 빛 안에서 새로워지기 위해 많은 노력을 기울였고, 특히 교육부 사업은 많이 체계가 잡히고 다양한 교육 방식이 도입되었다. 또한 선교부 활동도 활발하게 진행되어 국내 선교로는 개척교회와 미자립교회 지원을 기본으로 이주민 선교와 병원 선교에 관심을 기울였다. 해외 선교도 그동안 해 오던 미국 장로교 워싱턴노회 그리고 아프리카 노회와의 교류와 협력을 총회로 이관하고, 아시아 지역에서의 새로운 선교 협력 관계를 모색하여 캄보디아와 필리핀 교회 그리고 일본 교회와 선교 협력이 보다 활발하게 이루어졌다.

안타깝게도 2010년대 들어 전반적으로 서울노회의 교회 성장이 멈추었다. 교인 수가 10년 동안 2,176명(세례교인 1,163, 원입교인 1,013)이 급감한 현실에 개교회의 생존에 대한 관심이 개교회주의로 이어졌는데, 이런 현상은 서울노회뿐만 아니라 한국교회 전반적인 추세라서 대책 마련이 쉽지 않았다. 이렇게 교인이 감소하는 상황에서도 서울노회는 사회의 상처를 싸매면서 정의, 평화, 생명을 위한 선교 활동과 평화통일 운동에 꾸준히 참여하였다. 서울노회는 2010년대 주의 뜻이 이 땅에서 이루어지기를, 생명의 하나님이 우리를 정의와 평화로 이끌어주기를, 하나님과 세상 앞에서 참회하는 교회가 되기를, 성찬의 깊은 뜻을 세상 안에서 나눌 수 있기를, 주님의 교회를 세우기 위해서 말씀으로 새로워지며 민족과 그리스도의 사랑으로 함께하며 화해의 성령으로 하나 되기를, 그리하여 예수 그리스도의 빛 안에서 새로워지는 서울노회와 서울노회 지교회가 되기를 기도하며 행진하였다. 이 주제들은 우리의 기도다. 이제 10년 동안의 기도에 힘입어 서울노회와 기장교회가 위기를 극복하면서 새로운 길을 열어가야 할 과제가 남겨졌다.

제 7 장

영과 진리로 예배하는
생명·평화·선교 공동체

코로나19 팬데믹의 위기는 많은 한국교회에 자성의 기회가 되었다. 코로나19 상황은 교회가 진정한 교회가 되느냐, 회칠한 무덤이 되느냐 하는 분기점이 되었다. 교회의 본질과 사명, 신앙의 의미와 본질을 되돌아보게 되었으며, 패러다임 전환의 계기가 되었다. 교회에 모여 예배 드리지 못하게 되고, 온라인 예배가 불가피한 상황이 되면서 과연 교회가 무엇인지, 예배가 무엇인지에 대해 진지하게 묻게 되었다. 많은 기독교인이 확인한 것은 교회란 눈에 보이는 외형적인 건물이 아니라 그 교회에 속한 교인 한 사람, 한 사람이 교회라는 자각을 하게 되었고, 흩어지는 교회로서의 교회성, 교회의 공공성에 대해 생각하게 되었다. 교회 보존과 성장 논리, 개인 구원과 내세 위주의 구원만을 강조하던 데서 우주적 구원으로 지경을 넓혀 이 세계와 환경에 대한 교회의 사명을 생각하고 생태(에코) 교회로의 전환을 생각하게 되었다.

코로나19 팬데믹 상황에서 총회의 주제는 팬데믹 앞에 선 기장의 방향을 잘 드러내었다. 2020년 제105회 총회는 "주께로 돌이켜서 진리와 사랑으로 살게 하소서"(눅 15:24; 렘 5:21; 요일 1:3)라는 주제하에 코로나 팬데믹 시국에서 교단이 취해야 할 다섯 사항을 담은 "총회 선언서"를 발표하였으며,[1] 2021년 제106회 총회에서 "기후위기 극복과 창조 세계 보전을 위한 기장 탄소중립 선언문"을 발표하였다. 기장 새 역사 70주년이 되는 2022년에 기장교회는 제107회 총회에서 '한국교회 2050 탄소중립 로드맵'을 채택하였으며, 남북의 화해와 동북아 평화 체제 확립을 위한 종전 평화

---

1 "1. 우리는 교회의 본질을 회복하는 일에 최선의 힘을 모으겠습니다. 2. 우리는 기후 위기를 주목하고 창조 질서 보전을 위해 다양한 실천을 하겠습니다. 3. 우리는 하나님이 주신 노동의 기쁨을 누릴 수 있도록 하겠습니다. 4. 우리는 성차별과 성폭력을 근절하고 평등과 포용의 세상을 만들겠습니다. 5. 우리는 한반도의 평화 증진을 위하여 꾸준히 기도하겠습니다."

선언 캠페인 전개와 더불어 남북 화해를 조성하기 위한 '화해와 평화의 교회'를 설립키로 하고, 이를 위해 기장 1인 1만 원 운동을 전개하였다. 특히 팬데믹 이후 변화된 세상을 향한 선교적 제언이 담긴 '제7문서'[2]를 채택하였다.[3]

2023년 108회 총회는 "영과 진리로 예배하는 생명·평화·선교 공동체"라는 주제로 열고 기장의 과제를 열 가지로 정리해서 선언문을 발표, 팬데믹 이후 기장의 방향성을 정리하였다.[4] 이 총회에서 서울노회와 양성평등위원회가 헌의안 "성범죄 경력 및 아동학대 범죄전력조회 동의서 제출 의무화"(신규 목사후보생, 신규 목사수련생, 목사고시 응시자, 담임목사 청빙 시) 그리고 재판절차에서 '성폭력 피해자' 보호와 '성범죄 관련 사항' 등 다섯 개 조항이 신설 또는 개정되었으며, 이주민선교운동본부가 신설되었다.

특별히 새 역사 70년을 맞아 총회는 두 가지 개혁적인 모습을 보여주었다. 하나는 여성 목사(익산노회 김은경 목사)를 총회장으로 선출하였다는 점이다. 그동안 여성 장로가 부총회장이 된 사례는 있었지만, 여성 목사가 총회장이 된 것은 기장 70년 역사상 처음 있는 일이다. 다른 하나는 2024년 제109회 총회에서 신도회(여신도회, 남신도회, 청년회) 대표 3인을 정회원으로 채택하였다는 것이다. 장로교 전통에 따라 목사와 장로로만 구성되었던 총회 회원을 신도회 대표로 확대한 것은 총회가 개혁교

---

2 '제7문서'는 일곱 개의 의제로 구성되어 있으며 "전문, 의제 1. 세상을 위해 존재하는 교회, 의제 2. 교회의 위기와 기장성의 지속적 실천, 의제 3. 차별 없는 사랑의 공동체, 의제 4. 기후위기와 생태적 전환, 의제 5. 과학기술 발전과 디지털 혁명, 의제 6. 불평등 극복과 경제정의 실천, 의제 7. 한반도 평화를 일구어가는 교회, 제언: 팬데믹 이후 미래 세대를 위한 선교의 새 이름, 마음의 에큐메니칼"로 구성되어 있다. 각 의제마다 3~5개의 사항이 첨가되어 있다.

3 이 문건에서 '성서'라는 용어를 '성경'으로 대치했으며, 문서 중 "전문"과 "의제 3. 차별 없는 사랑의 공동체"에서 '성적 지향'이라는 용어에 대한 논란이 제기되어 완전한 채택이 되지 못하고 이 부분에 대해 임원회에 위임하여 실행위원회에 보고토록 조건부로 결의되었다. 그 결과 임원회에서 '성적 지향 부분을 "성적인 쟁점이 공동의 합의를 이루지 못하고 있다"로 수정하여 실행위원회에 보고되었고, 108회 총회에도 수정안이 보고되었다.

4 열 가지 과제는 "창조주 하나님의 세계 보전, 정전협정을 평화협정으로 바꾸기, 사회 양극화 극복, 장애인, 이주민, 소수자 등 사회적 약자들의 인권 버팀목 되기, 과학만능주의에 대한 기독교적 대안 마련, 이웃 교회, 이웃 종교와의 평화와 협력, 초고령화 사회에서의 노인 돌봄, 자녀를 비롯한 새 세대 존중과 협력, 소외된 이들에게 그리스도의 사랑을 회복, 하나님의 선교 도구로서 교회를 살리는 일"이다.

회 정신으로 한 걸음 더 나아갔음을 의미한다.

2024년에 한국 교회사적으로 서울노회와도 관계가 있는 두 개의 의미 있는 행사가 있었다. 하나는 기장이 회원단체로 있는 '교회협 창립 100주년 행사'요, 다른 하나는 한국기독교장로회 전국여교역자회(회장: 이혜진 목사)가 주최한 '여성 목사 안수 50주년 기념행사'다. 이 행사에서 여교역자회는 기장여신도회전국연합회와 서울노회(노회장: 김성희 목사)에 감사패를 수여하였다. 서울노회는 경기노회 시절 여성 장로제와 여집사 제도를 총회에 헌의해 제도화하였으며, 1968년 이후 여교역자들과 파트너십을 이루어 선도적으로 여러 차례 여성 목사 제도 헌법개정안을 연구하고 헌의하여 제59회 총회에서 역사적인 여성 목사제를 통과하도록 기여하였기 때문이다.

1. 2020년대 서울노회의 현황과 제도 정비

코로나19 대유행으로 인해 대면 집회가 어려워지자 서울노회는 총회의 지침에 따라 노회장 목회서신을 통해 서울노회 지교회들이 해야 할 가이드라인을 제시하고 서울노회 모든 교회가 자기 비움의 영성으로 대처 방안에 동참해 주기를 호소하였다.5 서울노회는 노회의 제반 모임을 비대면 방식으로 전환하였고 불가피하거나 긴급한 경우 정부의 코로나19 가이드라인에 따라 소수의 대면 회의를 가졌다. 이와 더불어 서울노회는 코로나19로 인해 발생한 지교회들의 재정적 어려움을 고려하여 서울노회의 작은 12개 교회에 재정 지원을 하였으며 미디어위원회를 신설해서 비대면 예배가 어려운 교회들의 화상 모임이 가능할 수 있도록 지원하였다. 특히 코로나 팬데믹의 위기를 겪으면서 총무가 없는 상황에서 노회의 패러다임 전환을 위한 노회 기구와

---

5 대처 방안은 다음과 같다. "(1) 공식적인 주일 예배는 정상적으로 드리되 영상 예배를 드릴 수 있으면 드리시기 바랍니다. (2) 예배 찬양대는 특송으로 대체해 주시기 바랍니다. (3) 공동 식사와 오후 예배는 당분간 중단하기를 권면합니다. (4) 상황이 진전될 때까지 모든 회의와 모임은 연기하기를 바랍니다. (5) 수요 예배나 금요 기도회, 새벽 기도회도 각 가정에서 '사순절 묵상집'으로 드릴 것을 권면합니다."

제도 변화, 정책 변화를 위한 기구를 구성해 연구 모임을 하였고 그 결과를 노회에 반영하였다.

1) 서울노회 60주년 기념 예배와 행사

2020년은 서울노회가 경기노회로부터 분립되어 60주년을 맞은 해다. 서울노회에서는 '60주년 준비위원회'를 구성하고 행사를 기획하였으나 코로나 정국을 맞아 대대적인 행사를 하지 못하고 제119회 정기회 시간에 간단하게 실시하였다. 기념 예배에서 서울노회와 관련 있는 분들의 축하 영상, "서울노회 60주년을 돌아보며, 내다보며"를 본 후『60개의 토픽으로 보는 서울노회 60년사』발간에 대한 안내가 있었다.[6]
『토픽으로 보는 서울노회 60년사』는 "발간사 ― 인영남 목사(노회장), 한국장로교회와 한국기독교장로회의 역사/서울노회 60년 약사, 1) 서울노회의 설립과 분립, 2) 시찰위원회의 조직과 변천, 3) 임원 제도의 변천, 4) 위원회의 변천, 5) 해외선교협력, 6) 노회 개최일, 7) 총회 총대 선출, 8) 노회 분담금 그리고 부록으로 서울노회 역대 임원 명단과 서울노회 통계 현황"이 들어 있다.[7].

2) 서울노회 기구와 제도 변화

2020년대 초반에 서울노회는 코로나 팬데믹 상황과 총무 부재 상황이 겹쳐 노회의

---

6 60주년 기념행사 진행 ― 김성철 목사(부서기), 인사말: 인영남 목사(서울노회장), 기도: 김병국 목사(증경노회장), 축하 영상: 이건희 목사(총회장), 김일 목사(서울북노회장), 김준부 목사(원로목사), 민경자 장로(증경 장로부노회장), 오쿠보 마사요시 목사(일본 동경교구 북지구장), Elenor Nael Cluz(필리핀 팔라완노회장), 축사: 김창주 목사(총회 총무). "서울노회 60주년을 돌아보며, 내다보며", 영상: 이광희 전도사(서울성남교회),『서울노회 60년사』발간 안내: 나호천 장로(60년사 편집위원), 축하 케이크 커팅, 기념품 증정: 이증구 목사(증경노회장), 오동근 장로(증경 장로부노회장), 특송: 이승구, 인영남, 최대욱, 허정강, 한명수, 이혁, 장본, 김진성, 이광희(서울노회 목사 중창단), 축도: 한국염 목사(원로목사).
7『토픽으로 보는 서울노회 60년사』편집위원은 편집위원장: 노회장 인영남 목사, 위원: 부노회장 정현진 목사, 부노회장 나호천 장로, 서기 이대건 목사, 총무 인미정 목사 등 다섯 명이다.

사업이 원활하게 집행되지 못했다. 2022년 하반기부터 코로나19 대유행이 소강상태로 들어가면서 노회의 활동도 신중하게 재개되기 시작하였고, 2023년에는 예전의 노회 모습을 되찾기는 했으나 코로나19 대유행이 가져다 준 가르침이 워낙 커서 한국교회뿐만 아니라 서울노회도 코로나19 이전으로 되돌아갈 수는 없었다. 이에 새로운 변화가 요구되었다.

2020년대 들어와 서울노회는 큰 폭에서 조직의 변화를 가져왔다. 기존의 교역협력지도위원회, 교역자안식년제운영위원회, 생활보장제위원회 등 세 위원회 외에 상임위원회로 기후정의위원회와 미디어위원회가 신설되었으며, 특별위원회로 서울노회 운영 매뉴얼 제작위원회와 역사편찬위원회가 설치되었다. 또 선교부의 해외선교분과팀이 국제협력선교위원회로 전환되었으며, 이에 따른 규칙이 제정되었고, 선교부의 노회 기관목사 파송에 관한 규정이 신설되었다.

또한 노회 정책 개선을 위한 TF팀 구성과 노회사무처 제도 운영에 관한 특별위원회가 구성되어 가동되었으며, 그 결과 2023년에 노회 임원과 각 위원장과 부장, 신도회 대표들로 구성된 '임원부장단 확대연석회의'(필요시에 서기 참여)가 만들어졌다.

한편 임원부장단 확대회의는 통사부 사업으로 되어 있는 신년 하례회와 신도부 사업으로 진행되던 원로 목회자에 대한 추석 선물, 송년 모임, 교역자 위로 방문을 2025년부터 임원회에서 진행하기로 논의 중이다.

(1) 노회 정책 개선을 위한 TF팀 구성과 활동

'노회 정책 개선을 위한 TF팀'[8]은 2021년 3월 19일 한일교회당에서 공청회를 개최하였다. 공청회의 토론 의제는 정책, 교육, 조직, 세 부분이었다. 정책 부문에서는 노회의 목적을 "기장의 신조와 헌법에 따라 지교회의 연합과 발전을 도모하고 하나님의 선교에 동참한다"로 개정안을 제시하여 노회의 목적을 개정토록 하였으며, 지교회

---

8 위원장: 인영남 목사, 박승렬 목사, 허정강 목사, 임보라 목사, 신연식 목사, 안미정 목사, 나호천 장로, 윤성애 장로.

설립 요건에서 전용 예배처의 삭제, 시찰회 위원 구성을 시무목사와 총대장로로 구성하도록 시찰회 조정, 회계 세칙에서 예비비 사용에 대한 3조 7항 삭제, 규칙 신설에 재산 관리 세칙이 신설되었다. 또한 서울노회 장례 규정과 경조사 규정, 서울노회 예전 TF팀 구성 등에 관한 사항이 제시되었으며, 교육에서는 목회자 월례 모임 시행, 목사수련생 제도의 중간평가 시행, 목사후보생 교육 강화와 자기 관리 교육 포함, 장학금 지급 규정의 검토 등이 제안되었다. 조직에서는 통사부의 사회복지 관련 업무의 신도부 이관과 선교부의 해외선교분과를 분리하여 국제협력선교위원회를 신설하여 사업을 이관하고 미디어위원회를 신설하는 안이 제안되었다. 이 제안들은 2021년 제120회 정기회에 헌의되어 제도화되었다.

(2) '노회 운영에 관한 특별위원회'의 사업과 결과

서울노회는 2022년 제122회 정기회에서 '노회 사무처 제도 운영에 관한 특별위원회'를 만들었으며, 제123회 정기회에서 '노회 운영에 관한 특별위원회'로 조정하였다.[9] 특별위원회를 만든 이유는 교세 하향 추세가 지속되고 있는 심각한 상황 속에서 향후 미래를 위해 수도노회로서 노회 발전 장기 프로젝트 등 체계적이고 구체적인 계획과 개혁이 필요하다는 취지였다.

위원회는 노회 현안과 문제점, 개선 방향에 대하여 토론하고, 토론된 내용을 중심으로 네 영역에서 발제 토론[10]을 한 후 이 발제안을 기조로 2023년 3월 10일에 효동교회에서 공청회를 열었다. 공청회의 중요한 결정 사항으로 2023년 제124회 정기회에서 부회장이 중심이 된 '임원·부장단 확대연석회의'가 설치되었으며,[11] 총무제와 관련된 '서울노회 사무처에 관한 규칙 개정'의 제안, 서울노회의 각종 회의에 회원들의 참석률

---

9 위원장: 노회장 인영남 목사, 서기 김의신 장로, 위원: 인영남, 박승렬, 이혁, 나호천, 김의신.

10 발제 토론은 선교: 김의신 장로, 제도: 박승렬 목사, 운영: 나호천 장로, 교육: 이혁 목사가 담당하였다.

11 '임원부장단 확대연석회의'를 분기별로 갖는다. "ㄱ. 구성은 임원(8인), 각 부장(7인) 남, 녀, 청년신도회장(3인)으로 한다. 필요시 각 위원장 및 각 부서 서기도 참여할 수 있다. ㄴ. 정기회에서 제안한 사업과 결산, 차기 년도 예산 등을 협의한다. (단, 예산 수립 회의는 목사 부노회장이 진행한다.)"

과 관심도를 높이기 위한 불이익을 주는 방안 등이 제안되었으나 정기회에서 기각되었다. 이 밖에도 노회 발전을 위한 공청회에서 제안된 사항은 장로 피택자들을 대상으로 노회 차원의 연합 교육, 일반 교인들을 대상으로 노회 차원의 성경 세미나, 총무 대신 사무국장 제안이 있었다.

한편 서울노회는 시찰위원회의 구성이 일괄적이지 않아 효율적인 시찰회 구성을 위하여 '시찰회 개편 연구위원회'를 구성하고[12] 시찰회 개편을 모색하였다. 연구위원회는 현행 시찰위원회를 재편하기 위한 여러 방안을 모색했으나[13] 시찰회 간 합의에 이르지 못해 현 시찰위원회를 그대로 유지하기로 하였다.

한편 노회 규칙 개정되고 새로운 규칙이 신설되었다. 2022년 서울노회 교역자안식년제운영위원회제 운영위원회에서 노회 소속된 부목사에게도 동일한 안식년제 기회를 제공하기 위해서 규칙을 개정하도록 헌의하여 시행되었다. 개정된 내용은 "해교회 6년 근속 시무 교역자의 교회이며 1교회 1교역자를 원칙으로 한다"에 "(단, 추가 가능하며 추가 인원에 대한 분담금을 납부한다)"를 삽입하였다. 또한 서울노회가 헌의하여 개정된 총회 헌법 개정에 따른 규칙을 비롯해 12개 항목의 노회 규칙을 개정하였다(서울노회 규칙 참조).[14]

---

12 부장: 정원진 목사, 서기: 김의신 장로, 부원: 박병석 장로, 송승진 목사, 윤주안 목사, 이인경 장로, 한명수 목사.

13 시찰회 연구위원회에서 제시한 안은 "① 중구시찰위원회와 동대문시찰위원회를 통합하고, 나머지 시찰위원회는 현행대로 유지하는 안, ② 서은시찰위원회를 서대문시찰위원회와 은평시찰위원회로 분리하고, 종로시찰위원회를 종로동시찰위원회와 종로서시찰위원회로 분리하며, 나머지 시찰위원회는 현행대로 유지하는 안, ③ 종로시찰위원회의 5개 교회를 인근 시찰위원회로 이동시키는 안" 등 세 가지다.

14 ㉠『헌법』 V. 권징조례 '제3장 소송 절차 제23조 화해의 권고'에서 "단, 성범죄 소송에서는 화해권고를 하지 아니한다."로,
㉡『헌법』 V. 권징조례 '제4장 판결 제51조 직할 판결'에서 "성범죄 사건은 하급 치리회를 거치지 않고 상회에 직접 고소, 고발할 수 있다."로,
㉢『헌법』 V. 권징조례 '제5장 상소 제57조 상소의 사유 7.' 책벌에 불복할 때『헌법』 V. 권징조례 '제8장 재판국 제73조 노회 재판국의 조직 1.'에서 "단, 여성이 관계된 재판일 경우에는 여성 재판국원을 포함해야 한다."로,
㉣『헌법』 V. 권징조례 '제8장 재판국 제78조 총회 재판국의 구성'에서 "여성 1인 이상을 포함해야 한다."로,

3) 통계로 본 서울노회의 현황과 변화

① 2020년
- 44교회(조직 30, 미조직 9, 개척 5)
- 목회자 196명(원로 48, 은퇴 2, 시무 94, 무임 52)

② 2024년
- 46교회(조직 30, 미조직 10, 개척 6)
- 목회자 198명(원로 51, 은퇴 1, 시무 93, 무임 53)

ⓜ 『헌법』 V. 권징조례 '제8장 재판국 제82조 공탁금 6.' 신설 "성범죄 소송에 대한 재판비용 또는 공탁금은 면제한다."로 개정되었다.

ⓗ 또한 서울노회의 권징조례 제9조 '범죄의 고소, 고발'에서 2항 "소송을 제기하는 사람이 그 사건 및 상대방 인신공격에 관한 내용을 유인물화 하여 소송 제기 전에 유포한 사실이 있으면 그 사건을 기소하지 않을 수 있으며 비방하는 사람이 속한 치리회에서 처벌할 수 있다."에서 "단, 성범죄 피해자는 예외로 한다"로 개정,

ⓐ 권징조례 제20조 '심리의 절차'에 관하여 "원고가 소송 계류 중에 관련 사건에 관한 유인물을 유포하면 그 건을 기각할 수 있으며, 피고가 유인물을 유포하면 재판국은 처벌할 수 있다."에서 "단, 성범죄 피해자는 예외로 하며, 성범죄와 관련된 경우에는 피해자의 신상 정보에 대하여 비공개로 한다." 삽입,

ⓞ 권징조례 제12조 '고소, 고발 등의 시한'에 관하여 "고소, 고발 등의 시한 고소, 고발은 범죄 사실이 있은 후 3년이 경과한 때에는 이를 할 수 없다."에서 " 단, 성범죄는 그 기한을 10년까지 인정한다."로 개정,

ⓩ 헌의 제목: 권징조례 제25조 '대리인 선임'에 관하여 4항 (신설). "성범죄 피해자를 대신하여 재판과정에 참여하는 대리인을 선임할 수 있다. 교단 내의 목사 또는 장로 중에서 1인을 선임하며, 대리인 선임 신고서를 제출해야 한다."를 신설하였다.

ⓩ 권징조례 제82조 '공탁금 면제'에 관해 "성범죄 피해자는 재판비용 또는 공탁금을 면제한다."로 개정하였다.

ⓣ '기관목사' 파송과 '사회 선교사'에 관한 선교부 규정 제정을 하였다. 1. 목적: 본 노회 기관목사 파송에 관하여 규정함을 목적으로 한다. 2. 자격조건: 자격조건 모두를 구비한 자를 선교부가 심의하여 결정한다. 1) 한국기독교장로회 서울노회 목사로 결격 사유가 없는 자, 2) 한국기독교장로회 헌법 21조 5. "기관목사는 총회, 노회, 관계기관 및 학교, 군대, 병원, 교도소, 산업시설, 복지기관 등 특수한 분야에서 시무하는 목사"에 해당하는 기관에 속한 자, 3) 최소 6개월 이상의 활동 내용을 제출한 자, 4) 총회가 정하는 최저 생계비 이상인 사례비 입증 서류를 제출한 자.

연도	2020년			2024년			증감
구분	남	여	계	남	여	계	
목사	158	38	196	158	40	198	+2
준목	0	10	10	0	8	8	−2
장로	94	21	115	93	19	112	−3
전도사	10	6	16	13	2	15	−1
목사후보생	40	16	56	8	6	14	−42
세례교인	2,621	3,426	6,047	2,524	3,373	5,897	−150
원입교인	857	938	1,790	649	746	1,395	−395
결산 총액	8,891,441,109			8,755,031,134			−136,409,975

변화 추이

2020년대 들어 5년 동안 변화 추이를 보면 교회 수는 2개 교회가 증가했다. 분포를 보면 2개 교회가 개척되었고, 5개 개척교회 중 2개 교회가 설립교회가 되어 미조직교회가 9개 교회에서 10개 교회로 증가하였다. 이렇게 개척교회가 설립교회가 되어 미조직교회로 편입하게 된 것은 개척교회가 발전된 측면도 있겠지만, 2017년에 교회 설립 기준이 바뀌어 세례교인 15인 이상으로 되어 있던 기준이 세례교인 10명 이상으로 바뀌었기 때문으로 사료된다. 한편 2024년 126회기에 서울노회 동명교회가 서울동노회 천호동교회와 합병되어 교회 이관을 하였다.

목회자의 변동은 원로목사와 은퇴목사가 2명, 시무목사가 1명 줄고, 무임목사가 1명 증가한 것으로 나타나 변동이 없는 상황이다. 4년 동안 세례교인 150명, 원입교인이 395명이 감소하였는데, 이는 2010년도의 세례교인 11,163과 원입교인 −1,013명에 비해 상대적으로 감소 폭이 그리 크지 않아 다행이라 볼 수 있다. 그럼에도 불구하고 2022년과 2023년도를 비교해 볼 때 목사후보생이 1년 사이에 8명이나 감소하였다는 것은 앞으로 교역자의 수가 크게 감소할 것으로 예측할 수 있는 적신호라 볼 수 있다. 특별히 눈여겨 볼 것은 2022년도에 비해 2023년도의 교인 수 감소 현황이다. 교인 수가 2022년 7,579명에서 2023년에 7,292명으로 1년 사이에 287명이 감소한바, 그 중 원입교인의 수가 210명 줄었다는 것은 새 교인들이 서울노회 지교회에 정착하지 못하고 떠나감을 의미하기에 대책이 필요하다.

교인 수가 감소함에 따라 2020년대에는 노회 결산액이 4년 사이에 136,409,975원 감소하였는데, 이는 코로나 팬데믹의 영향 때문인 것으로 파악되며, 다행히 교인 수가 줄었음에도 불구하고 2023년에는 2022년에 비해 170,183,758원이 증가하여 회복세를 보였다.

2. 기장교회의 발전을 위한 서울노회의 총회 헌의 활동

1) 총회 상임위원회(기후정의위원회) 신설 및 규칙, 시행세칙 개정 헌의

서울노회는 2023년 총회 제108회 총회에 상임위원회로 기후정의위원회 신설과 기후정의위원회 신설에 따른 「한국기독교장로회 총회 규칙」 제16조(상임위원회) 개정을 헌의하여 채택되었다. 헌의안은 "1) 기후정의위원회 위원은 15인(여성 1인 이상)으로 하되 위원회 추천 위원은 2인으로, 생태공동체운동본부 위원은 2인으로 하며 별도 규정을 둔다. 2) 창조 세계의 온전성 회복을 위한 기후정의 실현을 위하여 교단 내외적으로 선교 활동을 수행하고 총회에 보고한다." 또한 기후정의위원회 신설 후 생태공동체운동본부 운영위원회에 기후정의위원장을 포함하도록 하며, 시행세칙 개정 구성원을 '교회와사회위원회' 대신에 '기후정의위원회'로 개정하는 헌의안을 제출하였다.

서울노회가 총회에 기후정의위원회를 헌의한 취지는 다음과 같다.

1) 지구온난화로 인한 기후변화는 기후위기의 단계를 넘어 기후재난 또는 기후비상사태의 단계에 이르렀습니다. 이제 기후위기는 '강 건너 불'이 아니라, '발등의 불'입니다. 지금 당장 '기후위기 비상행동'에 나서지 않으면 인류의 미래는 없다고 과학자들은 한목소리로 경고하고 있습니다. 이에 하나님의 청지기인 교회는 창조 세계의 보전과 인류의 지속을 위해 비상한 각오로 창조 세계의 온전성 회복을 위한 선교에 총력을

기울여야 할 것입니다.

2) 다행히 지난 회기 중 서울노회를 비롯한 많은 노회가 '기후정의위원회'를 설치하여 창조 세계의 온전성 회복을 위한 선교에 매진하여 많은 성과를 냈습니다. 이제 이를 전국으로 확산하고, 교단적 차원에서 창조 세계의 온전성 회복을 위한 선교를 진두지휘할 독립된 전문위원회가 필요합니다. 이는 우리 교단이 다시 '역사의 화살촉'이 되어 시대적 소명을 앞장서 감당하는 일과 우리 사회에서 한없이 추락한 교회의 사회적 신뢰도를 회복하는 일에도 큰 도움이 될 것입니다.

2) 총회 공천 업무 시행세칙 제3조 2항, 제6조 1항 개정 헌의

서울노회는 2023년 제108회 총회에 상임위원회와 특별위원회 위원 공천에서 원로목사와 무임목사를 제외하는 헌의안을 제출하였다. 노회가 이 헌의안을 제출한 것은 총회 헌법 제4장 21조 6항에 "원로목사는 정년 또는 자원 은퇴한 목사이다"라고 규정하고, 『정치치리 총람집』 "9. 공천관계"에서 "(3) 은퇴목사는 노회 상비부서에 '공천할 수 없다'"고 명시하고 있음에 근거한 것이다.

은퇴는 사전적 의미로 "직임에서 물러나거나 사회 활동에서 손을 떼고 한가히 지냄. 생산 활동은 중지했지만 지속적으로 소비는 하고 있는 삶의 형태로, 단순히 직장을 그만두는 것을 의미하는 '퇴직'과는 차이가 있다"라고 되어 있습니다. 하여, 총회 헌법 제4장 21조 6항에 의거하여 원로목사는 대외 모든 기관에서 공천을 배제하는 것이 합당합니다. 뿐만 아니라 자원 은퇴하였음에도 불구하고 공천된 직임에서 물러나지 않는 사례가 있습니다. 현재는 명시 규정이 분명하지 않아 논란을 일으키고 있습니다. 시무에서 정년 은퇴하거나 자원 은퇴한 원로목사는 당연히 다른 공직에서도 은퇴하는 것이 합당합니다.

이와 같은 취지에서 헌의하였으나 기각되었다.

3) "목사의 자격"(헌법 정치 4장 제20조) 개정 헌의

서울노회는 2022년 제107회 총회에 20조 목사의 자격 중 "목사는 신앙이 진실하고 교수 능력이 있는 사람으로서 신체가 건강하고 행위가 복음 선교에 적합하며 가정을 잘 다스리고 타인의 존경을 받으며(딤전 3:1-7) 다음과 같은 자격을 갖춘 사람이어야 한다"에서 '신체가 건강하고'를 "목회 수행 능력이 가능하며"로, 5항 "7년 이내에 범죄 이력이 없는 사람(단, 양심사범은 제외)"으로 헌의하여 개정되었다.

4) "지교회의 설립"(헌법 제11조 3항) 개정 헌의

"지교회의 설립" 개정의 취지는 다음과 같다. 교회는 사람이 모이는 것이 핵심이다. 예배 드릴 수 있는 공간과 시간 등은 해당 교회에서 자율적으로 판단할 문제다. 교우들이 정기적으로 예배 드릴 수 있다는 것을 확인할 수 있고 객관적으로 입증된다면 교회로서 설립이 가능하도록 조건을 완화하는 것이 필요하다. 따라서 현행 지교회 설립에 관한 헌법 "공동으로 모이는 전용 예배처와 세례교인(입교인) 10명 이상과 전담 교역자가 있어 지교회를 설립코자 하면 노회에 청원하여 허락을 받아 설립한다. 단, 특수 목회를 위한 교회는 예외로 한다"에서 '전용 예배처'의 '전용'을 삭제하고 "공동으로 모이는 세례교인(입교인) 10명 이상과 전담 교역자와 예배처가 있어 지교회를 설립코자 하면 노회에 청원하여 허락을 받아 설립한다. 단, 특수목회를 위한 교회는 예외로 한다"로 개정할 것을 헌의하여 개정되었다.

5) 성범죄 권징조례 개정 헌의

서울노회는 2022년 제107회 총회에 교회 내 성폭력 예방을 위한 헌법 권징조례 개정을 헌의하였다. 서울노회의 관련 헌의안은 총 다섯 개로 다음과 같다.

권징조례 제9조 "범죄의 고소, 고발에 관한 개정", 권징조례 제12조 "고소, 고발

등의 시한에 관한 개정", 권징조례 제20조 "심리의 절차에 관한 개정", 권징조례 제5조 "대리인 청구에 관한 개정", 권징조례 제82조 "공탁금 면제에 관한 개정"의 건을 헌의하였다. 동시에 총회 양성평등위원회에서도 이와 비슷한 내용들을 헌의하였다.

헌의 결과, 세 가지 개정안이 통과되었다. 1) 헌법 권징조항 제12조 "고소, 고발은 범죄 사실이 있은 후 3년이 경과한 때에는 이를 할 수 없다"고 되어 있던 것을 "단, 성범죄는 그 기한을 10년까지 인정한다"로 통과되었다.[15] 2) 제25조 "변호인 및 대리인이 선임"에 관한 부분을 "성범죄피해자를 대신하여 교단 내의 목사 또는 장로 중에서 대리인 1인을 선임할 수 있다"로 대리인 부분을 구체화하여 통과되었다. 3) 제82조 "공탁금" 면제 부분은 "성범죄 소송에서"로 되어 있어서 가해자도 요구할 우려가 있기에, "성범죄 '피해자'는 재판비용 또는 공탁금은 면제한다"로 통과되었다.

그러나 제9조 '범죄의 고소, 고발'과 제20조 '심리의 절차'에 관한 개정안(유인물 배포 부분) 헌의는 부결되었다.

서울노회는 이렇게 교회 안에서의 성범죄 방지를 위해 권징조례 개정을 헌의한 한편, 성범죄를 일으킨 노회원 징계에도 철저하여 후배 교수를 성폭행한 행위로 K 목사를 정직하였다.

6) "기관목사"(헌법 정치 4장 제21조 5항) 개정 헌의

서울노회는 2023년 124회 정기회에서 사회 선교사를 파송하기 위한 법적 근거를 마련하기 위해 기관목사 제도에 관한 개정을 헌의하여 2023년 108회 총회에서 허락되었다. 헌의안은 기관목사란에 사회 선교사 부문을 추가한 것이다. 헌의 내용은 제4장 21조 5항 기관목사 "기관목사는 총회, 노회, 관계 기관 및 학교, 군대, 병원, 교도소, 산업시설, 복지기관, 사회 선교사 등 특수한 분야에서 시무하는 목사다. 임기는 재임 기간으로 한다"이다.

---

15 사회법에 "성추행과 강간은 공소시효 10년, 강간치상은 공소시효 15년, 피해자가 13세 미만일 경우에는 공소시효가 없음"으로 되어 있는 것을 볼 때, 교회법은 더 보완되어야 할 것이다.

서울노회가 기관목사 개정을 헌의한 취지는 다음과 같다.

"우리 교단은 2017년 제102회 총회에서 사회 선교사 제도를 제정하고 2019년 4명의 사회 선교사를 파송한 이후 세 차례에 걸쳐서 9명의 사회 선교사를 파송하였습니다. 사회 선교사는 교회 울타리 밖에서 소외된 이웃들과 함께하며 전문적이고 지속적인 사역을 통해 교회와 사회를 잇는 역할을 감당하고 있습니다.

이처럼 좋은 의미를 담아 시행하고 있는 사회 선교사가 노회에서 파송 받기 위해서는 법적 근거가 있어야 하는데 우리 헌법안에는 이런 근거가 없습니다.

하여, 사회 선교사가 노회에서 기관목사로 파송 받아 법적 근거를 가지고 선교 활동에 전념할 수 있도록 아래와 같이 헌법을 개정하려 합니다."

3. 서울노회 상임위원회 조직과 사업

서울노회 상임위원회는 기존의 교역협력지도위원회, 교역자안식년제운영위원회, 생활보장제위원회 외에 5개의 위원회가 신설되었다. 교역협력지도위원회는 교역 지도와 당회록 검사 업무를 담당하고 있다. 교역자안식년제운영위원회는 31개 교회가 안식년제에 참여하고 있으며 교역자 안식년제 보조금을 440만 원에서 400만 원으로 임시 조정하였다. 생활보장제위원회는 47개 교회와 18개 기관의 목회자가 참여하고 있으며 7개 교회를 생활보장제 대상자로 선정하였다. 상임위원회 사업을 소개함에 있어서 기존 세 위원회 사업 이외에 신설된 위원회를 중심으로 사업을 소개하겠다.

1) 기후정의위원회

서울노회는 2022년 122회 정기회에서 '기후정의위원회'를 신설하였다. "기후정의위원회는 당연직 1인(목사 부노회장), 공천 4인으로 조직하고(10조),[16] 위원회의 직무는 기후정의 선교와 교육을 담당하고 각 교회의 기후정의 활동을 돕는다(12조)"로 되어 있다. 이렇게 조직 구성을 한 기후정의위원회는 2020년대 다음과 같은 사업을 하였다.

(1) 기후정의에 관한 캠페인 전개와 연대 활동

기후정의위원회가 신설되고 나서 위원회는 바로 기후정의에 관한 캠페인을 전개하기 시작하였다. 캠페인은 노회 홈페이지에 '기후정의 게시판'을 만들어 총회와 위원회가 주최하는 사업과 연대 단체들의 활동을 알리며 이와 관련한 캠페인을 전개하였다.

기후정의위원회가 전개한 캠페인은 '후쿠시마 핵 오염수 투기 반대' 캠페인, 탈핵주일 캠페인, '환경 주일' 캠페인, 기후정의 주일 캠페인, 창조절과 창조절 탄소 금식 캠페인, 기후정의를 위한 걷기대회 캠페인, 녹색교회 탐방 프로그램과 햇빛발전소 설치 캠페인을 전개하고, 이를 위해 위원회에서는 노회 홈페이지 "기후정의 소식"에 관련 소식을 공지하고, 지교회에 공문을 발송했으며, 웹자보를 제작하여 배포하였다. 녹색교회 캠페인과 관련해서 2023년에 독립문교회와 효동교회가, 2024년에 경동교회와 경복교회가 '녹색교회상'을 수상하였다.

(2) 기후위기와 환경문제에 대한 교육

노회 기후정의위원회는 서울노회 지교회의 기후위기에 관한 인식도를 알아보기 위하여 2023년 기후위기 극복을 위한 환경 주일 지키기에 관한 설문 조사[17] 실시를

---

16 위원장: 정원진, 서기: 송승진, 위원: 남·여신도회가 추천한 김종순 장로, 윤보숙 권사, 전문위원: 고순희 장로(경동교회), 조대봉 목사(경서교회).

17 '2023년 환경주일 성수'에 관해 설문 조사한 결과, 응답 19교회(성수 16, 미성수 3)였으며, 미성수 사유로 "다른 목회 일정"(2교회), "몰랐음"(1교회)이라는 응답이 나왔고, "동영상 제공, 예배 자료 제공, 더 일찍 안내"라는 요구가 있었다.

시작으로 기후위기에 관한 교육을 실시하였다. 2023년 9월 15일 초원교회에서 '2023년 기후정의 주일 기념 강연회'를 "기후위기, 앞으로 10년이 중요한 이유?"(강사: 조천호 박사)라는 주제 아래 개최하였으며, 2024년 6월 어린이와 청소년을 위한 생태 성경 공부 교재 안내 및 배포하였다. 2024년 8월 9일 '창조절 기후정의 교육' 강사 파송 교육을 실시하였다. 교육 기간은 2024년 8월 25일~10월 2일 사이에 주일 낮 예배 설교, 주일 오후 예배 설교 또는 강의, 수요 예배 설교 또는 강의로 진행하도록 하며, 파견 강사는 이택규 목사, 정원진 목사, 김지목 목사, 장동현 목사, 김요한 목사로 위원회에서 교회당 10만 원 및 강사비를 지원하였다.[18]

(3) 후쿠시마 방사능 오염수 해양투기 반대 한국교회 연대 활동

기후정의위원회는 2023년부터 '후쿠시마 방사능 오염수 해양 투기 반대 한국교회 연대'에 참가하여 연대 활동을 전개하였다. "한국교회 기독교 후쿠시마 방사능 오염수 해양투기 규탄 성명서"에 연명한 것을 시작으로 기후정의위원회와 위원들이 소속한 교회들에서 기도회, 도보 순례 '후쿠시마 핵 사고 13주기: 에너지 전환 대회'에 참여하였다.[19] 또한 후쿠시마 핵 오염수 해양 투기 반대 한국교회 연대가 기획한 2023년 대림절 매일 묵상집 『생명의 바다와 그 속 생물들』의 집필에 참여하고[20] 제작하여 배포하였다.

(4) 제125회 정기회를 생태·환경노회로 개최

서울노회는 기후정의위원회의 제안으로 2023년 제125회 정기회를 '생태·환경노회'로 실시하였다. 생태·환경노회를 조성하기 위해 정기노회 참석 시 자가용 이용

---

18 초원교회(9/29), 한일교회(9/15), 향린교회(9/29), 효동교회(9/29)가 교육을 실시하였다.
19 독립문교회, 경동교회, 서울제일교회, 섬돌향린교회, 향린교회 등이 참여했다.
20 정원진 목사, 김요한 준목, 김하나 목사, 김성희 목사, 조용원 목사 등이 집필했다.

자제, 카풀 및 승합차, 대중교통 이용을 권장했으며, 노회에서 개인용 생수를 준비하지 않고 개인 컵을 지참토록 했으며, 노회 자료집 인쇄 부수를 최소화하고 전자책 이용을 장려하였다. 또한 노회 시에 "기후비상사태 시대, 교회의 역할"이라는 주제(강사: 정원진 목사)로 노회원 '기후 정의 교육'을 실시하였으며, '기후위기 비상행동을 홍보하는 핀버튼' 2종을 500개씩 만들어 노회원과 교회에 배포하였다. 헌금은 생태공동체운동본부에 후원하였다.

2) 국제협력선교위원회

서울노회는 2021년 제120회 정기회에서 선교부의 '해외선교협력분과'를 총회와 같이 '국제협력선교위원회'로 전환하였다. 국제협력선교위원회는 해외선교협력분과에서 하던 사업을 이어받아 국제협력선교 동역자들의 연금을 지원하고 해외 수도노회와의 선교 협력과 연대 교류를 위한 사업을 실시하였다. 또한 2022년 6월 27일 마장호수에서 국제협력선교위원회 정책협의회를 실시하였으며, 5월 10일 효동교회에서 통일사회부와 공동으로 우크라이나 전쟁 특별 강연회를 개최하였다.[21]

---

21 정책협의회 프로그램은 "발제 1: 선교사 관리 문제(발제자: 안미정 목사), 발제 2: 일본과 향후 관계(발제자: 인영남 목사), 발제 3: 필리핀과 향후 관계(발제자: 정진우 목사), 발제 4: 캐나다 및 독일 관계 수립(발제자: 신승민 목사)"으로 진행되었다. 우크라이나 전쟁 특별 강연회를 5월 10일 화요일 오후 3~5시에 효동교회에서 통사부와 공동으로 "우크라이나·러시아 전쟁과 우리의 평화"라는 주제(강사: 박종수 박사/대통령 직속 북방경제협력위원회 위원장)로 개최하였다.

(1) 국제협력선교 동역자들에게 선교 지원

해외선교분과는 3명의 국제협력선교 동역자 연금에서 교회 분담금을 지원하고 있으며(김현숙 선교사, 김형기 선교사, 정광은 선교사), 일본 기독교단 동경교구 북지구 소속 나가오 유키 목사를 지원하고 있다. 또한 서울노회와 일본 교회와의 교류와 연대를 위해 오랜 기간 동안 동역자로 일해 온 일본 기독교단(동경 북지구) 국제협력선교 선교사 가정순 목사(2020년 제118회 정기회에서 서울노회 전입 허락)를 2023년부터 일본에 국제협력선교 동역자로 파송하였으며, 네팔 평신도 선교사인 김선태 선교사를 서울노회 국제협력선교사로 승인하였다. 한편 위원회는 2022년 8월 2일 서울 디아스포라교회에서 김현숙 선교사의 필리핀 선교 귀국 보고회를 실시하였다.

(2) 선교 활동지 지원과 방문

① 선교 활동지 지원

2021년에 미얀마에 Thang Sian Kip(한신대학교 SEST 학생)과 에큐메니컬 버마 플랫폼을 통해 코로나19 대응을 위한 산소발생기 마련을 위해 3천 달러를 지원하였으며, 필리핀 팔라완노회 사무실 건축을 위해 1만 달러를 지원하였다. 또한 필리핀 팔라완노회에 2인의 장학금을 동명교회 김희선 장로와 초원교회의 후원으로 지원하였으며, 필리핀 팔라완노회의 필리핀 현지 목회자 양성을 위한 장학금과 필리핀 NCCP가 주최하는 interfaith learning 프로그램을 지원하였다. 또한 네팔 평신도 선교사 김선태 선교사가 여는 국제네팔선교센터 개관에 1백만 원을 지원하였다. 2024년에는 선교비 지원은 아니지만 NCCK의 요청으로 팔레스타인 가자지구에 인도주의적 지원을 하였으며, 2024년 8월 16일 개최된 NCCK 100주년 기념 국제 컨퍼런스에 참석하고 후원하였다.

한편 위원회는 2022년 12월 30일 효동교회에서 한신대학교 SEST 학생 2명의 위로회를 진행하였으며, 2023년 12월 15일 효동교회에서 한신대학교 신학대학원에 재학 중인 외국인 학생 위로회를 실시하였다. 참석자는 학생(Audra, Kip), 노회원, 국제위원, 총 11명으로 학생 점퍼 및 선물을 제공하였다.

② 필리핀 팔라완노회를 방문

정진우 위원장이 2022년 4월 28~30일 팔라완노회 임원 및 시찰장과의 모임에 참석하고, 선교 협력지를 탐방하고, 노회 사무 집기를 지원하였다. 또한 팔라완노회의 초청으로 팔라완노회가 열리는 때에 맞추어 2024년 4월 8~11일 이청산(노회장), 김성철(서기), 인영남(위원장), 정진우(전 위원장) 4인이 방문하고 장학 및 사업에 대한 향후 협력 사업을 논의하였다.

(3) 해외 교회 수도노회와의 연대와 교류

2020년대 들어서 서울노회가 교류 협력을 하는 해외 교회 수도노회는 캐나다연합교회 샤이닝워터즈지역회와 선교 협력 관계를 수립하였으며, 독일 북부 주교회(Nord Kirche in EKD)와 연대 교류 작업을 시작하였다.

① 캐나다연합교회 샤이닝워터즈지역회(UCC Shinning Waters Regional Council) 와 선교 협약과 교류

서울노회는 지난 2016년부터 캐나다연합교회 토론토연회와 선교 협력 관계를 모색해 왔다. 2019년 11월 26일 샤이닝워터즈지역회[22] 실행위원회는 서울노회와 선교 협력을 맺고 인턴 교류 등 선교 협력의 구체적인 교류 사업을 진행하기로 결의하였고, 서울노회도 노회에서 선교 협력 관계 수립을 결의하였다. 서울노회는 샤이닝워터즈지역회에 "1) 인턴 상호 교환, 2) 청년 교류 프로그램, 3) 목회자 안식년 프로그램,

---

22 캐나다연합교회 구조 조정으로 토론토연회가 샤이닝워터즈지역회로 통합되었다. 샤이닝워터즈지역회(Shinning Waters Regional Council)는 캐나다 온타리오주의 토론토와 그 위성 지역에 위치하며 150여 개의 교회와 선교처로 구성되어 있다.

4) 상호 목회 교류"를 제안하였다. 해외선교분과는 고시부에서 추천한 이동환 목사후보생을 캐나다연합교회 샤이닝워터즈지역회에 파송하였다.

② 독일 북부 주교회(Nord Kirche)와의 연대 교류 모색

2024년 4월 20~26일 독일 함부르크 주교회 일행 13명이 서울노회를 방문하여 북부 함부르크 주교회와 서울노회 간의 파트너십 협력 관계를 모색하고 강화할 목적으로 서울노회의 교회와 기관들을 돌아보았다.

(4) 일본 동경 북지구와의 연대 · 교류와 한일선교협의회

일본 동경 북지구노회와의 연대·교류를 위해 해마다 한일 양측 노회 시 양측 대표들이 방문하여 교류·연대하고, 2년마다 한일선교협의회를 교차하여 실시하고 있다.

① 한일선교협의회

한일선교협의회는 코로나19 팬데믹을 맞아 온라인으로 협의회를 실시하면서 한일선교협의회의 원활한 진행을 위하여 양측에서 4명씩으로 구성된 워킹 그룹을 결성하여 프로그램을 기획하고 진행하였다.

가. 제10차 한일선교협의회

제10차 한일선교협의회는 "팬데믹과 기독교 — 갈림길에 선 교회"란 주제로 2021년 11월 14일에 온라인으로 개최되었다. 한국 측 13명, 일본 측 41명이 참석하였으며, 정현진, 손성호, 한명수, 김성희, 나가오 유키 목사가 각각 발제를 담당하였다. 협의회는 예레미야서 6장 16절의 말씀을 중심으로 팬데믹하에서 한일 양 교회의 선교 활동을 공유하고, 양 교회가 약자를 위한 일치와 연대, 창조 세계의 보전을 위해 힘쓸 것을 다짐하며 다음과 같이 공동의 실천 과제를 합의하였다.

－ 동아시아의 평화 구현과 양국 사회가 직면한 혐오와 차별 문제를 해결하기 위해 노력한다.

－ 청년, 청소년 교류와 여성 간의 교류를 위해 노력한다.

－ 8월 첫째 주일을 동아시아 평화 공동 기도 주일로 하며, 2022년 공동 기도문은 한국에서, 2023년은 일본에서 작성하여, 양 교회에서 예배를 드린다. 또한 온라인 공동평화기도회의 개최를 검토한다.

나. 제11차 한일선교협의회

제11차 한일선교협의회가 2023년 10월 29일~11월 1일 일본에서 진행되었다. 한국 측 15명이 참석하여 관동대지진 100주년 기념 한국인 학살 현장 방문, 한일선교협의회 20주년 기념 워킹 그룹 논의를 합의하였다.

한편 협의회의 합의에 따라 '동아시아 평화를 위한 한일 공동 기도문'을 작성하여 공유하였으며 각 지교회에서 기도할 수 있도록 안내하였다.

3) 미디어위원회

서울노회는 2021년 120회 정기회에서 미디어위원회를 신설하였다. 코로나19 팬데믹으로 인해 대면 모임이 기피된 상황에서, 이에 대처할 방법으로 비대면 예배를 비롯해 대면하지 않고도 소통할 방법이 필요했기 때문이다. 미디어위원회의 목적은 노회의 미디어 업무를 담당하고 각 교회의 미디어 업무를 돕는 데 두었다. 2021년 121회기에 미디어위원회는 조직을 구성한[23] 다음 코로나19 상황에서 당면 과제인 노회 소속 교회의 비대면 온라인 예배를 지원할 방법을 모색하는 과정에서 일차적으로 노회 소속 교회의 온라인 예배 현황을 온라인 설문 조사로 파악하였다.

---

23 위원장: 김유준 목사, 서기: 김진성 목사, 위원: 김광은, 김현주, 박나혁, 신연식, 이산하.

(1) 서울노회 유튜브 플랫폼(URL) 제작

2022년 123회기에는 서울노회 "성서학당" 프로그램의 현황을 유튜브로 방영하고 노회 홈페이지에 성서학당 동영상을 올렸다. 이를 위해 서울노회 유튜브 도메인 주소를 만들었다.[24] 미디어위원회는 2023년 125회기에는 각 지교회 온라인 방송 송출 지원을 위해 절기별 섬네일(대표 화면)을 제작하였다. 제작은 ① 해당 디자이너에게 제작을 의뢰키로 하고, ② 각 지교회에서 사용하기 용이하도록 파워포인트 등의 제작 툴을 사용하며, ③ 해당 이미지, 사용 글씨 폰트 등에 대한 저작권 문제가 계속 발생하고 있으므로 무료 폰트와 무료 이미지 등을 꼭 사용하도록 하였다.

(2) 미디어위원회 게시판 설치와 시찰회에 미리캔버스 디자인 프로그램 제공

2024년 126회기에 노회 홈페이지에 미디어위원회 게시판을 개설하고 유튜브 및 주일 피피티 섬네일을 만들어 노회 게시판에 올렸다. 업로드한 자료는 "주일 예배 섬네일 파일(3개), 추수감사주일 파일(1개), 대림절 섬네일(1개), 성탄절 섬네일(1개), 부활절(1개), 종려주일(1개)"이다.

절기별 유튜브 섬네일 지원은 5~7년 정도 자료를 축적하였으며, 미리캔버스(온라인 디자인 프로그램)는 시찰별로 유료 아이디를 제공하여 시찰 내 교회가 같은 아이디를 공유하도록 할 계획이다.

4) 특별위원회의 조직과 사업

2023년에 서울노회는 '서울노회 역사편찬위원회'와 '서울노회 운영 매뉴얼 제작 위원회'를 신설하였다.

---

24 http://url.kr/4pdi5b.

(1) 서울노회 역사편찬위원회

서울노회를 위해 앞장서서 일해 온 노회원들이 은퇴하기 시작하면서 그 역사와 전통이 전수되지 못할 상황에 놓여 있어, 서울노회의 역사와 경험을 간직하고 있는 노회원들이 있을 때 그동안의 노회 역사와 노회의 경험을 축적하고 앞으로의 시대를 준비해야 할 필요성과 서울노회의 역사를 통전적으로 정리하여 그 의미와 함께 서술해야 했다. 이에 2023년 제125회 정기회에서 '서울노회 역사'를 편찬하기로 하고 '서울노회 역사편찬위원회'를 구성하였다.[25]

제1차 노회 역사편찬위원회 모임에서는 위원회를 조직하고, 집필자(한국염 목사)를 선정하고, 집필자와 같이 노회사 편찬 방향과 방법에 대해 논의하고 필요한 사항을 점검하였다. 2차 회의에서 편집자문위원을 선정하고 위촉하였다.[26] 제3차 노회역사편찬위원회 모임에서 진행 과정을 점검하고, 노회사 정리 방식에 대해 논의, 노회 역사를 10년 단위로 정리하여 기술하고, 매년 반복되는 행사들은 주제별로 묶되 해외 선교 동역자 부문과 신도부(남·여·청년 신도회 부문)는 독립하여 한 장으로 정리하기로 하였다.

한편 역사편찬위원회는 2024년 12월 20일 경동교회에서 역사편찬위원들과 초청 토론자들이 모여 역사 편찬 초안을 기조로 서울노회 65년 이후의 과제를 모색하는 좌담회를 실시하였다. 좌담회는 역사편찬위원회 서기 한강희 목사의 사회로 진행되었으며, "노회 65년사 편찬에 대한 목회신학적 분석과 향후 목회 과제"(임영섭 목사), "노회 여신도회/여목회자 활동의 흐름과 미래 선교 사역과 과제"(이혜진 목사), "노회 청년 활동의 흐름과 미래 선교 사역과 과제"(박소영 청년), "노회 교육과제와 작은교회의 건설적인 발전을 위한 과제"(장본 목사), "노회 부교역자들의 참여 방안과 생태 환경 돌봄 선교 과제"(신연식 목사)의 발제와 함께 대안 모색을 위한 토의를 하였다.[27]

---

25 위원장: 김성희 목사, 서기: 한강희 목사, 위원: 임승택 목사, 백남호 장로, 이규남 장로.
26 신익호, 허광섭, 김성일, 김민수, 박승렬, 인영남 목사, 오동근, 지정일, 나호천 장로.
27 "노회 남신도회 활동의 흐름과 미래의 선교사역과 과제"로 부탁했으나 부득이한 사정으로 발제와

(2) 서울노회 운영 매뉴얼 제작위원회

서울노회는 제125회 정기노회에서「서울노회 운영 매뉴얼」을 제작키로 하고 위원회를 구성하였다.[28] 노회 실무 업무에 대한 인수인계 작업과 부서와 위원회의 효율적인 운영과 노회 행사, 예배, 부서 사업 등에 대한 정리 등 노회 운영을 위한 노회 운영 매뉴얼의 필요성이 꾸준하게 제기되었다. 이에 제125 임원회는 그동안 서울노회가 축적한 자산을「서울노회 운영 매뉴얼」로 남겨 노회의 운영과 발전에 기여하고자 운영 매뉴얼 제작을 위한 위원회 구성을 헌의하였다. 노회가 이를 받아들여 위원회를 구성하고 매뉴얼을 제작하게 되었다.

노회 운영 매뉴얼은 "1. 서울노회 조직표, 2. 서울노회 연간사업 일정표, 3. 노회 임원의 역할, 4. 각 부 및 위원회(역할 및 규정, 업무 절차, 상비부 운영 지침, 상임위원회 운영 지침), 5. 정기노회 준비, 6. 기타 서울노회 주요 행사, 7. 각종 서류 처리 방법, 8. 예산 편성 준칙 및 노회 재정집행 절차"로 구성되었으며, 노회 운영 매뉴얼은 수칙의 성격을 지니고 있다.

4. 서울노회 상비부 사업과 제도 변화

1) 목사후보생 및 장로 피택자 고시 진행 및 교육을 위한 고시부 사업

(1) 목사후보생과 장로 피택자 고시와 교육

2020~2024년, 5년 동안 고시부가 고시 추천 청원과 고시를 한 사람은 장로고시

토론회에 참여하지 못했다. 김성희 노회장(역사편찬위원장), 편집자문위원인 전 총무 인영남 목사와 전임 장로부노회 나호천 장로가 함께 토론하였다. 발제와 토의 자료는 "맺음말" 참조.

28 위원장: 정원진 목사, 위원: 안미정 목사, 인영남 목사, 나호천 장로, 윤성애 장로.

40명, 목사후보생 144명(신규 15, 계속 129), 목사수련생 수련 과정 38명(신규 19, 계속 19), 목사고시 추천 26명이다. 1년에 평균 장로 8명, 목사후보생 29명, 수련 과정 7.6명, 목사고시 추천 7명가량을 고시하고 교육하였다. 목사후보생 중 2명(이준호, 인승이)의 목사후보생 자격을 반려하였다. 관리한 목사후보생은 46~56명 사이다. 유의할 점은 신규 목사후보생이 2020년 8명, 2021년 2명, 2022년 2명, 2023년 5명, 2024년 2명으로 감소하고 있어 향후 서울노회 목사후보생의 존립 여부가 위태로워지고 있다는 것이다.

(2) 피택장로 고시 청원자 특별 교육

고시부는 공청회의 결의에 따라 2024년 9월 1일 서울성남교회에서 '제1회 장로고시 청원자 연합 특별 교육'을 실시하였다. 총 세 개의 강의로 "기장의 태동과 역사 그리고 기장성"(김주한 한신대학교 교회사 교수), "장로의 선한 인격과 섬김의 리더십"(한명수 목사, 경복교회), "당회 운영과 회의를 위한 안내"(인영남 목사, 효동교회)로 진행되었다.

(3) 2020~2024년, 5년간의 장로고시 합격자와 임직 예정자 결단 기도회

고시부에서 장로고시에 합격한 장로 피택자들을 위한 '장로 임직 결단 기도회'에 지난 5년간 39명이 참석하였다. 장로 임직자 결단 기도회는 피택장로 부부와 담임목사가 함께 참석하며 피택장로가 '결단서'를 읽고 말씀과 성례전을 통해 장로로서 맡은 바 임무를 다할 것을 다짐하는 기도회로서 서울노회만이 갖고 있는 전통이다.

연도	회기	이름과 교회
2020	118	이상희(창현)
	119	은일수(동명), 김경환(경복), 김동준(경복),
2021	120	김영종, 배철환(행화정)

	121	박동우, 박재하(경동), 김영동(공덕), 문성훈(서울제일), 김봉수(효동)
2022	122	피경원(향린)
	123	배수경, 오석환(서울성남), 성기호(서문밖)
2023	124	김성식, 박선영(경동), 강선미(공덕), 김배훈, 박준성(동원), 김도균, 박성(보광동), 김유재, 이선호(창현)
	125	유한일(경복), 이상하(초원)
2024	126	나원주, 문경배(경서), 이경필(용산제일), 황혜련(초동), 김계현, 이후종(한일)
	127	강대희, 김홍태, 박진호(경동), 배인용(서울), 홍완택(한우리), 김정미, 최필수(향린)

(4) 목사후보생 교육과 장학금 지급

① 목사후보생 교육

2020년대 초반은 코로나19 대유행의 시기라 고시부에서도 노회의 지침을 따라 집단 대면 모임을 일시 중지하였다. 2020년은 목사후보생 수련회를 실시하지 못하였으며, 2021년에는 과제물과 개별 면접으로 수련회를 대치하였다.[29] 코로나19 팬데믹이 소강상태로 접어든 2022년에는 2월 15일 경복교회에서 "개회 예배, 특강 1, 성인지(性認知) 교육, 특강 2, 조별 토론 및 면접"으로 진행하였다.[30] 성인지 교육을 위해 2022년 4월 4일 공간 새길에서 실시하는 '교회 성폭력 예방 교육'을 목사후보생에게 안내하고 회비를 지원하기로 하였다. 2023년도는 2월 21일 경동교회당에서 "목회자로서의 소명감"이라는 주제하에 "코로나 팬데믹 이후 한국교회의 변화와 전망"(정재영 박사, 실천신학대학원대학교), "목회자를 위한 교회 성폭력 예방 교육"(박신원 실장, 기독교반성폭력센터)의 강의로 진행되었다. 2024년도는 2월 20일 초동교회에서 "그대의 목회를 디자인하라!"(강사: 임영섭 목사)라는 주제하에 세 개의 세션으로

---

29 과제는 "1. 현재 사역부서 활동 보고(한 장), 2. 포스트코로나 시대에 있어서 교회 교육의 방향과 대안(두 장)"이었으며, 면담은 경복교회에서 고시부원 2인이 한 조가 되어 목사후보생 개별 면담을 실시하였다.

30 '특강 1'은 조익표 목사, '특강 2'는 "목회 일반 및 마을목회"(김성희 목사), "목회와 일터, 개척교회"(이청산 목사), "다문화목회"(최철 목사)를 강의하고 목사후보생들은 세 강의 중 두 강의를 선택해서 듣는 방식이었다.

이루어진 특강이 있었다.[31]

② 목사후보생 장학금 지급과 관리

2000년대 초반까지만 해도 목사후보생 장학금을 위한 기금이 고갈되어 감을 고시부가 염려하였으나, 목사후보생 수가 감소함에 따라 고시부의 장학금 지급 금액도 감소되었다. 2023년부터는 한신대학교 학부 신학생과 신학대학원 학생 전원에서 장학금을 수여하는 것으로 정책이 바뀜에 따라 노회 고시부에서도 장학 기금 용도에 대한 대안을 모색해야 할 과제가 생겼다. 2020~2024년 노회 고시부가 수여한 장학금은 다음과 같다.

2020년 1학기 9명 14,500,000원,   2학기 12명 18,000,000원

2021년 1학기 13명 19,800,000원,   2학기 16명 24,400,000

2022년 1학기 12명 19,200,000,   2학기 12명 19,200,000원

2023년 1학기 5명 7,800,000원,   2학기 5명 7,800,000원

2024년 1학기 11명 17,400,000원,   2학기 10명 16,000,000원.

서울노회는 효율적인 목사후보생 장학금 지급과 관리를 위해서 장학금 지급 규정을 다음과 같이 구체화하였다.

"장학금 지급 대상을 한신대학교 신학대학 또는 신학대학원의 규정에 따른 소정의 추천을 받은 자"로 되어 있는 것을 "한신대학교 신학대학(부)신학(전공), 기독교교육학(전공) 3학년생부터 신학대학원, 대학원에서 수학하는 신학생과 타 신학대학원을 졸업하고 총회 위탁교육과정 규정에 따른 소정의 추천을 받은 자"로 구체화하였다.

장학금 지급은 "신학대학(부) 신학(전공), 기독교교육학(전공) 학생 4학기, 신학대학원과 대학원생 4학기, 일반대학출신 신학대학원생 6학기, 총회 위탁교육과정

---

31 특강 세션은 "1. 에큐메니칼 사역(한세욱 목사), 2. 목회와 영성(오호영 목사), 3. 부교역자론(조대봉 목사)"으로 구성되었다.

신학생 2학기"로 구체화하였다.

2) 교회 교육 역량 강화와 지도력 개발을 위한 교육부 사업

서울노회는 2020년대 들어 정규적인 교회학교 교사 교육 프로그램 외에도 신년 목회자 세미나와 성서학당을 개최하였으며, 효율적인 교회학교 교육을 위해 교회의 교육 담당 부교역자와 교육 담당자의 교육 간담회를 실시하였다.

(1) 신년 목회자 세미나와 성서학당, 부교역자 교육 간담회

신년 목회자 세미나

서울노회 교육부는 2021년 2월 25일 효동교회에서 "오늘의 교회, 오늘의 목회"라는 주제로 줌(Zoom)을 통해 신년 목회자 세미나를 실시하였다. "코로나19와 한국교회 2020 주요 사회 현안에 대한 개신교인 인식 조사의 결과를 중심으로"(강사: 이민형 박사)라는 주제 강연에 이어 김유준 목사(은진교회), 이상철 목사(한백교회), 이승구 목사(한일교회)의 목회 사례 발표가 있었다. 2023년에는 2월 6~8일 속초 마레몬스호텔에서 "변화하는 세계와 교회의 선교"라는 주제로 교단 새 역사 70주년을 맞이하며 서울노회 목회 방향 제안을 모색하였으며, 2024년 1월 29일~31일 춘천 베어스호텔에서 "건강한 목회를 위한 자기관리"라는 주제로 신년 목회자 세미나를 실시하였다.

성서학당과 헌법 강좌 시행

서울노회는 2021년 3월 15일 열린 '노회 정책 개선을 위한 공청회'의 제안에 따라 임원회 주관으로 성서학당과 헌법 강좌를 실시하였다.

성서학당은 평신도 열린 교육의 일환으로서 2022년 8월 3~31일 한일교회당에서 개최하였으며, 주제는 "역사적 예수와 바울의 도전"(강사: 정원진 목사)이었다. 이를 유튜브로 실시간 중계하고 노회 홈페이지에 자료를 공유했다.

1강 (8/3) 왜 역사적 예수와 바울인가?

2강 (8/10) 기독교의 출발: 종말론의 패러다임 전환

3강 (8/17) 예수의 하나님 나라 운동: 열린 밥상과 공짜 치유

4강 (8/24) 바울의 에클레시아(교회) 운동: 그리스도 안에서 새로운 피조물로

5강 (8/31) 은총에 의해 믿음으로 의롭게 되다?

한편 헌법 강좌는 2022년 9월 13, 15일 오후 7:30~9:30 초원교회에서 시행하였으며, 주제는 "총회 헌법의 이해와 헌법 적용 사례"(박승렬 한우리교회 목사)였다.

부교역자와 교육 담당 교역자 간담회

서울노회 교육부는 2020년대에 와서 부교역자, 교육 담당 교역자를 위한 간담회를 1년에 2회씩 실시하였다. 제1차 간담회는 2022년 5월 17일 행화정교회에서 부교역자와 교육 담당자 17명이 참여하여 2022년 교육부 사업계획 공유와 코로나 이후 교육부 운영에 대한 의견을 나누었다. 제2차 간담회는 2022년 12월 20일 공덕교회에서 실시하였고, 3차 간담회는 2023년 10월 12일 광염교회에서 2024년 교회 교육 비전 나눔과 2024년 교회학교 계획을 공유하였다. 제4차 간담회는 2023년 10월 12일 광염교회에서 9명이 참석하여 2023년 교육부 사업과 2024년 계획을 중심으로 '복음으로 세워진 교회' 세미나를 실시하였다.

(2) 신년 교사 강습회[32]와 20년 근속 교사 시상

일시	장소	주제와 프로그램	참석 인원
2020.1.19.	초원교회	"폭력의 시대, 나와 우리의 과제는 무엇인가?"(강남순 교수)	

---

32 신년 교사 강습회에 대한 의견: "1) 그룹별 강의로 효과적이고 구체적인 내용을 잘 전할 수 있었다. 2) 나눔의 시간을 갖고 친교하며 교제할 수 있었다. 3) 단순 정보전달을 위한 강의 형태가 아니기에, 충분한 시간이 허락되었으면 한다(세 시간 정도). 4) 보다 다양한 주제를 선정하여 많은 교회가 적극적으로 참여했으면 한다."

		프로그램: 영유아부/초등부/청소년부/기운다지기/ 공동밥상	
2023.2.19.	공덕교회	"포스트코로나 시대 교회학교 회복을 위한 전도"(신순화 사모) — 유튜브 실시간 송출	
2024.2.18.	공덕교회	"나는 교사입니다." 예배, 근속 교사 시상(20년) 교육: 리더십/평화교육/소명/찬양 율동 멘토: 이금만, 진민경, 유혜선, 김진	8교회 65명

20년 근속 교사 시상

2020년대 들어 교육부에서 교육 프로그램 외에 특별한 행사를 하였다. 그동안 교회 교육에 20년 이상 참여한 교사들에게 표창을 한 것이다.

2024년 근속 교사 수상자

번호	이름	직분	근속	근속 기간	교회
1	강선영	집사	36	1988.1.~2023.12.	한일
2	최지윤	집사	31	1993.1.~2023.12.	한일
3	김창금	권사	30	1994.1.~2023.12.	보광동
4	양정미	집사	29	1995.1.~2023.12.	한일
5	김진환	집사	29	1995.1.~2023.12.	공덕
6	김재민	집사	28	1996.1.~2023.12.	한일
7	이선경	집사	24	2000.1.~2023.12.	보광동
8	이한솔	집사	24	2000.1.~2023.12.	서울성남
9	박미선	집사	22	2002.1.~2023.12.	보광동
10	황은경	장로	20	2004.1.~2023.12.	광염

(3) 여름성경학교 교육

2020년 여름성경학교 강습회는 코로나19로 인해 총회교육원에서 제작하는 여름성경학교·수련회를 위한 교재 및 동영상 자료를 활용할 수 있도록 각 교회에 안내하였고, 코로나19로 인해 비대면 예배가 계속됨에 따라 총회교육원에서 지원한 온라인 예배 콘텐츠를 각 교회 담임목사, 부목사에게 안내하였으며, 2021년도 여름성경학교 강습회는 코로나19로 취소하고 총회가 제공하는 온라인 교육으로 대체하였다.

여름성경학교 강습회는 코로나19 팬데믹이 소강상태에 접어든 2022년부터 대면 교육이 재개되었다.

일시	장소	주제와 프로그램	참석 인원
2022.6.19.	공덕교회	"우리를 회복시키시는 하나님"(이금만 목사) 교재 다루기(김진 목사, 정민중 목사, 도상민 목사) 교육 활동(황진희 전도사, 박화진 목사, 김진성 목사) 찬양, 율동(박현진 목사)	교역자 26 교사 96
2023.6.18.	공덕교회	"서로 사랑해요"(이금만 목사) 교재 다루기(김진 목사, 유혜선 목사, 김준웅 목사) 교육 활동(정민중 목사, 이민하 전도사, 김진성 목사) 찬양, 율동(박현진목사)	교사 87
2024.6.16.	한일교회	"함께 예배드려요. 영과 진리로 드리는 예배"(이금만 목사) 교재 다루기(김미경 전도사, 류혜선 목사, 김준웅 목사) 교육 활동(김서현 전도사, 박현진 목사, 김요한 준목) 찬양, 율동(김진 목사)	교사 77

(4) 한일청소년연합수련회

한일청소년연합수련회도 2020년부터 2021년까지는 코로나 팬데믹으로 인해 잠정 연기되거나 비대면 줌으로 진행하였다. 2022년 10월 15~16일 "Back To The Future"라는 주제로 "여호와께서 이같이 말씀하시되 너희는 길에 서서 보며 옛적 길 곧 선한 길이 어디인지 알아보고 그리로 행하라"(렘 6:16)라는 주제 본문을 가지고 비대면 줌으로 진행되었다. 한국 측 12명, 일본 측 3명이 참석하였으며, 스텝으로 통역 4명(진선희, 진남희, 최인우, 최인경), 진행 2명(김하나, 김요한)이 참여하였다. 프로그램은 "개회 예배, 워크숍, 조별 활동(30년 후의 세상), 전체 모임과 발표, 폐회 예배, 홈커밍 프로그램"으로 진행되었다. 2023년에는 8월 10~12일 서울 세광교회와 서울 일대에서 "그리스도 안에서 누리는 평화(고후 5:17-18)"라는 주제로 한국 21명(학생 11, 스텝 10), 일본 10명(학생 6, 스텝 4)이 참가하였다. 프로그램은 "여는 예배, 공동체 놀이, 아침 기도회, 조별 모임과 평화 나눔, 특강과 조별 모임, 순교자들의 묘가 있는 양화진 탐방, 닫는 예배, 일본팀 경동교회 주일 예배에 참석 등"으로 진행되었다. 2024년에는 8월 1~3일 일본에서 진행하였다.

3) 국내 선교 안정화를 위한 선교부 사업

선교부는 개척교회분과, 국내선교분과, 해외선교분과로 조직되어 있다가 개척선교분과가 국내선교분과로 통합되었고, 해외선교분과가 2021년 제120회 정기회에서 총회의 제도를 따라 국제협력선교위원회로 분화되면서 국내 선교만 담당하게 되었다. 따라서 선교부 해외선교분과팀에서 실시한 해외 선교 관련 사업은 2021년부터 국제협력선교위원회로 이관되었다.

2020년대 선교부 사업은 크게 개척교회 선교비 지원과 개척교회 목회자 연금 지원, 특수 선교 선교비 지원 그리고 작은 교회 모임, 선교정책협의회 등의 사업과 기관목사, 사회 선교사, 국제협력선교사 파송 등의 청원으로 나눌 수 있다. 이와 관련하여 선교부는 2022년 122회 정기회에서 선교부 세칙에 기관목사 파송 자격 조건을 개정하였으며, 2024년 제127회 정기회에서 사회 선교사 파송에 관한 법규를 신설하였다. 2024년 제127회기에서 사회 선교사인 김요한 목사와 황용연 목사를 선교부 세칙에 의거하여 기관목사로 파송하였다.

(1) 개척교회 지원

2020년대 들어서 개척된 교회는 네 교회로, 인터내셔널선교교회(2020.7.19.), 서울디아스포라교회(2020.7.5.), 모두의교회 펍(2022.6.19.), 주빌리교회(2023.6.4.)가 각각 창립되었다. 서울디아스포라는 국내에 거주하는 외국인 기독교인들과 한국의 기독인들이 교인으로 함께하는 다문화 교회의 성격을 띠고 있다. 노회 선교부는 선교부 방침에 따라 개척교회에 매월 20만 원씩의 선교비와 개척교회 목회자 다섯 명의 연금(교회 분담금: 매월 1인당 237,000원)을 지원하였고, 코로나 시국에는 1/10 상회비 감면 대상에서 제외되는 개척교회를 각 50만 원씩 지원하였다.[33]

한편 2024년 제127정기회에서 선교부는 개척교회 후원에 관한 항목의 세칙을 개정하여 선교부의 개척교회 후원금을 10년까지 후원하고, 3년까지는 전액, 4년째는 75%, 5년부터는 50% 지원하기로 하였다.

(2) 특수 선교 지원

선교부는 서울외국인노동자선교센터에 매월 40만 원, 서울대병원교회에 매월 20만 원, 명지병원교회에 연 40만 원을 지원하였다. 또한 일본 기독교단 동경교구 북지구 나가오 유키 목사에게 매월 10만 원을 지원하였다. 2021년 정기노회에서 일본 기독교단(United Church of Christ in Japan, UCCJ) 파송 국제협력선교 동역자 나가오 유키 목사를 서울노회 노회원으로 승인하였다.

(3) 작은 교회 목회자와의 간담회

미자립교회와 특수 선교를 지원하는 선교부는 2018년부터 서울노회의 작은 교회 목회자 모임을 이끌고 있다. 2020년대 들어서 제1차 모임은 2020년 12월 3일 정오 부암동 소소한 풍경에서 8교회 목회자들이 모임을 하였다.[34] 제2차 모임은 2023년 11월 22일 오전 10시 경기도 서종에서 열렸다. 2024년 작은 교회 모임에서는 참여자들의 목회 경험을 나누면서 자립 가능하고 건강한 교회를 만들기 위한 모색을 다양한 차원에서 하고 있다.

---

33 낙산교회, 서울디아스포라교회, 생명나눔교회, 인터내셔널선교교회.

34 생명나눔교회(진동욱 목사), 독립문교회(김성희 목사), 목양교회(이청산 목사), 홍은동교회(박성주 목사), 산돌교회(이창우 목사), 청암교회(김지원 목사), 홍대청년교회(이정재 목사), 낙산교회(한강희 목사).

(4) 선교부 세칙 개정

선교부는 2022년 노회의 기관목사 파송에 관한 규칙을 개정하였으며, 2023년 125회 정기회에 사회 선교사를 기관목사에 포함하는 총회 헌법 개정을 헌의해 줄 것을 노회에 헌의하였고, 노회가 총회에 헌의하여 허락되었다.

4) 정의, 인권, 평화통일을 위한 통일사회부 사업

2021년 제120회 정기노회에서 통일사회부 직무가 개정되어(제10조 2항 ㅂ 추가) "교회와 사회문제, 인권 자유 수호 문제, 민족의 염원인 평화통일 문제 등에 관한 업무에 관한 사무와 교역자 가족의 원호에 대한 사무를 담당한다"에서 '교역자 가족에 대한 원호'가 삭제되고 부서 이름에 걸맞도록 "교회와 사회의 정의, 인권, 평화통일에 관한 업무를 담당한다"로 개정되었다. 2020년대에도 통일사회부는 서울노회 평화통일부의 독자적인 사업인 '평화통일 기행'과 1년에 2회씩 하는 '평화통일 월요기도회'와 더불어 총회가 주관하는 평화통일 관련 모임과 사회 기관과의 연대 활동을 전개하였다.

(1) 평화통일 기행 실시

2020년도 평화통일 기행은 코로나 팬데믹으로 인해 랜선으로 2021년 4월 11~12일 강원도 고성 일대에서 신연식 목사, 한세욱 목사의 인도로 실시했으며(강미희 전도사, 육성한 전도사의 촬영 및 편집), 답사는 통일전망대 및 DMZ 박물관, 고성 걷기(초도제일교회-화진포-김일성 별장)로 진행되었다. 2022년에는 11월 7~8일 2020년도 평화 기행 장소인 강원도 고성 통일전망대(속초)에서 실시하였다. 2023년에는 11월 20~23일 일본 오키나와에서 실시하였고 참가 인원은 12명이었다. 2024년에는 10월 28~29일 대구광역시와 경북 일대에서 실시하였다.

(2) 상상나눔마당

2020년대 통일사회부와 교육부가 공동 주관하는 상상나눔마당은 2020년도에 노회 60주년 행사로 순연되었고, 2021년 125회기에는 교육부장 배안용 목사의 진행으로 성폭력 예방 교육 중 "2차 피해란 무엇인가?"라는 주제로 줌을 통해 관련 영상을 함께 시청하고 질의응답 및 서약서 낭독의 시간으로 약 30분 동안 진행되었다. 2022년에는 "성희롱, 성폭력 예방 교육"을 주제로 실시하였으며, 2023년에는 기후정의위원회의 강연으로 대치되었다. 2024년에는 10월 22일 "디지털 성범죄 예방 교육"(전수희목사/폭력예방통합교육 전문 강사)을 주제로 상상나눔마당을 실시하였다. 후에는 강의 중심이 아니라 노회원이 참여할 수 있는 교육으로 진행키로 하였다.

(3) 평화통일 월요기도회

2020년도 평화통일 월요기도회를 9월 14일 온라인으로 실시간 진행(유튜브, 줌)하였다.[35] 2022년 6월 13일 한국기독교회관 조에홀에서 제254차 평화통일 월요기도회를 '효순 미선' 20주기 추모 예식으로 실시하였고, 7월 25일 한국기독교회관에서 열린 서울-경인 지역 9개 노회 연합 평화통일 월요기도회 및 연석회의에 공동 주관으로 참여하였으며, 11월 7일 평화 기행 장소인 고성 통일전망대교회에서 기행에 참여한 이들과 더불어 평화통일 월요기도회를 실시하였다. 2023년도 상반기 평화통일 월요기도회를 6월 19일 향린교회 향우실에서 개최하였으며, 하반기 평화통일 월요기도회를 11월 21일 평화통일 기행 장소인 일본 오키나와 도카시키섬 아리랑비 앞에서 기행에 참여한 이들과 더불어 실시하였다. 2024년에는 6월 24일 한국기독교회관

---

35 순서는 인도: 임보라 목사(통일사회부장), 기도: 윤성애 장로(한일교회), 설교: 인영남 목사(노회장), 중보 기도: 한반도 긴장완화와 평화정착을 위해 ― 진동욱 목사(생명나눔교회), 코로나19 극복과 안전한 일상을 위해 ― 신연식 목사(서울제일교회), 한국교회 갱신과 공교회 회복을 위해 ― 김지목 목사(생태공동체운동본부), 축도: 인영남 목사(노회장)로 진행되었다.

조에홀에서 평화통일 월요기도회를 실시하였고, 10월 28일 대구와 경부 지역 통일기행 시에 경산 코발트광산(대구형무소 재소자 학살지) 앞에서 월요기도회를 실시하였다.

(4) 총회의 평화통일 관련 행사와 사회 기관 연대 활동

① 총회가 주최하는 평화통일 행사에 참여

2020년 6월 20일 철원(백마고지-민통선-남방한계선-비무장지대)에서 열린 6.25 한국전쟁 70주년 한반도 평화와 화해를 위한 기장 '평화대회'에 참여하였고, 2022년 평화통일 주일 '화해와 평화의 교회 건립을 위한 특별 헌금' 및 '한반도 종전 평화 서명운동' 참여 협조를 위한 공문을 서울노회 산하 지교회에 발송하였으며, 2022 종전선언 및 화해와 평화의 교회 건립을 위한 기장인 평화 순례에 참여하였다. 또한 통일사회부는 국제협력선교위원회와 공동으로 2022년 5월 10일 효동교회 갤러리카페 '새벽별'에서 "우크라이나-러시아 전쟁과 우리의 평화(전쟁 이해와 국제 정세)"(강사: 박종수 박사)라는 주제로 합동 강연회를 실시하였다.

총회 사순절 DMZ 평화 순례 후원과 사순절 매일 묵상 "평화발자국"을 온라인으로 업로드하였고, 2023년 2월 27일~3월 10일 강화도(불음도)-철원(소이산)-고성(통일 전망대)까지 이르는 총회 사순절 DMZ 평화 순례에 통사부 회원들이 참여하고 후원하였으며, 2023년 2월 22일~4월 8일 사순절 매일 묵상 "평화발자국"을 통일사회부 단체 SNS에 온라인 업로드하였다. 또한 2024 사순절 DMZ 평화 순례에 3월 7일 하루 일정으로 철원 구간(생창리 DMZ 생태평화공원 부근 20km)에 통사부 부원 5명이 참여하고 후원하였다.

한편 총회 교회와사회위원회와 평화통일위원회 주관으로 2022년 6월 28~29일 횡성 웰리힐리파크에서 "종전평화 탄소중립 기장인 대회"라는 주제로 열린 총회사회 정책협의회와 2023년 2월 6~7일 그리고 2024년 1월 28~30일 대천 한화리조트에서 열린 총회 선교정책협의회에 참여하였다.

② 사회 기관 연대 활동

통일사회부에서 연대한 사회 기관과 활동은 다음과 같다.

한국기독교교회협의회, 총회 교회와사회위원회 주관으로 2023년 2월 13일 국회 앞 농성장에서 열린 노조법 2, 3조 개정을 기원하는 금식 기도회, 2023년 3월 11일 한국여성플라자에서 열린 초록나무 고 임보라 목사 추모 문화제, 고난받는 상가 세입자들과 함께하는 연합 예배 준비위원회, 사회 선교 분야 단체(NCCK 국제위원회 — 팔레스타인 대림절 헌금, 외국인노동자센터협의회), 2024년 1월 8일 한국기독교회관 조에홀에서 열린 늦봄 문익환 목사 서거 30주년 추모 기도회 등에 참석하고 후원하였다. 2024년 7월 25일 명동재개발2지구 농성장에서 현장 예배를 주관하였으며, 4월 29일 한국신학대학교 신학원에서 열린 한국교회 인권운동 50년 아시아 인권회의에 참석하였다. 또한 이태원참사 그리스도인 모임 분담금, 교회협 인권센터 아시아 인권회의, 효순미선평화공원 조성 사업, 명동재개발2지구 대책위원회 등 사회 선교 분야 단체에 후원금을 지원하였다.

5. 2020년대 정리

2020년대 초반에 서울노회는 코로나 팬데믹 상황과 총무 부재 상황이 겹쳐서 노회 사업이 원활하게 집행되지 못했다. 2022년 하반기부터 코로나19 대유행이 소강상태로 들어가면서 노회 활동도 신중하게 재개되기 시작하였고, 2023년에는 예전의 노회 모습을 되찾을 수 있었다. 그러나 코로나19 대유행이 가져다준 가르침이 워낙 커서 한국교회뿐만 아니라 서울노회도 코로나19 이전으로 되돌아갈 수는 없었다. 이에 새로운 변화가 요구되었다.

코로나19 팬데믹의 위기는 서울노회에게 자성의 기회가 되었다. 교회가 사회의 빈축을 사는 상황에서 서울노회는 기장 교단이 우주적 구원으로 지경을 넓혀 이 세계와 환경에 대한 교회의 사명을 생각하고 생태(에코) 교회로의 전환을 생각하도록 총회에 '기후정의위원회'를 상임위원회로 만들도록 하였으며, 서울노회도 2023년 제125회 정기회를 '생태·환경노회'로 드리기 시작해 생태노회로서의 걸음을 내딛게 되었다. 그 길은 2023년 총회 주제에서 보여주듯이 "영과 진리로 예배를 드리는 교회, 생명·평화·선교 공동체로서의 본질을 회복"하는 것이다.

서울노회는 2020년대 들어와 서울노회 60주년을 계기로 큰 폭에서 조직의 변화를 가져왔다. 서울노회가 출발한 지 64년 만에 최초로 여성 노회장이 탄생했으며, 노회 조직과 기구들의 일대 변화를 가져왔다. 기존의 교역협력지도위원회, 교역자안식년 제운영위원회, 생활보장제위원회 등 세 위원회 외에 기후정의위원회와 미디어위원 회가 상임위원회로 신설되었고, 선교부의 해외선교분과팀이 국제협력선교위원회 로 전환되었으며, 이에 따른 규칙이 제정되었다. 또한 '노회 정책 개선을 위한 TF팀' 구성과 '노회사무처 제도 운영에 관한 특별위원회'가 구성되어 가동되었으며, 그 결과 '임원·부장단 확대연석회의'가 만들어졌다. '서울노회 운영 매뉴얼 제작위원회'가 특별위원회로 만들어져 그동안 서울노회가 축적한 자산을 서울노회 운영 매뉴얼로 남겨 노회의 운영과 발전에 기여하고자 하였다. 또 '서울노회 역사편찬위원회'를 특별 위원회로 구성하여 서울노회 초창기부터 현재까지의 발자취를 엮은 역사서를 편찬해 기억을 살리고 그 기억을 토대로 하여 미래로 나아가고자 하였다.

이러한 다양한 노력에도 불구하고 서울노회는 위기와 기회가 중첩되는 시기를 맞고 있다. 2020년대 들어 5년 동안의 변화 추이를 보면 교회 수는 8개 교회가 증가하였고, 미조직교회가 9개 교회에서 16개 교회로 증가하였다. 이 점에서 서울노회가 2020 년대에 와서 교회의 개념을 조직적인 틀에서부터 다양한 목회를 기관목회로 받아들이는 등 개념의 폭을 넓히며 목회의 영역을 다변화한 것은 시대의 변화에 잘 대응한 것이다. 그럼에도 불구하고 지난 4년 동안 세례교인 150명, 원입교인이 395명이 감소하였다. 이는 2010년도의 세례교인 11,163명과 원입교인이 1,013명으로 줄어든 것에 비해 상대적으로 감소 폭이 작아 다행이라 볼 수 있지만, 서울노회에 규모가 작은 지교회가 많다 보니 선교의 동력을 회복하기 어려운 현실이다. 2022~2023년, 1년 사이에 목사후보생이 8명이나 감소한 점은 향후 서울노회 교역자 수가 크게 감소할 것으로 예측할 수 있는 적신호라 볼 수 있다. 이렇게 성장이 멈춘 시대에 서울노회는 작은 교회 살리기와 특성화 교회 등 새로운 교회 운동을 지원하고 전문화하여 서울노회 교회들이 생명, 평화, 선교의 공동체가 될 수 있도록 노회의 역량을 끌어올릴 방법을 모색해야 한다.

기장교회는 1953년 처음 출발할 때부터 물량적으로 약한 교단이었으나 교세가 작다 하여 움츠러들지 않고 '기장성'의 기치를 들고 '하나님의 선교' 전위대로서 기장의 존재를 드높였다. 오늘에 필요한 것은 다시금 기장교회가 기장교회답게 바로 서는 일이다. 2020년대 서울노회가 채택한 주제처럼 주께로 돌이켜 진리와 사랑으로 사는 교회, 어두움 후에 빛이 옴을 믿고 생명·치유·회복에 나서며 영과 진리로 예배하는 생명·평화·선교 공동체가 되어 생명을 살리고 평화를 노래할 수 있는 교회가 되는 데 온 힘을 모아야 할 때다.

해외선교협력 동역자들의 선교 활동

서울노회는 1965년 5월 4일 제10회 정기회에서 "총회 50주년과 선교 80주년을 기념하여 해외에 선교사를 파견하기 위한 연구위원회를 설치하자"는 헌의안을 총회에 상정하였다. 제50회 교단총회는 서울노회의 헌의를 시의적절하다고 판단하고 '세계선교위원회'를 설치, 해외 선교를 위한 제반 사항을 연구하였다. 서울노회는 "서울노회 해외 선교 연구 헌의안"을 통해 기장 교단 해외 선교에 촉진제가 되고 해외 선교에 중요한 역할을 했지만, 서울노회 해외 선교사들은 노회가 직접 파송한 선교사가 아니었다. 총회에서 해외 선교사로 파송 받은 노회원을 노회에서 해외 선교사로 인준하고 연금과 여비 등을 지원하며 관계를 형성해 왔다.

1. 해외 선교사로 파송 받은 서울노회원[1]

1) 유럽, 미국

나라	선교사	기간	파송지
독일	이해동	1984~1988	라인-마인한인교회
	권오성	1989~1994	라인마인한인교회
	성해용	1989~1994	뷔템베르크교회
	인태선	1991~1995 2003~2007	바덴교회 함부르크 새한인교회
	권종환	1991~2002	괴팅엔교회

---

1 서울노회, 『60개의 토픽으로 보는 서울노회 60년사』, 24.

	김인태	1991~1998	브란덴부르크 베를린총회/베를린한인교회
	이영일	1998~2010	베를린한인교회
	박남수	1994~2001	라인~마인한인교회
	정현진	2001~2007	라인마인한인교회
	이재오	2003~2018	도르트문트제일교회
스위스	정광은	2002~2006	취리히 한소망교회/베른한인교회
독일	정광은	2008~2018	함부르크한인교회
미국	모욱빈	1995~1998	미국 제자교회

2) 아시아, 아프리카

나라	선교사	기간	파송지
일본	고완철	1981~1988	재일대한기독교회 동경제일교회
	김경남	1989~1992	일본기독교단
	가정순	2020~현재	일본기독교단 백인정교회
싱가포르	방태진	1993~1997	
태국	장병조	1994~2010	
중국	정광서	1995~1998	용정 경동선린관
	이진숙	1997~2017	민족문화원
뉴질랜드	박준옥	2001~현재	오클랜드한인교회
필리핀	김현숙	2002~2023	UCCP 부드키논 노회
인도	김진	2004~2012	나그푸르교구
캄보디아	김형기	2006~현재	프놈펜 에큐메니칼교회
대만	구창환	2008~2019	창릉대학교
케냐	유부웅	1984~1992	성바울연합신학대학

2. 선교 활동[2]

서울노회 보고서에 게재된 파송 선교사들의 선교 보고 활동을 중심으로 선교사들의 활동을 정리하였다.

---

2 해외 선교사의 선교 활동은 교단총회의 공식 선교사로 파송되어 노회에 보고한 선교사의 기록에 한한다.

1) 독일과 스위스에서의 선교 활동

(1) 독일 이민 교회의 현황

광부, 간호사, 조선공으로 독일에 간 이민 1세대 교인들이 설립한 한인 교회의 목회를 위해서 기장 교단과 선교 동역 관계를 맺은 독일 교회 초청으로 기장 교단의 목회자들이 1984년부터 선교사로 파송되었다. 초창기 독일 교회 파송 선교사들의 목회 대상은 이민 1세대였지만, 90년대 이후 이민 1세대의 일부는 이미 연금 생활자들이며 조만간 은퇴를 앞두고 있다. 3세대들의 세례가 시작되었고, 2세대들의 결혼식, 1세대들의 장례식이 중요한 의식으로 자리하게 되었다. 이러한 세대의 변화로 1세대 중심으로 운영되어 온 한인 교회에 교회 미래와 관련된 정체성에 관한 질문이 제기되었고, 한국말도 제대로 못하는 2세대는 교회에 별다른 관심 없이 밖으로 떠도는 현실이다. 1세대는, 한국식으로 표현하면, 경로당이 필요한 시기를 맞게 되었고, 2세대는 한국식인 한인 교회에 잘 적응하지 못하고 자신들의 미래 진로 문제로 경황이 없다. 자연스럽게 이민 교회의 선교 과제는 1세대의 노후 대책과 2세대의 정체성을 찾는 문제에 집중되고 있다.

(2) 박남수 목사의 독일 프랑크푸르트 라인마인한인교회에서의 선교 활동

1994년 박남수 목사는 권오성 목사 후임으로 독일 라인마인한인교회에 부임하였다. 박 목사의 선교 활동은 라인마인한인교회 사역, 독일 교회와 선교 협력 그리고 독일 교회 내에서 한인 교회와 협력 사업 등 세 영역에서 이루어졌다.

박 목사는 라인마인한인교회에 부임한 지 5년째 되는 해에 교회 창립 30주년을 맞았다. 1999년 10월 22~24일, 3일 동안 진행된 창립 30주년 행사는 "믿음의 길 30년, 비전 2000"이라는 주제로 기념 예배, 심포지움, 기념 음악회, 사진전, 청소년 뮤직 페스티벌, 장로 임직식 그리고 세계의 가난한 청소년들을 위한 바자회 등 다양하게 진행되었다.

박 목사는 매년 정기적으로 헤센나사우 주교회와 에큐메니칼 국제회의에 참석하여 사역에 대한 평가와 효율적인 업무 수행을 위한 대안을 모색하는 자리를 가졌고, 독일 교회의 한국선교협력위원회에서 한국을 위한 활동에 함께하였다. 서남지구선교회(EMS)의 대화 모임에 참여하여 한국교회와 독일 교회의 연대와 교류 프로그램을 논의하고 독일 사회 속에서의 한국교회의 위치와 역할 그리고 문제점을 연구하고 대안을 마련하는 장을 갖기도 하였으며, 라인마인교회가 사용하고 있는 독일 세 교회와 긴밀한 관계를 형성하도록 노력하였다.

한편 박 목사는 유럽목회선교연구원의 총무로서 유럽 전역에 흩어져 사역하고 있는 목회자들과 연대를 도모함으로 에큐메니칼 운동 및 교회일치 운동에 중요한 역할을 하였다.

(3) 정현진 목사의 라인마인한인교회에서의 선교 활동

정현진 목사는 2001~2007년, 6년 동안 라인마인한인교회에서 목회하면서 헤센나사우 주교회와의 선교 파트너로 활동하였다. 정 목사가 처음 목회를 시작한 2001년 7월보다 2005년에는 교인이 급증해서 프랑크푸르트 2배, 보름스 2.5배, 마인츠-비스바덴 3배로 각각 늘어났으며, 3백여 명을 웃도는 교인 중 평균 2백여 명이 주일 예배에 참석하였다. 빨갱이 교회로 소문이 나 교회 부흥에 비관적이던 교인들이 유학생의 증가로 희망을 갖게 되었다. 정 목사는 라인마인한인교회 36년 역사상 처음으로 40일 새벽 기도회를 드리고 2년에 한 번씩 전교인 수양회를 열었다. 또한 청년 18명과 함께 프랑스 떼제 공동체를 방문한 다음 청년 수련회를 개최하였고, 사도바울의 발자취를 밟는 튀르키예 성지순례를 통해 참여자에게 많은 기쁨과 도전 의식을 주었다. 또한 정 목사는 프랑크푸르트교회협의회 회장직을 맡아 수행하면서 동남아 해일 피해 돕기, 남북한 공동 예배 등 선교 협력에서도 좋은 결실을 거두었다. 2005년 10월 기장 광주노회 대표단과 북한그리스도교연맹 대표단이 이곳을 방문하였을 때, 최초로 프랑크푸르트교회협의회도 이들과 연합 예배를 드렸다.

(4) 베를린한인교회 설립과 김인태 목사의 선교 활동

초창기 베를린기독교한인교회는 한국문화원에서 시작되었다. 한국문화원은 간호원과 광부로 독일에 파견되어 베를린에 살고 있는 한인들을 위한 사회적 상담과 봉사를 목적으로 1967년 11월 서베를린 -브란덴부르크 비숍인 샤프 목사에 의해 설치되었다. 한국신학대학 교수였던 정하은 목사가 초대 원장으로 부임하면서 정규 예배로 드리기 시작하였고, 티어가르텐교구에 있는 하일란드교회 본당을 빌려 오후 4시부터 사용하였다. 정 목사 이임 후 독일에서 공부하던 신홍섭 목사가 이어 목회하였다.

김인태 목사는 1992년 3월 24일 서울노회에서 파송 받아 1998년까지 브란덴부르크 종교청 소속으로 베를린기독교한인교회에서 목회하였다. 김 목사의 선교 영역은 베를린기독교한인교회와 베를린선교부의 선교 동역자로서의 역할이다. 김 목사는 베를린선교부의 동아시아위원회와 함께 동역, 1년에 6회 정도 한국을 소개하는 프로그램을 실시했고, 독일이 통일된 이후에는 동베를린과 동독 지역에까지 나가서 한국을 소개하는 시간을 가졌다.

한편 베를린선교부 동아시아위원회가 한국, 중국, 일본, 대만, 홍콩 문제를 다루다가 재정적 어려움으로 활동을 중지하자 새롭게 한국위원회를 조직하여 한국의 외국인노동자를 지원하기 위한 준비 모임을 가졌다. 김 목사는 여러 선교 협력 기관, 베를린에큐메니칼기구와의 선교 협력도 활발히 진행하였으며, 외국인교회 평신도협의회를 중심으로 외국인 주간 연합 예배, 외국인 교회 연합 예배 그리고 정의, 평화, 창조의 보전 운동과 여러 교회 모임에 참여하였다.

김 목사는 독일 개신교회 산하 외국인목사회의에도 적극적으로 참여하였다. 이회의는 독일 개신교 산하 외무청 밑에 협력 관계를 맺고 있는 외국인 목사들이 연 2회 회의 및 세미나로 모여 난민 문제나 인종차별, 외국인 교회 문제, 기타 독일 교회가 만드는 여러 교회법에 대한 의견들을 교환하는 회의다. 이렇듯 김 목사는 베를린기독교한인교회 담임목사로서, 베를린선교부의 선교 동역자로서 사역하고 6년 임기를 마치고 귀국하였다.

(5) 베를린한인교회에서의 이영일 목사 선교 활동

이영일 목사는 베를린한인교회에서 목회하면서 성경 공부를 강조하고 생활하는 믿음을 강조하여 교회와 가정과 직장이 하나로 연결되도록 노력하였고, 베를린한인 교회의 주일 예배, 수요일 성서 공부, 구역 예배 등을 성실히 진행하며 정기 심방을 통해 교인들을 교회 공동체 안으로 묶고 가정과 일터에서 믿음으로 힘차게 살아가도록 노력하였다. 이 목사는 베를린선교회 직원으로 되어 있고 베를린한인교회의 모든 법적인 관계도 베를린선교회가 지원하고 있기 때문에, 베를린기독교한인교회의 입장에서 베를린선교회와의 유대는 대단히 중요하다. 현 베를린선교회의 원장과 전임 주교회 회장이 베를린기독교한인교회에서 설교하기도 하며, 교인들이 베를린선교회의 활동인 한국동아리(Korea-Arbeitkreis)에 참여하고 있다. 여성모임(Frauen AG)에는 한인교회 여신도회가 참여하고, 그 외 외국인교회협의회 등에도 참여하여 협력하는 등 베를린선교회와 원만하고 좋은 관계를 유지하고 있다.

이 목사는 베를린선교회, 베를린한인교회협의회, 재독기독교한인교회협의회3 등에서 활동하였다. 베를린선교회와 기장총회가 파트너십을 가지고 있기 때문에 베를린선교회와 베를린기독교한인교회는 특별한 관계를 맺고 있다. 베를린한인교회는 베를린에 있는 7개 한인교회와 베를린한인교회협의회를 조직하여 활동하는데, 연합 예배, 연합 야외 예배 및 운동회, 연합 제직 수련회, 연합 여름성경학교 등 많은 연합 행사를 하고 있으며, 강단 교류도 실시하고 있다. 이 목사는 한독교회협약에 따라 파송된 교회만으로 조직된 재독기독교한인교회협의회에 속해 있는데, 재독기

---

3 독일에는 라인마인한인교회를 비롯하여 8개의 지방교회, 30여 개의 지역교회가 소속되어 있는 기독교재독한인교회협의회(KEGD, Koreanischer Evangelischer Gemeindekonvent in Deutschland)가 있어 한인 교회의 사회 발전과 독일 교회와의 교류 연대에 힘을 모으고 있다.

독교한인교회협의회는 하나의 노회처럼 매년 10월 정기총회를 가지며 개교회의 상황을 보고 받고, 장로 시취 청원을 허락하기도 한다. 이 협의회에서 격년으로 열리는 '한인 교회의 날' 행사에 교회에서 대형 버스를 계약하여 전 교인을 참여토록 하였다.

(6) 인태선 목사의 함부르크새한인교회 선교 활동

인태선 목사는 바덴바덴에서 선교사로 사역하다가 함부르크새한인교회 초청으로 담임목사가 되었다. 새한인교회는 본래 함부르크한인교회로 출발하였다가 교회 내 갈등과 폭력 문제로 새한인교회라는 이름으로 갈라져 나온 교회로, 북독일교회(NEK)가 새한인교회를 파트너로 인정하여 기장총회에서 독일 교회의 선교 동역자로 인태선 목사를 파송하였다. 원래 함부르크한인교회였던 새한인교회는 15년 전 두 교회로 분열할 때 재통합을 전제로 새한인교회라고 이름 붙였다. 비슷한 시기에 새로 부임한 인 목사와 함부르크한인교회의 손교훈 목사(예장 통합)는 교회 통합을 위하여 함께 기도하며 목회자들이 디딤돌은 될지언정 걸림돌은 되지 않겠다고 다짐하였다. 새한인교회에 인 목사가 부임한 지 2년 만에 나뉘어졌던 교회가 하나가 되었다. 이름은 처음 이름이었던 함부르크한인교회로, 제도는 새한인교회의 제도를 물려받는 형식으로 2년 간의 준비 기간을 거쳐 2005년 3월 27일 부활절에 통합 예배를 드렸다.[4]

본래 함부르크한인교회는 1969년 5월 23일에 창립되었으며, 만추 김정준 목사가 교회를 세워 돌보았고, 이후 이재형 목사, 박명철 목사가 시무하였다. 교회가 분열된 후 한인교회는 예장 통합 소속 노남도 목사가, 새한인교회는 기장 소속 전북노회의 유영상 목사가 각각 시무하였고 인태선 목사가 후임으로 사역하였다. 인 목사가 교회 재결합을 갈망하는 교우들의 뜻을 따라 노력한 결과 두 교회의 재결합이라는 좋은

---

4 이때 정해진 원칙은 "1) 통합 교회의 새 교회법은 재독 한인교회 협의회법을 모법으로 하여 2005년 말까지 제정하고, 그때까지 교회의 조직과 운영 및 회의에 관한 사항들은 기독교재독한인교회협의회법에 따르며, 2) 통합 교회는 법인체 법(e.V.)을 유지하되, 필요에 따라 수정 보완하고, 3) 통합 교회의 새 담임 목회자 청빙은 한독교회협정서에 따르기로 하였다."

결실을 맺게 되었다. 두 교회의 재결합 소식을 접한 독일 교회 관계자들은 "작은 한국의 통일" 혹은 "기적이 일어났다"는 말로 축하해 주었다고 한다.

두 교회가 하나로 합친 이후 교인 숫자가 배로 늘어나 주일 예배 참석 인원이 150~200명 정도가 되었고, 두 교회가 용서, 화해, 일치를 통한 평화의 구현을 이루기 위해 불화의 원인을 찾아서 치유하는 과정이 필요하게 되었고, 인 목사는 이 과정을 목회라고 해석하였다.

인 목사는 한인교회가 평화를 일구는 공동체가 되어야 한다고 다짐하며, 에큐메니칼 교회로서의 정체성 그리고 이민 교회로서 고향을 느끼는 공동체를 넘어 새 고향을 만들어 가는 교회 공동체로서의 비전을 안고, 이민 1세대들이 자녀들을 위한 교회를 물려주는 일, 독일 땅에서 독일 사회의 일원이 된 교민들 스스로 새 고향을 만들어 가는 일을 포부로 안고 전 한인교회 목회자인 손교훈 목사와 공동 목회를 하다가, 새한인교회에 부임할 때 한 설교처럼 한 알의 밀알이 되어 2006년 공동의회를 계기로 사직하였다. 이후 스위스에 선교사로 파송되었던 정광은 목사가 한독교회협정서에 근거하여 2008년 함부르크한인교회의 목회자로 부임하였다.

(7) 정광은 목사의 스위스와 함부르크 한인교회에서의 선교 활동

스위스 한인교회에서의 선교 활동

정광은 목사는 2002년 스위스 베른한인교회 목회자로 초빙되었다. 베른한인교회는 스위스교회를 빌려 예배를 드렸는데, 주일 오후 예배에 30여 명이 참석했다.[5] 정 목사는 베른한인교회 목회를 하던 중에 취리히의 요청으로 이곳에서도 스위스교회를 빌려 예배를 드리기 시작하였고, 교인들과 의논하여 교회 이름을 한소망교회로 지었다. 정 목사는 한소망교회에서 매주 오전 10시에 예배 드리고 오후에는 베른한인교회에 가서 예배를 인도하였다. 베른한인교회와 취리히 한소망교회는 연합으로 신

---

5 정 목사가 부임한 후 10명 정도가 증가하였고, 어린이교회학교에도 10명 정도가 참석하고 있다. 정 목사는 매주 주일 예배를 비롯하여 목요일 저녁 두 시간 정도 성경 공부를 인도하였다.

앙 수련회를 실시한 이후 연례행사로 신앙 수련회를 갖게 되었고, 연합 사업으로 교회 신문 「소망」지를 창간했다. 정 목사는 두 교회의 교우들과 스위스 독일권에 사는 모든 한인에게 「소망」지를 발송했다.

6월 셋째 주일 취리히 한소망교회 창립 4주년 기념 주일을 맞아 베른한인교회와 연합으로 스위스 사람들, 한국 교민들 그리고 기타 외국 교회들을 초청하여 한소망교회에서 감사 예배와 더불어 제2회 음악회를 성대하게 열었다. 5년밖에 안 된 한소망교회는 이제 베른한인교회보다 인원과 재정 면에서 두 배가 되었으며, 수요 기도회와 새벽 기도회가 있고, 세 개의 구역을 조직하여 구역 활동을 하고, 청소년부와 청년부까지도 조직했다. 한편 베른에서는 넓은 지역으로 인하여 다섯 개의 구역으로 조직되어 예배 드리며 주일 예배 후에 성경 공부를 하고, 바젤에서는 화요일에 성경 공부를 하고 있다.

정 목사는 스위스개혁교회연맹, Mission 21, 취리히 주교회, 한인교회 등과 협력 그룹(Coordination Groupe)이라는 정례적인 회의에 연 4회 참석하고 있으며, 스위스 동아시아선교회(SOAM)의 게스트 멤버로서 연 5~6회 정도 회의에 참석하여 이곳의 선교 활동과 한국의 교회 그리고 한국의 관심사들을 보고하고 있다. 특별히 동아시아선교회(SOAM)에서는 2005년 3월 초에 한국원탁회의(Koera Kreis)를 만들어서 한국과 적극적인 관계를 갖기로 했으며, 이 회의에는 주 스위스 한국 대사와 몇몇 한인회장도 함께 참여하여 스위스에서의 교인 정책에 힘이 되었다.

함부르크한인교회에서의 목회

정광은 목사가 함부르크한인교회에 선교사로 부임하게 된 것은 2008년부터다. 정 목사가 부임하던 무렵 함부르크한인교회에는 1.5세대들이 꾸준히 새로 들어오고 있었다. 교회가 조금씩 젊어지고 있지만 1세대들의 삶에는 많은 어려움이 있어 1세대를 위한 '푸른대학'을 운영하는 한편, 로뎀사역위원회를 조직하여 은퇴한 노인들이 편안하게 쉼을 얻을 수 있는 사역과 독거노인들을 위한 한국 음식 나눔 운동을 전개하고 있다.

함부르크한인교회 목회자로서 정 목사는 한인교회가 예배당을 빌려 쓰는 독일 교회와 함께하는 Coordinationsausschuss에 연 4회 참석하고 있으며, 함부르크에 있는 외국인 목사들로 구성된 ACKH(Auslaender Christen Kirchen Hamburg)에 분과 요원 회원으로 연 6회 정도 회의에 참석하여 이곳의 구체적인 선교 활동과 에큐메 니칼 운동에 참여하였다. 그리고 북독선교회 NMZ(Nordelbische Missons Zeuntrum) 의 준회원으로 아시아를 지원하는 모든 선교 프로젝트 논의에 참여, 주로 중국과 필리핀 을 지원 대상으로 한 프로젝트를 논의하고 있다. 또한 함부르크노회(Der Kierchenkreis Hamburg-West/Suedholstein)가 주관하는 매월 1회 정기적인 모임(Konvent)에 참 석해서 독일 교회 노회원들과의 친교와 사귐을 갖고 있다. 또한 정 목사는 재독한인교 회협의회에서 통일위원회 위원장으로 일했으며 회장을 역임하기도 했다. 함부르크 한인교회에서의 사역을 마친 후에는 프랑크푸르트 행복한교회에서 목회하고 있다.

2) 아시아에서의 선교 활동

(1) 박준옥 목사의 뉴질랜드에서의 선교 활동

박준옥 목사는 2001년 7월 4일 서울노회의 파송을 받아 한국 이민자의 80% 이상이 살고 있는 뉴질랜드 오클랜드한인교회에서 사역하다가 2년 후 시골에 있는 해밀톤교 회로 옮겼다. 뉴질랜드에 이민 온 한국인들은 언어 장벽, 문화적 이질감, 비인간화, 인간소외 현상, 부부간의 갈등, 부모와 자식 간의 가치관 혼선, 2세들의 자기 정체성 문제, 유학생들의 사회문제 등을 겪고 있으며, 이러한 문제를 겪고 있는 교민들의 영혼과 삶을 보살피는 것이 선교 및 교육의 당면 과제가 되었다.

박 목사의 사역은 교회에서의 목회와 자라는 2세, 3세들의 민족의 뿌리 교육을 책임지고 있다. 또한 박 목사가 관심 두는 선교 영역은 '방송 선교'인데, 자원봉사자들 의 헌신적인 노력으로 잘 운영되고 있다. 박 목사는 특히 원주민 비누아트 종족이 영양부족과 질병을 해결하지 못하여 어린이와 산모의 사망률이 높은 것을 보면서,

이러한 문제를 해결하기 위한 의료 선교 사업을 준비하고 있다.

(2) 김진 목사의 인도 선교 활동

김진 목사는 2004년 서울노회에서 파송을 받아 인도에서 선교를 시작하였다. 김 목사가 인도 나그푸르교구를 중심으로 전개한 선교 사역은 공동체 건설을 통한 선교 사역으로서, 씨알아쉬람 운동, 뽕퉁학교 지원 사업, 평화영성순례프로그램 등이다. 씨알아쉬람은 영성과 교육 그리고 생명 운동의 가치를 실현하고자 만들어진 기독교 공동체이다. 2004년 '산티 바반'(평화의 집)을 개원하여 나그푸르교구 각종 프로그램 과 와로라(Warora)교회 교인들의 모임 장소로 사용하였다. 2006년 씨알아쉬람 재건 축을 시작해 건물을 완공하고 그 집의 이름을 '산티 바반'이라고 지었다. 씨알아쉬람이 추진하는 운동 중 하나는 멜가트에서의 킵 얼라이브(Keep Alive) 프로젝트인데, 이는 한 부족에서 1년에 어린아이 500~600명이 기아와 질병으로 죽어가는 현실을 보면서 시작한 프로젝트로 1) 어린이 영양공급과 질병 치유 및 예방, 2) 임산부 영양공급, 3) 어머니 교육을 가장 긴급한 세 마을에서 진행하고 있다.

뽕퉁학교(Pong Tung Presbyterian School)는 학교가 없어 교육을 받지 못하는 아이들을 안타깝게 여기던 다링톤(Darlington) 목사가 5년 전 시작한 작은 학교이다. 김 목사는 향린교회 후원으로 교사들을 위한 프로그램, 평화 교육 프로그램을 지원하 다가 그 지원 반경을 넓혀 씨알사랑 나눔 운동을 시작하였다. 씨알사랑은 가난한 인도 아이들의 교육을 위해 한국 후원자들이 자매결연을 맺고 정기적으로 장학금과 생활 비를 지원하는 사랑의 실천 운동이다.

한편 김 목사의 중요 활동 중 하나는 한국과 인도의 문화와 영성에 다리를 놓는 인도 단기 순례 프로그램인 '평화영성순례'(World Exchange for Peace)이다. 순례팀 은 뭄바이 시내에 있는 아쉬람, 간디아쉬람, 비노바아쉬람 등을 방문하고, 씨알아쉬람 에 머물면서 명상과 예배를 함께 드렸고, 낙푸르를 거쳐 바라나시와 캘커타 마더 테리 사 공동체 등에서 봉사와 다양한 체험을 하였다. 참여자들은 문화적 차이에서 오는 충격을 안고 돌아가기도 하였다.

(3) 장병조 목사의 태국 선교 활동

장병조 목사는 1994~2000년, 7년 동안 태국 수도 방콕을 기점으로 선교하였다. 장 목사 선교 사역은 교회 개척, 방송, 신학생 지원, 목회자 훈련이다. 장 목사는 태국 전국에 11개 교회를 세웠고, 교회들은 계속 성장해 가며 탁아소와 학습 지도를 운영하고 있으며, 이를 통해서 복음이 전파되고 교인들의 삶이 변하고 있다. 청소년들의 신앙과 영성 훈련을 위해 4월 한 달 동안 성경과 생활에 대해 강의하며 합숙 수련회를 가졌다.

장 목사는 개척한 교회에 기독교 공동체 라디오 방송국을 세워 복음을 전파하고, 직접 개척한 교회가 아니지만 함께 활동하고자 하는 팀원들의 교회에도 여러 개의 방송국을 세웠다. 파타야와 치앙마이 방송국을 통해 두 곳에 복음을 전하고, 공동체 라디오 방송국 30여 곳에 프로그램을 보내어 전파하고 있다. 또한 사단법인 태국기독교생명방송국을 만들어 모든 교회와 방송국 재산을 사단법인 이름으로 등록하였다.

장 목사는 교회를 세워도 그곳에서 사역할 목회자가 부족한 현상을 보고 목회자 양성을 위해 신학생 학비를 지원하였으며, 이렇게 지원 받은 신학생은 개척교회에서 목회자로 협력하고 있다. 목회자 훈련을 위해 태국 목회자와 한국 선교사들을 상대로 "교회와 선교"라는 주제하에 세미나를 개최하였고, 목회자 세미나나 카렌족 크리스마스 부흥 집회, 깐짜나부리 카렌족 교회 부흥회, 방콕 선교 포럼을 할 때는 통역을 담당하였다.

(4) 정광서 목사의 중국 선교 활동

정광서 목사의 중국 선교 사업은 1990년 경동교회 45주년 기념 사업으로, 중국 용정 지역을 중심으로 북방 선교를 계획한 것이 계기였다. 정 목사의 중국 선교는 룽경선린원, 선린마을사업, 찬송가와 성경 등 기독교 용품 제공, 신학교 과정 운영 그리고 단기 선교 여행팀에게 중국 선교 현실을 올바로 인식시키는 일이다. 룽경선린원은 1993년 경동교회가 대지를 구입하여 커뮤니티센터를 짓고 룽경시 인민정부로부터 설립 허가를 받아 시작한 경로원이다. 1994년 정 목사가 서울노회에서 해외선교 동역자로 파송을 받아 이곳에 원장으로 부임하였다. 선린마을사업은 세계선린회 지원을 받아 연변 지역에서 벌이고 있는 사업으로, 1997년 경동교회에서 건축비를 지원하여 용강촌에 문화관(마을회관)을 신축하고 이를 거점으로 마을의 양돈 사업을 시작하였다. 정 목사는 룽정교회에 출석하며 찬송가, 성경, 주석성경, 신학 서적, 선교용 비디오를 구입하거나 기증받아 룽정교회를 비롯한 여러 처소의 책임전도원(책임집사)에게 전달하는 일을 하였으며, 비공개 신학 과정으로 책임전도원들을 대상으로 삼애성서신학원을 운영하였다. 정 목사는 식비, 교재비 등 운영비와 학생들에게 왕복 교통비를 지원하였다.

또한 연변 지역을 방문하는 선교팀에게 중국 현실을 올바로 인식시키는 일, 많은 방문팀을 안내하고 교육하는 일, 선교 헌금을 지원받아 전달하는 일, 북한 식량보내기 운동 지원, 용정시의 문화 및 교육 사업 지원, 중국에서 최초로『윤동주 시집』,『윤동주와 정병욱의 만남』,『용정중학교 편』등을 출판하는 일, 에큐메니칼 운동으로 현지에 나와 있는 선교 동역자(목사, 평신도, 천주교 수녀 등)와 더불어 선교협의회 및 친교 모임, 중국 동포의 다리가 되어 주는 일을 하고, 한국에 미등록 체류 중인 용정 출신 중국 동포(조선족)를 방문하여 가족들의 편지, 약, 물품 등을 전달하고 위로하는 일을 하였다.

(5) 이진숙 목사의 중국 선교 활동

이진숙 목사는 중국에서 25년 동안 선교 활동을 하였는데, 1997년부터 2007년(1기)까지는 두만강 주변을 기점으로 연변에서 선교 활동을 전개하였으며, 2008년부터 2017년(2기)까지는 압록강 주변의 단둥에서 선교 활동을 하였다.

연변민족문화교육원 원장으로 선교 활동을 벌인 이 목사는 청소년 교육, 해외 유학생 멘토링 지도자 양성과 상담 등 해외 유학생 상담실 운영, 차세대 국제 전문가 양성을 위한 방과후 언어 교실 운영, 정규 또는 비정규 직업학교 운영, 한국인의 만주독립운동사와 발해사를 중심으로 한 발로 쓰는 역사 캠프(Vision Trip) 지원, 연변에 있는 조선족을 대상으로 연변 한국문화체험교실 실시, 한중 다리 역할로 유학생 장학금 수여 사업을 하였고, 이런 활동으로 연변 조선족 자치주정부(주장: 리용희) 전문가국으로부터 2009년 11월 27일 우수전문가 영예상을 수여 받았다.

이 목사의 활동은 크게 학원 선교와 북방 선교 사역이다. 학원 선교로 진행한 사업은 조선족 청년과 중고등학생들에게 한국어 수업과 한국 문화 체험학습, 국제자격증 취득을 위한 제빵과 커피 바리스타 교육 등의 사업을 하였고, 한족 학생들을 재중한국 기독인기업과 연결시켜 생활 속에서 한국 기업 문화와 믿음의 체험을 할 수 있는 기회를 갖도록 하였다. 이 목사는 단동 지역으로 선교 거점을 옮긴 후에도 계속해서 이곳에서 동전 희망 운동을 통해 북의 수해 복구 지원을 하였다. 무엇보다도 90년대에 두만강 일대에서 시작한 탈북 여성과 그 아이들을 돌보는 일을 압록강 중심의 새로운 꿈나무 심기로 전환하였고, 평화마을의 아동 꿈나무 장학금 지원과 꽃 행주 뜨기를 통한 자립 운동을 이어서 하였다. 은퇴 나이가 되어 중국 선교 25년을 마감하면서 이 목사는 "민족사를 부분에서 전체적으로 볼 수 있었던 것이 무엇과도 바꿀 수 없는 귀한 체험"이라 말하면서 "두만강과 압록강 건너편의 땅을 바라보면서 북한은 결코 포기할 수 없는 예수 사랑의 마지막 선교지"라고 강조했다.

(6) 구창완 목사의 대만 선교 활동

구창완 목사는 2008년 서울노회 파송 총회 소속 선교사로 대만에 갔다. 구 목사는 창롱대학교가 대만기독장로교회 총회를 통해 한국기독장로교회 총회에 선교사 파송을 의뢰하여 간 것이기 때문에, 구 목사에게 부여된 일차적인 과제는 창롱대학교 학생들에게 한국어를 가르치는 것이었다. 창롱대학교는 영어 명칭이 Chang Jung

Christian University로 이름에 기독교적 배경을 밝힐 만큼 기독교 대학임을 분명히 하고자 노력하는 학교이고, 다른 학교에 비해 규모가 큰 교목실이 있다. 구 목사는 형식상으로는 언어센터 소속이지만, 실질적으로는 교목실 소속 목사로서 학생과 직원들을 대상으로 한 선교 활동과 교목실의 다양한 활동에 참여하였다. 신학생들에게 학교의 기독교적 배경과 정신을 소개하는 필수 과목인 '창롱 정신' 과목을 강의하고, 기독교학과의 기도회와 예배에서 설교자로 참여하였다. 또한 교목실에서 관리하는 기독학생 동아리들의 활동을 지도하면서 기독교 문화에 접할 기회가 부족한 대만 학생들에게 기독교 문화와 정신을 소개하는 활동을 펼쳤다. 2016년에는 교목실 산하에 다섯 개의 성경 공부반이 만들어져 구 목사는 영어 동아리와 영어 성경반을 지도했다. 이 동아리 회원들은 주로 기독교인이지만, 비기독교인인 경우도 있다. 이슬람 국가인 인도네시아나 말레이시아 등 동남아 국가에서 유학 온 학생들이 다수 참여하여 이들에게 복음을 전파하는 장이 되고 있다.

(7) 김현숙 목사의 필리핀 선교 활동

김현숙 목사는 2002년에서 2023년까지, 근 21년 동안 필리핀 선교 활동을 하였다. 김 목사가 선교사로 가서 직면한 필리핀 교회 상황은 상상할 수 없을 만큼 가난하였다. 교회가 세워지기는 했으나 재정 자립 없이는 교회로서 기능은 물론이고 교회 존립마저도 위협 받는 상황이었다. 김 목사는 첫 선교 과제를 '교회의 재정 자립'에 두고 이곳 교우들이 스스로 풀어갈 수 있도록 현지 교회, 목회자들과 꾸준히 협력하며 다양한 선교 활동을 추진했다. 김 목사가 선교 활동을 벌여 온 곳은 주로 필리핀연합교단 (UCCP)의 '북서 민다나오 연회'에 속한 '부키드논노회'와 '비사야스연회'에 속하는 '서부 비사야스노회'다. 특별히 민다나오섬에 있는 부키드논노회를 중심으로 한 선교 활동은 꾸준히 확대되고 매우 활발하게 이루어졌다. 김 목사의 선교 활동이 알려지기 시작하면서 김 목사의 선교 활동 방법은 UCCP 교단이 이전에 경험하지 못했던 '새로운 선교 형태의 모델'로 이야기되었다.

김 목사가 진행한 선교 방식은 생활 자립 프로젝트, 원주민 공동체 프로젝트, 노회와 교회 지원 프로젝트 등이었다. 제일 먼저 착수한 것은 북서 민다나오교구에 속한 마을을 자립하는 마을로 만들기 위한 생활 자립 프로젝트였는데, 마을에 염소와 소를 보급하여 키우도록 하며, 씨앗과 비료를 제공해 농사를 짓도록 하고, 재봉틀을 제공하여 옷을 만들도록 하고, 수익의 1/10을 교회에 돌리도록 해 마을의 자립뿐만 아니라 교회 재정에 큰 보탬이 되도록 하였다. 김 목사가 속해 있는 부키드논노회의 목회자 3명에게 사례비를 지원하고, 파나이섬의 '티기스교회' 목회자 사택 건축 지원, '서부 비사야스노회 미션 센터' 건축 지원, '물리나교회'와 '잇두불교회'를 지원하였으며, 실리만신학대학에 재학 중인 서부 비사야스노회 소속 목회자 2명에게 장학금을 지원하였다. 또한 보본교회에 소 사업과 더불어 금전(10,000페소)을 대여해 주어 경제활동(야채상)을 하도록 하고, 매달 일정액을 교회에 내고 1년 후에는 원금 전액을 교회에 반환하도록 하는 마이크로크레딧 사업을 하였다. 이를 통해 주민 자립 운동과 더불어 목회자 사례비를 충당할 수 있도록 하였다. 다니교회에서는 급식 프로그램과 방과후 교육 사업을 하였으며, 까뚱안교회에서는 농작물 재배로 얻은 수익으로 교회당을 지었다. 차세대 교회 지도자 양육 사업과 마을 일꾼 키우기 사업으로서 고등학생과 대학생, 신학생들에게 장학금을 제공하여 미래의 마을 지도자와 목회자를 육성했으며, 농업 전문가 인력 육성을 통해 마을의 농업 일꾼을 양성하였다.

김 목사의 사역 중 특별히 눈에 띄는 활동은 '농토 되찾기' 프로젝트다. 농토 되찾기란 마을 주민들이 담보로 잡힌 땅을 되찾을 수 있도록 무이자로 돈을 빌려 주어 땅을 찾게 한 다음, 추수할 때마다 수익의 일정액을 갚고 빌린 전액을 갚게 되면 되찾은 땅이 원래 땅 주인에게 돌아가게 하는 것이다. 농토 되찾기 사업을 위해 기초 조사를 하는 과정에서 교인들과 마을 사람들 중 많은 사람이 땅의 실소유주이면서도 땅문서를 갖지 못했다는 사실을 알게 되어 70여 명이 땅문서를 발행 받을 수 있게 하였다. 이런 활동이 마을 사람들과 지방정부 공무원들에게 알려지면서, 마을에서 교회의 위상을 올리는 데 크게 기여하였다.

김 목사는 "앞으로의 선교의 방법은 한국 경험을 그대로 선교지에 적용시키는 형식보다 '맞춤식 선교', 즉 선교 현장의 현실과 상황, 문제에 출발해서, 한국에서의 경험과 지식을 바탕으로, 선교지 상황에 맞는 기술과 방법들을 재개발하고 적용해 나가는, 이런 선교 방법이 앞으로 자리 잡아야 한다"고 강조했다. 아무리 한국에서 유용한 것이라 하더라도 모든 것이 열악한 선교 현장에서는 모두 무용지물이 될 수 있기 때문이다.

2024년 서울노회 126회 정기회에 보고된 김현숙 목사의 필리핀 선교 보고에 의하면, 지역교회 활성화 사업으로 보본교회, 까뚜뚱안교회, 리틀바기오교회의 성장 모습과 활동, 차세대 교회 지도자 양육 사업으로 중고등학교 장학 사업과 대학교 장학 사업 그리고 양계 세미나 사업 등이 보고되었다.

(8) 김형기 목사의 캄보디아 선교 활동

김형기 목사는 2006년 서울노회 파송 선교사로 캄보디아에 가서 현재까지 선교하고 있다. 2018년 선교 보고를 중심으로 살펴본 김 목사의 캄보디아 선교 현장은 다음과 같다.

김 목사의 선교 기지는 캄보디아 에큐메니칼교회다. 에큐메니칼교회에서 영어, 한국어, 캄보디아어로 주일 예배를 드리고, 오전 8시에 어린이주일학교를 하고 있다. 에큐메니칼교회에서는 한국교회의 도움으로 캄보디아 성경 2천여 권을 후원하고 있으며, 교회당이 없는 많은 교회가 교회당 건축을 희망해 김 목사의 중개로 총 26개 교회[6]를 헌당했고 2018년 현재 2개 교회가 건축 중이다.

교회당을 건축해 주었던 교회를 비롯한 많은 캄보디아 교회는 재정적으로 열악해서 자립이 어렵다. 사례비는 엄두도 못 내는 실정이라 목회자들이 농사를 짓거나 다른 일을 하여 생계를 유지하고 있으며, 이로 인해 목회에 전념할 수 없어서 교회 성장에 많은 지장을 초래하고 있다. 또한 목회자들이 정식으로 신학을 공부하지 못했고 오직

---

6 2008년 4개, 2009년 1개, 2010년 3개, 2011년 3개, 2012년 2개, 2013년 3개, 2014년 2개, 2015년 2개, 2016년 4개, 2017년에 2개 교회를 각각 건축했다.

열정으로만 목회를 하는 현실이라 목회 방법이나 신학적 지식이 미흡하다. 그래서 이들에게 월 일정 금액의 사례비를 지급하고, 한 달에 한 번 프놈펜에 모여 한 달간의 목회 활동을 보고하게 하고, 기초적인 신학 교육을 정기적으로 실시하고 있다. 현재는 26개 교회를 후원하고 있는데, 많은 교회가 후원과 교육을 요청하고 있다.

김 목사는 선교 일환으로 '캄보디아 네이버'(Cambodia Neighbor)라는 국제 NGO를 만들어 우물 파기, 그룹홈, 미래로방과후학교, 「캄보디아네이버소식지」 발간 등의 사업을 하고 있다. 우물 파기 사업으로 2018년 3월 현재 총 2,496개 우물을 팠으며, 작은 고아원(그룹홈) 아가페의 집을 운영하여 어린이들을 보호하고, 2010년 5월 12일 프놈펜 철거민 이주 지역인 보레이산티삐웁에 방과후학교인 '미래로학교'를 개교하여 이곳에서 380여 명의 학생이 주 5일 공부하며 꿈을 키워나가고 있다. 미래로학교의 어린이들은 가정형편으로 하루 한 끼의 식사도 어려운 실정이라 후원자들의 도움(한 끼에 150달러)으로 아이들을 위한 무료 급식(밥, 국, 2찬)을 하고 있다. 이와 더불어 캄보디아에서의 선교 활동 홍보를 위해 2008년 11월 17일부터 매월 1일 「Cambodia Neighbor 소식지」를 발간하고 있다.

2010년대 들어 김 목사는 한국기독교장로회 남신도회 서울연합회가 구입해 준 교회 건물과 신나는교회(예장대신) 최무웅 집사가 헌물해 준 땅을 매각하여 미래로학교 근처에 2,725㎡(약 825평)의 땅을 매입하였고, 이곳에 캄보디아 에큐메니칼교회와 선교센터, 미래로학교를 건축하려고 준비 중이다. 그러나 코로나19 팬데믹 시기부터 캄보디아 선교를 위한 후원 교회가 줄어 우물 파기, 현지 교회 지원 사업과 목회자학교 등의 사업이 위축되고 있으며, 특히 미래로학교 후원자들이 많이 줄어들어 재정적으로 어려움을 겪고 있다.

2024년 현재 캄보디아에서 행해지는 김형기 목사의 선교 활동은 교회 건축 사업(현재까지 29개 교회 건축, 3개 교회 건축 중), 캄보디아 교회 목회자 훈련 사업(교회당 월 150,000원 후원), 캄보디아 교회 성경 후원, 우물 파기 지원 사업, 미래로학교(빈민촌 방과후학교, 15년 동안 총 487명의 졸업생을 배출), 미래로학교 급식 지원 사업(300명의 한 끼 급식은 약 150불)을 하고 있다.

제 9 장

하나님의 백성들이 연합한
신도회 역사와 사업

1. 기장교회의 신도부 조직과 역사

교단총회는 1964년 9월 25일 서울 성남교회에서 열린 제50회 총회에서 평신도 운동을 활성화하기 위하여 여전도회를 대상으로 한 부녀부를 남녀 신도 모두를 아우르는 평신도부로 재편하였다. 재편 배경에는 "평신도는 '흩어지는 교회'로서 선교의 주체이며 현장에서 선교 봉사활동의 주체가 되어야 한다"라는 세계교회협의회의 평신도 신학이 영향을 주었다.[1] 교단에서 제정한 "평신도 헌장"에 의하면, 평신도란 "세례를 통하여 그리스도 예수를 주로 고백하고 그리스도 몸의 지체가 됨과 동시에 하나님의 백성으로서 세상에서 봉사하고 그리스도를 증거할 사명에 사는 모든 그리스도인"을 지칭하는데, 이런 평신도의 사명을 다하기 위해 세상과 교회에서 이행해야 할 행동강령과 "평신도 서약"[2]이 있다. 평신도 행동강령의 핵심은 다음과 같다.

세상에 관해서는 세상의 빛으로서 그리스도를 세상에 증거하고 화목하게 하는 직책을 통해서 세상에 봉사할 것이다. 또한 교회와 관련해서 평신도는 교적을 둔 각자의 지교회를 교회 생활의 거점으로 삼고, 그리스도의 몸인 교회의 지체로서 교회에 봉사하며, 그리스도의 증거자로서의 진실한 삶이 앞서야 한다.[3]

평신도에 관한 신학과 행동강령, "평신도 서약" 문서를 만든 다음 총회는 신도부 산하 단체의 명칭을 '신도회'로 하였고, 남신도회의 전국 조직과 노회 단위 남신도회를 조직하기로 하였다. 서울노회는 제49회 총회에 "남전도회 육성과 전국연합회 조직에 관한 건"을 헌의하였다. 서울노회 헌의와 청년회가 교단 49회 총회에 "청년회 연령 문제를 총회적으로 통일하여 줄 것과 연령별로 장년회 또는 남선교회를 조직해달라"

---

1 주재용, "하나님의 선교와 한국교회," 『한국교회 100년과 그 좌표』, 214.
2 "평신도 서약"의 내용은 "1. 우리는 그리스도의 몸인 교회를 진실과 겸손으로 봉사하겠습니다. 2. 우리는 가정과 직장과 사회에서 우리가 할 수 있는 최선을 다하여 빛과 소금과 누룩의 구실을 다하겠습니다. 3. 우리는 그리스도의 증인임을 잊지 않을 것을 다짐합니다." 「제50회 총회회의록」, 41.
3 「제50회 총회회의록」, 39-40.

는 청원을 한 것이 남신도회전국연합회를 창립하는 촉진제가 되었다.[4] 남신도회가 새로 조직됨으로써 신도부에는 여신도회전국연합회, 청년회전국연합회, 남신도회 전국연합회가 소속되었다.

1) 서울노회 신도부 조직 역사

교단총회가 평신도부를 설치함에 따라 서울노회는 1965년 제10회 정기회에서 '평신도부'를 신설하였으며,[5] 1969년에 총회가 평신도부를 신도부로 바꿈에 따라 서울노회도 '신도부'로 이름을 바꾸었지만, 조직만 되었을 뿐 제대로 활동하지 못하였다. 신도부 활동이 기록에 나타난 것은 1976년 30회 정기회 보고부터인데, 당시 부장은 김호식 목사, 서기는 김윤신 장로였다. 두 차례의 신도부 회의를 통해서 지교회에 남신도회 조직을 독려하며, 각 교회 남신도회와 여신도회의 조직 현황 통계를 내기로 했으며, 남신도회서울연합회의 조직을 강화키로 하였다. 1978년에 들어서 신도부는 남신도회서울연합회의 육성을 위하여 신도부 예산 일부를 지원하기 시작하였고, 1979년 1월 20일에는 초동교회에 남신도연합회와 여신도연합회 임원을 초청하여 간담회를 주선하였다. 이 간담회에서 남·여신도회가 합동하여 할 수 있는 신도 운동에 박차를 가하기로 합의하였으며, 이후 노회 보고서에 신도부 실행위원 모임과 총회 신도부 행사 참여, 남신도회 모임에 관한 사항이 보고되었다. 1980년대 신도부 사업을 보면 1980년 4월 19일에 향린교회에서 첫 간담회를 실시하였는데, 이 간담회에서 합의된 사항은 남녀 신도 연합 운동회를 매년 10월 9일에 개최키로 하고, 신도부 주관으로 신앙 강좌를 연 2회 갖기로 하며, 남·녀 신도회 연합 임원간담회를 정례화하기로 한 것 등이다. 참고로 신도회 세 개 단체의 사업 보고가 노회 보고서에 게재되기 시작한 것은 1984년 제47회기부터다.

---

4 「제49회 총회회의록」, 16.

5 1년 조: 문재린, 안치조, 장정표, 2년 조: 유화정, 조진구, 반병섭, 3년 조: 박영기, 장하구, 박한기였으며, 부장: 박영기, 서기: 채무식, 부원: 이운집, 안치조, 김풍전, 장하구, 박한진, 유화청, 이기수로 조직되었다.

2) 신도부 사업

신도부 주요 사업으로는 남신도회 조직과 신도대회, 연합체육대회, 시찰회별 걷기대회, 신도회 지원 사업 그리고 청년회 재건 사업 등이 있으며, 2021년 통일사회부 사회복지 관련 업무가 신도부로 이관됨에 따라 은퇴 교역자를 비롯한 노회원 복지 문제를 신도부가 담당하게 되었다. 2024년 가을, 임원부장단 확대 연석회의에서 신도부와 통일사회부로 나누어져 있는 은퇴교역자를 비롯한 노회원의 복지 문제를 임원회가 맡아서 주관하는 것이 좋겠다고 제안되었다.

(1) 신도대회

신도부 사업의 면모가 드러나기 시작한 것은 신도대회부터였다. 제1회 신도대회는 1987년 10월 16일 경동교회당에서 "선교 2세기를 향한 평신도의 나아갈 길"(강원용 목사)이라는 주제로 6백여 명이 참가한 가운데 실시되었으며 수해 당한 교회와 교인을 위해 41만 원을 헌금하였다. 1996년에는 신도대회 및 여신도 교육대회를 연합으로 개최하기로 하여 10월 27일 효동교회에서 예배, 주제 발표, 만찬으로 진행되었으며 40교회 중 37개 교회가 참여하였다. 신도대회는 2005년까지 매년 실시되다가 2006년부터 중단되었다.

년도	장소	주제와 프로그램	강사	참석자
1987	경동교회	선교 2세기를 향한 평신도의 나아갈 길	강원용 목사	600
1988	경동교회	너희는 나를 누구라 하느냐?	박종화 목사	
1989	경동교회	가서 먼저 화해하라	김호식 목사	400
1991	한일교회	칼을 쳐서 보습으로, 이 땅에 평화를!	채수일 박사	
1992	동원교회	광야를 지나 약속의 땅으로!	김원배 목사	225, 300
1993	새밭교회	약속의 땅에 의를 심어 사랑을 거두라	임태수 교수	170
1994	초원교회	희년의 나팔을 온 땅에	박종화 목사	
1995	서울성남	1부 예배, 2부 강연	배성산, 황성규	
1996	효동교회	새로운 천년을 어떻게 맞이할 것인가?/ 예배, 심포지엄, 결단 예배, 만찬	이중구 목사	
1997	동원교회	기도와 찬양, 만찬		

1998	서울성남	교육대회, 기독교 어버이와 자녀 교육	정보영 총무	400
1999	초동교회	새천년, 주여 나를 보내소서/찬양 예배	박종화 목사	
2000	동원교회	정상회담 이후 교회의 역할	박경서 박사	
2001	동원교회	문명의 충돌과 화해	이희수 교수	
2002	서울성남			
2003	초동교회	너희가 길을 알리라!(요 14:1-7)	허광섭 목사	
2004	초동교회	성령과 말씀으로 새롭게 되는 교회	강원구 목사	
2005	효동교회	은총의 하나님 변화케 하소서	강원구 목사	

(2) 신도회 연합체육대회

1983년부터 남신도회연합회에서 주관하여 남녀신도회 연합친선체육대회가 실시되다가, 1997년부터 신도부가 주최하고 '남·여신도회 연합회 준비위원회'가 주관하여 실시하는 신도회 연합체육대회로 바뀌었으며 우승팀에게 노회장컵을 수여하였다. 연합체육대회는 초기에는 5월 5일 어린이날 경신중학교 교정에서 실시하다가 5월 셋째 주일 오후로 날짜가 바뀌었다. 1988년 5월 23일 경신고등학교 교정에서 열린 제6회 연합친선체육대회를 보면 서울노회에 속한 지교회의 구성원인 유년부, 중고등부, 청년회, 남녀신도회 전원이 참석하는 대회로서 37개 지교회에서 총 2,045명이 참석하였다. 이후 장소를 옮겨 다니며 체육대회를 열었고, 1998년 5월 17일 16회 체육대회를 동도공업고등학교에서 개최하였다. 2005년부터는 신도부가 예산을 세워(1,800,000원) 체육대회를 지원하기 시작하였으며, 연합체육대회에서 걷은 헌금은 사회적 약자나 위기에 처한 교회를 지원하는 데 사용되었다. 코로나19 시기인 2020~2021년에는 체육대회를 하지 않고 서울노회의 체육대회 지원금 370만 원 중 50%인 185만 원을 연말 이웃돕기 성금으로 사용하였다.

(3) 신도부 주최 시찰회별 걷기대회 개최

신도부는 운동장 대여의 어려움과 소음으로 인한 민원으로 여건이 조성될 때까지 체육대회 등 대규모 야외 행사를 개최하지 않기로 결정하고, 그 대안으로 2023년

부터 코로나 팬데믹으로 인한 치유와 시찰회 단합을 위해 시찰회별 걷기대회를
시작하였다.

① 마포시찰

2023년 9월 17일 연세대 캠퍼스 안산 정상, 둘레길,

참가 교회 및 인원: 공덕교회, 광염교회, 세광교회, 행화정교회, 홍대청년교회,

총 91명.

② 중구시찰

2023년 9월 24일 남산공원 북측순환로,

참가 교회 및 인원: 경동교회, 서문밖교회, 서울제일교회, 한일교회, 총 105명.

③ 용산시찰

2023년 10월 15일, 남산둘레길,

참가 교회 및 인원: 서울성남교회, 예가교회, 용산제일교회, 보광동교회, 효동

교회, 재한독일어권교회, 총 102명.

④ 종로시찰

2023년 10월 15일, 낙산공원,

참석 인원: 50명 내외.

2024년 시찰회 걷기대회는 마포시찰회, 용산시찰회, 중구시찰회, 종로시찰회,
기관 시찰회에서 11월 26일까지 진행하였다.

(4) 청년회 재건 활동

2001년 청년회서울연합회의 마지막 보고 후 청년회 사업이 신도부 보고에 더 이상
실리지 않았다. 이에 신도부 중점 사업 중 하나가 청년회 재건을 위한 활동이었다.
신도부는 서울노회 소속 교회의 청년회 상황 파악을 위한 기초 조사[6]를 실시한 후

2005년 9월 25일 초원교회에서 네 차례 모임을 하고 5차 모임에서 5개 교회(동명, 용산제일, 효동, 초원, 수도) 청년 대표 1인씩으로 '청년회서울연합회 재건준비위원회'를 구성하였다.

신도부는 청년회 재건을 위해 소위원회(부장, 서기, 박정세 목사, 정용진 목사)를 구성하고 2009년 2월 21일 동원교회에서 '청년신도문화제'를 개최하였고, 2014년에는 대표자회의, 2016년 11월 3일에는 서울성남교회에서 청년회 활성화를 위한 워크숍을 가졌으며, 2016년에 청년 활성화를 위한 소위원회를 구성하여[7] 소위원회 주관으로 9월 22일 초동교회에서 청년 담당 목회자 간담회를 실시하였다.

신도부에서는 청년회 재건 활동의 하나로 한일청년연합수련회를 개최했다.[8] 제1회 한일청년연합수련회는 2019년 8월 10~12일 서울성남교회에서 "그리스도의 사랑으로, 민족과 함께 — 세상의 평화를 위하여"라는 주제로 열렸다. 첫날에는 환영 예배, Ice Breaking(강사: 김민 목사, 박선교 목사), 서울 광화문 나들이(안내: 나가오 유키 목사)가 있었고, 둘째 날 오전에는 서울제일교회 주일 예배에 참석하고, 오후에는 '평화 테이블'로 한신대 명예교수 배준호 교수의 강의, 시나리오 워크숍으로 "보다 나은 관계를 위한 우리의 제안"과 관계를 이어가기 위한 우리의 약속, 성만찬 등이 있었다. 또 셋째 날 오전에는 조별로 서울 나들이를 하였다. 이 청년연합수련회에는 한국 측 8명, 일본 측 4명이 참석하였고, 통역에 나가오 유키 목사와 최인우 청년이 수고했으며, 숙소는 경복궁역 부근에 있는 '와인하우스 모던 부티크 한옥'이었다. 불행하게도 코로나 팬데믹으로 인해 2020년에 제2회 수련회가 진행되지 못했고, 이후에는 참가자 부재와 일본 주최의 어려움 등을 이유로 재개되지 못하였다. 신도부에서는 한일청년연합수련회 대신 노회 내 청년 담당 교역자와 청년을 중심으로 난민 청소년 멘토링 선교 사업을 진행 중이다.

---

6 조사에 참여한 21개 교회의 총 청년 수는 1,131명, 청년 재적 수는 567명, 집회 참석 수는 397명, 연령은 20~30대 초반이며, 청년회 정기 집회 시간은 주일 오후가 대부분이었다.

7 소위원회는 신도부장(백남호), 서기(김지목), 남신도회장(박병석), 여신도회장(이은희), 청년(최애지), 이상춘 장로, 한세옥 목사로 구성되었다.

8 이 수련회는 교육부가 진행했던 한일청소년연합수련회 졸업생을 구심점으로 해서 진행되었다.

2. 여신도회서울연합회 역사와 활동

1) 여신도회서울연합회 형성 과정

(1) 여전도회의 시작

여신도회서울연합회는 여신도회전국연합회 하위 단체이며 서울노회에 속한 여신도회라는 이중 위상을 갖고 있다. 여신도회서울연합회의 상위 단체인 여신도회전국연합회는 교단 창립 초기부터 교단총회와 함께해 온 조직으로, 1898년 평양 널다리골교회에서 이신행 외 63명이 복음을 전하기 위해 부인전도회를 창설한 것이 그 효시이고, 1928년 9월 10일 대구 신정교회에서 11개 연합회가 모여 장로회 여전도회를 창립하였으며, 1937년 1월 장로회 제26회 총회에서 여전도회 주일을 1월 셋째 주일에 지키기로 결정하였다. 장로교단이 일제의 황민화 정책에 따른 신사 참배 강요에 굴복해 신사 참배를 결의하자 여전도회는 1941년 서문밖교회에서 열린 제11회 대회에서 신사 참배를 거부하고 연합대회를 해산시키기로 결의하고 산회하였다. 해방 후 1946년 6월 서울연동교회에서 재건 총회(회장: 신애균)를 열었고, 장로교단이 분열되어 1953년 6월 10일 38회 호헌총회가 열린 날 호헌총회와 뜻을 같이하는 여전도회원들이 선언서를 발표하고 호헌 측 여전도회전국연합회 총회를 열어 강정애를 19대 회장으로 선출했다.[9]

(2) 여신도회서울연합회의 전신 여전도회경기연합회

여신도회서울연합회는 1929년 조직된 경기여전도연합회가 효시였으며, 여전도회전국연합회가 창설될 때 당시 경기여전도연합회 회장은 송명애였다. 교회 분열의

---

9 『여신도회 60년사』, 166, 177, 196.

와중에 열린 경기연합회 총회에서 호헌 측 교회에 속한 회원들에게 "여기 왜 왔느냐"고 모멸을 주자 이에 상처를 입은 호헌 측 교회에 속한 여전도회원들이 분립할 것을 결심하였다. 1955년 3월 30~31일 초동교회에서 20개 지회 71명이 모여 여전도회경기연합회 창립 총회(회장: 이주선, 서기: 주재숙, 총무: 김명주, 조남선)를[10] 연 후 호헌 측 여전도회전국연합회에 가입 원서를 냈다. 이것은 여전도회전국연합회가 결성된지 3년 만의 일이었다. 창립 총회 후 여전도회경기연합회는 교회를 순회하며 여전도회를 조직하고, 개척교회를 보조하며, 계몽 활동을 비롯한 생활 개선 강좌 등의 다양한 교육을 실시함과 동시에 재정 조달을 위한 각종 활동을 하였다. 지교회 여신도회에서도 비슷한 활동을 전개해 교회 건축 지원, 개척교회 보조,[11] 빈민 구호, 성경 공부, 교회 내 봉사활동을 하였고, 교역자 생활을 지원하는 활동도 지교회 여신도의 중요한 과제였으며, 이런 활동을 하기 위해서 성미 운동을 계속하였다. 이렇게 선교와 봉사활동을 하면서 여전도회경기연합회는 회원들의 지도력 강화에도 힘을 써 여신도회전국연합회에서 발행하는 『그달의 양식』을 월례회 교재로 사용하는 것을 비롯하여 전국연합회의 각종 교육 프로그램에 참여하면서 지도력을 키웠다.

(3) 노회 분립에 따른 여신도회서울연합회의 새출발

1960년 10월 25일 경기노회와 서울노회의 분립에 따라 서울권 여전도회는 '여전도회서울연합회'로 재출발하게 되었다. 1961년 1월 24일 공덕교회에서 25개 지회 144명이 참석한 가운데 "잃은 양을 찾자"라는 표어 아래 제37회 총회를 열고 초대

---

10 회장: 이주선, 부회장: 김명선, 서기: 주재숙, 부서기: 정순원, 총무: 김명주, 조남순, 회계: 강부전, 김옥희, 전도부장: 김부덕, 김선의, 구제부장: 박영순, 교육부장: 김명주, 청유부장: 박용길, 봉사부장: 박명필, 재정부장: 박인군, 최현실, 고문: 신애균. 여신도회서울연합회, "여신도회서울연합회 발자취," 『여성선교회관 건축약사』(1992), 부록, 212.

11 한 예를 든다면 서울 공덕교회 여전도회의 경우 시흥 서면교회가 천막 치고 앉아서 예배 드리는데, 이곳에 비가 새는 것이 너무 딱해 여전도회 회장이 힘을 내고 모두 도와서 40여만 환을 드려 산 중턱에 아담한 교회당을 짓고 헌당식을 하였다고 한다.

회장 김선희, 총무 구어영을 선임하였다.[12] 1965년 교단총회 지시에 따라 여전도회를 '여신도회'로 개칭하였는데, 이러한 명칭 변경은 단체의 성격 변화를 내포하고 있었다.[13] 즉, 종전의 '여전도회'가 전도 목적의 모임체였다면, '여신도회'는 회원 활동 단체로서의 성격이 보다 강하게 부각된 것이다.[14] 이렇게 거듭난 여신도회서울연합회는 서울이라는 입지적 조건, 전국연합회에의 서울연합회 회원들의 지도력 포진, 서울노회 목회자들의 진보적 성향 등으로 사회참여 의식이 높아졌다. 그 일례가 1965년 4월 서울연합회 총회에서 발표한 "한·일국교정상화에 대한 우리의 견해"였는데,[15] 이 결의문은 전국에서 여신도회가 최초로 자신들의 정치적 입장을 공식적으로 표명한 것이다.

여신도회서울연합회는 '베다니평신도지도자교육원'에서 "복음과 여성의 사회적 자각"을 주제로 한 교육, 전국연합회 이동 강좌, 여성 신학 강좌 등을 통해서 의식의 지평과 지도력을 넓혀갔으며, 여신도회 활동도 교회에서부터 지역사회로 지경이 넓어졌다. 1960년대 들어 여신도회전국연합회가 기구를 개편함에 따라 여신도회서울연합회도 기구를 개편, 생활연구부를 신설하여 의식주와 가정의례에 대한 생활 개선 활동과 국산품 애용 운동을 전개하였고, 총회 행사나 노회 행사에 필요한 가사 노동 영역을 담당하던 봉사부를 사회부로 개편하면서 활동 영역이 교회에서 사회로 넓어졌으며, 경기연합회 시절부터 있던 청유부(여자 어린이를 위한 부서)에서 농촌교회 교역자 자녀 장학금을 매년 지급하였다.

---

12 서울노회는 1회로 시작하였지만, 여신도회서울연합회는 경기노회부터의 여신도회의 횟수를 이어 사용하였다.

13 초창기부터 여전도회는 여전도사와 여신도들이 함께 회원으로 구성된 조직이었으나, 여전도회에서 여신도회로 명칭이 바뀜에 따라 여교역자들의 위상이 문제가 되어 1981년 6월 여전도회의 당연직 회원이던 여교역자들이 여신도회에서 조직적으로 독립하게 되었다.

14 『여신도회 60년사』, 244.

15 이때 회장단은 김선희(회장), 박영희, 김명주(부회장)였고, 1,102명의 지회원이 서울연합회에 소속되어 있었다. 앞의 책, 239.

2) 1970년대 여신도회서울연합회, 인권 선교에 앞장서다

전국연합회의 조직과 사업 내용에 맥을 같이하는 여신도회서울연합회는 1970년대 와서 선교부, 사회부, 생활연구부 등 기존 부서의 활동이 다양해졌으며, 1976년 여신도회가 전개할 선교 사업을 뒷받침하기 위하여 선교후원회[16]를 창립하여 보다 안정적인 선교를 하게 되었다.

서연합창단 창립

1968년 여신도회 연합 성가대(지휘: 유경손) 창립과 맞물려 음악부가 신설되었으며, 연합 성가대는 1971년 군 위문금 보내기를 위한 자선 음악회를 필두로, 1973년 산업 선교를 위한 음악회, 1975년 샬롬합창단이라는 이름으로 제6회 음악회를 개최하였다. 1977년 5개 지구 합창단을 중심으로 '여성선교회관 마련을 위한 음악회'를 운영해 오다가, 1982년 서연합창단으로 개칭하고 서울연합회회관 건립이 완성될 때까지 '선교음악회'를 통해 재정적 뒷받침을 했으며, 회관 건립이 끝난 후에는 선교음악회를 통해 맹인 개안 수술 비용 마련을 위한 음악회, 장애인과 결핵환자 후원, 공산권에 성경 찬송 보내기, 월남 한국인 2세 돕기를 비롯한 나눔 선교를 해 오다 중지되었다.

일상적인 상비부 활동과 기층 여성을 위한 선교 전개

여신도회서울연합회가 조직된 날부터 일상적으로 교단의 군목 활동 지원과 미자립교회, 특히 여성 목회자의 목회 활동을 지원해 왔다. 1970년대에는 특별히 청계천 뚝방 지역에 한울교회를 세우고 지역 사업으로 어린이집, 교회, 신협, 어머니회, 야학 등을 운영하였다. 교육부 사업으로 여신도들의 역량 강화를 위해 성서 연구와 임원 훈련, 교재를 발간해 지도자 훈련을 했으며, 미래의 여신도회를 위해 청년 여신도의 활성화를 위한 교육에 관심을 갖고 1975년부터 한국신학대학 여학생 2명에게 장학금

---

16 65세 이상, 회원: 13개 지회, 22명, 회장: 김명주.

을 지급하기 시작하였고, 농어촌 선교의 일환으로 농어촌 교역자 자녀를 위한 장학금 지원 사업을 시작하였다. 생활연구부는 소비자보호운동 일환으로 시작된 바자회를 수시로 열었으며 기독교가정생활운동[17]을 적극 전개하였다.

1970년대에 와서 여신도회서울연합회는 기층 여성들의 인간다운 삶에 관심을 갖고 버스 안내양, 여자 이발사, 유흥업소 접대 여성, 빈민촌과 판자촌 여성 등 도시 기층 여성들의 삶에 주목하여 이들을 위한 선교 프로그램을 실시하였다. 이러한 프로그램의 일환으로 버스 여차장 합숙소를 정기적으로 찾아가서 교양 강좌, 취미와 놀이 프로그램을 실시하다가 전담 전도사를 파송하여 여차장들의 복지 향상을 위해 노력하였으며, 윤락 여성을 위한 '숙녀학교'도 개설하여 이들의 전인적인 삶 회복에 힘을 기울였다.

이렇게 다양한 기층 여성들의 삶에 관심하던 여신도회서울연합회는 빈민촌 여성을 위한 선교 프로그램으로 청계천 뚝방 일대에서 산업 선교를 실시하였다. 청계천 뚝방 지역 실태조사를 실시하면서 지역 주부들과의 면담을 통하여 자녀들이 초등학교 교육도 받기 어려운 형편임을 듣고 1975년 5월부터 뚝방 어린이들의 육성회비 지급을 시작하여, 뚝방 어머니회를 조직하고, 회집 장소를 마련하여 신용협동조합과 어린이집을 개설하였다. 또한 교회 문턱의 높음을 호소하는 주민들의 요청에 따라 1976년 12월 노회 절차에 따라 한움교회를 설립하고 한움야간학교도 개설하였다.

인권 선교를 본격화하다

일상적으로 선교와 교육, 기독교가정생활운동을 해 오던 여신도회서울연합회는 1970년대 들어서 사회부를 중심으로 인권 선교를 전개하기 시작, 양심수 월동 대책에 협조했으며, 부활절 연합 예배 사건으로 구속된 도시산업선교회 박형규 목사를 비롯

---

17 기독교가정생활운동이란 70년대 말 전국연합회 생활연구부에서 주창한 캠페인으로 1974년 '민주시민 양성을 위한 기독교 가정 운동'을 전개했었는데, 생명 문화 창조 운동 시작의 여러 동기와 배경 중 하나이기도 하다. 이 운동은 "산 신앙의 가정, 선교하는 가정, 민주시민을 훈련하는 가정, 새 문화를 창조하는 가정"이라는 목적 아래 가정 갱신을 통해 교회와 사회 공동체 갱신에 기여하고자 한 작은 실천 운동이었다.

한 구속자를 위한 기도회를 지회에 알려 참석을 독려하고, 구속자와 그 가족을 돕기 위한 헌금을 했으며, 교계에서 주최하는 각종 인권 집회에 회원들이 참여하도록 안내하였다. 특히 여신도회서울연합회가 관심 갖고 지원한 사건은 동일방직 해고 노동자 투쟁 사건으로, 동일방직 여공들이 노조 활동을 한다고 폭력배들이 이들에게 똥물을 퍼붓고 폭력을 행사한 사건이다. 이에 여신도들은 분개하여 동일방직 사건 대책을 위한 활동에 참여하고 해고 노동자 생계를 위해 365,000원을 전달하였다.

서울연합회가 전개한 인권 선교 중에서 가장 유명한 것은 박종석 복직 운동이다. 재일교포 청년 박종석이 일본 기업 히다치에 합격했음에도 재일교포라는 이유로 취업시켜주지 않자 법정 투쟁을 하기 시작하였는데, 이 사건을 알게 된 서울연합회는 히다치 제품 불매운동을 전개하는 한편 전국연합회를 추동해 교회여성연합회를 통해 세계교회 여성들과 연대하여 일본의 인종차별 실상을 전 세계로 알려 히다치로부터 항복을 받았다.

여신도회서울연합회는 1978년 삼일절을 기해 에스더 기도 운동을 시작하였다. 에스더 기도 운동은 삼일절 전야부터 삼일절 정오까지 전국 여신도들이 동시에 나라를 위해 기도하는 것으로, 여기에서 걷힌 헌금은 나라를 위해 사용하도록 하였다. 서울연합회는 1979년 3월 1일 오전 11시부터 3일 정오까지 성남교회에서 140명이 모여 에스더 기도를 실시하고 헌금 78,910원을 한국신학대학 구속 학생 8명에게 영치금으로 송금하였다.[18]

선교의 터가 될 여성선교회관 건립하다

여신도회연합회는 1971년 이래 도시 산업 지대의 여성들을 위한 선교를 해 오면서 1977년 11월 13일 여신도회 선교 기지가 될 '여성선교회관'을 건립하겠다는 중대한 결의를 하였다.[19] 도시 산업 지대의 여성을 대상으로 선교해 오면서 보다 구체적인

---

18 삼일절 전야부터 삼일절 정오까지 실시하던 기도회는 이후 삼일절 당일에만 실시하고 있다.
19 1978년 모금 발대식에 이어 서울노회 목사님들과의 간담회를 가진 후 1980년 서울노회에 회관 건립 기금 예산 지원과 더불어 지교회 여신도회가 모금을 할 수 있도록 청원하여 노회 허락을 받아 모금에

선교의 장이 절실히 필요하여 총회 '여신우학사' 터를 매입하고 이 지역의 특수성을 살려 선교·교육·복지·훈련의 장으로 사용하기 위하여 회관을 건축하기로 한 것이다. 1982년 2월 8일 여성선교회관 준공하여 개관 예배를 드리고,[20] 선교회관 준공 이후 지역 어린이들을 위한 '서연유치원'과 청년 노동자들을 위한 '서연배움의집'을 설립하여 운영하였다.

3) 1980년대 하나님 앞에 역사 앞에

일상적인 사업[21] 외에 1980년대 여신도회서울연합회가 전개한 사업은 다음과 같다.

생명 문화 창조 운동의 징검다리가 되어

여신도회서울연합회가 1980년부터 핵심적으로 전개한 운동은 전국연합회에서 시작한 생명 문화 창조 운동으로, 오늘의 문화를 죽임의 문화로 규정하고 여신도들이 생명 문화를 창조하는 데 앞장서자는 뜻에서 1980년 초 물살리기 운동, 기득권 포기 운동, 결혼 간소화 운동 등으로 출발하여 기독교가정생활운동과 결합되어 추진되었다. 생명 문화 창조 운동 자체가 전국의 여신도들이 하는 것이기 때문에 여신도회서울

박차를 가할 수 있게 되었다.

20 선교회관은 1978년 4월 10일 건축기성회 발단식을 갖고 모금위원 100명 위임(10조)을 구성하였으며, 1979년 4월 18일 용산구 동자동 186평의 대지 구입을 위해 계약을 체결(회장: 김봉화)하고, 1980년 5월 9일에 대지를 인수(회장: 원금순, 대지 매입: 65,100,100원)하였으며, 총 건축비는 214,122,940원이 들었다. 1982년 노회 분립에 의하여 서울연합회와 서울남연합회가 분리됨에 따라 회관을 공동 운영하려 하였으나 현실적인 어려움이 있어 서울연합회가 단독으로 운영하게 되었다.

21 1980년대 여신도회서울연합회는 일상 사업으로 1970년대에 실시한 에스더 기도 운동과 세계 기도일, 군·교도소 선교를 위한 후원, 회원 수련회와 교육, 장학금 지급, 이웃 돕기와 '적게 갖고 나눠 쓰기' 운동, 매주 생활필수품 바자회, 베다니집에 거주하는 서울연합회 은퇴 여교역자를 위한 부양비 지급, 기지촌 여성을 위한 두레방 지원, 서연합창단의 선교음악회를 통한 사회 선교 등을 실시하였다. 이 외에도 1981년 억울하게 살인 누명을 쓰고 감옥에 갇힌 재미 교포 이철수 구명 운동을 비롯하여 재일한국 YMCA 건축 기금 협조, 재일한국인 지문 날인 반대 서명, 대청교회 택지 기증, 서울교역자부인회 창립 등이 있다.

연합회도 이 운동의 징검다리가 되어 지회원을 대상으로 캠페인을 전개하고 제반의 교육을 연동하여 실시하였다.

선교 365일 옥합 운동을 통한 간접 선교와 개교회주의 지양 운동 전개

여신도회서울연합회는 생명 문화 창조 운동과 더불어 옥합 선교 운동을 시작하였는데, 이것은 여신도 각 가정에 저금통을 비치하여 연말에 지교회 여신도회에서 함께 깨뜨려 모은 헌금을 연합회에 보내 자기 교회 밖의 선교에 사용되도록 하는 간접 선교 운동으로서 개교회 중심주의를 지양하고 있다. 옥합 운동 헌금은 각 연합회에서 특수 선교를 위해 사용하고, 십일조는 전국연합회에 보내어 전국연합회 특수 선교에 사용토록 하고 있다. 옥합 운동은 부산중부교회 여신도회에서 시작된 운동이지만, 1976년 서울의 송암·초동·성남교회 등에서 가담하기 시작해 1980년 전국연합회의 사업으로 확산되었다. 이렇게 서울연합회를 통해 확산된 운동이니만큼 서울연합회에서도 적극적으로 옥합 운동을 실시하고 있으며, 첫 옥합을 깨뜨린 3,300,000원을 김정희 목사가 개설한 출옥 여성들을 위한 '첫 새벽의 집'에 후원하였고, 이후 1980년대 옥합 헌금도 계속 첫 새벽의 집에 선교 헌금으로 보냈다.

평화를 위한 기도회

1980년대 들어서서 여신도회서울연합회는 에스더 기도회를 실시하면서 그 연장선상에서 평화 캠페인과 평화 기도회를 시작하였다. 1985년 3월 25일에 중앙감리교회에서 "교회 여성과 평화운동"(이삼열 박사)이라는 주제로 평화를 위한 기도회를 실시하였으며 이때 원폭 피해자 자활 기금을 위한 헌금을 하였고, 선교후원회가 1987년 6월 25일 임진각 광장에서 "주여! 이 민족을 도와주소서"라는 주제로 '나라와 민족을 위한 기도회'를 개최하였으며 이 기도회는 해마다 실시되고 있다.

민주화운동과 여성 인권운동

인권운동과 민주화운동을 하다 옥에 갇힌 재소자를 위한 헌금을 하여 재소자에게 영치금과 생필품을 전달하고 기도회를 하던 여신도들이 인권과 민주화 현장에 뛰어드는 사건들이 생겼다. 여신도회서울연합회는 1986년 부천서 성고문 사건과 청량리 경찰서의 여대생 성추행 사건 대책 운동, KBS 시청료 거부 운동에 적극 참여하였으며, 박종철 물고문 치사 사건에 대한 진실 규명과 대책을 위한 활동과 교회여성연합회가 전개하는 최루탄 추방 운동에 참여하는 한편, 고문 방지 대책 사업을 위한 후원금을 모금하였으며, 특히 6.10민주화를 위한 기독인 항쟁에 참여하고 호헌 철폐와 민주 개헌 캠페인을 전개하였다.

이렇게 민주화운동에 참여하는 한편, 여성의 권익 신장을 위해 가족법 개정 운동에 참여하였다. 가족법 개정 운동은 반세기 동안 지속된 한국 사회의 대표적 여성 운동으로[22] 1984년 7월 18일 41개 여성 단체 발기로 온전한 '가족법개정을위한여성단체연합회'가 결성되어 가부장적인 가족법을 평등한 가족법으로 개정하는 운동을 벌였으며, 여신도회서울연합회도 지회 여신도들을 대상으로 가족법 개정 운동에 참여토록 촉구하였다. 여성 단체의 투쟁으로 1989년 12월 19일 여성 단체 개정안을 반영하여 국회법사위가 마련한 수정안이 국회 본회의에서 통과되고, 1991년 1월 1일부터 시행되었지만, 가장 핵심적인 의제였던 호주제를 폐지시키지 못했다.[23]

4) 1990년대 기독 여성 10년과 통일희년 운동, 기독교 어버이 운동

일상적인 사업의 확대

여신도회서울연합회 사업에서 1990년대에 확장된 사업으로는 해외 선교 부문에서 서울노회와 파트너 관계에 있는 케냐 나이로비노회를 방문하여 탁아 프로그램을 지원하였으며, 월남 한국인 2세(람덴호아)를 지원한 사업, 우토루 재일 동포들의 주거

---

22 1973년 6월 28일 61개 여성단체가 결집하여 '범여성가족법개정촉진회'를 결성하고 개정 운동을 전개해 나갔다. 1977년 가족법 일부가 개정되어 동성동본 간의 혼인신고가 한시적으로 허용되었고, 상속에서 처와 미혼 딸의 비율이 높아졌고, 부모가 공동으로 친권을 행사할 수 있게 되자 촉진회는 해체되었다.
23 호주제 폐지는 2005년 3월 2일 국회에서 통과되어 2007년 5월 7일 가족관계 등록 등에 관한 법률이 제정되어 2008년 1월 1일부터 시행되었다.

권을 위한 서명운동과 재일 동포 2세 정향균 씨 승진 차별 철회를 위한 서명운동 전개 등이 있다. 국내 선교 부문에서는 전국연합회가 1995년에 세운 희년의 집 건축과 2018년 미군 기지 평택 이전에 따라 기지촌 군사 문화의 희생양인 아시아 여성들의 삶 회복을 위해 평택에 두레방센터를 건립하는 일에 동참하고 운영비를 지원하였다. 또한 여신도회전국연합회가 1993년에 생명 운동을 기독교 어버이 운동으로 전환함에 따라서 여신도회서울연합회도 기독교 어버이 운동 교실을 열었으며, 지구 이동 강좌와 서연 나눔 마당을 통해 기독교 어버이 운동의 열두 가지 과제 실천 운동을 전개하였다. 아울러 교재『생명은 어머니의 손에』2,000부를 각 지회에 보급하는 한편, 회원들을 대상으로 대기오염, 수질오염, 식품오염, 환경호르몬을 주제로 한 환경학교를 개설하였고, 폐카트리지 수거 운동을 전개하였다. 인권 선교 측면에서는 외국인노동자보호법을 위한 서명운동에 동참하였고, 고엽제 환자 공동체 건축 마련을 위한 기금 모금에 참여하였다.

평화통일부 신설과 평화통일희년 운동

여신도회서울연합회가 1990년에 새롭게 전개한 사업은 평화통일과 희년 운동이다. 여신도회서울연합회는 1992년에 '평화통일부'를 신설하여 지회와 더불어 평화 기도 및 리본 잇기, 통일 기금 통장 갖기 운동을 전개하였고, 옥합 운동을 통해 북한 선교 기금을 조성하였으며, 재일 동포 양로원 '색동의 집' 건축에 후원하였다. 여신도회서울연합회는 특별히 '95통일희년교회여성협의회'의 일원으로서 협의회가 실시하는 각종 기도회와 캠페인, 합창제에 참여하였으며,[24] 95통일희년교회여성대회 이후 여신도회는 평화통일을 위해 '북녘 동포와 나눔 운동'과 북한 어린이 돕기를 실시했고, 극심한 식량 위기를 겪고 있는 북한에 여신도회전국연합회를 통해 '북한 동포와 밥 나누기', '사랑 나누기 운동', '평화의 쌀 보내기' 운동에 참여하였다.

---

24 95통일희년 성가제 모금 티켓 판매와 서연합창단 출연을 통해 성가제에 협조하였으며, 협의회 운영을 위해 후원하였고, 1995년 8월 8일 100주년기념관에서 열린 전국대회에 참석하였으며, 전국대회 '통일 법정' 모의재판 팀에게 연습 장소와 간식을 제공하였고, 통일희년 월례기도회에 참석하였다.

95통일희년교회여성협의회를 가동하면서 여신도회전국연합회는 '나라를 위한 평화 기도 잇기' 운동을 전개하였는데 서울연합회도 지회별로 당번을 짜서 이 운동에 동참하였으며, '통일 어머니 박용길 장로 석방을 위한 기도회'에 참여하였고, 서울북연합회와 공동으로 '북한 바로 알기' 강좌와 통일 교실 강좌를 2회 실시하였다.

5) 2000년대 여신도회, 성령 안에서 생명의 빛을 노래하라!

북녘 여성과 어린이들을 위한 나눔 운동 전개

1990년대 여신도회서울연합회의 평화통일 운동은 북한의 여성과 어린이 지원 사업이 주를 이루었다. 여신도회서울연합회는 교회여성연대가 전개하는 '북한의 이유기 어린이를 위한 분유 보내기 운동'에 12개 교회에서 모은 헌금 2,983,500원을 보냈으며, 북한 어린이에게 이유식 보내기 캠페인으로 2001년 5월 12일 탑골공원 걷기대회에 참석하였고, 전국연합회가 전개하는 '북한에 이동 X-Ray 검진차 보내기', 개성공단에 탁아소 건립을 위해 '북한산 북어' 판매, 따뜻한 한반도 사랑의 연탄 나누기와 밀가루 보내기, 북녘 동포와 국수 한 그릇 나누기 운동에 동참하였으며, 서울노회 통일사회부 평통 자료집 발간을 후원하였다.

또한 2008년 7월 금강산 관광객 박왕자 씨 사망 사건 이후 남북 관계가 급격히 경색되어 대북 지원 사업이 일방적으로 종료됨에 따라 전국연합회와 더불어 평화 기도 잇기 운동, '남북 관계 회복과 대북 정책 전환을 위한 연속 기도' 광고(2009년 1월, 「한겨레신문」), 서울북연합회와 공동으로 나라와 민족을 위한 기도회와 강연회를 실시하였고, 2009년 12월 17일 강화도 평화전망대에서 열리는 제7회 한반도평화 통일공동기도회에 참여하였다.

기장 여성의 날과 기장여성연대를 통한 성평등한 기장교회 만들기

2008년은 여신도회전국연합회가 80주년을 맞이한 해였다. 여신도회는 이날을 단순히 여신도회만 기념하는 날이 아니라 기장 여성 전체를 아우르는 '기장 여성의

날'로 하자고 '기장여성연대'(여신도회, 여장로회, 여교역자회, 한신여동문회)에 제
안해서 모든 기장 여성이 동참하는 행사가 되었다. '기장여성대회'에 앞서 2008년
7월 8일에 수유리 아카데미하우스에서 "기장 여성인 당신, 생명을 택하고 더불어
평화를 이루라"라는 주제로 80주년 심포지엄을 개최하였고, 기장여성대회는 "성령
안에서 생명의 빛을 노래하라"라는 주제로 여목사(박계자 목사)의 집례와 여목사, 여장
로들이 배찬위원으로 참여하였으며, 이날 "기장 여성 실천 십계명"을 채택하였다.[25]

한편 9월 8일 경동교회에서 80주년 기념 여성 주간(서울 지역) 행사로 '여성 ·
생명 · 평화 음악회와 시화전'을 열고 '여신도회 비전선언문'과 배너를 제작하였으
며,[26] 2008년 9월 9일 천안종합운동장에서 개최된 기장 여성의 날 대회에 여신도회서
울연합회 13개 지회에서 143명이 참석하였다.

일본 기독교 동경 북지구 부인회와의 교류

여신도회서울연합회는 2003년부터 일본 기독교 동경 북지구 부인회와 교류하였
다. 이러한 교류는 2003년 문막에서 열린 제2회 한일선교협의회에서 제안된 것으로
서, 2004년 9월 8~10일 동경에서 북지구 부인회 총회 기간에 여신도회 대표들이[27]

---

25 "기장 여성, 생명 · 평등 · 평화 실천 십계명"
   1. 물신숭배를 극복하고 하나님 신앙을 회복한다. (참신앙)
   2. 교회 분열과 타락을 청산하고 그리스도 안에서 연합과 일치를 이룬다. (교회)
   3. 폭력을 근절하고 평화를 이룬다. (평화)
   4. 피조물의 생존권을 존중함으로 생태계를 치유하고 회복한다. (창조 세계)
   5. 전쟁과 분단을 극복하고 민족 생존권 함양과 평화통일을 위해 일한다. (민족)
   6. 사회적 약자인 소수자와 동행하고 나눔으로 예수 그리스도 사랑을 실천한다. (계급)
   7. 교회와 사회의 성차별적 구조와 문화를 극복하고 양성평등을 이룬다. (양성평등)
   8. 세대 간의 갈등을 넘어 다음 세대와 소통하고 지원하는 미래지향적 화합을 이룬다. (세대)
   9. 타문화 · 타종교 · 타자를 존중하고 배려하는 무지개빛 공동체를 이룬다. (다문화)
   10. 개교회주의와 이기주의를 극복하고 더불어 사는 공동체성을 회복한다. (공동체)
26 프로그램: 개회 예배(설교: 박종화 목사), 평화음악회(경복교회 풍물패, 서연합창단 찬양, 초동교회
   차임벨 연주, 연합크로마하프댄수도, 초원, 동원 연주 등), 시화전(그림, 시화, 사진, 공예 등 35점 작품
   전시). 80주년 주제: "시대를 통해 하나님이 주시는 평화의 소명(엡 2:14-19)"(강사: 박석분 선생/평화와
   통일을 여는 사람들).
27 황성자(회장), 김가은(부회장), 이혜진(총무).

참석하여 교류 모임을 가졌고, 같은 해 10월 22~26일 여신도회서울연합회 총회가 열리는 기간에 일본 측 부인회 대표 3인이 방문해 2차 교류를 가졌다. 양측 여성들의 교류 모임을 별도로 진행하는 데 어려움이 있어 한일선교협의회를 전후해 별도로 날을 정해 교류 모임을 실시키로 하여, 4차 모임은 2007년 10월 26~29일 서울과 제천에서 열린 한일선교협의회에서, 5차 교류는 2009년 10월 22~26일 동경에서 열린 한일선교협의회 개회 하루 전에 진행되었다.[28]

한편 2005년 실시된 한일교회여성교류회에서 '동아시아 평화를 위한 기도회'를 실시키로 합의, 2006년 2월 초 첫 기도회를 시작으로 양측에서 해마다 실시하고 있으며, 헌금은 아시아교회여성연합회를 통해 아시아 여성들을 위해 쓰이고 있다. 이 기도회에 평균 100명 정도의 여신도 회원들이 참여하며, 2010년의 경우 16개 지회에서 125명이 참석하였다.

6) 2010년대 생명 살리기와 성폭력 없는 기장교회 만들기

확장된 일상 선교 사업

여신도회서울연합회는 2010년대 들어서 해외 선교 사업을 확장, 인도의 달리트, 헝가리의 집시, 인도네시아의 여성인권센터, 지진으로 긴급구호가 필요한 네팔에서 사역하는 여성 선교사 등에게 선교비를 보냈고,[29] 필리핀 성매매 여성 인권 보호를 위한 선교센터에 후원하였으며, 전국연합회를 통해 일본 재해 복구 사업과 아시아교회여성연합회를 지원하였고, 베트남 고산 지역 어린이를 위해 겨울 의류를 수집해서

---

28 한국 측 참석자는 조혜진 회장, 김가은 증경회장, 김흥기 증경회장, 이을선 기획부장, 정효영 선교부장, 이혜진 총무 등 6명이 참석하였고, 일정은 동경북지구부인회 임원(8명)과의 만남, 개회 예배와 북지구부인회 회원들(50여 명)과의 선교협의회, 서울노회와 동경북지구와의 제5회 선교협의회 참석하여 개회 예배와 역사 탐방(고려박물관, 야스쿠니신사 방문), 각 교회에서 예배 참여와 민박, 타카오 모리와쿠와 쿠빌리지 선교협의회, 북지구부인회 임원(3명)과의 대화, 폐회 예배로 진행되었다.
29 인도: 이옥희 목사, 필리핀: 김현숙 목사, 안옥희 선교사, 헝가리: 박계자 목사, 뉴질랜드: 김혜은 선교사, 류숙 목사, 아프리카 케냐, 소말리아: 김신미 목사, 조성덕 선교사, 북인도: 김금애 선교사.

보냈다.

또한 여신도회서울연합회는 국내 인권 선교로 12월 10일 인권 주간을 맞아 지교회 회원들이 인권 예배를 드리도록 독려하고, 색동다리헌금(인권 헌금) 운동을 펼쳤으며, 평화통일 선교를 위해 남북 관계가 경색된 후 북연합회와 공동으로 해마다 나라와 민족을 위한 기도회를 개최했고, 365일 나라를 위한 평화 기도 잇기 운동에 서울연합회 산하 지회들이 참여하는 한편, 회원들이 통일 통장을 만들어 1년마다 통일 헌금을 드리고 연합회가 통일 사업에 사용하였다. 코로나19 팬데믹이 끝나자 여신도회서울연합회는 2022년 3월 8일 서울성남교회에서 "하나님 나라를 구하는 기도(마6:31-33)"라는 주제로 기도회를 실시했고, 2023년 3월 7일 예닮교회에서 "정전협정 70주년과 여신도회"라는 주제로 나라와 민족을 위한 기도회를 실시하였다.

생명 살리기 운동

2010년대 여신도회서울연합회에서 생명 운동의 일환으로 참여한 운동은 생명의 강 살리기, 평화의 섬 제주 강정마을 지키기, 세월호 참사 진상 규명 운동 등이 있다. 서울연합회는 교단총회가 2010년 3월 26일부터 사순절 기간 동안 4대강 개발[30]에 반대하여 전개한 '생명의 강 살리기 사순절 금식 기도회'에 연합회 실행위원 단위로 12명씩 참여하고, 참여하지 못하는 회원들은 각자 삶의 현장에서 한 끼 금식 기도를 하고 생명의 강 살리기 금식 헌금을 해 기장 생태공동체운동본부에 전달하였다. 또한 2011년 9월 5일에 제주 강정마을 구럼비 바닷가에서 열리는 '제주 강정마을 해군기지 건설 반대와 평화를 위한 한국기독교장로회 평화 기도회'에 참여하였으며, 2014년 4월 16일에 발생한 세월호 참사 희생자 추모 기도회와 세월호 참사 진상 규명을 위한 서명운동에 참여하였고, 2021년 3월 16일 청와대 분수 광장에서 행해진 세월호 참사

---

30 이명박 정부는 2008년 하반기부터 2012년까지 한강, 낙동강, 금강, 영산강 등 4대강 유역을 중심으로 총 22조의 예산을 투입해 하천 종합개발 사업을 추진하였다. 4대강 정비 사업이라는 명목으로 4대강뿐만 아니라 섬진강 및 지류에 보 16개, 댐 5개, 저수지 96개를 만들었다. 기장총회는 팔당 유기농단지에 천막 기도처를 마련하고 사순절 기간 동안 '생명의 강 살리기 릴레이 금식 기도회'를 전개하였다. 이 금식 기도회에 여신도회가 동참하였다.

진상 규명을 위한 연속 단식 기도 및 피켓 시위에도 동참하였다.

성평등 교회와 성폭력 없는 기장교회 만들기 운동

여신도회서울연합회는 2010년 3월 22일 "일어나 함께 가자, 기장 여성!"이라는 주제로 열린 기장여성연대 모임에 참석하여 총회에 헌의할 내용을 점검하였으며, 양성평등위원회를 통해 제95회 총회에 교단 양성평등선언서[31] 채택과 노회별로 양성평등 교육을 실시하는 건을 헌의한 결과, 두 헌의안이 모두 채택되었다. 이러한 헌의 결과로 2015년 9월 14~17일 열린 기장 교단 100회 총회에서 "100회 총회 양성평등선언서"가 발표되었으며, "성평등지침서"를 제작하여 배포하였다.[32]

'2015한·일합의' 무효화 운동에 동참

일본군 '위안부' 문제 해결 운동에 참여해 온 여신도회서울연합회는 2012년 전쟁과 여성인권박물관 건립을 위한 기금 모금에 동참하였으며(50만 원), 정신대대책협의회 900회와 1,000차 수요 시위에 참여하였다. 특히 정부가 '2015한·일외교합의문'[33]을 전격 발표하자 이에 반발하여 일본군 '위안부' 문제의 정의로운 해결을 위한

---

31 선언서의 양성평등 과제는 첫째, 교단 기구에 여성 참여를 제도적으로 보장, 둘째, 여성 지도력 개발과 활용에 대한 정책 마련, 셋째, 양성평등 교육 정책에 따라 양성평등 교육을 필수적으로 실행할 것 등이다.

32 2018년 3월 26일 한국교회백주년기념관에서 기장여성연대가 열렸다. 이날의 주제는 "교회는 '미투'와 '위드유' 운동, 어떻게 할 것인가?"(한국염 목사)였다. 참가자들은 발제에 이어 미투와 위드유 현장과 대안을 토론한 후 성폭력 피해자와 "함께하겠다"라고 다짐하였다. 이 세미나를 한 지 얼마 안 되어 기장 교단 안에서 세 건의 목회자 성폭력 사건이 발생하였고, 이에 기장여성연대를 중심으로 '성정의 실현을 위한 연대'를 결성, '성폭력 없는 기장교회 만들기'를 추진하였다. 양성평등위원회, 기장여성연대, 성정의 실현을 위한 연대의 노력으로 2018년 103회 교단총회에서 "성윤리강령", "성폭력 예방과 대책을 위한 헌의안"의 부분 통과로 '성폭력대책위원회'가 구성되었으며, 신학대학원과 예비 목회자 인턴 교육, 각 노회와 교회에서 성폭력 예방 교육을 의무화하게 되었다.

33 합의문 일본 측 발표는 ① '위안부' 문제는 당시 군의 관여하에 다수 여성의 명예와 존엄에 깊은 상처를 입힌 문제로서, 이러한 관점에서 일본 정부는 책임을 통감함. 아베 내각총리대신은 일본국 내각총리대신으로서 다시 한번 '위안부'로서 많은 고통을 겪고 심신에 걸쳐 치유하기 어려운 상처를 입은 모든 분에게 마음으로부터 사죄와 반성의 마음을 표명함. ② 한국 정부가 前 '위안부' 분들의 지원을 목적으로 하는 재단을 설립하고, 이에 일본 정부 예산으로 자금을 일괄 거출하고, 한일 양국 정부가 협력하여 모든 前 '위안부' 분들의 명예와 존엄의 회복 및 마음의 상처 치유를 위한 사업을 행하기로 함.

전국 행동이 발족해서 '합의 무효와 정의로운 해결을 위한 세계 1억인 서명운동'을 전개하고, 화해치유재단 해산과 일본이 약속한 돈을 반환하기 위한 1백억 원 모금 운동을 시작했다. 여신도회서울연합회도 일본군 '위안부' 명예 회복과 배상을 위한 수요 시위, 일본군 위안부 문제의 입법 해결을 촉구하는 50만 명 서명 캠페인, 일본군 위안부 문제 해결을 위한 세계 1억인 서명운동, 일본군 위안부 손잡기 캠페인, '정의와 기억재단' 발기인 모집과 서명에 동참하였다. 이러한 운동의 결과로 정신대문제대책 협의회는 '정의와 기억재단'으로 전환되었다.

일본 동경북지구 부인회와의 교류 모임

여신도회서울연합회와 동경북지구 부인회와의 교류는 2010년대에도 계속되었다. 2011년 교류는 7차 한·일선교협의회가 열리는 기간 중 10월 20~21일에 실시하였으며,[34] 제8차 한·일선교협의회 시에는 2015년 10월 23~24일에 "전쟁과 여성 인권 — 함께 아파하고 함께 우는 여성"이라는 주제로 진행하였으며,[35] 2017년 11월 9~10일 일본 동경에서 "지금, 신앙으로 산다는 것은?"을 주제로 실시하였다.[36] 그리고 2019년 11월 8~9일 경서교회에서 "하나님께 한 걸음 더 가까이"라는 주제로 모임을 실시했으

이에 대해 한국 정부는 과도한 보증을 하였다. ① 일본 정부가 조치를 착실히 실시한다는 것을 전제로 "일본 정부와 함께 이 문제가 최종적 불가역적으로 해결될 것임을 확인"해 줌, ② 일본 정부와 함께 향후 유엔 등 국제사회에서 동 문제에 대해 상호 비난·비판을 자제한다고 보증해 줌, ③ 일본 정부가 주한 일본대사관 앞의 소녀상에 대해 공관의 안녕·위엄의 유지라는 관점에서 우려하고 있는 점을 인지하고, 한국 정부로서도 가능한 대응 방향에 대해 관련 단체와의 협의 등을 통해 적절히 해결되도록 노력하겠다고 약속함.

34 일정은 20일에 용산제일교회와 희년의 집을 방문하였고, 21일에 예배(설교: 김미희 목사), 주제 발표(한국 대표: 이을선 회장, 일본 대표: 가이오 마사코)와 조별 모임, 종합 토론으로 진행되었다.

35 프로그램은 23일에 전쟁과 여성인권박물관 방문, 24일에 서울제일교회에서 개회 예배, 주제 발표(한국 대표: 이은희 회장, 일본 대표: 오노 메이코), 그룹별 토의 및 종합 발표 등으로 진행되었다. 이후 한일선교 협의회 개회 예배 및 리셉션에 참여하고, 25일에 제주4.3평화박물관, 알뜨르비행장 유적지, 강정마을을 방문하였다.

36 일정은 10일에 개회 예배, 점심 식사, 한일 대표 주제 발표(한국 대표: 정인숙 회장, 일본 대표: 타케우치 카즈코, 와타나베 토미코), 그룹별 토의 및 종합 발표로 진행되었고, 10~13일에 제9회 한일선교협의회 프로그램에 합류하였다. 한국 측 참가자는 정인숙 회장, 임성애 부회장, 신옥남 서기, 정희조 회계, 이은희 직전회장, 윤은숙 총무였다.

며,[37] 2021년 11월 27일에 줌으로 "코로나 팬데믹 — 고난 중에 발견한 은혜"라는 주제로 40명이 참석하여 실시하였다.[38]

또한 2010년대에도 동아시아 평화를 위한 기도회가 계속 이어져서 2012년 2월 9일 한일교회에서 "화평케 하는 자"(말씀: 이승구 목사)라는 주제로 기도회를 열었으며, 2016년 2월 18일 초원교회에서 "평화가 주장하게 하라(골 3:12-15)"를 주제로 기도회를 열었고, 2018년 2월 8일 경동교회에서 "평화의 왕과 권력자들(마 2:1-12)"이라는 주제로 16개 지회 140명이 참석하여 기도회를 실시했다.

7) 2020년대 생명, 치유, 회복을 위하여

2020년 코로나19 위기 앞에서 여신도회서울연합회는 다시 '생명 살리기 운동'에 나서서 생명 운동과 탄소 제로 운동에 관심을 갖도록 캠페인을 전개, 일상적으로 아나바다 운동과 모든 모임 시 개인 컵을 가지고 다니도록 하고, 음식을 남기지 않는 빈 그릇 생명 밥상 운동을 실천해 왔다.

생명 살리기 운동에 참여해 온 여신도회서울연합회는 코로나19의 경고를 진지하게 받아들이며 생명, 치유, 회복을 위한 기장여성 50일 기도 운동과 지구 살리기 12달 프로젝트 캠페인에 적극적으로 참여하였다. 기장여성 50일 기도 운동은 매일 아침 전국연합회에서 전송된 공동 기도문을 갖고 전국의 회원들이 기도하는 운동으로, 여신도회서울연합회는 전국연합회에서 보내준 모바일 기도문을 각 회원에게 전송하여 함께 기도드렸으며, 마지막 50일 되는 날에는 모두 한 끼 금식 기도하며 헌금으로 동참하였다. 기장여성 50일 특별 기도회의 반응이 좋아 이후에도 계속하고 있으며, 지구 살리기 12달 프로젝트는 한 달에 한 주제씩 가정과 교회 그리고 사회에서 탄소

---

37 일정은 8일에 전쟁박물관을 방문하고, 9일에 예배(설교: 고선희 목사), 주제 발표(한국 대표: 임성애 회장, 일본 대표: 오노메이코 위원장), 조별 토의와 발표로 진행되었다.

38 프로그램은 개회 예배, 주제 발제(오노 메이코 위원장, 황혜련 회장), 한·일 교회 상황 보고(각 3교회씩 발표)로 진행되었다.

배출을 줄여 나가는 구체적인 실천을 위한 캠페인으로, 프로젝트는 다음과 같다.

1월: 일회용품 사용하지 않기

2월: 안 쓰는 전기 코드 뽑아 두기

3월: 택배(홈쇼핑, 인터넷쇼핑)보다는 가급적 오프라인 매장 이용하기

4월: EM 활용하기

5월: 친환경 제품 선물하기

6월: 탄소중립 실천하기(걸어 다니기, 자전거 타기, 대중교통 이용하기)

7월: 물 아껴 쓰기

8월: 아이스팩 분리수거하기

9월: 교회 주변 플로깅(조깅하면서 쓰레기 줍기)

10월: 농산물, 제철 과일 구매하기

11월: 종이 아끼기

12월: 배달 음식 삼가기

코로나19 대유행의 위기를 겪으면서 여신도회서울연합회가 생명, 치유, 회복을 과제로 2020년을 연 것은 총체적으로 생명이 위협받고 있는 오늘의 현실에서 그분의 부르심에 응답하여 복음의 증인이 되고자 하는 여신도회 목적에도 잘 부합한다.

8) 여신도회서울연합회 역대 회장과 총무

회장

1961년 김선희 1967년 박영희 1972년 김명주 1978년 김봉화 1979년 원금순

1982년 박동근 1986년 길희영 1990년 하동욱 1993년 함청숙 1995년 송영자

1997년 민경자 1999년 권순정 2003년 윤영순 2004년 황성자 2006년 김가은

2008년 김홍기 2010년 조혜진 2012년 이을선 2014년 이희복 2016년 이은희

2018년 정인숙 2020년 임성애 2022년 황혜련 2024 윤보숙

상임총무

김한림 오영산 박영실 이현숙 김정희 이현숙 재부임 김지선 강성혜 인금란
이혜진 김미희 윤은숙 고선희 김은아

3. 남신도회서울연합회

1) 남신도회서울연합회 형성 과정

(1) 남전도회 시작

남신도회서울연합회의 뿌리인 남전도회는 1900년 봄에 선천읍교회당에서 시작
되었다. 이후 1907년 9월 17일 평양 장대현교회당에서 조선예수교장로회 독노회가
창립된 후 1904년부터 남전도회가 곳곳에 생겨났다. 남전도회가 기장교회에서 재건
된 것은 1965년 제50회 총회인데, 당시 교단에서 신도와 관련된 부서는 '부녀부'로서,
이는 교단 안에서 여전도회만 조직되어 활동하고 있었기 때문이었다. 1965년 평신도
신학과 남신도회 조직을 염두에 두고 부녀부를 '평신도부'로 바꾼 교단총회는 남신도
회전국연합회의 창립을 촉진하였고, 그 시작점으로 1965년 8월 24~27일 "우리가
교회"라는 주제로 '평신도대회'를 한국신학대학에서 개최하였다.[39] 이때 열린 평신도
대회는 남신도만을 대상으로 했는데, 당시 평신도대회가 남신도 지도자들에게 평신
도 운동의 방향과 과제를 교육할 목적을 갖고 있었기 때문이다.

---

39 강사는 김재준, 이장식, 정하은(한신대 교수), 김득열, 유동식(연세대 교수), 이재형(크리스챤아카데미
간사)이었다.

(2) 남신도회 전국연합회 창립과 재건 총회

평신도대회를 마친 후 1965년 8월 27일 한국신학대학에서 9개 노회 연합회 총 36명이 모여 남전도회전국연합회를 조직하였다. 남신도회전국연합회 임원진[40]에 서울노회 내의 남신도가 많이 포진된 데는 이들이 남신도회 전신이라고 볼 수 있는 '한국기독교평신도전도회'에서 활동하던 사람들이라는 점과 관련이 있고,[41] 사실상 서울 지역의 남신도들이 전국연합회를 탄생시킨 원동력이었기 때문이다. 그럼에도 불구하고 남신도회전국연합회가 창립된 지 3년 후인 1968년 3월에야 남신도회서울 연합회 창립 총회를 하였다. 『남신도회사』[42] 기록에 의하면, 한국기독교평신도전도 회의 임원으로 활동하고 남신도회전국연합회 초대 회장을 지낸 바 있는 유화청 장로 가 남신도회서울연합회를 조직하고 1~3대(1968~1970) 회장을 역임하였다.

남신도회서울연합회는 남신도회전국연합회가 주최하는 대회와 교육에 참석했을 뿐, 창립 총회 이후 별도의 활동을 하지 못하였다. 서울노회 신도부는 1977년 1월 9일 노회 산하 지교회 남신도회 대표들을 한일교회에 소집하여 남신도회서울연합회 재건 총회를 개최하였다. 한일교회 조덕현 목사의 개회 설교에 이어 서울노회 신도부 장 조원길 목사의 사회로 1977년도 정기총회를 개최하고 임원을 선출하였으며, 임원 회에서 각 부서의 집행부장을 선출하였고, 고문과 지도위원을 추대하였다.[43]새롭게

---

40 초대 남전도회 임원에 서울노회에서 회장 유화청 장로, 전도부장 박영기 장로, 출판부장 김영주 장로, 재정부장에 한창완 집사가 선출되었다. 2회 남신도회 전국연합회 총회가 1966년 8월 23~26일 한국신학 대학에서 총대 39명이 참석한 가운데 열렸는데, 유화청 장로가 회장에 재선되었고, 박영기 장로(전도부 장)와 한창완 집사(재정부장) 역시 유임되었다.

41 남신도회전국연합회 조직과 관련하여 눈여겨볼 것은 여신도회가 창립부터 초기 역사를 계속 이어간 것이라면, 남신도회는 '한국기독교평신도전도회'가 재건의 산파 역할을 했다는 것이다. 평신도전도회 는 문재린 목사가 교단 산하 교회를 대상으로 평신도 운동을 펼치기 위하여 만든 임의 단체다. 남신도회 전국연합회, 『남신도회사』, 173. 1965년 교단총회 사업 보고에 보면, 평신도부 사업 다음에 '평신도전도 회' 사업 보고가 있는데, 이 전도회 사업 보고에서 평신도대회 보고와 "남신도회전국연합회 조직 협조" 라는 제목 아래 교단총회 평신도부의 위촉으로 지교회와 노회 남신도를 조직하는 데 협조하였고, '남신 도회전국연합회'를 조직하는 데 협조하였다는 사업 설명과 더불어 '남신도회전국연합회' 총회 내용이 그대로 들어 있다.

42 『남신도회사』, 272.

재출발한 남신도회는 1977년 5월 1일 초동교회에서 한기원 목사(예장 동신교회 시무)를 초청하여 제1회 연합 헌신 예배를 드렸다. 당시 남신도회 전신인 '평신도전도회'의 핵심 회원들이 주로 초동교회 교인이었으며, 초동교회에 평신도전도회 사무처를 두고 있었는데, 남신도회가 만들어지면서 자연스럽게 평신도전도회가 사용하던 사무 공간을 남신도회 사무처로 사용하게 되었다.

2) 1970년대 남신도회서울연합회 사업

(1) 역사와 배경

남신도회전국연합회 제1~3대 회장직을 맡고 있던 유화청 장로가 1968년 3월에 개최된 서울연합회 창립 총회에서 초대 회장으로 선출되어 서울노회 내의 각 교회 남신도회와 연합하여 "복음을 전파하고 교회와 사회를 섬기며 마침내 그리스도의 장성한 분량에까지 이르게 하는 것을 목적으로" 새 역사의 장을 펼쳐 나가게 되었다. 이어서 제4~15대에 이르는 초기 회장단의 헌신적인 노력으로 서울연합회가 성장의 기틀을 마련하였고, 특히 전국연합회장을 겸임한 제9대 이주암 회장 때부터 지역연합회의 활성화 방안이 논의되기 시작하여 제11대 오덕준 회장과 제14대 서영훈 장로 그리고 오세남, 한철동, 조치원으로 이어지는 실무 총무의 활약이 컸다.

그러나 본격적인 활동을 시작한 지 얼마 되지 않아 1981년 서울노회 제40회 정기노회에서 서울남노회가 분립됨에 따라 1982년 흑석동 교회에서 한강 이남 지역을 서울남연합회로 분립하고 5개 지구를 4개 지구로 개편하게 되었으며, 1995년 서울노회 제69회 정기노회에서 또다시 서울북노회가 분립됨에 따라 1996년 성북교회에서 강

---

43 "1) 임원 구성 — 회장: 이주암 장로(한일교회), 부회장: 윤금동 장로(정릉), 총무: 오광근 장로(서문밖), 서기: 임병기 장로(동원), 회계: 오세남 집사(성음), 2) 각 부서 집행부장 — 교육부장: 오덕준 집사(초동), 선교부장: 문대승 집사(가리봉), 재정부장: 이재형 장로(신사동), 친교부장: 김교홍 집사(정릉), 봉사부장: 허운보 집사(공능), 3) 고문과 지도위원 — 고문: 오건 장로(한일), 지도위원: 박영기 장로(공덕), 오형범 장로(성남), 안치조 장로(동원), 장정표 장로(동부), 김영주 장로(신암), 장하구 장로(향린)."

북 지역의 성북구, 도봉구 등 지역을 서울북연합회로 분립하고 4개 지구를 3개 지구로 개편함으로써 발족 당시의 서울연합회는 서울, 서울남, 서울동, 서울북 등 4개 연합회로 나누어져 오늘에 이르렀다.

한편 1968년 서울연합회 발족 이후 독자적인 사무실 없이 회장 소속 교회를 사무실로 하여 전전하다가, 1982년 당시 서영훈 회장 활약으로 총회 선교교육원장 고민영 목사의 양해와 총회 허가를 얻어 충정로 총회선교교육원에 전국연합회와 서울연합회가 공동으로 사무실을 사용키로 하고 이종원 간사를 상근직원으로 채용하여 본격적인 활동을 시작하게 되었다. 이후 기금이 마련되어 1993년 한국기독교연합회관 1503호실에서 입주했다가, 2004년 예산 절감을 위해 전국연합회와의 공동 사무실 사용을 마치고 제37대 회장 교회인 초동교회로, 2005년에는 다시 보광동교회로, 이후 회장 교회로 옮겨 다녔다. 2018년에 세광교회 5층에 사무실을 마련하게 된다.

(2) 주요 사업

초창기부터 전통적으로 계속되어 온 주요 사업으로는 연합 헌신 예배, 교육 세미나, 남·여신도회 연합친선체육대회, 이웃 돕기 모금을 위한 송년 만찬회, 남신도주일 지키기 등이 있으며, 모든 사업은 행사를 통해 얻은 수익금을 선교 기금으로 사용하는 등 아름다운 전통을 이어오고 있다.

① 체육대회

체육대회는 1970년 제12대 오덕준 회장으로부터 시작되었으며, 1979년 오세남, 한철동, 김만배, 송기채 등 4명을 '남·여신도회연합친선운동회' 준비위원으로 임명하고 여신도회서울연합회와 공동 사업으로 추진하여 제1회 대회를 한신대 수유리 캠퍼스에서 34개 교회, 750명이 참석한 가운데 성황리에 거행하였다. 이후 1982년 서울남 신도회 분립과 마포 지역 홍수 피해 등으로 일시 중단되었다가, 1986년 경신고등학교 운동장에서 개최된 제4회 대회는 체육에 남다른 열정을 가졌던 당시 인순창 회장의 적극적인 활동으로 34개 교회, 1,812명이 참가한 범 노회적 행사로 성대하게 거행되었다. 1996년부터는 남녀신도회 외에 청년회를 참여시켜 2012년 제29회 대회에 이르기까지 서울노회 산하 전교인 목회자와 남녀 신도, 청년들이 한데 모여 화합과 친교 속에 그리스도의 향기를 나타내며 좋은 전통을 이어왔다.

② 송년 만찬회

1981년 제14대에 이르러서 서영훈 회장은 특유의 리더십으로 서울연합회가 수도연합회로서 타 연합회에 본이 되어 선도해야 한다며 기금 조성 운동을 펼치기 시작했다. 1981년 대한적십자사 회의실에서 개최된 제1회 실행위원회에서 모금 방법 등을 논의하였고, 제4회 실행위원회에서는 실행위원부터 참가하자고 제안하여 서영훈 회장을 비롯한 오세남, 윤철모, 이건우, 김만배, 윤재병, 박성범, 한철동, 인순창, 조치원 등 10명의 임원이 즉석에서 86만 원을 모금하였으며, 이를 모태로 한신대학 식당에서 제1회 송년 만찬회를 개최하여 180명이 참가한 가운데 강원용 목사의 말씀과 만찬, 영화 감상, 찬양 등 다채로운 프로그램을 마련하여 2백여만 원의 기금을 모금하게 되었다. 이후 송년 만찬회는 앰배서더호텔 등으로 장소를 옮겨 해마다 빠지지 않고 시행되었으며, 김재준 목사 등 교계 지도급 인사를 강사로 초청하여 말씀을 듣고 만찬을 하며 친교를 나누며 모인 수익금은 기독교 방송이 재정난으로 어려움을 겪을 때 도왔고, 산돌교회를 비롯한 미자립교회, 아프리카 소말리아에서 굶주리고 있는 지구촌 형제들을 위해 정성 어린 사랑으로 나누었다.

③ 이웃사랑음악회

1998년부터는 송년 만찬회를 이웃사랑송년음악회로 바꾸어 제1회는 초동교회, 제2회는 횃불선교회관, 제3회는 영락교회, 제4회는 장공 김재준 목사 탄신 100주년 기념으로 국립중앙극장에서, 제5회는 경동교회, 제6회는 공덕교회에서 각각 개최하였고, 제7회는 한일교회에서 복음성가경연대회로 개최하여 모인 수익금은 주몽복지관, 사랑의손길, 두레방, 정신대 돕기 등에 쓰였다. 2011년 제14회 이웃사랑음악회는 공덕교회에서 개최하였고 수익금은 재능교육, 한국이주여성인권센터, 네팔 디아스포라 교회 돕기에 쓰였다. 2012년 제15회는 초동교회에서 개최되었고 수익금은 희망일터, 목양교회, 김경희 선교사에게 전달하였다.

④ 남신도회 연합 헌신 예배

남신도회 연합 헌신 예배는 남신도의 사명을 다지는 중요한 행사로서 1978년 초동교회에서 "중대한 시기에 있어서 남신도의 사명"을 주제로 조향록 목사의 설교가 있었으며 32개 교회, 350명의 남신도가 참여하였다. 특히 1992년에는 서울남연합회와 공동으로 주관하였고, 1993년에는 여신도회서울연합회와 공동으로 주관하였다. 1996년 서울북연합회가 분립된 후에는 서울 지역 4개 연합회가 윤번제로 주관하기로 하여 그 첫 연합 예배를 1997년 종려 주일을 기해 서울연합회가 주최하여 그동안 하나의 모체에서 갈라진 서울 지역 4백여 명의 남신도 형제가 15년 만에 경동교회에서 다시 만나 예배드리며 서로의 정을 나누었고, 1998년 서울남연합회, 1999년 서울북연합회, 2000년 서울동연합회, 2001년 서울연합회, 2012년 서울동연합회가 주관하면서 지금에 이르고 있다. 이때 모인 헌금은 북한 동포 돕기를 위해 연변대학교 민족문학교육원장 선교사에게 전달하는 등 선교 기금으로 활용하였다. 특히 2005년 보광동교회에서 개최된 연합 예배에서는 헌금 전액을 강원도 양양 산불 피해 지역 교회 돕기에 사용하였다.

⑤ 교육 세미나

특별한 관심 속에 이어온 교육 세미나는 다양한 교육 프로그램을 가지고 남신도 회원의 신앙 향상에 많은 도움이 되었으며, 1978년 경동교회에서 개최된 교육 세미나(34개 교회, 150명 참석)는 "평신도의 인적 자원과 평신도의 사명"(강사: 김호식 목사), "평신도 운동의 역사와 신학"(박근원 목사)이라는 주제 발표와 열띤 토론으로 진행되었고, 1983년 여신도회관에서 개최된 교육 세미나는 "선교 100주년과 한국기독교장로회"라는 주제로 열렸으며, "총회가 바라는 평신도"(김상근 목사), "기장의 어제,

오늘 그리고 내일"(주재용 교수), "헌법"(이영찬 목사)의 강연이 있었다. 1986년에는 인천 송도호텔에서 "정의 심어 평화를"이라는 주제로 교육 세미나가 열렸고, 1988년에는 선교100주년기념관에서 서울남연합회와 공동으로 교육 세미나를 개최, "동남아 지역 기독교 실태"(신익호 목사)라는 주제 강연이 있었다. 1993년 이후 교육 세미나는 환경 정화 캠페인, 야외 수련회 등이 계획되면서부터 일부를 제외하고는 거의 실행위원회를 겸한 야외 행사로 이어오고 있다.

(3) 기타 사업

① 평생회원 기금 조성

전국연합회 주관으로 1982년부터 시작된 사무실 마련을 위한 기금 마련 사업에는 서울연합회가 수도연합회로서 솔선하자는 뜻을 모아 이에 적극적으로 동참키로 하고 전국연합회로부터 배정 받은 3천만 원(목표 금액 1억 원의 30%에 해당)을 모금하기 위해 1983년 김만해 장로를 평생회원 기금조성위원장으로 추대하여 기금 모금에 박차를 가했다. 그 성과로 1992년 말 총 모금액이 목표를 훨씬 넘는 38,830,857원을 모금함으로써 서울북연합회와 더불어 기독교연합회관에 가장 많은 지분을 갖게 되었다.

② 기념교회 후원

2003년에는 서울연합회 제33대 회장을 역임한 오동근 장로가 전국연합회 회장을 맡게 되어 당시 서울연합회장인 김복수 집사가 제26회 남신도회 전국대회 준비위원장직을 맡아 전국대회를 차질 없이 진행하였고, 특히 범 연합적으로 추진한 기장 새 역사 50주년 및 남신도회 40주년 기념교회 설립을 위해 730만 원의 후원금을 지원하기도 하였다.

2012년에는 서울연합회 제36대 회장을 역임한 김복수 장로가 전국연합회 회장직을 맡게 되어 서울연합회장인 황세택 장로가 제36회 남신도전국대회 준비위원장을 맡아 전국대회를 차질 없이 진행하였고, 특히 범 연합적으로 추진한 희년기념교회 설립을 위해 500만 원과 전국대회 기념 수건(400만 원 상당)을 후원하였다. 또한 제36회 남신도회 전국대회에서 '아름다운 기장인 상'을 받은 이태용 장로(초원교회)는 희년기념교회 설립을 위해 100만 원을 후원하였다.

③ 남신도회서울연합회 사무실 마련

1997년 남신도회서울연합회 30대 회장 김영환 장로와 총무 오동근 장로 재임 시 남신도회서울연합회 사무실의 필요성을 인식하고 사무실 준비 기금으로 500만 원을 적립한 것이 시금석이 되어, 매년 남신도회서울연합회 임원 및 회원들이 십시일반 헌금하고 해마다 남신도회 사업으로 조성된 사업비 중 약간의 잉여금을 사무실 기금으로 계속 적립한 결과, 2017년까지 총 8,600여만 원의 사무실 기금이 마련되었으나 이 금액으로는 서울 시내에 적절한 사무실을 마련하기는 어려웠다. 희년기념교회가 서울연합회 소속 교회인 세광교회를 재건축하는 것으로 결정되고 완공 후 세광교회에 전국남신도회 사무실이 이전됨에 따라 준비된 사무실 기금 중 5천만 원을 선교 헌금으로 전국연합회를 통하여 세광교회에 후원하였고, 2018년 12월 13일 사무실 이전이 이루어져 마침내 전국남신도회 사무실 내에 현 서울연합회 사무실(5평)을 사용하게 되었다. 그동안 사무실이 마련되기까지 많은 역대 회장과 임원이 큰 힘을 보탰음은 물론이나 특별히 사무실이 현실화하기까지 사무실준비위원장인 양윤철 장로와 사무실 기금관리위원장인 황세택 장로 그리고 51대 회장인 김도연 집사의 눈물 어린 기도와 노력이 있었다.

④ 코로나19로 인한 연합 사업 취소

송보섭 회장 체제로 힘차게 출발하였던 제53회기 남신도회서울연합회는 지금껏 경험하지 못한 코로나19 사태로 인해 연합회 주관으로 실시해 왔던 서울노회 소속 신도 연합체육대회가 취소되었고, 22년간 해마다 개최해 왔던 이웃사랑음악회도 취소되었다. 또한 매년 전국연합회 주관으로 개최되어 전국의 남신도들에게 신앙

훈련과 친교와 사랑을 나누었던 '전국남신도대회'마저 취소되었다.

하지만 서울연합회는 코로나로 어려움을 겪는 대구 지역에 마스크 보내기, 2020년 말에 화재로 어려움을 겪고 있었던 경기 지역의 산운교회를 비롯한 여러 어려운 형편에 처한 교회와 기관을 지원하고자 하는 전국연합회의 불우이웃돕기 사업에 적극적으로 참여하였을 뿐 아니라(이규남 장로 50만 원, 서울연합회 50만 원), 자체적으로 이웃 사랑을 실천하기 위하여 연합회 사무실이 있는 세광교회, 김선태 선교사(네팔), 노숙자 지원 단체인 인정복지관의 '맛나샘', 안양의 집, 중독자 회복 사업을 하는 '기독교중독연구소' 등에 총 370만 원을 지원하였다.

최정관 회장 체제로 출발하였던 제54회기 서울연합회도 전년도의 상황과 다르지 않아 코로나19 사태로 인해 많은 행사가 취소되었으나, 작년에 개최하지 못했던 전국대회가 평창 한화콘도에서 열려 회원 11명이 참가하여 회원 간의 친목을 다진 것은 물론 전국의 회원들과도 활발한 교류와 동시에 프로그램이 진행되는 동안 강사들의 신앙에 관한 여러 가지 지식과 정보를 습득하는 기회가 되기도 하였다. 해마다 개최되었던 체육대회는 코로나로 취소되었지만, 서울노회 신도부의 도움과 회원의 적극적인 협조로 총 530만 원의 이웃사랑 나눔 기금을 모금하여 코로나로 어려움을 겪고 있는 교회와 단체에 힘을 보태기 위해 세 교회(세광, 목양, 한림)와 두 단체(기독교중독연구소, 꿈친협동조합)을 위해 지원함으로써 서울연합회의 전통이 이어지게 되었다.

김의신 회장 체제로 출발하였던 제55회기 서울연합회는 사회적으로 위드코로나의 흐름에 맞추어 가급적 전국연합회의 행사에 적극적으로 참여하였다. 총회는 물론 임원 수련회, 제주 남신도 전국대회에도 14명이 참가하였으며, 전국연합회 환경위원회가 주관한 환경 캠페인, 평화통일위원회에서 주관한 철원DMZ평화통일 행사, 전국 남신도회 기도대성회 등 전국연합회 행사에 서울연합회의 이름으로 참가하였다. 2022년에는 서울노회 신도부의 도움과 회원 및 회원 교회의 적극적인 협조로 총 1,100만 원의 기금을 모금하여 경동교회에서 2022 이웃사랑음악회를 개최하였다. 참가팀은 합창 다섯 팀(서울성남교회 샬롬성가대, 보광동교회 할렐루야성가대, 한일교회 샬롬합창단, 공덕교회 에바다성가대, 아리엘남성합창단)과 아리엘중창, 소프라노 이승연(초동), 소프라노 어은정(효동), 클라리넷 최정헌(경동), 소프라노 양주랑(동원) 등이 연주자로 참여하여 코로나로 중단된 후 3년 만에 5백여 명의 청중과 함께 음악회다운 음악회를 개최하였다. 이 수익금으로 목양교회, 한림교회, 인터넷선교교회, 꿈친협동조합, 한국장애인고용복지협회에 각 100만 원씩 후원금을 전달하였다.

김종순 회장 체제로 출발하였던 제56회기 서울연합회는 완전히 코로나 이전으로 돌아가는 추세에 맞춰 거의 모든 전국연합회의 행사에 적극적으로 참여하였다. 총회, 임원 수련회, 남신도회 전국대회, 환경 캠페인, 평화통일 월요기도회, 제19회 전국기도대성회 등 전국연합회 행사에 서울연합회 이름으로 참가하였고, 2023년 12월 10일 2023 이웃사랑음악회를 개최하였다. 참가팀은 합창 여섯 팀(경복교회 성가대, 창현교회 성가대, 한일교회 임마누엘성가대, 초원교회 성가대, 보광동교회 할렐루야성가대, 동원교회 성가대)과 오르간 독주 권정원(경동), 소프라노 양주랑(동원), 여성 듀엣 이승연, 최정빈(초동) 등이 음악회를 빛나게 했으며, 특별히 서울노회 목사중창단이 처음으로 함께하여 소속 목사님을 응원하는 교회의 교인들이 열광하였다. 또한 안양의 집 '앙상블 바람'의 브라스밴드가 본당을 울릴 때 더욱 풍성한 열린 마음을 갖게 하였다. 이 수익금으로 꿈꾸는 친구들 협동조합(장애인자립희망일터), 설원복지재단 아동양육시설 '안양의 집', (사단법인) 한국미혼모가족협회, 모두의교회 펍, 생명나눔교회에 각 100만 원씩 후원금을 전달하였다.

3) 남신도회서울연합회 역대 회장과 총무

회장

1~3대(1968~1970) 유화청, 4대(1971) 김영주, 5대(1972) 오형범, 6대(1973) 안치조, 7대(1974) 장정표, 8대(1975) 윤경학, 9~10대(1976~1977) 이주암, 11~12대(1978~1979) 오덕준, 13대(1980) 이병연, 14~15대(1981~1982) 서영훈, 16대(1983) 이세남, 17대(1984) 장동근, 18~19대(1985~1986) 인순창, 20대(1987) 김명규, 21대(1988) 강순일, 22대(1989) 연강희, 23대(1990) 이광수, 24대(1991)

심재근, 25대(1992) 라득환, 26대(1993) 김기웅, 27대(1994) 안희각, 28대(1995) 조치원, 29대(1996) 김시한, 30대(1997) 김영환, 31대(1998) 이규장, 32대(1999) 이태용, 33대(2000) 오동근, 34대(2001) 윤성기, 35대(2002) 박현근, 36대(2003) 김복수, 37대(2004) 이시종, 38대(2005) 강덕근, 39대(2006) 손남수, 40대(2007) 양윤철, 41대(2008) 전응도, 42대(2009) 정재훈, 43대(2010) 정성산, 44대(2011) 김일섭, 45대(2012) 황세택, 46대(2013) 백남호, 47대(2014) 김민욱, 48대(2015) 맹인재, 49대(2016) 박병석, 50대(2017) 이규남, 51대(2018) 김도연, 52대(2019) 이인경, 53대(2020) 송보섭, 54대(2021) 최정관, 55대(2022) 김의신, 56대(2023) 김종순, 57대(2024) 서정래

총무

오세남 한철동 조치원 강순일 김명규 강환우 김기웅 김주래 김기웅 송철우 이규장 선영기 박현근 김복수 오동근 임동현 오주성 김복수 황성길 윤주봉 오주성 황성길 최병섭 최병섭 정성산 정병창 이용택 박병석 김영효 김관용 이인경 이동엽 김관용 김의신 최영선 최영선 최영선 김영태

4. 청년회서울연합회

1) 청년회서울연합회 형성 과정

(1) 장로교청년회 시작

청년회 효시는 1921년 경북 안동교회에서 창립된 '기독청년면려회'이다. 장로교 선교부는 전국 교회를 순방하며 면려 운동을 장려하고 조직화하여 면려회조선연합 회 창립 총회가 1924년 12월 2일 피어선성경학원에서 열렸고, 이어 제1회 면려회대회

도 개최하였다. 해방 후에 경기노회 산하 교회 청년 90여 명이 1949년 2월 23일 새문안 교회에서 '면려회경기노회연합회'를 재건하였고, 대한예수교장로회 노회와 총회의 결의로 면려회 명칭을 '장로회청년회'(장청)로 바꾸게 되었다. 1949년 7월 7일 대한예수교장로회 청년회전국연합회가 조직되었으며, 장청 제1회 전국대회가 1949년 11월 7~9일 서울 부민관에서 "그리스도와 교회를 위하여 믿음을 가지고 힘차게 일하자, 개성을 살리며 하나가 되자"라는 주제로 열려 존 맥카이 박사(미국 북장로회 총무)와 김재준 목사(조선신학 교수)가 주제 강연을 하였다. 안타깝게도 장청 3회 총회부터 교파 분열의 파국 양상이 드러나 조선신학교 측 청년들이 배제되기 시작하였으나, 4회 총회에서 대한예수교장로회 기독청년면려회전국연합회로 장청의 명칭을 개정키로 결의하는 바람에 이후 장청이라는 호칭은 자연스럽게 기장의 몫이 되었다.[44]

(2) 한국기독교장로회청년연합회(기청) 탄생

1953년 6월 10일 교단이 새 역사로 출범한 날에 장청은 다음날 11일까지 같은 장소에서 7개 노회, 총대 31명이 모여 총회를 열어 임원(회장 김영천, 총무 장갑진)을 선출하고 교권 수호를 다지는 데 주력하였다. 기장총회의 교회협의회 가입과 더불어 기청은 한국기독교청년연합회(KCYE)에 가입하였고,[45] 청년회 총대들도 20~30대로 세대 교체를 이루었다. 1960년대의 장청 활동은 교회협 청년연합회 활동에 참여하는 것이 주를 이루었으며, 장청은 1963년 4월 26~27일 교회협 평신도국이 주최하는 '제1회 평신도연구협의회'에도 참여하였다.[46]

교단이 기장으로 명칭을 바꿈에 따라서 장청도 기청으로 바뀌었고, 기청은 기장 교단 출범의 근거인 호헌 선언의 지킴이 역할을 하며 교권 수호와 기반 확보에 기여했

---

44 『남신도회사』, 106-172.
45 기독교청년연합회는 후에 한국교회청년협의회(KCYC)로 바뀌었다.
46 "새로 움트는 평신도 운동의 과제와 전망"이라는 주제로 열린 이 협의회의 강사는 C. I. Itty였고, 문재린, 이상철, 김명선(연세대 부총장), 이우정, 기청 회장 등이 토론자로 참여하였다.

다. 기청은 각종 프로그램을 통한 교회 청년 교육의 확대에 진력하였고, 에큐메니칼 운동에 앞장섰으며, 평신도 운동을 통한 선교적 사명의 각성에 주력해 왔으나 연령 인하에 따른 재정 확보의 어려움으로 교회 의존도가 높아졌다. 기청은 전국적인 조직임에도 잘 가동되지 않다가 암울한 시국을 맞이하면서 기청의 재조직이 부상되어 결국 1976년 교단 61회 총회에서 17회 청년회전국연합회가 재조직되었다. 청년회전국연합회 재건 총회에서 서울노회 황주석이 총무가 되었고 침체 상태에 있던 청년회 재건을 위하여 노회 단위 연합회를 조직하기로 결정하였다.

(3) 청년회서울연합회의 탄생

서울노회 교육부는 1974년 제26회 정기회에서 교육부 사업으로 각 교회 청년, 대학생 실태를 회기 중에 파악하여 임원간담회를 개최키로 하고, 그해 노회 규칙 제12조의 교육부 사업에 "노회 경내의 어린이, 학생, 청년에 관한 지도 사업을 담당한다"라고 청년 항목을 삽입하였다.

1975년 노회 교육부 주관으로 7월 16~17일 성미가엘신학원에서 "그리스도는 자유케 하시고 하나되게 하신다"라는 주제로 24개 교회, 청년 50명이 참가한 가운데 교육 모임을 열었으며, 이 모임에서 서울노회청년연합회가 조직되었다.[47]

2) 1970년대 청년회의 지도력 강화와 77신앙고백선언

청년회 지도력 강화를 위한 교육과 훈련

1970년대 조직된 청년회는 회원들의 지도력 육성과 역량 강화에 초점을 두고 다양한 교육을 실시하였다. 1976년 6월 6일 청년 주일을 맞아 서울성남교회에서 "땅에서도 이루어지이다"(김경재 목사)라는 주제로 청년 회원 150여 명이 참가하여 청년교육

---

47 회장: 황주석(성남), 부회장: 최경구(수도), 박현숙(신암), 서기: 조명철(천은), 부서기: 김경순(성암), 회계: 김양화(동부), 부회계: 김희순(신암).

대회를 실시하였다. 또한 청년회는 1976년 7월 1~4일 경동교회와 수원사회교육원에서 열린 크리스찬아카데미 프로그램인 '중간 집단 훈련'에 33명이 참석하여 훈련 받았으며, 아카데미 중간 집단 훈련을 받은 청년회 회원들은 노회의 지원을 받아 네 차례, 12회의 성서 연구 모임을 가졌다. 제1차는 1975년 11월부터 12월까지 수도교회에서 '민중신학'에 대하여 8회 강좌(강사: 서남동 교수)를 실시하였고, 2차는 1976년 1월 수도교회에서 "민중과 교회"(문동환 교수)라는 주제로 4회를 실시하였으며, 3차는 1976년 2월 향린교회에서 "아나로기아"(이문영 교수)라는 주제로 3회 진행할 예정이었으나 3.1사건으로 이문영 교수가 구속되어 중단되었고, 4차는 1976년 3월 향린교회에서 "출애굽 사건"(김상근 목사)을 주제로 2회 진행하였다.

기장청년 77신앙고백선언과 민주화운동

청년회서울연합회는 인권과 민주화운동에 깊이 관여하였고, 그 정점으로 표현된 것이 '기장청년 77신앙고백선언'이다. 1977년에 한국기독교 청년들은 인권과 민주화를 위한 활동을 활발히 전개하였고, 그로 인해 고난을 받은 사람들이 많았다. 한신대 학생들의 '고난 선언'과 '구국선언문'에 이어 서울노회청년연합회는 1977년 4월 24일 '기장청년 77신앙고백선언'을 발표하고 유신 철폐 구호를 외치며 가두 시위를 해 많은 기독 청년이 연행·구속되었다.

이날 발표된 '77신앙고백선언'에 담긴 요구 사항은 다음과 같다.

1. 우리의 동료, 스승, 목사님들을 즉시 석방하라.
1. 종교·언론·집회·결사의 자유를 보장하라.
1. 긴급조치, 유신헌법을 철폐하고 민주 헌정 회복하라.
1. 현 정권은 위의 책임 수행을 위해 양심적으로 퇴진하라.

3) 1980년대 청년회 조직 강화와 민주화운동

지역회 조직과 선교 요원 훈련

청년회서울연합회는 1984년에 서울노회 신도부 조직 개편으로 교육부에서 신도부 회원 단체가 되어 조직을 강화, 임원회와 별도로 상임위원회와 북부, 서부, 동부 지역회를 두었다. 청년회서울연합회가 활동의 전체 틀을 이끌고 간다면, 세 지역회에는 독자적으로 지역 회원 훈련과 교육, 기도회, 문화 행사, 지역 회원 단합대회 등을 실시함으로 청년회 역량 강화와 동력을 이끌어 내었다. 일례로 1997년 민주화 촉구를 위한 북부 지역 기도회, 서부 지역 기도회, 동부 지역 기도회와 교육 수련회 등을 중앙과는 별도로 시행하였다.

1980년대 청년회서울연합회가 집중적으로 실시한 교육은 선교 요원 훈련으로 1984년 12월 1~2일 선교교육원에서 "이 땅에 봄을, 조국에 민주화를"(강재규 목사 외 2인)이란 주제로 선교 요원 훈련을 실시하였으며, 기독 청년을 위한 정기 강좌를 실시하였다. 1980년대 청년회서울연합회 연례행사는 자체적으로 정기총회, 청년 주일 예배, 부활절 청년 연합 예배, 나라와 민족을 위한 기독 학생 연합 예배가 있으며, 연합 활동으로 기청전국연합회와 관련된 회의와 행사 참여를 비롯하여 서울 지역 6개 교단 청년연합회가 공동 주최하는 '청년예수제'[48]와 '나라와 민족을 위한 기독 학생 연합 기도회', 기독학생회총연맹(KSCF)에서 실시하는 범 교단적 청년 행사에 연대하면서 운동의 지평을 넓혀 갔다. 특히 1982년 8월 11~14일 한신대학원에서 개최된 전국청년교육대회에 서울연합회에서 약 200명 정도가 참석하면서 서울노회 청년연합회는 상당한 조직력을 갖게 되었다. 이렇게 조직력을 갖춘 청년회서울연합회는 1983년 6월 8일 송암교회에서 "한·일협약 19년과 오늘의 한일 관계 및 기독 청년의 각오"라는 주제로 강연회를 개최하였는데, 이 강연회에서 사복을 입은 형사와 경찰 1개 중대가 송암교회에 난입해 폭력을 휘두른 성전 침탈 사건이 발생하였다.[49]

---

48 '청년예수제'는 1987년 10월 28~29일 기독교회관대강당과 한국교회100주년기념관에서 "묵은 땅을 갈아엎고 정의를 심어라(호 10:12)"(인명진 목사)를 주제로 처음 실시되었다.

6.10민주화운동과 평화통일 운동 전개

청년회서울연합회는 대사회 활동으로 민주화와 인권을 위한 운동에 열심히 가담하여 5.18광주민주화항쟁과 관련한 대사회적 활동, 6.10민주화항쟁대회를 위해 자원봉사자 200명 모집과 6.10대회 발대식 등 6.10민주항쟁을 위한 활동을 전개하였고, '호헌 철폐 및 민주 개헌'을 위한 철야 기도회를 비롯하여 민주화 촉구와 민주 정부 수립을 위한 서부 지역과 북부 지역 기도회를 실시하였다. 또한 청년회서울연합회는 1987년 11월 19일 서울 지역 기독 청년들이 향린교회에서 242명이 참가해 공정선거 감시단 활동 발대식을 하였고, 1988년 5월 20일 광주항쟁 계승 기독자결의대회, 9월 9일 전두환·이순자 구속 처벌 및 평화 구역 철폐를 위한 기독자결의대회를 실시하였다. 1988년 9월~11월 20일 사이에 평양교회 건립 협력 운동[50]을 전개하였으며, 1989년 4월 29일 공능교회에서 북부 지구 평화통일을 위한 기도회 및 평화통일 노래한마당을 개최하였고, 1989년 4월 14~17일 기장총회장실에서 실시한 '문익환 목사 방북 지지 및 평화통일을 위한 철야 기도회'에 적극적으로 참여하였다.

4) 1990년대 청년회의 평화통일희년 운동

청년회 조직 강화와 확대

청년회서울연합회는 1990년 '정의·평화·창조의 보전 세계대회'를 마치고 청년회 조직을 보다 신속하고 활발히 가동할 수 있도록 재편, 1993년에 중앙위원회와 집행위원회, 총무단 회의, 지구회 중앙위원회를 조직하였다. 중앙위원회는 정기총회 폐회 기간 중 최고 의결 기구로서 서울연합회에 소속되어 있는 지교회 청년회 대표자들이 중요한 사업을 논의할 수 있는 장으로 분기별로 1회씩 개최하며 청년회 사업 방향을 이끌도록 하였고, 이 조직 안에 이웃사랑실천특별위원회와 농촌활동준비위원회도

---

49 성전 침탈 사건은 제3장 "선교 자유와 교회 '신성성' 수호를 위한 활동, 송암교회 경찰 난입과 폭행 사건" 참조.
50 기독 청년 1인 1만 원 헌금 운동으로 10개 교회에서 668,000원을 모음.

두었다. 집행위원회는 연합회, 지구회 및 위원회 임원들이 사업의 실무적 내용을 논의하고 집행하는 기구로서 월 1회 개최하였으며, 총무단 회의는 연합회 총무와 지구회 총무들이 수시로 모여 연합회의 정책과 대안을 고민하였고, 지구회 중앙위원회는 지구회 자체 사업과 연합회의 정책과 대안을 고민하는 논의 기구로서 월 1회 개최토록 하였다.

역량 강화를 위한 교육 활동과 청년 사도 월례 마당

청년회서울연합회는 1990년대 교육 활동으로는 3개 지구회 중앙위원회 연합 수련회를 실시했으며, 각 지구회에서 '새날 맞이'와 '해오름 예배'(동부, 북부, 서부)를 실시하였고, 여성 강좌와 청년 사도 월례 마당을 진행하였다. 초원교회에서 열린 여성 강좌는 총 5강좌로 "다시 일어선 우리"라는 주제로 강좌당 60명 이상이 참석하였다.

강좌	강사
여성과 사회	이재은(한국여성노동자회)
여성과 결혼	강성혜(여신도교육원장)
주인된 여성	한신증권 여성노조위원장
여성과 직업	윤정숙(한국여성민우회)
여성과 문화	이기연(민족생활문화연구소)

1980년대 선교 요원 훈련에 집중했던 청년회서울연합회는 1990년대 와서 청년 사도 월례 마당에 열중하였다. 청년 사도 월례 마당이란 예수의 제자들이 사도가 된 것처럼 청년들이 예수 제자로서 사도의 역할을 하자는 뜻에서 마련되었는데, 1990년 7월 4일 비디오 시사회 "그날 이후", 8월 7일 "방송민주화의 길"(권영길 언론 노련위원장), 9월 6일 상반기 조국 통일의 평가, 10월 18일 "종교개혁의 의의와 그 현재적 의미"로 진행되었고, 제6차 청년사도학교의 주제를 "희년의 새 하늘과 새 땅으로!"로 정하고 교육하였다.[51]

---

51 1강(5/16): 하나님의 선교(최형묵 목사), 2강(5/19): 지방자치제(정진우 목사), 3강(5/23): 통일희년운동(나핵집 목사), 4강(5/25): 통일희년 분과 ─ 북한 바로 알기(유원호 선생), 지역 선교 분과 ─ 지역

95통일희년을 향한 활동

1990년도 청년회서울연합회는 '민족의 화해와 평화를 위한 95통일희년'의 실천 과제가 눈앞에 있었기 때문에 통일희년운동에 매진하였다. 서울노회가 만든 통일희년 자료집 『희년맞이』 배포와 '95통일희년대회의 성공적 개최를 위한 기도회'에 참여하면서 연합회 안에 '희년대회준비위원회'를 구성해 전국연합회와 함께 1995년을 위한 활동을 벌였고, 군산 월명체육관에서 열린 교단총회 희년선교대회에도 진행 요원으로 참여하였으며, 6월 21일 장충단공원에서부터 팔각정까지 진행된 '새로운 천년을 향한 평화대행진'에도 진행 요원으로 30여 명의 청년이 참가하였다.

청년회서울연합회는 1995년 8월 14일 백주년기념관에서 열린 '민족의 화해, 평화, 통일을 위한 대축전 전야제'에 국토순례단과 결합하여 문화 공연을 하였으며, 8월 15일 경동교회에서 개신교, 천주교, 불교인들이 함께 모여 가진 '종교인 한마당' 기원 예배에 참여해서 평화통일을 기원하며 문화 행사를 가졌다. 이 문화 행사에서 청년회 노래패가 '통일상'을 수상하였다. 또한 청년회서울연합회는 통일운동 연장선상에서 10월 11일 기독교회관 교회협 사무실에서 '박용길 장로님 석방을 위한 월례 기도회'를 실시하고, 장기 양심수 및 교단 구속자를 위한 헌금을 하였다.

시국 현안 문제를 위한 활동

1990년대에는 시국 관련 현안 문제들이 많이 생겨서 청년회서울연합회는 각종 시국 현안 문제에 관한 모임에 참여해서 문제 해결을 위해 노력하였다. 청년회서울연합회는 우루과이라운드 반대 집회와 기도회를 실시하고 UR 비준 반대와 자주적 재협상을 촉구하는 기장 청년 서명운동을 전개했고, 민주화와 인권을 위한 모임뿐만 아니라 '주한미군 범죄 근절 및 한미 행정 협정 개정'을 위한 캠페인과 5.18특별법 제정을 위한 캠페인을 전개하였다. 뿐만 아니라 일본의 전후 처리 문제와 정신대 문제 해결을

선교란?(김종수 전도사), 청년회 운영 분과 — 청년회 운영 이론(정원진 목사), 5강(5/30): 통일희년 분과 — 기독 청년의 통일 운동(서보혁 총무), 지역 선교 분과 — 지역 선교의 실제(김성훈 목사), 청년회 운영 분과 — 성서 연구의 이론과 실제(이원표 전도사).

위한 활동에도 참여하였고, 1998년 세계교회협의회가 선포한 기독여성10년대회 폐회 예배에서 선언문을 낭독하는 등 대한민국 서울에서 벌어진 웬만한 시국 사건에 모두 참여하였다. 이렇게 종횡무진으로 활동하던 청년회서울연합회는 95년도 통일희년대행진이 끝난 이후부터는 점차 동력이 떨어지는 모습을 보이기 시작했고, 중앙위원회 회의를 비롯한 각종 회의의 빈도가 줄었으며, 세 지구회의 교육과 활동이 드러나지 않고, 자체적인 사업보다는 대외 활동에 참여하는 비중이 높아졌다.

5) 2001년, 청년회서울연합회의 마지막 보고

2000년 청년회서울연합회는 서울북연합회와 함께 초원교회에서 "너희가 어디서 와서 어디로 가느냐"라는 주제로 사도학교를 개강하여 3개의 강의와 조별 토론, 결단하는 예배로 진행하였으며,[52] 2001년에도 경동교회에서 "네 손에서 둘이 하나가 되리라(겔 37:17)"라는 주제로 사도학교를 개최하였고,[53] 2001년 1월 10~29일 인도에서 에큐메니칼 리더십 훈련을 실시하였다. 청년회서울연합회는 정의 평화 사업으로 3월 1일 화해와 평화를 향한 온겨레 손잡기 운동에 참여하고, 4월 8일 '기독총선연대: 희망 만들기 2000 페스티벌'(부제: 푸른 희망 만들기)에 참가하였으며, 4월 26일에는 경찰청 앞에서 대우자동차 폭력 사태 해결을 위한 기도회를 실시하였고, 그 외 서울노회 정기회 참가를 비롯하여 전국연합회와 기독연대 단체들의 모임에 참여하였다.

안타까운 것은 이 보고가 청년회서울연합회의 마지막 보고였다는 사실이다. 청년회서울연합회는 2001년 제80회 정기회 신도부 보고에서 자체적으로 그동안 실시해 온 사업을 평가하면서 청년회서울연합회가 더 이상 회생할 수 없다는 아픈 인사로 고별을 고했다. 다음은 청년회서울연합회가 마지막 보고를 한 다음 내린 평가 글이다.

---

52 1강: 초대교회와 나(한병철 목사), 2강: 종교개혁과 나(박정진 목사), 3강: 나의 개혁(이해학 목사), 결단 예배: 결단과 발표회(설교: 정진우 목사).

53 1강(11/23): 북한 문화 바로 알기(주강현), 2강(11/24): 북한의 실정 바로 알기, 북한 동포 돕기의 경험 듣기(이근복 목사), 3강(11/25): 새 시대의 북한 선교(박종화 목사).

연합회가 연합의 의미를 가지지 못한다면 연합회로서 위상과 역할을 다할 수 없습니다. 또한 연합의 의미가 단지 어떤 사업만을 하기 위함을 넘어서 지향할 바를 모색하고 흐름(운동)을 만들고자 함이라면 현재의 서울연합회는 이런 연합의 의미를 상실하고 있고 지향할 바나 그 어떤 흐름을 만들어내기 힘든 조건이라 말할 수 있겠습니다.

지금의 서울연합회는 변화의 욕구를 가지지 못하고 있습니다. 더 정확히 얘기하면 청년들이 변화의 욕구를 외면하고 있습니다. 신앙적이건 인생적이건, 보편적 삶의 흐름에 묻혀 있습니다. 이런 원인과 문제 해결은 결코 청년회서울연합회만이 질 수 없는 문제입니다. 교회의 문제이며 각자의 문제이며 사회의 문제입니다. 탈이념의 결과이며 탈공동체의 결과이며 몰신앙의 결과라고 볼 수 있겠습니다. 현재 남아 있는 일꾼들도 이런 원인들을 극복하고자 하지만 이미 교회와 목회자들에게 외면당한 서울연합회는 더 이상 회생할 수 없는 상황이라 솔직히 고백합니다.

77선언을 내걸며 당당히 교회 앞에, 사회 앞에, 시대 앞에 섰던 서울연합회 그리고 21세기를 이끌어갈 서울연합회의 그 시작엔 영적 갈급함을 해소하는 공동의 신앙고백과 이 시대 앞에서 우리는 어떻게 설 것인가 하는 공동의 고백이 함께 하여야 할 것입니다. 그간 어려움과 미흡함이 다가올 내일의 희망을 만드는 데 좋은 밑거름이 될 수 있길 간절히 소망합니다.

이 글을 마지막으로 이후 신도회 보고서에서 청년회서울연합회에 관한 보고는 더 이상 게재되지 않고 있다. 청년회서울연합회가 수면 아래로 가라앉자 서울노회 신도부는 청년회 재건을 위해 계속해서 노력을 기울이고 있지만, 안타깝게도 좀처럼 재건될 기미가 보이지 않았다.

2020년에 들어서 서울노회 신도부가 청년회서울연합회 재건을 위해 노력하고 있고, 아울러 기청전국연합회에서도 지역연합회 재건을 위해 각 지역의 청년들을 만나고 있으며, 서울제일교회, 경동교회, 공덕교회 등 서울노회 소속 교회 청년들을 만나며 모임을 진행하고 있다. 이들은 신앙, 평화, 교육 등 다양한 콘텐츠를 제공하며 청년들의 공감을 불러일으키며, 이러한 모임을 통해 비슷한 공감대를 형성한 다양한 청년들이 친밀감을 쌓고 있는데, 이는 서울연합회 재건에 있어서 매우 긍정적인 신호로 보인다. 또한 2023년부터 경복, 동원, 서울성남교회 등 3교회 청년들이 교회를 순회하면서 연합 찬양 집회로 모이고 있는 점도 청년회 연대 활동으로 고무적인 일이다. 노회와 각 교회의 적극적인 협조가 있다면 청년회서울지역연합회의 재건이 빠른 시일 내에 이루어질 수 있을 것으로 보인다.

6) 청년회서울연합회 역대 회장과 총무

회장
1974년 황주석 1977년 인태선 1982년 이대수 1983년 정해동 1984년 김형기 1987년 김효식 1988년 박승렬 1989년 황찬호 1991년 정대석 1992년 장명기 1993년 류원선 1996년 박찬엽 1997년 안 섭 1998년 박상찬 1999년 정규민 2000~2001년 박재호

총무
최형묵 정원진 황찬호 정대식 김진해 박상찬 조현우 정규민 박재호 연동용

맺음말

지금까지 살펴본 서울노회 65년 역사는 사실상 1912년 시작된 장로교회 역사와 조선신학교로부터 파생된 한국기독교장로회 75년 역사가 깃들어 있다. 이 모든 역사를 살펴보는 것도 의미가 있다고 생각하나 본 역사서의 주된 작업은 경기노회에서 분립되어 새로 시작한 1960년부터 2024년까지의 서울노회 여정을 찾아보는 데 중점을 두고 있다.

서울노회의 역사적 흐름은 대략 노회 시작에서 안착하는 시기인 1960~1970년까지 제1기, 사회적 참여를 시작해 인권 선교에 집중한 1971~1988년까지 제2기, 새로운 밀레니엄 시대를 맞아 민족의 과제인 분단 극복과 평화통일에 매진한 1988~2019년까지 제3기, 코로나19 팬데믹 시기를 겪으며 새로운 교회상을 모색하는 2019~2024년까지 제4기로 나누어 볼 수 있다.

제1기인 1960년대는 서울노회에서 "보라, 내가 새 일을 행하리라!"(사 43:19)라는 말씀처럼 광야에 길을 내고 사막에 강을 흐르게 하는 그런 역사의 장이었다. 기장의 일원으로서 노회를 새롭게 시작하고 수도노회로서 기장총회의 발전과 서울노회 제도와 사업 등의 기틀을 마련하였다.

제2기는 하나님의 선교의 전위대로서 한편에서는 노회 조직과 사업을 확대하고 안정적인 기반 마련과 더불어 하나님의 선교지 확산을 위한 2천교회운동에 힘쓰고, 다른 한편에서는 산업사회와 군사독재 체제하에서 민중, 민족과 함께하는 서울노회가 되고자 한국 사회의 민주화와 인권 보호를 위해 힘썼다.

제3기는 선교 2세기를 맞아 노회 구조를 선교 구조로 전환하고 하나님의 선교를 위한 3천교회운동에 매진하면서 해외 선교와 해외 교회와의 관계 협력 증진에 나선 한편, 한국 사회의 변혁을 위한 정의, 평화, 생명 보전과 민족 분단을 극복하고 희년을 성취하기 위해 평화통일 운동에 앞장섰다.

제4기는 코로나 팬데믹 상황을 맞아 교회와 예배에 대한 인식을 재정비하고 서울 노회와 교회의 정체성을 재정립하면서 노회의 방향을 모색하는 작업을 하였다.

서울노회는 코로나 이후 서울노회의 과제를 모색하는 과정에서 "서울노회 65년 사"를 펴내기로 하였다. 이 작업은 서울노회 65년의 역사를 단순히 기억하기 위해서가 아니라 기억을 토대로 전승할 것은 발전적으로 계승하고 버릴 것은 과감히 청산하여 새로운 서울노회로 가기 위한 방향을 모색하고 이정표를 세우기 위함이다. 이런 작업 의 하나로 역사편찬위원회에서는 집필된 65년사 초고를 읽고 이후 서울노회의 방향 모색을 위한 몇 가지 주제를 선정하여 좌담회를 실시하였다. 서울노회는 지난 65년 동안 서울노회의 방향 모색과 과제를 찾기 위해 다양한 시도를 하였는데, 조직과 제도 의 발전, 부서 사업에 관한 사항들이 그것이다. 그러나 고령화사회 속에서 청년들이 교회를 떠나고 교역자 지망생이 부족한 교회와 노회의 현실에 대한 논의는 부족하였 다. 그래서 이러한 주제들에 대해 좌담회를 하였고, 좌담회에서 제시된 발제와 종합 토의를 제시하며 서울노회 65년사를 마감하고자 한다.

서울노회 65년사 이후 서울노회의 과제 모색을 위한 분야별 주제는 목회신학, 여성 사역, 청년회 재건, 부교역자, 작은 교회에 관한 문제로서, 이 주제에 관해서 지난 65년사를 평가하고, 그에 비추어 과제 제언, 좌담회를 통한 대안 모색을 하는 방식으로 이루어졌다.[1]

---

1 <좌담회> **사회** • 한강희 목사. **발제** • 여성 사역: 이혜진 목사, 청년: 박소영(기청 총무), 목회신학: 임영섭 목사, 부교역자·생태: 신연식 목사, 작은 교회·교육: 장본 목사. **논찬** • 인영남 목사(전 서울노회 총무). **대안 모색 토의** • 노회장(편찬위원장) 김성희 목사, 전임 장로부노회장 나호천 장로가 함께 토론하였다.

서울노회 65년 향후 과제 모색을 위한 좌담회

- 일시: 2024년 12월 20일
- 장소: 경동교회

1. 분야별 발제

1) 목회신학적 분석과 향후 목회 과제

(1) 목회신학적 분석

서울노회 65년사에 나타난 목회신학적 특징은 시대를 이끄는 목회, 교단 신학을 드러내는 목회, 거룩한 공교회로서의 연대 등이다.

① 시대를 이끄는 목회

서울노회는 초기 역사부터 교회와 사회를 진단하고 고민하면서 시대를 이끌어갔다 (여목사 제도, 장로부노회장 제도, 총무 제도, 여성 장로 배출을 위한 헌의와 도입 등).

② 교단 신학을 드러내는 목회

서울노회 목회의 특징은 신학적인 목회다. '하나님의 선교, 정의, 평화, 생명' 등 우리 교단이 추구하는 신학을 목회에 연결하기 위해 노력해 왔다. 교단 신학을 드러내는 목회는 교회 역사에 긍정적인 영향을 끼쳤다.

③ 거룩한 공교회로서의 연대

서울노회는 일찍이 한미 수도노회 선교 협력과 아프리카 교회와의 협력부터 지금의 일본 기독교단과의 결연과 교류까지 해외 에큐메니칼 네트워크를 형성해 왔다. 개척교회와 농촌교회 자립을 위한 선교, 3개 노회(서울, 서울북, 경기북노회)의 선교 협력, 후쿠시마 방사능에 반대하는 교회 연대 등 국내 교회와 단체와 연대하는 것도 활발히 도모해 왔다. 또한 노회 안의 지교회들과의 연대도 70~90년대까지 많이 이루어졌다. 한 가지 아쉬운 점은 노회 65년 역사에서 2000년대부터 해외 교회와의 연대는 더욱 활발해졌으나 정작 노회 내의 교회들 사이의 연대는 크게 진전되지 못했다는 느낌이 든다.

(2) 65년 이후를 위한 목회 과제

① 신학적 목회의 필요성

지금 우리는 양적인 성장을 이루기 힘든 환경 속에 있으며, 시대는 우리로 하여금 더 뚜렷한 신학적인 목회를 요구하고 있다. 교회 목회에서 온라인 비중이 커지고 무인화와 인공지능처럼 기술이 급격히 발전하고 있다. 젊은 세대는 종교에 무관심하지만 그나마 신앙을 추구하는 이들도 '콘텐츠 소비형 신앙생활'이라는 특징을 보인다. 이런 특징을 살려 뚜렷한 신학적 목회관을 갖고 건강한 교회로 재편하는 운동이 필요하다.

② 노회에 속한 교회마다 특성화된 목회 가능성 모색하기

서울이라는 지역적 특성을 살려 교회에 따라 생태환경, 사회적 약자들을 위한 지역 선교, 한반도 평화, 외로움·불안·정신건강에 특화된 목회적 돌봄, 이주민을 위한 선교, 문화와 예술 선교, 젊은이와 교회 교육 목회 등 각 교회가 집중할 수 있는 분야를 선정하여 강소 교회를 세워 가야 한다. 교회의 양적 부흥을 고려하면서 각 교회의 목회적 사명에 초점을 맞춘 '창조적 소수자'로서의 목회 패러다임을 고민해야 한다.

③ 거룩한 공교회로서의 연대성 확립

시대를 이끄는 신학적인 목회는 교회의 연대가 반드시 필요하다. 교세의 약화, 노회와 각 교회가 가진 목회 자원의 축소 그리고 우리가 추구하는 신학적인 특징을 고려할 때 개교회 위주의 목회는 한계가 있다. 따라서 노회는 앞으로 이러한 노회 안팎의 네트워크를 시도하고 조율하면서 각 목회적인 성과와 모범 사례를 공유하는 플랫폼의 역할을 할 필요가 있다.

2) 서울노회의 여성 권익 활동(목회자와 신도)의 흐름과 선교 사역 및 과제

(1) 65년 동안 서울노회의 여성 지도력을 위한 공헌

서울노회는 경기노회 시절부터 총회에 헌의하여 교단에 여성 장로와 여집사 제도를 정착시켰으며, 서울노회가 시작된 후 여성 목사 안수 제도 헌의, 노회 임원에 여성 1인을 포함하는 제도를 시행하며 총회에서도 여성 임원 선정을 관례화하여 정착시켰다. 또한 노회에서 파송하는 총회 총대 중 목사, 장로, 각 여성 총대 20%를 법제화하는 등 성평등 정책과 여성 지도력 향상에 앞장서 왔다. 또한 노회 시에 상상마당을 열어 성폭력 예방 교육과 성인지 감수성 교육을 실시했고 성폭력 가해 목회자를 정직하는 등 서울노회의 성정의 실현에 기여해 왔다.

(2) 서울노회에 속한 교회와 노회에 제언

① 부부 목회를 할 수 있는 교회

지금 젊은 동역자들은 부부 목회자가 많고 계속 증가하는 추세다. 부부가 각각 다른 교회에서 부교역자로 사역하다가 남성이 청빙을 받으면 아내인 여성은 대부분 목회를 접고 사모로 남거나 교회에서 청빙할 경우 부교역자로 일하게 되는데, 전임목회자는 드물고 대부분 파트로 사역하는 경우가 많다. 서울노회가 선도적으로 부부 공동 목회의 길을 열어 팀 목회의 가능성이 실현되기를 바란다.

② 출산, 육아, 양육의 현실화(4대 보험 가입 독려)를 위한 노력

교회에서 여성 목회자가 임신하거나 출산하면 사임의 압력을 받는 경우가 많다. 교회가 세금을 내고 4대 보험에 가입하면 출산휴가자의 사례비나 대체 인력 등을 위한 재정 지원을 국가로부터 받을 수 있다. 서울노회가 목회자의 출산과 육아 정책에 적극적인 제도를 마련하길 바란다.

③ 신도회 대표의 신도부장 윤번제

총회의 방침처럼 노회에서도 신도회 대표 두 명씩 노회 정회원이 되는 제도를 도입하고, 신도부장 선임에 각 신도회 대표의 순환제가 필요하다.

④ 성인지 감수성을 담은 매뉴얼에 의한 고시 면접

고시위원회 면접 시에 성인지 감수성을 담은 매뉴얼대로 면접해 성인지 감수성이 기초가 된 목사후보생과 장로 교육이 이루어지도록 하고, 면접 위원에 여성을 포함하도록 해야 한다.

⑤ 총회 총대에 여성 참여 비율을 높이기 위해 여성 장로 증가를 위한 대책 모색이 필요하다.

⑥ 여신도회서울연합회와 지교회 여신도들의 활성화를 위해 여신도회가 시대별 과업으로 해 온 활동들을 적극 알리고 추진하며, 연대하고 지지를 보내야 한다.

3) 서울노회 청년회 재건과 활성화의 과제

(1) 청년회의 상황

청년들은 1990년대까지 세대적 소명에 따라 청년회 연합회 활동을 적극적으로 펼쳐 왔다. 그러나 2000년 들어 청년회 활동은 수면 상태에 들어갔다. 노회에서 청년회를 재건하려고 노력했으나 쉽지 않았다. 왜 그럴까? 이 시대의 청년들은 성인지, 생태, 인권, 젠더 등 외부의 자극에 예민하게 반응하며 살아간다. 때문에 다양한 감수성이 정착되어 있지 않은 교회 공동체 안에서 불편함을 느낀다. 이런 시대적 요구를 교회가 반영하지 않고, 오래된 관습과 위계의 문화를 개선하지 않고 청년들을 위한 선교 사역 및 과제만을 제시한다면 효과를 보기 어려울 것이다. 청년들에게 무언가를 먼저 요청하기에 앞서 교회의 문화를 바꾸는 것이 우선이다.

(2) 청년들과 함께하는 교회와 노회의 과제

① 청년들을 의사결정 구조에 참여시키고 청년의 목소리가 들리도록 해야 한다. 장로교단 구조상 당회장 목사와 당회원 장로를 중심으로 교회 일이 결정될 수밖에 없는데, 이런 의사결정 구조는 청년과 어린이를 배제한다는 점에서 비합리적이다. 이런 구조를 보완하여 청소년들과 청년들이 자유롭게 자기 의견을 개진할 수 있는 분위기를 마련해야 한다.

② 청년 중심의 예배를 통해 청년들이 위로받을 수 있도록 해야 한다. 장년 입장에서만이 아닌 청년 입장에서 공감과 위로가 필요하다.

③ 시대적 흐름에 맞는 감수성을 장착하고 청년들에게 안전한 교회 공동체를 형성해야 한다. 청년들에게 다양한 지향점이 존재함을 인식하고 다양성을 교회 안에서

자유롭게 나눌 수 있는 분위기가 형성되어야 한다. 소수자, 생태, 성 정의, 주거, 빈곤 등 여러 의제에 대해 관심을 두어야 하고, 기독교적 관점에서 이 주제들을 어떻게 다룰지 고민하고 공부하는 교회로 만들어 가야 한다.

④ 장애인, 성소수자, 여성, 난민 등 다양한 사회적 약자를 포용하고 환대하는 교회 분위기를 조성하여 교회 내에만 한정하는 신앙 성숙을 넘어 사회적 활동을 담보하도록 교회의 공공성을 확대해 가야 한다.

4) 서울노회 부교역자들의 자리매김과 노회 참여 방안

(1) 서울노회 부교역자들 상황

현재 서울노회에 소속된 46개 교회(조직 30개, 미조직 16) 중에 15개 교회만이 부목사를 청빙하고 있으며, 노회 정회원인 부목사의 수는 총 27명, 전임전도사의 수는 15명으로 노회 소속 전임부교역자의 수는 총 42명이다. 노회 활동 참여 현황을 보면, 부목사의 경우 모두 상비부서에 배정되어 있지만 실제로 활동에 참여하는 인원은 6~7명에 불과하다. 또한 정기노회 시 오후 회무까지 남아 있는 부목사의 숫자는 절반도 되지 않는다. 전임전도사의 경우 더 소극적으로 본인이 속한 교회에서 노회 행사를 개최하는 경우가 아니라면 행사에 참여할 기회가 거의 없다고 할 수 있다.

부교역자들이 노회에 참여하기 어려운 이유는 첫째, 잦은 사역지 이동으로 노회나 교회에 오랫동안 소속되기 어렵기 때문이다(소속감↓). 둘째, 개교회 우선, 담임목사의 방침, 과중한 업무 등으로 교회 업무 외 다른 활동에 참여하기 쉽지 않다. 셋째, 노회 활동에 참여할 기회나 동기가 부족하다.

(2) 노회에서 부교역자의 적극적인 참여를 위한 과제

연합과 연대의 의미가 갈수록 희미해지는 오늘날, 부교역자들이 적극적으로 노회에 참여하여 활동할 수 있도록 견인할 방안은 무엇이 있을까?

첫째, 보조자가 아니라 동역 목회자로서의 부교역자에 대한 인식 전환이 필요하다. 담임목사의 목회를 보조하는 부차적 존재에서 교회를 중심으로 함께 공동의 목회를 담당하는 주체적 존재로 인식의 전환이 이루어지지 않는다면 근본적 해결이 불가능하다. 담임목사의 보좌관이 아니라 노회에 소속된 목사 정회원으로 자의식을 갖고 능동적 참여를 끌어내려면 부교역자에 대한 인식의 전환이 반드시 선행되어야 한다.

둘째, 부교역자들이 적극적으로 노회에 참여할 수 있는 동기가 부여되어야 한다. 목사 재교육의 기회를 갖기 힘든 부교역자에게 유익한 배움의 장을 마련해 줄 필요가 있다. 노회 차원에서 성서 해석, 설교 세미나, 목회 관련 특강 등을 개최하거나 부교역자 간의 소그룹 모임(스콜레)이 활성화될 수 있도록 지원한다면 노회가 조금은 가깝고 친근하게 느껴지지 않을까 생각한다.

5) 작은 교회의 딜레마

팬데믹 이전과 팬데믹 이후의 교회 상황이 많이 달라졌다. 여기에서 가장 중요한 것은 교회를 떠난 수많은 신앙인이 왜 돌아오지 않는가를 고민하는 일이다. 교회에 나가지 않아도 별로 문제되지 않는다는 경험 그리고 유튜브로 예배 드리니 예배가 편하고 마음에 드는 예배와 설교를 선택할 수 있다는 경험 때문이다.

2050년 한국의 3대 종교(개신교, 천주교, 불교)의 신앙인 수가 각각 전체 인구의 10%에 머물 것이라는 통계를 그냥 지나쳐서는 안 된다. 팬데믹 이후 모든 종교에서는 '탈종교 현상'이 벌어지고 있다. 새 신자가 매우 적으며 교회가 양적으로 성장할 가능성이 매우 희박하다. 작은 교회들이 생존의 위기에 몰려 없어지거나 중소 교회들이 작은 교회로 변할 것이다. 고령화사회에서 새 신자가 늘지 않고 청년들이 유입되지 않는 이런 현실을 심각하게 염두에 두고 적극적으로 작은 교회에 관한 정책을 세워야 한다.

2. 과제를 위한 대안 모색

각 분야에 대한 발제를 듣고 제기된 문제들에 대해 의견을 나누었다. 즉, 총대 파송, 부교역자의 위치와 역할, 청년회 재건과 청년 친화적 교회 만들기, 플랫폼으로 서의 노회, 기장의 정체성 살리기 등 다양한 주제에 대해 진지한 대화를 나누었다.

1) 총대 할당 제도

① 머지않아 교회 조직에서 신도회가 없어지고 수용자의 필요에 따라 그룹별 소모임으로 바뀌게 될 것이다. 급변하는 상황에 교회가 대처하기 위해 총대 할당제는 여성 할당제뿐만 아니라 부교역자, 청년 등 각 세대가 총회에 참여해서 본인들의 의견을 반영할 수 있도록 세대별 할당제도 고민해야 한다.

② 서울노회에는 여성 20% 제도라도 있는데, 교회에서는 여성 장로를 세우기가 여전히 어렵기에 노회 여성 총대를 늘리는 것이 쉽지 않다. 총회 총대로는 한 교회에서 목사 1명, 장로 1명밖에 못 가는 현 제도하에서 여장로를 교회 대표로 보내는 것이 쉽지 않다. 서울노회는 3년 연속 총회 총대로 파송되면 다음 1년은 쉬는 전통이 있긴 하지만, 차제에 총대 문제는 노회 구성 인원 분포를 고려해서 부목사도 총회 총대로 갈 수 있는 시스템을 고려해 봄직도 하다. 과거 제도 개방을 위해 선구적인 길을 걸어온 서울노회는 이제 총대 개방 정책의 모델링 작업이 필요하다.

③ 부교역자 총대 보내기를 실현하려면 구체적인 사례가 필요하다. 노회에서 오래 활동해 온 젊은 부교역자 중 한 명을 총대로 보내는 운동을 해보자.

④ 쿼터제의 의미를 부여하는 것이 상징적인 의미가 있어서 필요하지만, 보다 중요한 것은 전반적으로 의식적 차원이 바뀌어야 한다. 노회 안에서도 젊은 부교역자들이 발언할 수 있는 분위기가 되어야 한다. 총대 쿼터제는 총대 3년제를 실시하는 노회(경기남, 경기북, 경기중부, 제주노회 등)가 늘어가는 것처럼, 서울노회 안에서 인식을 공유하고 제도를 만들자.

2) 부교역자들의 자리매김과 노회 참여 문제

① 부교역자들은 노회원이긴 하나 개교회 담임목사에게 묶여 있다. 교단 헌법("21조 4항 부목사: 담임목사를 보좌하는 목사로 임기는 1년이며, 중임될 수 있고, 담임목사 사임 시 함께 사임한다")이 개정되지 않는 한, 부교역자에 대한 논의는 탁상공론이 될 가능성이 높다.

② 부교역자의 위상과 자리매김이 중요하다. 비록 담임목사를 보조하는 위치에 있다 하더라도 '부교역자'라는 말 대신에 '동역교역자'라는 용어를 쓰면 좋겠다(예: 감리교는 부담임목사).

③ 안전한 목회 지속 가능성이 있어야 부교역자들이 노회에 적극적으로 참여할 수 있다. 부목사의 명칭만이 아니라 임기 문제도 다루어야 한다. 서울노회가 부교역자의 임기를 전도목사처럼 1년제가 아니라 3년제로 총회에 헌의했다가 부결된 적이 있다. 3년 정도는 되어야 그나마 노회에서 부목사가 발언할 수 있는 분위기가 조성될 것이다.

④ 서울노회와 기장교회의 미래를 위해서 예산을 과감히 투입해서 부교역자 육성과 역량 강화를 위해 재교육을 받을 수 있는 다양한 현장을 마련하고, 부교역자들의 모임에서 제안된 의견을 수렴하여 노회 발전에 이바지할 수 있는 장을 열어야 한다.

⑤ 노회 차원에서 부교역자들이 역할을 할 수 있는 공간을 열어 주어야 한다. 한 예로 교육부의 경우 교회에서 교육 담당자는 부교역자들이다. 부교역자들이 노회 교육부에 주체적으로 참여하여 책임 있게 부서를 이끌어 가도록 하는 시스템 등을 도입할 필요가 있다.

3) 청년들이 참여하는 교회와 청년회 재건

① 청년이 살아나지 않으면 서울노회도, 기장도, 기독교도 무너진다. 그래서 청년들을 살릴 방안이 적극 모색되어야 한다. 신도부에서 남신도회를 중심으로 청년회를 살리려고 노력하고 있지만 획기적인 방법을 찾지 못하고 있다.

② 청년들이 교회에 유입되기 위해서는 청년회에서 제언한 사항을 심도 있게 받아들이고, 청년들이 모이고 활동할 수 있는 교회 문화와 공간을 만들어야 한다.

③ 부교역자들의 위치가 안정적이면 청년들과의 관계도 지속성이 있다. 부목사에게 함부로 대하는 담임목사는 청년회의 신뢰를 얻기 어렵다.

④ 부교역자의 안정성과 더불어 청년회의 자율성이 중요하다. 청년들이 자율성을 갖고 독자적으로 소그룹 활동을 하고, 청년들이 주체가 되어서 예배부터 재정(헌금)까지 자율적으로 운영하는 교회도 있다. 청년 모임이 하나의 작은 교회처럼 되어 청년회가 활성화되는 것이다.

⑤ 청년 세대에 권한을 주지 않으면 청년이 활성화될 수 없다. 최근에 청년들은 콘텐츠 소비형 신앙생활을 한다. 교회이기 때문에 가는 것이 아니라 그 교회가 어떤 가치를 추구하는가, 어떤 특성이 있는가에 따라 교회를 선택한다. 따라서 청년들의 출입이 자유로운 유동적인 교회를 만드는 것까지도 고려해 봐야 한다.

⑥ 기장교회에서 청년회가 활성화되었던 때가 60~70년대이다. 이 시기에는 시대적 사명을 감당하는 기장교회로 청년들이 모여들었다. 전국적으로 볼 때 지금도 타 교단에 비해 교인 수는 30% 줄었지만 청년의 수는 상대적으로 덜 줄었고, 청년이 늘어난 교회들도 있고, 청년 중심의 교회들이 생겨나기도 하였다. 기장의 가치를 보고 그나마 청년들이 남아 있다. 절대 수는 부족하지만 청년들이 선호하는 가치를 회복하면 가능성이 있지 않을까?

⑦ 젊은 여성들이 한국교회에서 많이 떠나갔다. 여성 청년들은 성인지 감수성이 없는 교회는 외면한다. 여성 청년과 젊은 여성의 경우 교회 유입은 성평등한 교회와 직결되어 있다.

4) 작은 교회

① 작은 교회 목사가 시찰장인 모 시찰회는 교인 50명 미만인 교회가 절반 이상이다. 작은 교회의 지속 가능성을 확보하지 못하면 우리가 나눈 거대 담론은 별 의미가 없을 것이다. 노회에서 작은 교회들을 어떻게 건강하게 세워 나갈 수 있을까에 대해 심도 깊게 논의할 필요가 있다. 작은 교회 맞춤형 연합 사업 등도 필요하고, 노회 무임목사를 활용한 지원 방안(순회 교육 등), 나아가 교회 통폐합 등도 진지하게 검토해 보아야 한다.

② 노회 선교부와 임원들이 더 관심을 가지고 내실 있는 작은 교회 모임을 해나가야 한다. 교회 심방을 통한 현황 파악과 돌봄도 필요하고, 식사 대접과 교통비 제공 방식을 넘어 실제적인 세미나, 워크숍 등을 지원하며 구체적인 과제와 대안을 나눌 수 있어야 한다.

③ 개교회주의를 넘어 공교회 의식이 필요하다. 목회 지망생이 줄고 있고, 교회에

부교역자 모시기가 힘들어지고 있다. 소명감도 중요하지만 최소한의 생존 문제가 해결되어야 한다. 목회자는 국가 복지의 사각지대에 있다. 타 노회의 목회자 복지 제도 등을 연구하고 적용하자(경북노회: 암 등 중대 질병 시 지원, 시무목사 사망 시 지원, 목포노회: 목회자 은퇴 시 지원 등). 성서에는 과부, 고아, 이방인에 대한 돌봄이 나온다. 목회자 이전에 인간으로서의 존엄이 보장되도록 동지 의식을 가지고 함께 노력해야 한다.

5) 플랫폼으로서의 서울노회

① 기장교회로서의 정체성을 확립하고 가치지향적인 강소형 교회(작지만 건강하고 영향력 있는 교회)를 만들어 가야 한다.

기장교회가 타 교단 대형 교회를 따라가는 방식으로는 자리매김하기는 어렵다고 본다. 서울노회 교회들을 볼 때, 좀 더 특별한 가치를 추구하여 그 가치에 동조하고 연대하고자 하는 청년들이 올 수 있는 그런 교회를 만드는 방향으로 가야 한다. 지금 전체적으로 한국 사회의 이념적 지향을 보면 우리 교단 신학이 20~30대 여성들의 문화와 상당히 겹치는 특성이 있다. 따라서 우리가 가지고 있는 신학을 더 개발해서 선택과 집중을 통해 의미와 가치가 있는 강소형 교회를 추구해야 한다.

② 서울노회 역사를 살펴보면 교단에 방향성을 제시하고 청원하여 정책을 만들어 가며 자긍심을 가지고 활발하게 움직여 왔다. 그런데 언제부턴가 물량주의로 비교하면서 패배 의식과 열등감으로 자부심이 약화된 것 같다. 우리는 다시 기장교회, 서울노회의 역사에서 장점들을 파악하고 자긍심을 회복하여 우리의 정체성을 살리고 적용해 나가야 한다.

③ 서울노회 선배들이 개발해 온 진보적인 발자취를 이어갔으면 한다. 신학적으로 건강한 교회로 재편하는 운동이 필요하다. 한국교회가 전체적으로 축소되는 이때,

'생존'을 넘어 교회를 '재편'해야 지속 가능성이 있다. 서울노회 안의 교회들이 가진 특성을 파악하여 교회가 집중해야 할 과제를 개발하고 특화시켜 나갈 지원 체계가 필요하다.

④ 노회가 유네스코처럼 좋은 실천 사례를 모아서 제공하는 창구가 되었으면 좋겠다. 좋은 사례들을 공유해서 알리고, 실천해 보고, 피드백을 주고받는 플랫폼 역할, 큰 교회와 작은 교회 간에 네트워크를 만드는 플랫폼으로서의 노회가 되었으면 한다.

좌담회에서 다룬 발제와 토의는 2000년 서울노회가 새 밀레니엄을 맞이하면서 '치리 중심'의 노회 구조를 '선교 중심'의 노회 구조로 전환함으로 새로운 기점을 마련하려 한 것처럼, 서울노회 65년 이후 고령화 시대, 청년이 줄어들고 새 신자 유입이 거의 없는 국면 앞에서 서울노회가 패러다임 전환을 통해서 성령의 능력에 힘입는 기장다운 예배와 공동체성을 회복하고, '정의, 평화, 생명'이라는 선교적 과제를 실천함으로 교회의 공공성을 회복하여 교회다운 교회로서의 지평을 넓혀 가기 위한 제언들이다. 현재 당회 중심, 장년-남성-목회자-장로 중심 의사결정 체제가 이루어지고 있는 한계를 보이는 교회와 노회에서 'JPIC_ESG'[2]에 기반한 선교 정책과 활동을 더욱 원활하게 이행하고 지속 가능한 교회로 세워가기 위해서는 기존의 전통적인 제도의 전환, 청년-여성-평신도의 의사가 교회의 선교적 구조와 운영에 반영될 수 있는 구조적 전환이 필요하다. [3]

기장총회는 2023년 교단 새 역사 70주년을 맞아 "새 역사 70주년 선언서"에서

---

2 ESG(Environmental, Social, Government)는 "지속 가능한 기업의 구조를 이루기 위해서 환경, 사회, 지배 구조/운영 구조를 어떻게 해야 하는가" 하는 물음에서 비롯된 용어로서 비단 기업뿐만 아니라 모든 단체와 조직에서 ESG를 논하고 있다.

3 JPIC_ESG는 "정의, 평화, 창조 질서의 보전"(JPIC)이라는 에큐메니칼 전통과 "환경, 사회, 지배 구조"(ESG)라는 국제사회의 용어를 결합하여 교회와 세상의 상호 소통을 통해서 각 영역을 선교 개념적으로 이행하려는 실천적 개념이다. 한강희, "ESG시대 교회의 지속가능성과 선교적 구조로의 전환," 『기장 70년, 탐구와 전망』 (서울: 한국기독교장로회 총회, 2023), 43.

향후 기장교회가 추구해야 할 10개 항목의 선교 과제를 밝히고, 하나님 선교의 도구로서 교회가 든든하게 세워질 수 있도록 교회를 살리는 일에 온 마음과 뜻을 모으겠다고 선언하였다. 또한 '기장성'과 '하나님의 선교'를 잇는 "제7문서"를 통해 코로나19 팬데믹 이후 향후 10년 동안 기장교회가 나아가야 할 방향과 과제를 제시하였다.

"제7문서"에 의하면 하나님의 구원 역사가 펼쳐지는 오늘의 세상은 세속화, 세계화, 탈이념화, 다문화, 다종교, 다인종, 중심의 다변화, 성적인 쟁점, 디지털 혁명, 불확실성, 역사의 종말, 불평등, 이주민과 난민의 발생, 기후위기 등이 중요한 문제로 대두되었고, 이전의 패러다임으로는 오늘의 세계를 모두 담아낼 수 없다. 하나님의 선교를 이 시대의 언어로 전환하고 보강하려는 세계교회의 노력은 '주변부로부터의 선교' 개념을 새롭게 발견하고, 주체가 아닌 타자, 중심이 아닌 변방, 차이가 아닌 다름을 있는 그대로 인정하는 신학적 선교적 패러다임 전환을 요청하였다. 이것은 나사렛 예수의 복음이 주변부를 가장자리로 보지 않고 중심으로 여긴다는 인식과 통찰에서 나온 개념이다. '주변부로부터의 선교'는 모든 피조물이 하나님의 사랑으로 연결되어 있음을 깨닫고 성령의 하나 되게 하는 능력을 신뢰하면서 분열된 세계를 향한 행진을 선언한다.

코로나19 팬데믹을 통해 사회적 약자들이 무방비 상태로 위험에 노출되고 있으며 차별과 혐오의 대상으로 추락함을 목격하는 오늘의 세상에서 기독교인들은 이전과 다르게 살아야 하고, 교회도 달라져야 한다. "제7문서"는 기장교회의 과제를 1) 세상을 위해 존재하는 교회, 2) 교회의 위기와 기장성의 지속적 실천, 3) 차별 없는 사랑의 교회 공동체, 4) 기후위기와 생태적 전환, 5) 과학기술의 발전과 디지털 혁명, 6) 불평등의 극복과 경제정의 실현, 7) 한반도 평화를 일구어 나가는 교회, 여기에 팬데믹 이후 미래 세대를 위한 선교의 새 이름, '마음의 에큐메니즘'을 제안하였다.

'마음의 에큐메니즘'은 2022년 칼스루에에서 "그리스도의 사랑이 세상을 화해와 일치로 이끄신다"라는 주제로 열린 제11차 WCC 총회 "일치 선언서"에 담긴 말이다.[4]

---

4 WCC 11th Assembly(31 August to 8 September 2022), Document No. A 05 rev. 1, "Unity Statement," 3-4.

WCC는 그동안 에큐메니칼 운동의 주제였던 자유, 해방, 정의 같은 담론들을 그리스도의 사랑이 담긴 '마음의 에큐메니칼 운동'으로 전환하여 구체적인 삶의 현장에서 '치유와 용서', '화해와 일치'를 이루어야 한다고 강조하였다. 교회는 본래적으로 '타자를 위한 교회'다. 마음의 에큐메니즘은 예수 그리스도가 몸과 마음을 다해 그의 자비하심을 보인 것처럼, 우리도 고통 당하는 이웃들과 기후변화로 고통 당하는 창조 세계를 향해 긍휼한 마음을 가지고 돌봄과 연대할 것을 요청한다.[5]

　　서울노회의 교회들을 비롯하여 기장교회가 하나님의 선교를 통해 추구한 목표는 예수 그리스도가 전한 복음의 핵심인 하나님의 나라다. 하나님의 나라는 이 땅에서 상실된 이들, 모든 피조물을 포함한 타자의 목소리에 귀 기울이며 책임을 지는 이웃 사랑의 실천을 통해서 드러난다. 나와 다른 존재에 대한 혐오와 분열이 가득한 이 땅에서 그리스도가 보여주신 사랑의 마음으로 화해와 일치를 이룸으로써 하나님 나라를 일구어 가는 미래 세대를 향한 선교를 감당해야 할 사명이 우리에게 있다. 제안된 발제와 대안들을 모색하고 실천해 나감으로써 서울노회가 '주변으로부터의 선교', '마음의 에큐메니즘'으로 미래 세대를 위한 선교에 기여하게 될 것이라고 믿는다.

　　"형제자매 여러분, 나는 아직 그것을 붙들었다고 생각하지 않습니다. 내가 하는 일은 단 한 가지, 곧 뒤에 있는 것을 잊어버리고, 앞에 있는 것만을 바라보고, 그리스도 예수 안에서 하나님께서 위로부터 부르신 그 부르심의 상을 받으려고, 목표를 향해 달려가고 있습니다"(빌 3:13-14).

---

5 기장 제108총회에서 발표된 "제7문서"; 이상철, "'하나님의 선교'의 확장으로 '주변부로부터의 선교': 팬데믹 이후 기장의 선교적 패러다임 전환을 위한 제언,"『제108회 총회 주제해설집』(서울: 한국기독교장로회 총회), 177-198.

부록

1. 주제로 보는 서울노회 60년 약사

1) 서울노회의 설립과 분립

서울노회 설립

1960년 10월 13~14일 천호동교회에서 개최된 경기노회 제74회 정기회에서 총회의 행정구역별 노회 기준(1도 1노회 원칙)에 따라 1960년 10월 25일 서울노회 분립(향린교회당. 목사 41명, 장로 17명 참석. 노회장 강원용 목사) (강원노회도 동시 분립).

서울남노회 분립

소속 교회 수의 증가로 인해 1981년 11월 3일 제41회 정기회에서 "서울남노회" 분립(초동교회당. 분립 후 조직교회 40개, 미조직교회 20개, 목사 141명, 장로 171명).

서울북노회 분립

소속 교회 수의 증가로 인해 1995년 11월 7일 제69회 정기회에서 "서울북노회" 분립(한신대학교 신학대학원. 분립 후 조직교회 28개, 미조직교회 6개, 개척교회 8개, 목사 149명, 장로 168명).

* 참고: 1994년 "서울남노회"에서 "서울동노회" 분립. 현재 서울권역에는 4개의 노회가 있음.

서울노회 설립 시 8개의 시찰위원회가 있었을 것으로 추정되나 자료는 확인되지 않고 있다.

추정 시찰명: 동대문, 마서, 성동, 성북, 영등포, 용산, 종로, 중구(가나다 순).

2) 시찰위원회의 조직과 변천

연월일	주요 사항	개수
1964. 10. 20.	군목시찰위원회 조직	9개
1973. 11. 6.	성북을 도봉, 성북으로 분립	10개
1974. 5. 7.	영등포를 관악, 영등포로 분립	11개
1975. 11. 4.	관악을 강남, 관악으로 분립	12개
1977. 11. 8.	영등포를 강서, 영등포로 분립	13개
1980. 5. 6.	강남을 강남, 강동으로 분립	14개
1981. 5. 12.	마서를 마포, 서은으로 분립	15개
1981. 11. 3.	서울남노회 분립(도봉, 동대문, 마포, 서은, 성동, 성북, 용산, 종로, 중구, 군목)	10개
1985. 5. 14.	도봉을 도봉, 태능으로 분립	11개
1985. 11. 5.	군목 → 기관으로 개칭	
1988. 5. 10.	태능 → 노원으로 개칭	
1989. 5. 16.	동대문을 동대문, 중랑으로 분립	
1995. 11. 7.	명칭 변경(12개) 및 서울북노회 분립(강북, 광성, 노중, 도봉, 동대문, 마포, 서은, 성북, 용산, 종로, 중구, 기관)	12개
1996. 5. 14.	서울북노회 분립 이후(동대문, 마포, 서은, 용산, 종로, 중구, 기관)	7개

3) 임원 제도의 변천

서울노회 설립 시, 3명의 임원으로 조직되었고, 이후 임원 수가 추가되어 현재는 9명의 임원과 2명의 감사로 조직되어 있다.

1960. 10. 25. (설립 시)	회장, 부회장, 서기, 부서기, 회계, 부회계	6명
1970. 5. 5.	감사 제도 신설(2인)	
1976. 5. 4.	장로 부회장, 회록서기 신설	8명
1984. 5. 15.	총무 제도 신설	9명

서울노회 설립 시 7개의 상비부서가 있었을 것으로 추정되나 자료는 확인되지 않고 있다. 도중에 일부 부서가 신설·통합되기도 하고, 명칭이 변경되기도 하였으며,

현재 7개의 상비부서가 운영되고 있다.

4) 상비부서의 변천

1963. 10. 22.	임사부, 시취부, 전도부, 재정부, 교육부, 규칙부, 사회부	7개
1965. 5. 4.	평신도부 신설	8개
1967. 5. 9.	임사부 → 정치부로 개칭	
1968. 5. 7.	규칙부를 정치부에 통합	7개
1969. 5. 6.	평신도부 → 신도부로 개칭	
1973. 11. 6.	시취부 → 고시부로 개칭	
1987. 5. 12.	전도부 → 선교부로 개칭	
1997. 5. 13.	사회부 → 사회복지부로 개편	
1998. 5. 12.	사회복지부 → 통일사회부로 개편	

5) 위원회의 변천

위원회는 1970년 당회록검사위원회가 신설된 이래 여러 위원회가 신설 또는 폐지되기도 하고 명칭이 변경되는 과정을 거쳐 현재 6개의 위원회가 운영되고 있다.

1970. 5. 5.	당회록검사위원회 신설	1개
1973. 11. 6.	교역지도위원회 신설	2개
1974. 5. 7.	공천부 신설	3개
1981. 5. 12.	교역자최저봉급제운영위원회 신설	4개
1983. 11. 8.	교역자최저봉급제운영위원회 → 교역자생활보장제운영위원회로 개칭	
1997. 5. 13.	서울외국인노동자선교센타 이사 파송	
1998. 5. 12.	공천부 → 공천위원회로 개칭, 교역지도위원회 폐지, 교역자생활보장제운영위원회 폐지	2개
2005. 4. 19.	교역지도위원회(2007년 교역협력지도위원회로 개칭), 생활보장제위원회, 교역자안식년제운영위원회 재설치	5개
2021. 4. 20.	국제협력선교위원회, 미디어위원회 신설	6개
2022. 4. 19.	기후정의위원회 신설	7개

■ 현재 7개 위원회 운영(위원회 설립 순)

교역협력지도위원회, 공천위원회, 생활보장제위원회, 교역자안식년제운영위원회, 국제협력선교위원회, 미디어위원회, 기후정의위원회

■ 신설되었다가 폐지된 위원회

위원회 명	활동 기간	비고
1. 교회부동산관리지도위원회	1977. 5. 3.~ 1998. 5. 12.	1979. 5. 8. 교회기본재산관리 지도위원회로 개칭
2. 개척전도위원회	1981. 5. 12.~ 1998. 5. 12.	1992. 5. 12. 개척선교위원회로 개칭
3. 교회와사회위원회	1983. 11. 8.~ 1998. 5. 12.	
4. 통일문제연구위원회	1985. 5. 14.~ 1998. 5. 12.	1992. 5. 12. 평화통일위원회로 개칭
5. 해외선교협력위원회	1988. 11. 8.~ 1998. 5. 12.	

6) 노회 개최일

서울노회의 정기회 개최 일자는 여러 차례 변경되어 현재에 이르고 있다.

1960. 10. 25~26.	연 1회	1회 정기회 2일간
1961. 4 .18./10. 17~18.	연 2회	4월 1일간/10월 노회 2일간
1962. 4. 17./10. 23.	연 2회	모두 1일간
1963. 4. 23./10. 22.	연 2회	1일간
1964. 4. 10.	연 2회	4월 3차 화요일/10월 3차 화요일
1965. 5. 4~5.	연 1회	5월 첫 화요일부터 2일간
1966. 5. 3.	연 1회	5월 첫 화요일부터 2일간,
1967. 5. 9~10./11. 7.	연 2회	5월 첫 화요일부터 2일간/11월 첫 화요일 1일간
1968. 5. 7./11. 5.	연 2회	5월 첫 화요일/11월 첫 화요일
1996. 5. 11.	연 2회	5월 2차 화요일/11월 3차 화요일
1998. 5. 11.	연 2회	5월 2차 주일 후 화요일/11월 첫 주일 후 화요일
2002. 4. 10	연 2회	4월 3차 주일 후 화요일/10월 3차 주일 후 화요일

서울노회에서 총회에 파송하는 총대의 선출 방법도 여러 차례 변화가 있었다. 1975년 5월까지에 대해서는 명문화된 자료를 찾을 수 없고, 1975년 11월 이후의 자료만 정리해 본다.

7) 총회 총대 선출과 총대 인원 변천

1975. 11. 4.	노회장, 서기, 회계는 당연직으로 하고, 그 외 1/3은 공천부가 선출, 2/3는 총회에서 선출 한 당회에서 목사 1인, 장로 1인을 초과하지 못함
1976. 5. 4.	당연직을 제외한 총대는 노회에서 선출
1993. 11. 9.	총회 총대 3년 조 신설
2018. 10. 18.	여성 목사와 여성 장로 각 20% 이상이 되도록 함

총회 총대의 수는 노회원 수에 따라 결정되며 서울노회의 분립에 따라 변화가 있었다.

총회 총대 인원 변천

2024. 10. 현재

회차	연도	목사	장로	비고
2회	1961	3	3	
4회	1962	3	3	
6회	1963	2	3	
8회	1964	3	3	
10회	1965	4	4	
12회	1967	8	8	
14회	1968	7	7	
20회	1971	9	9	
22회	1972	10	10	
28회	1975	11	11	
30회	1976	13	14	
32회	1977	15	15	
36회	1979	17	17	
38회	1980	19	19	
40회	1981	22	22	

42회	1982	23	23	서울남노회 분립
44회	1983	21	21	
46회	1984	22	22	
48회	1985	24	24	
52회	1987	26	26	
54회	1988	25	25	
56회	1989	26	26	
58회	1990	27	27	
62회	1992	28	28	
64회	1993	30	30	
70회	1996	17	17	서울북노회 분립
74회	1998	14	14	
86회	2004	15	15	
100회	2010	14	14	
102회	2012	15	15	
104회	2013	14	14	
112회	2017	13	13	
122회	2022	12	12	
126회	2024	12	12	

8) 노회 분담금

서울노회의 노회 분담금 납부 방법도 여러 차례 변화가 있었다. 1994년 5월까지에 대해서는 명문화된 자료를 찾을 수 없고 1994년 11월 이후의 자료만 정리해 본다.

1994. 11. 8.	지교회 결산액의 3.5%
1995. 11. 7.	세례교인 1인당 2,500원과 지교회 결산액의 3%
1997. 5. 13.	노회 예산의 50%는 결산액 비례, 50%는 세례교인 수에 비례하여 배분
2019. 10. 22.	세례교인 1인당 1,000원과 지교회 결산액의 2~3% 차등 비율로 할당

2. 서울노회 역대 임원과 상임부서장 명단

1) 역대 임원 명단

대	년도	회장	부회장 (목)	부회장 (장)	서기	부서기	회록 서기	회계	부회계	총무
1	60. 10. 25.	강원용	박한진		유지욱	반병섭		장정표	윤영규	
2	61. 10. 17.	인광식	유지욱		반병섭	조덕현		장정표	장하구	
3	62. 10. 23.	조향록	유지욱		이영찬	박창균		장정표	양철환	
4	63. 10. 22.	윤반웅	이해영		노흥섭	기원형		장정표	장하구	
5	64. 10. 20.	정용철	이기병		노흥섭	기원형		장정표	장하구	
6	65. 5. 4.	정용철	이기병		노흥섭	기원형		장하구	박영기	
7	66. 5. 3~5.	이기병	전경연		노흥섭	기원형		장하구	윤영규	
8	67. 5. 9~11.	김형도	장희진		노흥섭	기원형		윤영규	장정표	
9	68. 5. 7.	전경연	노흥섭		김익선	오봉서		윤영규	장정표	
10	69. 5. 6.	조덕현	노흥섭		김익선	오봉서		장정표	장하구	
11	70. 5. 5.	노흥섭	이영찬		김익선	이창식		장정표	장하구	
12	71. 5. 4.	이영찬	김익선		이창식	오봉서		이영진	오건	
13	72. 5. 9.	김익선	이종영		이창식	신창윤		이영진	오건	
14	73. 5. 8.	이종영	신양섭		신창윤	조규향		이영진	오건	
15	74. 5. 7.	신양섭	오병직		신창윤	김성호		이영진	오건	
16	75. 5. 6.	오병직	신창윤		김성호	신종선		오건	장정표	
17	76. 5. 4.	한장형	박동화	박영기	김성호	신종선	신익호	오건	이시모	
18	77. 5. 3.	박동화	기원형	장하구	김성호	신종선	신익호	오건	이시모	
19	78. 5. 9.	기원형	한상면	오건	신종선	신익호	김대식	이시모	김창기	
20	79. 5. 8.	한상면	권현찬	김상배	신익호	김대식	최희암	이시모	김창기	
21	80. 5. 6.	권현찬	김성호	장정표	신익호	김대식	최희암	이시모	김창기	
22	81. 5. 12.	김성호	김수배	이병연	신익호	최희암	김준부	김창기	이직형	
23	81. 11. 3.	김수배	박광재	김홍술	김호식	김준부		이시모	이지철	
23	82. 5. 11.	김수배	박광재	김홍술	김호식	이해동	이영일	이시모	이지철	
24	83. 5. 10.	박광재	김호식	육완기	김준부	박찬섭	이영일	김병규	박찬희	
25	84. 5. 15.	김호식	서도섭	인순창	김정현	박찬섭	강재규	박찬희	김한수	김민수
26	85. 5. 14.	서도섭	김정현	이세중	박찬섭	이영일	박효생	김한수	강순일	김민수
27	86. 5. 13.	김정현	신익호	김한수	김용원	이영일	박효생	이영수	조치원	김민수
28	87. 5. 12.	신익호	김용원	박찬희	배성산	이영일	박효생	박성범	윤재하	김민수
29	88. 5. 10.	김용원	김준부	이우정	배성산	이동준	고명수	정운소	정정덕	김민수

30	89. 5. 16.	김준부	강만원	김대벽	배성산	이동준	허광섭	정정덕	이직형	김민수
31	90. 5. 15.	강만원	김대식	정정덕	배성산	이동준	허광섭	이직형	김명규	박남수
32	91. 5. 14.	김대식	신종선	이직형	홍철화	허광섭	김현배	김명규	강환우	박남수
33	92. 5. 12.	신종선	서정덕	조치원	홍철화	허광섭	윤길수	임봉호	이광수	박남수
34	93. 5. 11.	서정덕	이해동	김명규	홍철화	박효생	유원규	이광수	이삼모	박남수
35	94. 5. 10.	이해동	배성산	임봉호	김민수	김복기	박수현	이광수	정권면	박남수
36	95. 5. 16.	배성산	이세진	이광수	김민수	윤길수	이문우	정권면	지정일	김민수 (대행)
37	96. 5. 14.	이중구	이동준	정권면	이영일	임방환	강영옥	강환우	지정일	김형기
38	97. 5. 13.	이동준	홍근수	강환우	이영일	임방환	김재숙	지정일	연강희	김형기
39	98. 5. 12.	홍근수	김광집	연강희	임방환	권오성	한국염	지정일	김영환	김형기
40	99. 5. 11.	김광집	김성섭	지정일	하태영	권오성	박남현	김영환	송영자	김형기
41	00. 5. 16.	김성섭	하태영	송영자	배태덕	김병국	박남현	안희각	이태용	김형기
42	01. 5. 15.	하태영	배태덕	안희각	허광섭	김병국	정해동	이태용	강영옥	김형기
43	02. 5. 14.	배태덕	허광섭	이태용	강원구	박남현	신승섭	김종덕	송금심	김형기
44	03. 4. 22.	허광섭	강원구	김종덕	강석찬	이영복	조항철	송금심	문종남	김인태
45	04. 4. 20.	박종화	강원구	송금심	권오성	박남현	김종희	박순영	오동근	김인태
46	05. 4. 19.	강원구	임방환	박순영	구창완	인금란	박승렬	오동근	최의혁	김인태
47	06. 4. 18.	임방환	강석찬	오동근	박남현	김남석	이혜진	최의혁	정재형	김인태
48	07. 4. 17.	강석찬	김병국	최의혁	인금란	이준원	조익표	정재형	강덕근	김인태
49	08. 4. 22.	김병국	김성일	정재형	김태환	윤주안	인영남	강덕근	김가은	김인태
50	09. 4. 21.	김성일	김태환	박무용	이준원	조항철	이승구	강덕근	김가은	김인태
51	10. 4. 21.	김태환	조헌정	강덕근	정진우	정현진	이청산	김가은	이익선	인영남
52	11. 4. 26.	조헌정	정진우	김가은	김종희	신승섭	배안용	민경자	양윤철	인영남
53	12. 4. 17.	강원구	이준원	민경자	박승렬	이승구	최대욱	리효성	정재훈	인영남
54	13. 4. 23.	이준원	김종희	리효성	이승구	조익표	김성희	양윤철	김동성	인영남
55	14. 4. 22.	정진우	박승렬	양윤철	박찬일	이금만	김성철	정재훈	전훈남	인영남
56	15. 4. 21.	박승렬	이승구	정재훈	조익표	이대건	허정강	전훈남	김태웅	인영남
57	16. 4. 19.	이승구	조익표	김동성	이금만	최대욱	최용철	김태웅	안영신	안미정
58	17. 4. 18.	조익표	이금만	김태웅	조항철	배안용	임보라	안영신	이규남	안미정
59	18. 4. 17.	이금만	조항철	안영신	인영남	이청산	김유준	이규남	나호천	안미정
60	19. 4. 23.	조항철	인영남	이규남	정현진	김성희	이혁	나호천	김복수	안미정
61	20. 5. 7.	인영남	정현진	나호천	이대건	김성철	이상철	김복수	윤성애	안미정
62	21. 4. 20.	정현진	최대욱	김복수	이청산	정원진	손성호	윤성애	백남호	공석
63	22. 4. 19.	최대욱	이청산	윤성애	김성희	김희헌	임승택	백남호	박병석	공석
64	23. 4. 18.	이청산	김성희	백남호	김성철	이혁	한명수	박병석	이인경	공석
65	24. 4. 23.	김성희	김성철	박병석	임승택	송승진	고성민	이인경	정용덕	공석

2) 역대 상비부서 부장 명단

년도	임사부	시취부	전도부	교육부	사회부	신도부	재정부
1963	인광식	최윤관	김선준	박병섭	유운필		한장형
1964	문재린	최윤관	김선준	조덕현	유운필		한장형
1965							
1966	조향록	기원형	이주원	박창균	유운필	박영기	한장형
1967	장희진	장규익	이주원	김익선	최명환	안치조	한장형
1968	강홍수	최윤관	이주원	오봉서	최명환	안치조	유화청
1969	전학석	정용철	이주원	오봉서	최명한	문재린	유화청
1970	장희진	전경연	한장형	정용섭	신광선	한상면	유화청
	정치부	**고시부**	**전도부**	**교육부**	**사회부**	**신도부**	**재정부**
1974	이해영	박동화	이윤학	정웅섭	전학석	유화청	채무석
1975	이영찬	강신정	김정현	김대식	전학석	김호식	장정표
1976	이영찬	강신정	신익호	이기영	신종선	조원길	최인도
1977	이영찬	기원형	이구승	이해동	신종선	이주암	이천구
1978	이영찬	권현찬	윤반웅	김상근	박형규	이주암	장정표
1979			서달수	김상근	박광재	이경환	
1980			서달수		박광재	이경환	
1981			박원근	여규식	장성룡	이경환	
1982	이영찬	김상근	이세진	배성산	이기영	김병국	인순창
1983	이영찬	서도섭	한장형	황의곤	권호경	강재규	강성모
1984	박광재	이기영	강만원	신익호	권호경	강재규	채무식
1985			강만원	곽영희	문대골	장동근	박찬희
1986			강만원	추요한	허병섭	장동근	정운소
1987			강만원	박이석	허병섭	김명규	이영수
	정치부	**고시부**	**선교부**	**교육부**	**사회부**	**신도부**	**재정부**
1988			강만원		허병섭	김명규	이영수
1989			이세진	홍철화	김동원	원금순	김순일
1990		이해동	김성환	김광세	문대골	강환우	이광수
1991	박광재	이해동	김성환	김명수	하태영	연강희	김옥준
1992	박광재	이영일	김복기	김명수	하태영	정권면	라득환
1993	이영찬	이영일	김중배	김광집	하태영	심재근	유명재
1994	강만원	이영일	김민수	이완기	하태영	이태용	안희각
1995	서도섭	이동준	최윤상	김병국	김경남	함희철	이기용
	정치부	**고시부**	**선교부**	**교육부**	**사회복지부**	**신도부**	**재정부**
1996	김대식	신종선	채수익	김병국	김지선	송영자	이규개
1997	김대식	신익호	서정덕	김병국	김지선	송영자	문공남
	정치부	**고시부**	**선교부**	**교육부**	**통일사회부**	**신도부**	**재정부**

1998	신종선	서도섭	서정덕	배태덕	이해동	김영환	문공남
1999	신익호	강원구	배성산	강석찬	이해동	최동익	오동근
2000	서도섭	허광섭	배성산	강석찬	홍근수	김시한	이동수
2001	배성산	강석찬	송영자	김병국	홍근수	오동근	이동수
2002	배성산	강석찬	김광집	김병국	하영호	문공남	강환우
2003	배태덕	하태영	김광집	신승섭	강원구	권순정	박순영
2004	배태덕	배성산	조헌정	신승섭	임방환	이천봉	윤재광
2005	김광집	김병국	조헌정	김성일	최의팔	양윤철	권순정
2006	하태영	권오성	김정희	김성일	최의팔	이귀우	권순정
2007	허광섭	강원구	배태덕	김태환	최의팔	이호성	류홍열
2008	최의혁	강원구	송영자	홍경표	조헌정	이익선	김태웅
2009	배태덕	김종희	정진우	배안용	홍경표	정제훈	송영자
2010	강원구	강석찬	박찬일	정현진	김성일	정성산	정재형
2011	허광섭	이수호	박승렬	정현진	김성일	김복수	정재형
2012	김성일	김태환	조익표	정현진	조헌정	김일섭	노재열
2013	강원구	정진우	박승렬	최대욱	배안용	황세택	이규남
2014	임방환	이건화	허광섭	허정강	배안용	윤영순	이규남
2015	김태환	김병국	이금만	임보라	이재산	김민욱	이규남
2016	김성일	강원구	김성철	임보라	배안용	백남호	김복수
2017	허광섭	임방환	박승렬	인영남	이혜진	이규남	김복수
2018	허광섭	임방환	박승렬	인영남	이혜진	이규남	김복수
2019	이승구	이금만	신승민	허정강	김희헌	이인경	김의신
2020	박승렬	김태환	신승민	장본	임보라	정인숙	백남호
2021	박승렬	한명수	배안용	장본	임보라	최정관	백남호
2022	이금만	한명수	최윤태	배안용	임보라	최정관	박병석
2023	박승렬	손성호	안미정	이금만	이상철	김종순	이규남
2024	최대욱	박종화	이승구	이금만	한세욱	서정래	이규남

3. 목사 임직자 명단

1960년대

1960. 10. 25.	박형규 신삼희 장승덕 이용철 이종실 김종엽 김조액 임형필 이학석
1962. 10. 23.	채위
1963. 10. 22.	김익선 김호식 정용섭
1964. 4. 21.	이주식
1963. 10. 20.	문동환 정하은 김정현 조규향
1967. 8. 7.	이영업
1967. 11. 7.	김준부
1968. 5. 7.	황성규 정휘탁
1968. 11. 5.	나형열 김성호
1969. 2. 7.	김영호
1969. 5. 6.	최희암 이재형

1970년대

1970. 11. 3.	김웅철 김광집 강신철 김민수
1971. 5. 4.	장성룡
1971. 11. 9.	황의곤 이양구 김동원 김상근
1972. 5. 9.	윤만서 유호철
1972. 11. 7.	김성환 최성규 김인용
1973. 5. 8.	이기영 최용진
1973. 11. 6.	권호경
1974. 5. 7.	이영일
1974. 11. 5.	주재용 황우관
1975. 5. 6.	황장욱
1975. 11. 4.	손규태 김성규

1976. 11. 9.	김재두 김성재
1977. 11. 8.	박영배 김종하 유연왕 김명욱 박춘배 김균진 김원배 고완철 문태홍 김천겸 김종길
1978. 5. 9.	박이석
1978. 11. 7.	박춘기 전영찬 고종진 정종남
1979. 5. 8.	임방환
1979. 11. 6.	이희철 유정성 박정세 강석찬

1980년대

1980. 5. 6.	이영숙 서정웅 최종호 김병국
1980. 11. 4.	김인태 이규상 박성자 정숙자 김석재 곽영희 최홍규
1981. 5. 12.	권영대 이병학 문홍구 임광영 김달수
1981. 11. 3.	김중배 김복기 조신광 정천섭 공인웅 김성일 이원태 임태환 성해용 강원돈 박준서 박동현 정영철
1982. 5. 11.	김태환 남정우
1982. 11. 9.	김홍수 이동원 박남수 조명철 이영복 송용걸 이광일
1983. 11. 8.	유기성 최창호 강기석
1984. 5. 15.	정기철 오세남 권오성 김병묵
1984. 11. 6.	김영신 김정출
1985. 3. 11.	이준원 장빈
1985. 5. 14.	신금우
1985. 11. 5.	이오갑 류성철 강해송 홍순원 이호열 강성영 김광세
1986. 5. 13.	김동승 김거성 정진우 차상영 장용근
1986. 11. 24.	정광은 오용식 김동수 신동일
1987. 5. 19.	김형진 한병일 김남석 배태진 이영무
1987. 11. 3.	최인화 박남현 김경호 장병조 김동승 방태화 임광희
1988. 5. 10.	이호정 김형수 정광서 추준호 최윤상 정현진

1988. 11. 8.	장상 김지선 육순종
1989. 5. 16.	유종국 이필섭 최영 유홍렬
1989. 7. 30.	한종실
1989. 11. 7.	신승섭 채수익

1990년대

1990. 5. 29.	김한중 정해동
1990. 11. 13.	박수현 이금만 김창주 김현숙 권애희 인태선
1991. 6. 7.	유성근 장진영 권진관 이용자 안재능 임진한 박유철 김태수 이대건 곽건용 정지석 신승민
1991. 9. 27.	권종환
1991. 11. 15.	이청산 마승진 박광옥 김남철
1992. 3. 31.	전상건 김유진
1992. 5. 26.	최의팔 박찬일 박재순 박준실
1992. 11. 26.	이은우 장효수 이재철
1993. 6. 7.	이재구 이진숙 이길수 김형기
1993. 11. 30.	류시홍 윤성범 정보영
1994. 5. 26.	정원진 최윤태 곽영신 김세화 정승용 김일석 송지영 채혜원
1994. 11. 24.	김수남 박병철 배광진 정용석 신중옥 안호원 김성철
1995. 6. 1.	고진경 모욱빈 신상천 윤상대 배정수 김선구
1995. 11. 7.	박인호 이기석 한성수 한병철 배안용
1996. 6. 13.	이창우 김홍조 김건호 이철 이혜진 신동환
1997. 5. 13.	이창세 이정우 양미강 조미리
1997. 11. 27.	한국염 이재경
1998. 5. 28.	진장현 조은상
1999. 5. 25.	김광호 이성원 조성철 정경표 오세봉 이정희 정미현
1999. 11. 9.	이찬호 김기아

2000년대

2000. 5. 16.	조익표
2000. 11. 7.	김진 문은성 김용석
2001. 5. 15.	박승렬 강건수 전민
2001. 11. 6.	방태진 김승종
2002. 5. 14.	김승태 조순
2002. 11. 5.	김기태 신현구
2003. 4. 22.	김미희 이혁
2003. 5. 29.	이재오
2003. 10. 21.	이상철 홍창민
2004. 4. 20.	고영순 고선희 한조웅 김정욱 황용연
2004. 10. 19.	성철안 장영진 조영희 강현수 김동진
2005. 4. 19.	이화수 최석천 최주석
2005. 10. 18.	조윤희
2006. 4. 18.	고준영 김은승 오명준 최명찬
2007. 10. 23.	진재은 허석헌
2008. 4. 22.	정나진 최영랑 한문덕 이병수 장상호 류한국
2009. 4. 21.	최찬영 곽진선 박지온 임영섭 이영미
2009. 10. 20.	이혜정, 조은화

2010년대

2010. 4. 20.	장영래 나상윤
2010. 10. 19.	장순엽
2011. 4. 26.	백용석 이성은
2011. 10. 18.	남기창 이성환 최주 윤인실 김효준
2012. 4. 17.	최은규 박병철 진민경
2012. 10. 23.	김유준 김인희 정지수

2013. 4. 23.	고상균 백선주 이천범
2013. 10. 22.	박정범 이정연 최영민
2014. 2. 20.	정양정
2014. 4. 22.	한세욱
2014. 10. 21.	김건호 황정호 김희선
2015. 4. 21.	최용배
2015. 10. 20.	문성미 서범규 진영오 천광우 박재형
2016. 4. 19.	박나혁 박선교 윤은숙
2016. 10. 18.	변정수 진미리 진성진 채해웅
2017. 10. 17.	강성은 장성휘 김지원
2018. 4. 17.	염세진 임용환 정휘석 조나단 하승민
2018. 10. 23.	고안나 김용성 안정규 오세요 이신애 정진영 홍원규
2019. 10. 22.	정주현 김진성 김민지 홍은기

2020년대

2020. 10. 27.	김슬기 김진 이광희 한민우
2021. 4. 20.	이주형
2022. 4. 19.	김진수 백찬양 설태영
2022. 10. 18.	박재준 류은진 장웅 조용원
2023. 4. 18.	김하나
2024. 4. 18.	김요한

4. 서울노회 조직도

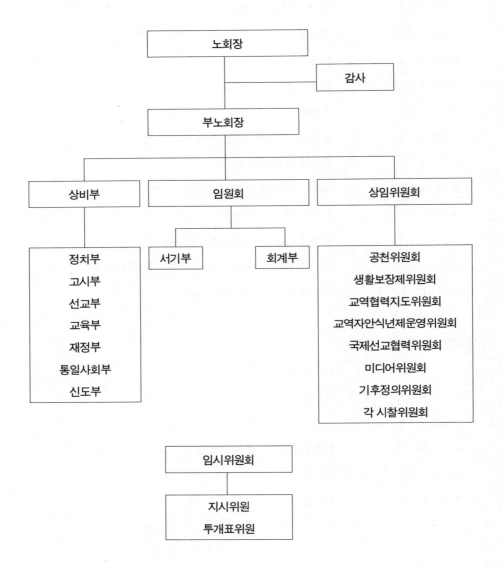

노회장

감사

부노회장

상비부

임원회

상임위원회

정치부
고시부
선교부
교육부
재정부
통일사회부
신도부

서기부

회계부

공천위원회
생활보장제위원회
교역협력지도위원회
교역자안식년제운영위원회
국제선교협력위원회
미디어위원회
기후정의위원회
각 시찰위원회

임시위원회

지시위원
투개표위원

5. 서울노회 연간 행사 일정

월	사업 및 서류 접수	담당	참고
1	신년하례예배 (날짜: 임원회 결정)	임원회	
	신년교사강습회	교육부	
	신년목회자수련회	임원회	
	밀알 장학생 선정 총회 보고	임원회	
	교회 상황통계표 및 교역자 실태보고서 취합	서기부	
	목사후보생 1학기 장학금 신청서 접수	고시부	
2	목사후보생 수련회	고시부	노회 서기
	정기노회 장로총대 천서 접수	서기부	
	부목사, 목사후보생 추천 청원 접수	서기부	
	시찰회 소집 안내	서기부	
	상비 부서 및 위원회 소집 안내	서기부	
	장로 · 목사후보생 고시 청원 예정자 파악	고시부	
	봄정기노회 소집 공고	서기부	
3	시찰위원회 모임	각 시찰회	
	각 부 및 위원회 모임	각 부, 위원회	
	정기노회 자료집 준비	임원회	
	일본기독교단 동경북지구회 총회 방문 (3월 4주)	임원회	부노회장 2인 및 서기 참가
4	목사후보생 및 장로 교육 및 고시	고시부	교육: 정기회 2주 전 고시: 정기회 1주 전
	해외 손님 영접 (일본 동경북지구회 대표 등)	임원회, 국제선교위	
	봄정기노회	임원회	전날 정치부, 공천위원회 모임
	장로결단기도회	고시부	
	목사임직, 준목인허, 목사후보생공인식	임원회	
5	증경노회장, 증경장로 부노회장과 임원 간담회	임원회	
	신임원 수련회	임원회	
	총회 신임원 간담회, 서기 · 회계 간담회	임원회	
	임원, 각 부장, 위원장, 신도회 대표 연석회의	임원회	
6	여름성경학교 교사강습회	교육부	
	진중 세례식	임원회	참석: 노회장, 부노회장 2인
	제1차 총대회의	임원회	부서 배정, 발제자 선정, 격년으로 공천위원 선정
7	남신도회 전국 대회 격려 방문	임원회	노회장/서기
	동북아시아 평화기도문 배포 (7월 초)	국제선교위	짝수 해는 한국이 작성

8	한·일청소년연합수련회	교육부	격년으로 교차 방문 참가자 모집 5~6월
	한·일청년연합수련회	신도부	청소년 수련회 전후에
	목사수련생 집중교육장 격려 방문	임원회/고시부	서울노회 수련생 격려
	전국 장로 대회 격려 방문	임원회	노회장/ 서기
	목사후보생 2학기 장학금 지급신청서 접수	고시부	
	시찰회 소집 안내	서기부	
	상비 부서 및 위원회 소집 안내	서기부	
	장로·목사후보생 고시 청원 예정자 파악	서기부	
	가을정기노회 소집 공고	서기부	
9	제2차 총대회의	임원회	총회 헌의안 발제 및 토론
	시찰위원회 모임	각 시찰회	
	각 부 및 위원회 모임	각 부, 위원회	
	정기노회 자료집 준비	임원회	
	교단총회	임원회	총대에게 총회 일정 공지
10	목사후보생 및 장로 교육 및 고시	고시부	교육: 정기회 2주 전 고시: 정기회 1주 전
	가을정기노회	임원회	전날 정차부, 공천위원회 모임
11	장로결단기도회	고시부	
	목사임직, 준목인허, 목사후보생공인식	임원회	
12	원로목사 송년모임	신도부	
	이웃사랑음악회	남신도회	

기타: 한일선교협의회(한국과 일본에서 격년으로 주관/국제협력선교위)

평화통일 기행(매년 실시, 통사부)

시찰회 걷기모임(매년 시찰회별로)

6. 한국기독교장로회 서울노회 규칙과 세칙

1) 1960년 제1차 정기회 서울노회 규칙

제1장 총칙

제1조   본회의 명칭은 한국기독교장로회 서울노회라 칭한다.

제2조   본회의 사무처는 서울 시내에 둔다.

제3조   본회의 구역은 서울특별시로 한다.

제4조   본회의 목적은 복음의 진리로 각 교회들이 협의 합력하여 교리를 보전하여 권한을 동일케 함으로 그리스도의 몸된 교회를 섬긴다.

제2장 조직 및 회원의 권리

제5조   본회는 본회 구역경내들이 각 당회의 총대장로로 조직한다.

제6조   본회의 시찰회 구역은 행정구역 단위로 한다(단, 3교회 이상이어야 한다).

제7조   본회의 회원의 권리는 선거권 피선거권과 결의권이 있다.

(단, 무임목사는 언권만 있으나 부회에서는 투표권도 있다.)

제3장 임원, 부원, 위원의 임시직무선거법

제8조   본회의 임원은 다음과 같다.

① 회장 1인 ② 부회장 1인 ③ 서기 1인 ④ 부서기 1인 ⑤ 회계 1인 ⑥ 부회계 1인

제9조   본회의 상비부원은 다음과 같다.

① 임사부 9인 ② 규칙부 9인 ③ 시취부 9인 ④ 전도부 9인 ⑤ 교육부 9인 ⑥ 재정부 9인 ⑦ 사회부 9인

제10조   본회의 정기위원은 다음과 같다.

① 공천위원: 각 시찰장과 서기

② 시찰위원: 매 구내 7인 이내로 하되 목사, 장로로 한다.

③ 통계위원 2인

④ 헌의위원: 서기

⑤ 총회보고 준비위원: 서기

⑥ 총회 결의안 보고위원: 전회장

제11조   본회의 임시위원은 다음과 같다.

① 지시위원 2명(회장 지명), ② 투표위원 약간인

제12조   본회의 임원, 부회, 위원의 직무는 다음과 같다.

① 임원의 직무

ㄱ. 회장은 회무를 통과한다.

ㄴ. 부회장은 회장을 보좌하며 회장이 유고할 때 이를 대리한다.

ㄷ. 서기는 회장 일체문부와 통신 및 절차 사무를 맡고 접수서류의 의범 구분하는 사무를 담당한다.

ㄹ. 부서기는 서기를 협조하며 회록 초안을 방조하며 서기가 유고할 때 이를 대리한다.

ㅁ. 회계는 회중일체 재정을 정리한다.

ㅅ. 부회계는 회계를 협조하며 회계가 유고할 때 이를 대리한다.

② 부원의 직무

ㄱ. 임사부는 본회의 위임한 사항을 심의 협의하여 본회에 보고한다.

ㄴ. 규칙부 — 일반규칙과 예식에 관한 것을 장리하여 연구 지도한다.

ㄷ. 시취부는 일반시취 사무를 잘 정리하여 본회에 보고한다.

ㄹ. 전도부는 본노회내 전도사업을 장리한다.

ㅁ. 교육부 — 교육에 관한 모든 사항을 장리하며 노회 경내의 어린이, 학생, 청년에 관한 지도사업을 담당한다.

ㅂ. 재정부 — 본회 재정의 모든 사항을 담당한다.

ㅅ. 사회부 — 사회사업에 사무와 교역자 가족원호에 대한 모든 사무를 장리한다.

③ 각 인원의 직무

ㄱ. 공천위원은 각 부원 및 위원을 공천하여 보고한다.

ㄴ. 시찰위원은 본회에서 지정한 일을 실행하며, 해 구내 각 교회를 협조하며 교회의 보고와 청원을 접수하여 상회에 제출한다.

ㄷ. 총계위원은 본회 경내교회 총계보고를 한다.

ㄹ. 지시위원은 회중 광고와 각부 회집 시간과 장소를 지시한다.

ㅁ. 투표위원은 회중 선거사무를 장리 보고한다.

제13조 임원, 부원, 위원의 임기 및 선거 방법은 다음과 같다.

① 본회 임원의 임기는 만 1개년으로 하되 10월 정기노회에서 무기명 투표로 하고 회장은 과반수로 당선된다.

② 본회 상비부원은 임기는 3개년 년 조로 하며 매년 10월 정기노회서 3분의 1씩 공천선정한다.

③ 정기위원의 임기는 만 1년으로 하되 10월 정기노회에서 공천한다.

④ 특별위원의 임기는 수시 결정한다.

⑤ 시찰위원은 각 시찰구역 목사와 총대장로 1인씩으로 구성하며 4월 정기회에 보고하고 임기는 1년이다.

⑥ 공천부원과 시찰위원 외에 상비부원 및 정기위원은 공천부에서 공천하여 보고함에 의하여 노회가 선정한다.

제4장 집회

제14조　본회 집회는 다음과 같다.

① 정기회는 매년 2차 회집하되 4월 3차 주일후 화요일과 10월 3차주일후 화요일로 한다.

② 임시회는 긴급한 사건이 있을 때 한국기독교장로회 헌법에 의하여 소집한다(정치7장, 제40조).

제5장 재정

제15조 본회 경비는 경내 각 교회 등급별 비례로 부담하되 특별한 제정은 수시 결의한다.

부 칙

제7조　본 규칙은 통과일부터 시행한다.

제7조　본 규칙을 개정코저 할 때는 정기집회에서 회원 3분지 2 이상의 결의로 한다. (단, 총회 헌법에 있는 조항은 본회에서 개정할 수 없다)

2) 2024년 서울노회 규칙과 세칙

제1장 총 칙
제1조　　우리회의 명칭은 한국기독교장로회 서울노회라 한다.

제2조　　우리회의 사무처는 서울특별시 내에 둔다.

제3조　　우리회의 구역은 서울특별시 동대문구 마포구 서대문구 용산구 은평구 종로구 중구 일원으로 한다.

제4조　　우리회는 한국기독교장로회의 신조와 헌법에 따라 지교회의 연합과 발전을 도모하고, 하나님의 선교에 동참한다.

제2장 조직 및 회원의 권리
제5조　　우리회는 우리회 소속 목사와 각 당회의 총대장로로 조직한다.

제6조　　우리회의 시찰위원회는 행정구역 단위로 하되 조직교회가 3교회 이상이어야 하며 그 이하 시찰위원회는 인접 시찰위원회와 조절할 수 있다.

제7조　　우리회의 회원의 권리

　　　　① 우리회가 결의하여 상임 시무를 맡긴 목사는 피선거권과 결의권을 가진다. 은퇴목사와 무임목사는 언권회원이다. 단, 정년연령에 달하면 무임목사와 같이 언권회원이 된다.

　　　　② 총대장로는 서기가 천서를 접수하여 호명하면 1년간 회원권을 가진다. 전임장로부노회장은 언권회원이 된다.

　　　　③ 준목은 준회원으로 언권을 가진다.

　　　　④ 전도사(목사수련생)는 언권을 가진다.

　　　　⑤ 우리회가 초청하는 여신도회, 남신도회, 청년회 대표는 3명 이내로 하고 언권을 가진다.

제3장 임원, 부원, 위원의 임기, 직무, 선거법
제8조　　우리회의 임원은 다음과 같다.

　　　　① 회장 1명　　　　　　② 부회장 2명(단, 1명은 장로)

　　　　③ 서기 1명　　　　　　④ 부서기 1명

　　　　⑤ 회록서기 1명　　　　⑥ 회계 1명

　　　　⑦ 부회계 1명

제9조　　우리회의 상비부원은 다음과 같다.

　　　　① 정치부 20명 내외　　② 고시부 20명 내외

③ 선교부 20명 내외　　④ 교육부 20명 내외

⑤ 재정부 20명 내외　　⑥ 통일사회부 20명 내외

⑦ 신도부 20명 내외

제10조　　우리회의 정기위원은 다음과 같다.

① 공천위원: 노회서기, 장로부노회장, 회계와 시찰위원회가 선출한 각 1인으로 한다.

② 시찰위원: 각 시찰구역 내 지교회에서 시무하는 시무목사와 총대장로 1인씩으로 구성한다.

③ 통계위원: 서기

④ 헌의위원: 서기

⑤ 총회보고 준비위원: 서기

⑥ 총회 결의안 보고위원: 회장

⑦ 생활보장제위원회 위원: 노회서기, 재정부장, 총무 및 각 시찰위원회 1인으로 한다. 단, 위원회의 운영은 위원회 내규에 따른다.

⑧ 교역협력지도위원: 7인

⑨ 교역자안식년제운영위원회(7인): 목사부노회장, 장로부노회장, 부회계, 공천위원회 공천 3인, 총무

⑩ 국제협력선교위원회: 7인(당연직 노회장 포함)

⑪ 미디어위원회: 7인(전문가 포함)

제11조　　우리회의 임시위원은 다음과 같다.

① 지시위원 2명(회장 지명)

② 투·개표위원: 각 시찰별 목사 1인, 장로 1인(공천위원회 공천)

③ 특별위원: 필요에 따라 약간 명

제12조　　우리회의 임원, 부회, 위원회의 직무는 다음과 같다.

① 임원의 직무

ㄱ. 회장은 회무를 총괄한다.

ㄴ. 부회장은 회장을 보좌하며 회장이 유고할 때 회장을 대리한다.

ㄷ. 서기는 회의 일체 문서와 통신 및 절차 사무를 맡고 접수서류의 의법 구분하는 사무를 담당한다.

ㄹ. 부서기는 서기를 협조하며 서기가 유고할 시 서기를 대리한다.

ㅁ. 회록서기는 서기를 협조하며 회록 초안을 작성하고 회록을 정리한다.

ㅂ. 회계는 회의 일체 재정을 담당한다.

ㅅ. 부회계는 회계를 협조하며 회계가 유고할 때 회계를 대리한다.

② 부회의 직무

ㄱ. 정치부는 우리회가 위임한 사항을 심의 협의하여 우리회에 보고하며 일반규칙과 예식에 관한 것을 담당하며 연구 지도한다.

ㄴ. 고시부는 일반고시 사무를 맡으며 우리회에 보고하고 목사후보생의 지도·육성 및 장학금 지급 업무를 담당한다.

ㄷ. 선교부는 선교 사업, 교회 개척 업무를 담당한다.

ㄹ. 교육부는 교육에 관한 모든 사항을 맡아 어린이, 중, 고등학생 및 교사에 관한 지도 사업을 담당한다.

ㅁ. 재정부는 우리회 재정의 모든 사항을 담당한다.

ㅂ. 통일사회부는 교회와 사회의 정의, 인권, 평화통일에 관한 업무를 담당한다.

ㅅ. 신도부는 신도회(남신도회, 여신도회, 청년회)의 사업에 협력하고 노회원의 복지업무를 담당한다.

③ 위원 및 위원회의 직무

ㄱ. 공천위원회는 각 부원 및 위원을 공천하되 가능한 한 순회토록 공천하여 우리회에 보고한다.

ㄴ. 시찰위원회는 우리회가 지정한 일을 시행하며 해시찰구역 내 지교회를 협조하며 교회의 보고와 청원서류를 경유하여 우리회에 제출한다.

ㄷ. 통계위원은 각 교회 통계보고를 접수하여 우리회에 보고한다.

ㄹ. 지시위원은 회의 중에 광고 및 각부 집회 시간과 장소를 지시한다.

ㅁ. 투·개표위원은 회의 중 선거 사무를 담당한다.

ㅂ. 생활보장제위원회 위원은 총회 교역자 생활보장제 수혜청원자를 심사하여 총회에 청원하는 일, 노회 교역자 생활보장제 운영을 위한 재원 또는 기금의 조성 및 관리 그리고 교역자 생활보장제에 대한 연구를 담당한다.

ㅅ. 특별위원회는 우리회가 위임한 사항을 담당한다.

ㅇ. 총회보고 준비위원은 총회보고를 위한 제반사항의 준비를 담당한다.

ㅈ. 총회 결의안 보고위원은 총회결의안을 우리회에 보고하는 일을 담당한다.

ㅊ. 교역협력지도위원회는 우리회와 임원회가 위임한 사안과 각 당회가 우리회에 제출한 당회록을 검사하는 일과 각 교회의 재산관리에 관한 업무를 담당한다.

ㅋ. 국제협력선교위원회는 국제협력선교를 위한 연구, 협의, 인선 등의 업무를 담당한다.

ㅌ. 미디어위원회는 노회의 미디어 업무를 담당하고 각 교회의 미디어 업무를 돕는다.

제13조 임원, 부원, 위원의 임기 및 선거 방법은 다음과 같다.

① 우리회의 임원의 임기는 1년으로 하되 4월 정기회에서 회장단만 무기명 투표로 선거하고 과반수로 당선되며 그 외 임원은 회장, 부회장, 회장당선자, 부회장당선자가 협의하여 임명한다(단, 여성 1인을 포함한다).

② 우리회의 부원의 임기는 3개년 년 조로 하며 매년 4월 정기회서 3분의 1씩 선정한다.

③ 정기위원의 임기는 1년으로 하되 4월 정기회에서 선정한다.

④ 특별위원을 둘 수 있으며 임기는 한 정기회 기간이다(단, 필요에 따라 노회의 허락으로

연장할 수 있다).

⑤ 시찰위원은 각 시찰구역 내 지교회 시무목사와 총대장로 1인씩으로 구성하며 4월 정기회에 보고하고 임기는 1년이다.

⑥ 상비부원, 당회록 검사위원, 투·개표위원, 회계감사는 공천위원회에서 4월 정기회 시 공천하며 우리회가 선정한다.

⑦ 상비부서의 청원에 따라 분과위원회를 둘 수 있으며 분과위원회는 전문위원 약간 명을 둘 수 있다.

⑧ 교역협력지도위원회는 노회장, 장로부노회장, 노회서기, 정치부장, 재정부장, 공천 2명으로 구성한다.

제4장 집회

제14조　우리회의 집회는 다음과 같다.

① 정기회는 매년 2차 회집하되 4월 3번째 주일 후 화요일과 10월 3번째 주일 후 화요일로 한다.

② 임시회는 긴급한 사건이 있을 때 총회 헌법에 의하여 소집한다(정치 10장, 제58조).

③ 임원회는 우리회 휴회 중 임시회까지 소집할 필요가 없다고 인정되는 안건이 있을 때 소집하여 의결 처리할 수 있다.

④ '임원부장단 확대연석회의'를 분기별로 갖는다.

　ㄱ. 구성은 임원(8인), 각 부장(7인) 남, 녀, 청년 신도회장(3인)으로 한다. 필요시 각 위원장 및 각 부서 서기도 참여할 수 있다.

　ㄴ. 정기회에서 제안한 사업과 결산, 차기년도 예산 등을 협의한다(단, 예산수립 회의는 목사 부노회장이 진행한다).

제5장 재정

제15조

① 우리회 경비는 각 교회 등급별 비례로 부담하되 특별한 재정은 재정부와 임원 연석회의에서 수시로 결의 시행한다.

② 우리회 회계년도는 1월부터 12월까지로 한다.

③ 우리회에 회계감사 2인을 두되 임기는 2년으로 매년 1인씩 선정한다.

제6장 사무처

제16조　사무처의 직무

사무처는 노회에서 위임한 사무와 임무를 집행 처리한다.

제17조   사무처 직원

총무 1인, 간사 1인 외 사무원을 둘 수 있다.

제18조   직원의 임무

① 총무: 총무는 회의사무 및 사업진행 수행자로 우리회의 결의 및 회장의 지시에 따라 사무를 집행하며 회의 모든 문서를 보관하며 우리회가 결의한 모든 사업을 관장 집행한다. 총무는 회의 업무를 집행하기 위하여 임원회와 상비부 및 각종 위원회에 언권위원으로 참석할 수 있다.

② 간사: 총무를 도와 직무를 수행한다.

③ 직원: 총무와 간사를 도와 직무를 수행한다.

제19조   직원의 선임 및 임기

① 총무

ㄱ. 회장은 총무선임 1개월 전에 총무선임에 관한 사항을 공고하여야 한다.

ㄴ. 총무는 우리회 목회 경력 5년(단, 우리 노회 경력 3년), 시무장로 경력 7년(단, 우리노회 경력 4년) 이상인 자로서 전임노회장 3인과 정회원 10인 이상이 천거한 추천서와 자필 이력서를 노회에 제출함으로 입후보하고 우리회에서 무기명으로 투표하여 과반수 찬성으로 당선되며 임기는 3년으로 하고, 재임할 수 있다.

② 간사는 목회경력 3년, 시무장로 경력 5년 이상인자로서 임원회에서 선정하고 우리회에서 인준을 받으며 임기는 3년으로 한다.

③ 사무원은 임원회에서 선임한다.

④ 사무처 직원에 대한 직무, 보수, 여비규정은 우리회의에서 정한다.

부칙

제20조   우리 규칙과 세칙은 통과일부터 시행한다.

제21조   우리 규칙과 세칙을 개정하고자 할 때는 정기회에서 출석회원(결의권자) 3분의 2 이상의 찬성으로 결의한다(단, 총회 헌법과 모순된 조항은 우리회에서 제정할 수 없다).

세칙

제1조   총대장로 천서는 각 당회가 4월 정기회 개회 2주전까지 우리회에 서면 제출하여야 한다.

제2조   장로로 피선된 사람이 1년 이내에 고시에 불응하면 무효가 된다(단, 1회에 한하여

고시연기 청원을 할 수 있다).

제3조   장로고시에 합격하였거나 장로로 피선된 무임장로가 차기 정기회 이전에 임직 또는 취임하지 않으면 무효가 된다(단, 1회에 한하여 임직 또는 취임연기 청원을 할 수 있다).

제4조   총회 총대, 총회공천위원, 총회실행위원의 선거는 아래와 같이 한다.
① 총회 총대는 우리회에서 투표하여 종다수로 선정한다(단, 회장, 부회장, 서기, 회계는 자동적으로 총대가 된다).
② 총회 총대는 한 당회에서 목사 1인, 장로 1인을 초과하지 못한다.
③ 3년 이상 연속 총회 총대로 선정된 회원은 그다음 해 1년간은 총회 총대로 선정될 수 없다.
④ 총회 공천위원은 총대회의에서 투표로 선정한다.
⑤ 총회 실행위원은 회장과 장로 부회장이 자동적으로 위원이 된다.
⑥ 총회 총대로 선정된 여성 장로와 여성 목사는 각 20% 이상이 되도록 한다.

제5조   미결 안건은 다음 정기회 시 먼저 심의하여야 한다.

제6조   우리회에 제출하는 청원서류는 개회 2주 전까지만 접수하며 개회 3일 전까지 노회록이 회원들에게 우송되어야 한다(단, 긴급한 청원은 우리회가 수시로 결의할 수 있다).

제7조   우리회가 협의, 허락, 임명하는 모든 임시직은 1년직이며, 그 임기는 별 규정이 없는 한 4월 정기회까지로 한다.

제8조   장로고시자 중 한신대학교 신학과 졸업자 혹은 동등 이상의 학력이 인정되는 사람은 고시과목 중 성경, 상식과목을 면제한다.

제9조   목사임직식은 목사임직 허락 후 차기 정기회 이전에 별도로 날짜와 장소를 정하여야 한다.

제10조   목사후보생이 5년간 계속 고시부의 지도를 받지 않을 경우 목사후보생 명단에서 삭제한다.

제11조   개척교회가 선교부를 통하여 노회에 제출하는 모든 서류는 해 지역 시찰위원회를 경유하여야 한다.

제12조
① 우리회 허락 없이 목사가 시무처를 이동했을 경우 한 회기 동안 청빙서 심의를 보류한다. 단, 기관목사, 전도목사, 부목사는 정치부로 하여금 처리하도록 하고 차후 우리회에 보고한다. 준목, 목사후보생도 이에 준한다.
② 당해연도에 청빙서를 제출한 부목사는 1회에 한해 부목사 시무 보고를 면제한다.

제13조   노회 분담금은 매월 분납하는 것을 원칙으로 하고 10월까지 완납해야 하며, 미납교회의 목사와 장로는 회원권이 유보되며 해 교회의 청원권도 접수되지 않는다.

제14조   교역자 생활보장제 헌금의무를 이행하지 않는 회원은 회원권이 유보된다.

제15조   임원회는 매 3년마다 회원 명부를 점검하여 행정처리안을 우리회에 보고하고 처리
한다.

제16조   담임목사 청빙 시 해 교회 청빙위원회와 청빙 받은 목사의 의견을 청취한 후 심의한다.

제17조   시무목사가 시무를 사임했을 경우 해 시찰지역에서는 교회를 개척할 수 없다.

제18조   선거는 아래와 같이 한다.

①회원정리: 회장은 정회원과 준회원 및 언권회원을 구분하여 회의장을 정리하고 정족
수와 투표인수를 확인해야 한다.

②투·개표위원 선임: 공천위원회에서 공천하되 한 시찰에서 목사 1인, 장로 1인으로
하고 선임된 위원 중에서 위원장과 서기를 선출한다.

③투표용지 교부: 투·개표위원은 투표용지를 시찰별로 명단 확인과 함께 교부한다.

④투표방법: 무기명투표로 한다.

⑤개표방법 및 공포: 투표가 끝난 후 투개표위원장이 검인하고 투·개표위원이 집계하여
회장이 회기 내 공포한다.

⑥투표용지 보관: 서기와 투개표위원장이 봉함인을 하여 우리회에 보관한다.

제19조   개척교회 및 미자립교회가 재정지원을 청원하거나 각 지교회가 개척교회 및 미자립
교회를 지원코자 할 경우 노회에 청원 또는 보고하여야 하며 노회는 이를 조정한다
(단, 보조기간 3년까지는 정액, 4년째는 75%, 5년째는 50%로 한다).

제20조   소송을 제기할 때 노회에 300만 원의 공탁금을 납부한다. 이 공탁금은 소송비용을
뺀 부분을 소송당사자에게 소송 완료 후에 반환한다. 단 소송에서 승소할 경우 승소
한 부분에 대해서 재판국이 산정하여 반환한다.

제21조   정당한 이유 없이 2년 이상 당회록 검사를 받지 않는 교회의 청원서류는 접수를
유보하기로 하다.

1993. 11. 09. 개정 1995. 11. 07. 개정 1996. 11. 05. 개정 1997. 05. 13. 개정 1998. 05. 12. 개정
1998. 11. 17. 개정 2002. 11. 05. 개정 2003. 04. 22. 개정 2005. 04. 19. 개정 2006. 04. 18. 개정
2006. 10. 17. 개정 2007. 04. 17. 개정 2007. 10. 26. 개정 2009. 04. 21. 개정 2009. 10. 20. 개정
2011. 04. 26. 개정 2018. 10. 23. 개정 2021. 04. 20. 개정 2022. 04. 19. 개정

7. 노회 성명서

※ 성명서 목록(내용은 본문에서 게재되었음)

① 수도권 도시선교회의 남산부활절 연합 예배 사건 성명서 1973년 8월 6일

② 민청학련사건과 긴급조치에 대한 성명서 1974년 11월 5일

③ 목회자 연행과 구속에 항의하는 성명서 1975년 5월 6일

④ 3.1 사건에 관한 시국성명서 1976년 11월 5일

⑤ 서울노회청년연합회의 77신앙고백선언서 1977년 4월 24일

⑥ 언론자유와 구속자 석방 성명서 1978년 5월 9일

⑦ 최규하 대통령에게 보내는 시국에 관한 성명서 1979년 12월

⑧ 서울제일교회 폭력사태와 민주제도를 요구하는 성명서 1985년 5월 14일

⑨ 민주개헌서명운동, 시청료거부운동과 관련한 시국선언 발표 1986년 5월 13일

⑩ 4.19조치 철회와 직선제 개헌 요구에 관한 시국선언문 발표 1987년 5월 12일

⑪ 문익환 목사의 방북사건에 관한 성명서 발표 1989년 4월 12일

⑫ 성전난입과 보안법 위반혐의로 구속된 홍근수 목사 석방을 위한 시국성명서 발표 1992년 3월 3일

⑬ 성소유린과 현 시국에 관한 우리의 입장 ─ 경찰의 한국기독교교회협의회 난입을 강력히 항의하며 발표 1994년 6월 30일

참고문헌

한국기독교장로회 총회 약력.

한국기독교장로회 「총회회의록」. 제45회-제108회.

「한국기독교장로회 회보」. 4권 4호-653호.

한국기독교장로회 총회. 『새 역사 70주년 신학대회, 기장 70년, 탐구와 전망』. 2023.

한국기독교장로회. 『한국기독교장로회 50년 약사』. 1965.

한국기독교장로회 역사편찬위원회. 『한국기독교 100년사』. 서울: 한국기독교장로회 출판사, 1992.

한국기독교장로회 남신도회 전국연합회 편찬위원회. 『남신도회사』. 서울: 남신도회 전국연합회,
        2005.

한국기독교장로회 여신도회 전국연합회 여신도교육원. 『여신도회 운영안내』. 2023.

서울노회. 『서울노회약사』. 서울: 서울노회 역사편찬위원회, 1990.

한국기독교장로회 서울노회. 『토픽으로 보는 서울노회 60년사』. 서울: 서울노회, 2020.

_____. 「노회 보고서와 촬요」. 1-127회. 서울: 서울노회, 1960-2024.

_____/일본기독교단 동경교구 북지구. 『마음을 하나로』. 서울: 서울노회, 2011.

한국기독교장로회 서울노회 역사편찬위원회. 『서울노회약사』. 서울: 한국기독교장로회 서울노회,
        1991.

한국기독교장로회 서울노회 통일사회부. 『한반도 평화와 교회의 역할』. 서울: 서울노회·서울북노회,
        2005.

김호영. 『경기노회 100년사』. 경기: 한국기독교장로회 경기노회, 2007.

여신도회서울연합회. 『여성선교회관 건축약사』. 서울: 여신도회서울연합회, 1992.

이우정·이현숙. 『여신도회 60년사』. 한국기독교장로회 여신도회전국연합회, 1989.

이효재. 『한국기독교여성100년사』. 한국기독교여성100년대회 출판위원회, 1985.